As Clínicas Públicas de Freud

Coleção Estudos
Dirigida por J. Guinsburg
(*in memoriam*)

Coordenação de texto Luiz Henrique Soares e Elen Durando
Preparação Margarida Goldsztajn
Revisão Lia N. Marques
Editoração A Máquina de Ideias/Sergio Kon
Capa Sergio Kon
Produção Ricardo W. Neves e Sergio Kon.

Elizabeth Ann Danto

AS CLÍNICAS PÚBLICAS DE FREUD

PSICANÁLISE E JUSTIÇA SOCIAL,
1918-1938

TRADUÇÃO
Margarida Goldsztajn

PERSPECTIVA

© 2005 Elizabeth Ann Danto

Dados Internacionais de Catalogação na Publicação (CIP)
(Câmara Brasileira do Livro, SP, Brasil)

Danto, Elizabeth Ann
   As clínicas públicas de Freud : psicanálise e justiça social,
1918-1938 / Elizabeth Ann Danto ; tradução Margarida Golds-
tajn. -- 1. ed. -- São Paulo : Editora Perspectiva, 2019. -- (Coleção
estudos ; 368 / coordenação J. Guinsburg (in memoriam)

   Título original: Freud's free clinics : psychoanalysis & social
justice, 1918-1938
   Bibliografia.
   ISBN 978-85-273-1160-1
   1. Psicanálise - Europa - História - Século 20 I. Guinsburg, J.
II. Título. III. Série.

19-28320   CDD-150.195

Índices para catálogo sistemático:

1. Psicanálise : Psicologia 150.195
Cibele Maria Dias - Bibliotecária - CRB-8/9427

1ª edição; 4ª reimpressão

Direitos reservados em língua portuguesa à
EDITORA PERSPECTIVA LTDA.

Alameda Santos, 1909, cj.22
01419-100 São Paulo SP Brasil
Tel: (011) 3885-8388
www.editoraperspectiva.com.br

2023

Sumário

Prefácio – *Jorge Broide* XIII

Introdução à Edição Brasileira XIX

Introdução: A Consciência da Sociedade XXXI

Parte I
A SOCIEDADE DESPERTA
1918-1922

1918 ⊚ "O tratamento será gratuito" 3

1919 ⊚ "A policlínica será aberta no inverno e se converterá
em um instituto de Ψ" 31

1920 ⊚ "A posição da própria policlínica como quartel-general
do movimento psicanalítico".....................55

1921 ⊚ "Deveria existir um ambulatório para tratamento
psíquico na acepção mais ampla do termo"......... 95

1922 ⊚ "Um ambulatório psicanalítico em Viena"......... 107

Parte II
OS ANOS MAIS GRATIFICANTES
1923-1932

1923 ⊚ "Essa ajuda deveria estar disponível para a grande
multidão" 149

1924 ⊚ "A honra provém do Partido Social-Democrata" 165

1925 ⊚ "Uma calorosa simpatia pelo destino desses
desafortunados"..............................189

1926 ⊚ "Embora ausente da abertura da clínica, estou com
vocês em tudo"............................... 209

1927 ⊚ "É de valor especial na promoção [da psicanálise]
o estabelecimento de institutos e clínicas de tratamento
ambulatorial".................................. 229

1928 ⊚ Freud "sabia perfeitamente como eram as coisas
no mundo. Mas, antes que pudesse lidar com o que
havia fora, ele precisava primeiro lidar com o que
havia dentro" 247

1929 ⊚ "O mesmo grupo de pacientes que precisa
do nosso tratamento carece de recursos"...........261

1930 ⊚ "Análises gratuitas ou de baixo custo [...] [são]
pelo menos um pequeno começo" 279

1931 ⊚ "Na qualidade de conselheiro social-democrata
da cidade, o Dr. Friedjung tem incentivado nossos
interesses como psicanalistas".................... 293

1932 ⊚ "Os solicitantes masculinos de tratamento [eram]
regularmente mais numerosos que as mulheres" ... 305

Parte III
DESFECHO
1933-1938

1933 ◉ "A Policlínica Psicanalítica de Berlim [...]
chegou ao fim" 321

1934 ◉ "A psicanálise [como] o germe da psicologia
dialético-materialista do futuro" 337

1935 ◉ "Um Seminário de Crianças, por escrito, sobre
a psicanálise marxista" 349

1936 ◉ "Psicanálise social" 357

1937 ◉ "Esses foram tempos traumáticos
e pouco falamos sobre eles" 373

1938 ◉ "O destino da psicanálise depende do destino
do mundo" 379

Posfácio: Psicanálise Para Quem? –
Marco Fernandes e Rafael Alves Lima 389

Fontes 397

Bibliografia..403

Agradecimentos.......................................413

Índice Remissivo 417

*Os primeiros não somos a ficar
sobre braseiros com boas intenções.*

WILLIAM SHAKESPEARE, *Rei Lear*

A Paul

Prefácio

O livro de Elizabeth Ann Danto é um documento de extraordinária importância. Ela nos mostra em uma pesquisa rigorosa, detalhada e ampla o que ocorreu na prática psicanalítica a partir do discurso de Freud dois meses antes do final da Primeira Guerra Mundial no Quinto Congresso Psicanalítico Internacional, em Budapeste, e que foi publicado no Brasil como "Caminhos da Psicoterapia Psicanalítica (1919)". Ali, Freud coloca que a psicanálise deveria ser direito de todos os cidadãos, ricos ou pobres. Os pobres deveriam ser atendidos no setor público da mesma forma como eram atendidos os ricos, nas diferentes especialidades médicas nos hospitais e nos mais diversos setores da sociedade. A psicanálise deveria ser gratuita aos que não pudessem pagar e, em muitos casos, os atendimentos deveriam ser bancados pelo Estado.

Até a leitura do livro de Elizabeth Ann Danto muitos de nós pensávamos que este era apenas mais um texto de Freud, com uma importância relativa em sua obra como um todo, onde ele refletia sobre a situação da psicanálise, suas expectativas de futuro, e os efeitos devastadores da Primeira Guerra Mundial. Os escritos de Danto, no entanto, desvelam um mundo desconhecido, mostrando como o discurso de Budapeste em 1918 e o texto de 1919 tiveram um extraordinário impacto e fizeram com que a primeira geração de psicanalistas fosse de fato ao campo social.

O livro expõe como, a partir do discurso de Freud em 1918, a primeira e segunda geração de psicanalistas se envolveram fortemente no trabalho de criação das clínicas dos institutos de formação e nas instituições públicas e privadas. Como nos relata Danto, pelo menos outras doze clínicas de atendimento psicanalítico gratuito, foram criadas entre 1920 e 1938 em e sete países, de Londres a Zagreb. Ainda, pelo menos um quinto dos trabalhos dos psicanalistas da primeira e segunda geração foi realizado nas clínicas públicas ligadas aos Institutos de Psicanálise, nas áreas da educação, com crianças de rua e abandonadas, em abrigos, com operários, com jovens e adolescentes empobrecidos, e no atendimento a jovens grávidas. Além disso, esses psicanalistas participaram ativamente da construção de políticas públicas e aproveitaram todo o espaço social que a então chamada "Viena Vermelha" do governo municipal social-democrata abriu com suas políticas inovadoras.

Vale a pena citar aqui alguns dos psicanalistas da primeira e da segunda geração envolvidos no projeto proposto por Freud no texto de 1918, elencado por Anna Danto. Entre os da primeira geração estavam Erik Ericson, Karen Horney, Sandor Ferenczi, Erich Fromm, Bruno Bettelheim, Melanie Klein, Anna Freud, Wilhelm Reich, Otto Fenichel, Franz Alexander, Annie Reich, Helene Deutsch, Alice Balint, Hermann Numberg, Max Eitingon e Karl Abraham. Entre os da segunda geração, Danto se refere também a Marie Langer. Cabe destacar aqui o papel de dois deles: Wilheim Reich e Otto Fenichel. Ambos assumiram importantes lideranças tanto nas clínicas públicas dos institutos das Sociedades Psicanalíticas de Viena e Berlim, como em variados trabalhos de campo.

Tudo isso foi realizado com o total apoio de Freud, que colocava o próprio corpo nos necessários contatos políticos com as autoridades sociais-democratas no debate e nas discussões públicas na cidade. Para ele, uma inserção orgânica no campo social era fundamental para a sobrevivência da psicanálise. Assim, nossos antecessores, a começar pelo próprio Freud, não tiveram medo de inventar os mais diferentes dispositivos que possibilitassem a operação psicanalítica nos mais diversos campos sociais, instituindo o que hoje denominamos "psicanálise nas situações sociais críticas". Nesse processo havia muito debate sobre como abordar as questões e a construção de diferentes dispositivos, mas em nenhum momento do livro surgem expressões tais como "isso não é psicanálise" ou "isso não é clínica". Ia-se ao campo e debatia-se com profundidade.

Interessante pensar como esse movimento foi apagado, mas não sufocado pela história. Danto nos fala das origens da psicanálise, com isso abrindo as portas para refletirmos sobre a nossa própria história recente no Brasil e em alguns países da América Latina, em especial a Argentina. Isso nos permite pensar, nos dias de hoje, que assim como os conteúdos inconscientes, a experiência psicanalítica foi transmitida ao longo de gerações, em especial na América Latina, onde foram surgindo situações que, agora, por meio deste livro, podemos ver com clareza que são herdeiras dessa tradição inaugurada em 1918. Na Argentina, o desejo de uma psicanálise exercida fora do consultório tradicional surge através de psicanalistas como Marie Langer –que ali se exilou depois do nazismo e de ter lutado na Guerra Civil Espanhola (1936-1939) –, e de Enrique Pichon Rivière. Além disso, foi lá que também se exilou da mesma guerra civil Angel Garma, que participava do círculo de psicanalistas socialistas coordenado por Otto Fenichel. Angel Garma e Marie Langer, juntamente com Pichon Rivière, foram três dos fundadores da Associação Psicanalítica Argentina. Algo muito semelhante, por extensão e proximidade, ocorreu no Uruguai, onde a psicanálise argentina exercia uma importante influência na formação e na prática dos psicanalistas.

É a partir de Buenos Aires que emerge nas décadas de 1960 e 1970, com características latino-americanas, uma prática clínica em centros de saúde, hospitais, comunidades e no trabalho com grupos e instituições. Esse mesmo movimento cria os grupos Plataforma e Documento que se separam da Associação Psicanalítica Argentina e aprofundam sobremaneira seu trabalho teórico e de campo. Com o golpe militar de 1976, uma boa parte dos psicanalistas envolvidos nessa ebulição criativa, tal como em 1938, deixam o país, muitos dos quais tendo vindo para o Brasil.

No Brasil o movimento emerge na luta contra a ditadura e em práticas insurgentes. São Paulo, Rio de Janeiro e outros centros urbanos brasileiros passam a ocupar, no mesmo período histórico

XVI

do golpe de estado de 1976 da Argentina, uma centralidade criativa. Muitos grupos se formaram aqui, sendo difícil citar e saber de todos. No Rio de Janeiro, a Clínica Social de Psicanálise criada por Hélio Pellegrino e Anna Kemper em 1973 teve um forte impacto, gerou muitas referências e exerceu um papel ativo na transmissão de uma clínica e de uma ética na psicanálise brasileira.

Em São Paulo, no ano de 1976, inicialmente sozinho, comecei a atender adolescentes, crianças e adultos em situação de rua, vítimas de violência de Estado, em um centro de defesa de direitos humanos. A partir de 1978, já muitos de nós, juntos ou individualmente, em diferentes grupos, fomos para o mundo, fora do consultório particular. Atendíamos nas ruas, em prisões, em clínicas sociais. Uma importante referência na época era o trabalho de Reich, pois não encontrávamos eco, nem apoio na então psicanálise oficial. Foi nesse mesmo momento histórico que psicanalistas brasileiros e argentinos criaram os espaços de formação no Instituto Sedes Sapientiae, que além de formar uma grande quantidade de colegas, começa a desenvolver uma série de trabalhos no campo social. Foram formando-se, assim, sucessivas gerações de psicanalistas fora do âmbito da Associação Internacional de Psicanálise, pautados em grande parte pelo movimento que havia sido abortado no processo militar argentino de 1976 a 1982, e, ao mesmo tempo, pela luta contra a ditadura brasileira. Mais tarde, a partir dos anos 90, a psicanálise se fortalece também nas universidades por todo o Brasil, principalmente a partir dos cursos de pós-graduação que começam a ter um efetivo papel na produção de pesquisas desenvolvidas no campo social.

Assim, podemos dizer que essa história e essa ética se apresentam hoje no Brasil na tradição e transmissão de Freud e da geração de 1918. O livro de Danto nos permite fazer essa passagem. Aqui também tem se dado a criação um sem-número de dispositivos psicanalíticos, alguns mais rigorosos outros menos, em todo o país, de norte a sul, da Amazônia ao Chuí. Além das distintas formas de clínica fora do consultório de classe média, os conceitos psicanalíticos são utilizados enquanto importantes ferramentas para os técnicos e para os trabalhadores operacionais envolvidos em diversos trabalhos de campo. A psicanálise está presente no atendimento desenvolvido no Sistema Único de Saúde, no Sistema Único de Assistência Social, na educação, na justiça, na promoção e garantia dos direitos humanos, na escuta de adolescentes em conflito com a lei, no atendimento à população de rua desenvolvido nas próprias ruas e em instituições, em clínicas gratuitas nas praças, na saúde mental, na luta antimanicomial, na formulação e implementação de políticas públicas, enfim, em todos os setores sociais que em nosso país se encontram no olho do furacão.

Podemos dizer que o livro de Danto permite que encontremos e nos apropriemos de uma parte importante dos caminhos que nos constituíram, mas que estavam presentes em nossa trajetória de uma forma fragmentada e muitas vezes sem palavras. Sua leitura faz com que muitos de nós possamos resgatar um passado que é nosso e não sabíamos, o que certamente nos tira de uma importante solidão e de um isolamento que vivemos durante tantos anos no próprio meio psicanalítico.

Outro aspecto importante sobre o qual esse trabalho nos leva a refletir é como a psicanálise se inova na crise social. É a escuta das demandas de nosso tempo que mantém o nosso saber vivo e criativo, obrigando-nos a dar conta do sofrimento e da miséria que se apresentam diante de nós enquanto algo desconhecido e que nos questionam eticamente. Isso, a meu ver, só é possível com a criação de diferentes dispositivos clínicos tal como nossos antecessores fizeram principalmente em Viena e na Alemanha entre os anos 1920 e 1938. Freud, como vemos neste texto, não se limitou aos geniais dispositivos que inventou (a poltrona e o divã), pois estimulou a criação de uma clínica no território da cidade e em variadas instituições. Como lembrado acima, ele sabia que a sobrevivência da psicanálise dependia de sua profunda inserção no tecido social.

O momento histórico brasileiro tem mobilizado também diferentes associações psicanalíticas que buscam outras formas de inserção e de atendimento clínico no campo social, numa sinergia que vai colocando como algo inexorável o olhar para fora de sua própria instituição e da classe social de seus membros. É cada vez mais claro para todos os membros da comunidade psicanalítica que o isolamento do mundo cotidiano faz com que a psicanálise perca cada vez mais espaço na atualidade. Os jovens que se formam estão em hospitais, residências, instituições, programas de pós-graduação e consultórios, tendo a clareza de que a prática tradicional da psicanálise, tal como realizada décadas atrás –salvo raras exceções—, não permite que sobrevivam de seu trabalho, além de não atender as necessidades da grande maioria da população.

Outro fator relevante é a produção de literatura psicanalítica. Há quarenta anos líamos fundamentalmente em espanhol e hoje temos uma vasta produção editorial. Inúmeras revistas e livros são fruto da escrita criativa de autores e produtos de seminários e congressos promovidos por associações psicanalíticas e universidades. Além disso, há pesquisas rigorosas em psicanálise sobre as mais diferentes situações humanas, muitas das quais, inclusive, desenvolvidas de maneira interdisciplinar.

O mundo contemporâneo coloca a psicanálise latino-americana numa situação muito difícil, porém, ao mesmo tempo, privilegiada. O que temos é um enorme caldeirão criativo onde a crise social cria saberes, indaga a nossa prática e leva à sua inserção no território da cidade. A experiência de atendimento clínico onde quer que a vida se dê mostra-nos que o sujeito fala onde quer que haja uma escuta, seja ela no divã, na instituição, nas ruas ou embaixo de uma ponte na mais pura tradição freudiana inaugurada em 1918. Muito do novo vai-se criando em português e espanhol. A psicanálise está viva por aqui como estava em Viena.

Cabe a nós todos manter acesa a chama da criatividade e da invenção. Acredito que esse seja o nosso melhor posicionamento no enfrentamento das sérias adversidades com as quais nos deparamos no presente.

Por tudo isso, a tradução do livro de Elizabeth Ann Danto para o português é uma importante contribuição à psicanalise brasileira, pois traz um debate necessário sobre os rumos de nossa prática. É uma leitura imperdível!

Jorge Broide
Psicanalista, psicanalista institucional
e professor de Psicologia Clínica na Pontifícia
Universidade Católica de São Paulo-PUCSP

Introdução à Edição Brasileira

Quase quinze anos depois de ter sido publicado pela primeira vez em Nova York, *Freud's Free Clinics – Psychoanalysis & Social Justice, 1918-1938* pode ser considerada tanto uma narrativa histórica como uma epístola para nossa época. Não posso imaginar um momento melhor para lê-lo, agora graciosamente republicado pela editora Perspectiva, de São Paulo, e traduzido do inglês para o português. O livro documenta como Sigmund Freud e as primeiras gerações de psicanalistas puseram em prática sua teoria da emancipação durante os vinte anos de vertiginosa produção cultural, quando Viena ascendeu às alturas da social-democracia e descendeu rapidamente para um estado de fascismo. Creio que Freud, cujo trabalho foi definido tanto pelo ambiente social quanto pelas investigações individuais e pelas ideias de direitos e responsabilidades sociais – ficaria feliz com a publicação deste livro no Brasil.

Para meu deleite, o projeto de tradução e publicação foi de dois jovens psicanalistas muito talentosos, Marco Fernandes e Rafael Alves Lima. Fernandes é mais conhecido como militante do Movimento Sem Terra – MST, doutor em Psicologia Social e psicanalista; nisso, alia-se a ele Alves Lima, psicanalista e pesquisador acadêmico da história da psicanálise no Brasil. Como eu mesma anos atrás, muito antes de começar essa pesquisa, tanto

Fernandes como Alves Lima sentiram que Freud ressoava surpreendentemente real ou verdadeiro para aqueles cuja identidade pessoal está em definitivo ligada à política liberal ou radical. Na Europa da década de 1920 e início da década de 1930, as clínicas psicanalíticas gratuitas[1] surgiram como aplicações da ideia de que sua prática favoreceria os objetivos da social-democracia. Traduzido por Margarida Goldsztajn com elegância e rigor acadêmico, esta edição recém-publicada do meu livro se lê, em parte, como um prefácio ao trabalho correspondente de Fernandes e Alves Lima nas comunidades em dificuldades de hoje.

No início do outono de 1918, Sigmund Freud viu-se preocupado com as perspectivas da psicanálise no pós-guerra. "Sinto-me atraído a rever a posição de nosso procedimento terapêutico", disse ele a seu público no v Congresso Psicanalítico Internacional, em Budapeste, e mapeou uma série de novos caminhos que a psicanálise deveria adotar para manter sua viabilidade em um mundo reestruturado. Ele escreveu: "A consciência da sociedade irá despertar, e fará com que lembremos de que o pobre deve ter tanto direito à assistência para sua mente quanto dispõe agora do auxílio oferecido pela cirurgia a fim de salvar a sua vida [...]. Então, serão criadas instituições e clínicas ambulatoriais [...] Tais tratamentos serão gratuitos."[2] E, de fato, uma rede europeia de clínicas psicanalíticas gratuitas foi o resultado imediato. Ademais, sugiro que o título do artigo, *Wege*, ou sendas, marcou uma mudança profunda na perspectiva de Freud. A Primeira Guerra Mundial forçou um repensar do papel dos médicos na sociedade; se não reconsiderassem sua posição, os psicanalistas poderiam se ver marginalizados como reacionários do lado errado de um mundo pós-monárquico. Embora "a situação pertença ao futuro", disse Freud, "devemos estar preparados"[3]. Ele explicou por que, em um momento de luta entre a necessidade humana e as forças socioeconômicas dominantes, os psicanalistas não podiam mais insistir em considerar a neurose do indivíduo como único *locus* de intervenção. Do ponto de vista clínico, a reestruturação

---

1 Essa é a tradução estrita de *free clinics*, que usaremos ao longo do livro. Entretanto, em virtude de a expressão "clínicas públicas" ser consagrada entre os especialistas no Brasil, optamos por essa forma para o título. (N. da E.)

2 S. Freud, Lines of Advance in Psychoanalytic Psychotherapy, *SE*, 1918, v. 17.

3 Ibidem.

INTRODUÇÃO À EDIÇÃO BRASILEIRA   XXI

seguiria o esquema de Sándor Ferenczi de terapia ativa. Socialmente, a intervenção efetiva significava defender os direitos sociais, com o direito à assistência acima de tudo. Os centros ambulatoriais, ou a "aplicação em massa da nossa terapia", ajudariam a restaurar a individualidade e a participação social.

O impulso para tornar a psicanálise amplamente acessível – ainda surpreendente para alguns hoje – deveu-se tanto às circunstâncias históricas como à reflexão pessoal. Com seus argumentos contra o privilégio militar e médico, deve estar claro agora que Freud jamais utilizou a palavra ou o conceito condescendente de filantropia. Livres da condescendência filantrópica, os pobres devem ter um "direito à assistência" específico na forma de cuidados de saúde mental, à semelhança de saúde física, habitação ou educação para os trabalhadores e suas famílias. Em 1919, os antigos súditos de uma monarquia tornaram-se cidadãos de uma democracia. Na causa judicial de 1920 contra o psiquiatra Julius von Wagner-Jauregg, Freud disse aos investigadores que soldados prejudicados pela neurose de guerra precisavam mais de cuidados do que de punição. "Alguns médicos permitiram que seu senso de poder aparecesse de forma brutal [...] [e] esqueceram seus deveres humanitários."[4] Na verdade, foi o tratamento das neuroses de guerra, escreveu Freud, que "ajudou a colocar a psicanálise no mapa entre os médicos até então céticos em relação às suas alegações"[5]. O direito humanitário ao cuidado seria estruturado na política de bem-estar social da nação recém-democratizada como um aspecto fundamental da cidadania. Quase sem exceção, o ativismo urbano dos psicanalistas estava localizado, do ponto de vista geopolítico, precisamente onde os governos do pós-guerra colocaram essas estratégias de bem-estar social em operação. Na Áustria pós-imperial, Freud estava implicitamente participando da sorte do governo socialista emergente e a cidade conhecida como Viena Vermelha. Com esse movimento, a narrativa mudou da psicanálise como uma construção clínica solitária para a psicanálise como uma ideologia modernista de transformação, nascida na Viena do *début de siècle* e desenvolvida como um fluxo de ideias

---

4   K.R. Eissler, *Freud as an Expert Witness*, p. 60-61. (Publicado pela primeira vez em 1979 por Locker Verlag, Viena, como *Freud und Wagner-Jauregg vor der Kommission zur Erhebung militärischer Pflichtverletzungen*.)
5   S. Freud, Introdução, em E. Simmel et al., *Psychoanalysis and the War Neuroses*.

XXII

e práticas através das geografias da Europa Central e Ocidental. Anna Freud, que atingiu a maioridade na época, disse que a psicanálise era vista "após a Primeira Guerra Mundial e no início dos anos de 1920 como a incorporação do espírito de mudança, o desprezo pela convenção, a liberdade de pensamento sobre o sexo e, nas mentes de muitos, a perspectiva ansiosamente procurada de libertação das restrições sexuais"[6].

A maioria dos psicanalistas, se bem que não todos, aderiu à posição de Freud acerca dos direitos sociais. Embora Ernest Jones, no fim, abrisse uma clínica em Londres, ele tivera reservas sobre o projeto. "Em suas opiniões políticas privadas você pode ser um bolchevique", escreveu ele a Freud antes de inaugurar a clínica, "mas você não ajudaria a difundir a Ψ se anunciasse isso em público"[7]. Como o sentimento de Jones havia prevalecido, na verdade, nos últimos cem anos, não é tão intrigante que o mandato de Freud de 1918 tenha sido consistentemente subestimado. É claro que, apenas vinte anos depois, a comunidade psicanalítica foi exilada de Viena e de Berlim, ameaçada de pena de morte. Aqueles que conseguiram chegar aos Estados Unidos, por exemplo, foram recebidos com hostilidade virulenta contra imigrantes (não diferente do que vemos se repetir nos dias de hoje). J. Edgar Hoover e seu crivo de vigilância os rotulavam de "comunistas, esquisitos e mentalmente distorcidos"[8]. Muitas décadas se passaram, porém, a interpretação das palavras de Freud da Guerra Fria permaneceu tão forte que os estudiosos geralmente ignoram ou anulam o significado por ele pretendido como um resultado de uma política social pré e pós-guerra. De alguma forma, pude ver através dessa neblina conservadora e tenho especialmente a sorte de que, em grande parte, a pesquisa e a escrita sobre Freud nos últimos quinze anos endossaram minha hipótese.

Hoje podemos defender a ideia da Viena Vermelha como a *terra firma* vital da psicanálise ao ouvir testemunhas oculares e intérpretes da época. "Ideologicamente, a maioria dos analistas era liberal", disse Richard Sterba. "Suas simpatias, como as da maior parte dos intelectuais vienenses, estavam com os sociais-democratas."[9] Seja

6   R. Coles, *Anna Freud: The Dream of Psychoanalysis*, p. 113.
7   Carta de Jones a Freud, de 25 fev. 1926, em R.A. Paskauskas (ed.), *The Complete Correspondence of Sigmund Freud and Ernest Jones, 1908–1939*, p. 592.
8   J. Edgard Hoover, apud K.A. Cuordileone, Politics in an Age of Anxiety, *The Journal of American History*, v. 87, n. 2, p. 515-545, especialmente p. 532-533.
9   R. Sterba, *Reminiscences of a Viennese Psychoanalyst*, p. 81.

INTRODUÇÃO À EDIÇÃO BRASILEIRA

nas escolas, no governo ou na cultura, o compromisso social do psicanalista no pós-guerra nutriu-se dos esforços de Viena para reconstruir a cidade de alto a baixo. Alguns analistas, como Paul Federn e Josef Friedjung, participaram diretamente da governança da Viena Vermelha; outros, tais como August Aichhorn, Siegfried Bernfeld e Anna Freud, defenderam a reforma pedagógica e criaram novas escolas; Helene Deutsch, Hermann Nunberg e Paul Schilder trabalharam na clínica psiquiátrica municipal. Outros ainda – Wilhelm Reich, Grete e Eduard Bibring, Otto Fenichel – atuaram nos campos da medicina e da psicanálise. Eles pressionaram para uma educação sexual. A Sociedade de Psicologia Individual de Alfred Adler contava com equipes de funcionários nos centros de orientação infantil. Os analistas atuavam na educação, na medicina, no jornalismo. "Nosso sonho era o sonho da psicanálise – tudo o que ela tinha para oferecer", disse Anna Freud, "não apenas indivíduos, mas escolas e universidades e hospitais e tribunais e 'escolas de reforma' que trabalhavam com 'delinquentes' e agências de serviço social."[10] A clínica gratuita desenvolvida em nome da Sociedade Psicanalítica de Viena[11], o ambulatório, floresceu de forma inesperada. Foi inaugurada em 1922 para pessoas de todas as classes e ocupações sociais; escolas e clubes, professores, médicos de escolas e pediatras particulares encaminhavam crianças, enquanto grupos de trabalhadores de fora da cidade, imigrantes, membros de gangues, boêmios e criados preenchiam as listas de pacientes. Os analistas haviam seguido o apelo de Freud de 1918 em Budapeste e colocaram a psicanálise em sua nova vereda.

Em 1925, Freud exortaria os analistas a ampliar sua esfera de ação de modo a incluir a educação na primeira infância, peça central da política cultural socialista. Em sua introdução a *Verwahrloste Jugend* (Juventude Abandonada) de August Aichhorn, Freud falou sobre a interseção crucial entre a psicanálise e a educação e sobre as amplas possibilidades da era para crianças. "Nenhuma das aplicações da psicanálise", disse ele, "despertou tantas esperanças e atraiu tantos colaboradores capazes quanto seu emprego na teoria e prática da educação."[12] O movimento arrebatou os pensadores vienenses, dos psicanalistas aos filósofos.

10 R. Coles, op. cit., p. 152.
11 Cf. A. Bronner (ed.), *Vienna Psychoanalytic Society*.
12 S. Freud, Preface to Aichhorn's "Wayward Youth", *SE*, v. 19, p. 273.

XXIV

"Estou fazendo psicologia infantil?", perguntou Ludwig Wittgenstein. "Estou fazendo uma conexão entre o conceito de ensino e o conceito de significado."[13] A análise e a educação infantis, quando combinadas, tinham o potencial único de desarmar a repressão burguesa e o *status quo* anterior à guerra. Quando Anna Freud procurou desenvolver a capacidade da criança de se tornar "um ser humano livre e autoconfiante"[14], ela virtualmente reverberou outra meta social-democrata: a educação para a independência. Professores como ela, Siegfried Bernfeld e Willy Hoffer fundiram educação e análise infantis, e sua nova pedagogia psicanalítica gerou o *Zeitschrift für Psychoanalytische Pädagogik*, um jornal progressista projetado para explorar a interação entre as necessidades das crianças e as demandas sociais. Com Paul Federn como coeditor, o *Zeitschrift* foi, segundo avaliação de Rudolf Ekstein, "um esforço para substituir a educação autoritária por um sistema mais humano [...] baseado em uma nova compreensão da criança e do jovem"[15]. Federn pregava um amplo repensar psicanalítico das relações sociais: para os políticos, Federn explicava a natureza psicológica da revolução e da contrarrevolução; para os psicanalistas, seu livro intitulado *Zur Psychologie der Revolution: die Vaterlose Gesellschaft* (A Psicologia da Revolução: A Sociedade Sem Pai) oferecia o arcabouço da psicologia social. Os governantes sociais-democratas retribuíram. Em 1927, a parlamentar feminista Therese Schlesinger escreveria na Assembleia Nacional que "é certamente desejável [...] que os trabalhadores se familiarizem com as ideias básicas do método de cura e da psicologia de Freud, para colocar o primeiro a seu serviço tão logo possível, a fim de prover fundos adequados para os seguros de saúde dos trabalhadores"[16]. Otto Bauer, o grande teórico do austro-marxismo, via o complexo de Édipo de Freud expresso nas interações das pessoas com seu ambiente socioeconômico; ele acreditava que a afiliação comunitária promove o caráter individual e vice-versa[17]. No

13 M.A. Peters, *Education, Philosophy and Politics*.
14 A. Freud, Four Lectures on Psychoanalysis for Teachers and Parents, *The Writings of Anna Freud*, v. 1, p. 127.
15 R. Ekstein, Reflections on and Translation of Paul Federn's "The Fatherless Society", *The Reiss-Davis Clinic Bulletin*, v. 8, p. 28.
16 K. Fallend; J. Reichmayr, Das Psychologische Wien, em H. Maimann (ed.), *Die ersten 100 Jahre*, p. 142.
17 M.E. Blum; W. Smalldone (eds.), *Austro-Marxism*, p. 54.

INTRODUÇÃO À EDIÇÃO BRASILEIRA   XXV

entanto, a Viena entre guerras, de ponta a ponta, há tempos tem suscitado um problema interessante: a psicanálise desenvolveu--se com notável vigor, mas o avanço do fascismo e a dor do exílio na década de 1930 a tornaram uma experiência particularmente complexa de transmitir.

Em 1927, ano em que Freud publicou *Die Zukunft einer Illusion* (O Futuro de uma Ilusão), a era de amplas conquistas sociais e econômicas de Viena foi atingida pelos golpes austrofascistas do Partido Cristão-Social, que precedeu o *Anschluss* nazista. Um homem muito mais engajado no ambiente político do que o conhecimento convencional sugere, Freud viu como as pessoas procuravam escapar dessa miséria ou encontrar refúgio em projeções e fantasia amorfa. "Nos delírios", ele escreve, "enfatizamos como essencial o fato de eles se acharem em contradição com a realidade."[18] É claro. Quem não gostaria de contradizer essa realidade, de que um breve interlúdio de progresso no pós-guerra estava prestes a ser abalado, mais uma vez, pela autoridade militar? "Nós estávamos tão envolvidos nesse movimento abrangente que não prestamos a devida atenção no vasto abismo que nos separava do outro lado da cultura profundamente dividida da Áustria – até que foi tarde demais", lembrou a psicóloga social Marie Jahoda[19]. Enquanto a cidade de Viena era Vermelha, a Universidade de Viena era chamada de Negra e ambos, estudantes e docentes, estavam implementando, com violência crescente, uma ideologia caracterizada pela rejeição da democracia, pelo ceticismo da ciência e pelo ódio aos judeus[20]. A universidade, onde Freud lecionava na Faculdade de Medicina, identificava-se com a Áustria maior – não com Viena – e com as profundas crenças conservadoras católicas do país dominado por uma coalizão de partidos nacionalistas alemães de direita. Imbuídos de teorias pseudo-darwinistas de "higiene racial" e com anseio pela unificação com uma Alemanha idealizada, muitos se juntaram ao Partido Nazista (NSDAP) em espírito, se não de fato. Um cenário médico, ao que parece, poderia sustentar a ciência como a única cultura forte o suficiente para repelir o fascismo institucional.

---

18   S. Freud, Future of an Illusion, *SE*, v. 21, p. 31, 33.
19   M. Jahoda, The Emergence of Social Psychology in Vienna, *British Journal of Social Psychology*, v. 22, n. 4, p. 343-349.
20   Cf. J. Wasserman, *Black Vienna: The Radical Right in the Red City*.

XXVI

Paradoxalmente, a "ciência", como Freud observou então, "conta com muitos inimigos manifestos, e muitos outros secretos, entre aqueles que não podem perdoá-la por ter enfraquecido a fé religiosa e por ameaçar derrubá-la"[21]. Como Freud o via, a oposição entre religião e ciência era análoga à hostilidade rancorosa dos cristãos-sociais em relação aos sociais-democratas que governavam, e ele estava preocupado com o *Futuro*.

Freud era, como sabemos, um crítico profundo da mesma opressão social que alarmou seus colegas, de Sándor Ferenczi aos mais ativistas Otto Fenichel e Wilhelm Reich. "Em nossas análises", escrevera Ferenczi de Budapeste a Freud no início de sua amizade, "investigamos as condições reais nos vários níveis da sociedade, purificadas de toda hipocrisia e convencionalismo, assim como se espelham no indivíduo."[22] E embora ele fosse tradicional em seu comportamento pessoal e duvidasse do materialismo, a afiliação de Freud com a social-democracia pode ser lida ao longo de *Das Unbehagen in der Kultur* (O Mal-Estar na Civilização). "A substituição do poder do indivíduo pelo poder de uma comunidade constitui o passo decisivo da civilização"[23], é uma declaração política. Freud via a "comunidade" como a ratificação de uma plataforma democrática moderna; a comunidade não é coerção totalitária (uma percepção descontextualizada, se bem que comumente errônea de seu argumento) e não obsta a consciência individual. Em especial desde o fim da década de 1940, as introduções às múltiplas edições do livro têm geralmente atribuído os temores do totalitarismo ou do comunismo da Guerra Fria ao uso que Freud faz da palavra "comunidade" se, isto é, o conceito foi incluído em resumos redundantes do indivíduo que busca o prazer e é derrotado pelas demandas da sociedade. Em contraste, o uso real de Freud remete a essa sentença anterior: "A vida humana em comum só se torna possível quando se reúne uma maioria mais forte do que qualquer indivíduo isolado [...]. O poder dessa comunidade é então estabelecido como 'direito', em oposição ao poder do indivíduo, condenado como 'força bruta'."[24] Aqui, Freud pode

---

21 S. Freud, Future of an Illusion, *SE*, v. 21, p. 55.
22 Carta de Ferenczi a Freud, n. 124, de 22 mar. 1910, em E. Falzeder et al. (eds.), *The Correspondence of Sigmund Freud and Sándor Ferenczi*, v. 1, p. 153.
23 S. Freud, Civilization and its Discontents, *SE*, v. 21, p. 42.
24 Ibidem.

INTRODUÇÃO À EDIÇÃO BRASILEIRA

estar aludindo ao individualismo social-darwinista defendido pelos austrofascistas e pelos estudantes violentamente antissemitas da Faculdade de Medicina – se ele estivesse falando sobre economia psicológica humana, ele usaria os termos clínicos "agressão" ao invés de "força bruta". Em outras palavras, os seres humanos precisam de uma estrutura social geral – mas como podemos ver em *Massenpsychologie Ich-Analyse* (Psicologia das Massas e Análise do Eu), não apenas qualquer estrutura social servirá, e ela não precisa existir com o único propósito de restringir os impulsos e os desejos do id. Na verdade, Freud está dizendo que necessitamos de estrutura social por razões políticas. Por exemplo, uma sociedade deve garantir justiça para que psiquiatras militares não abusem de seu poder, de modo que o ego pacífico do soldado não seja substituído por um ego bélico. Ou uma sociedade precisa propiciar acesso à saúde e aos cuidados da saúde mental. E finalmente, numa linha singularmente presciente, Freud escreve: "A primeira exigência da civilização é, portanto, a da justiça, ou seja, a garantia de que uma lei, uma vez criada, não será violada em favor de um indivíduo."[25] Se já houve alguma vez um argumento pela democracia e contra o fascismo, ei-lo a seguir: justiça significa que a sociedade deve ser uma salvaguarda específica contra o acesso desigual aos recursos. Porém isso não aconteceu. Em abril de 1933, dois meses após a tomada de poder por Hitler em Berlim, Freud informou a Ernest Jones: "Estamos em transição para uma ditadura de direita, o que significa a supressão da social-democracia."[26]

Na época da observação de Freud a Jones, a Áustria havia efetivamente substituído a democracia parlamentar pelo regime autoritário, e o chanceler Engelbert Dollfuss pouco fez para conter a violência que se seguiu. A liberdade de reunião e a liberdade de imprensa foram revogadas, as eleições nacionais e locais proibidas e a era histórica conhecida como *Ständestaat* ou austrofascismo se consolidou. Freud se recusou a aceitar seu exílio até o dia em que sua filha Anna Freud foi presa pela Gestapo. Nunca saberemos o que teria acontecido ao campo da psicanálise se Hitler não tivesse derrubado a democracia europeia. Este, contudo, não é um conto admonitório. As implicações da afiliação de Freud vão além de Viena, e a realidade da prática com as pessoas na vida cotidiana

25 Ibidem, p. 95.
26 Carta de Freud a Jones, de 07 abr. 1933, em R.A. Paskauskas (ed.), op. cit., p. 716.

vai além do "princípio do prazer". Alguns críticos do *Jenseits des Lustprinzips* (Além do Princípio do Prazer) de 1920 sugerem que a "compulsão à repetição" apenas reafirma uma espécie de aliança das trevas. O texto de Freud, contudo, é sombrio apenas para aqueles que o descontextualizam. Devolvendo-lhe seu lugar legítimo na história europeia, vê-se que Freud escreveu um livro sobre como lidar com o fim da Primeira Guerra Mundial, particularmente sobre o tom e os valores conflitantes daqueles anos presos entre o choque de uma monarquia desaparecida (o luto persiste em 2019) e o esperançoso advento do Partido Social Democrata eleito em 1919. "Se procurar restaurar um estado anterior de coisas constitui característica tão universal", resumiu Freud, "não precisaremos nos surpreender com que tantos processos se realizem na vida mental independentemente do princípio de prazer."[27] Para a nação, assim como para seus cidadãos individuais, promover a mudança e avançar em direção a um futuro mais igualitário pode ser tão convincente quanto repetir o passado. Da mesma forma, a prática da psicanálise é um compromisso no discurso político, conscientemente ou não.

A construção de classe social da profissão psicanalítica tem se modificado nos últimos cem anos, país por país, mudando do progressismo para o conservadorismo e vice-versa. A partir de 1918, entretanto, Sigmund Freud e a primeira e segunda gerações de psicanalistas apreciaram o desafio de criar uma prática que servisse como um equalizador social. Por entenderem que o inconsciente não tem classe social, eles não viam a psicanálise como um suposto luxo, nem suas clínicas gratuitas originais eram um aceno à filantropia. Felizmente, a releitura de sua história nos dias de hoje não só prova que os primeiros psicanalistas poderiam ser defensores dedicados dos direitos sociais, mas que a opressão toma muitas formas e a liberdade jaz no cerne da própria prática psicanalítica. Estou muito feliz que esta nova edição, brasileira, irá agora descortinar essa história para o crescente escopo da psicanálise no século XXI.

Elizabeth Ann Danto
Nova York e Viena

27   S. Freud, Beyond the Pleasure Principle, *SE*, v. 18, p. 42.

Introdução
A Consciência da Sociedade

Na Viena da década de 1920 e início da de 1930, médicos que estavam muito ocupados, como Sigmund Freud, podiam emitir um *Erlagschein* (algo como um vale) para um paciente atual ou em perspectiva, que mais tarde o usaria como forma de pagamento para outro médico. Os *Erlagscheine* eram, em geral, elegantemente impressos em papel laranja claro, escritos à mão, sem uma numeração própria, feitos para uma combinação especialmente versátil de comprovante de depósito bancário e cheque pessoal. Os vales eram atrativos para praticamente todos os membros da comunidade psicanalítica da cidade, já que médicos particulares poderiam endossar um *Erlagschein* (figura 1) para uma clínica como uma espécie de garantia, para resgatar (em dinheiro ou em tempo) as horas de tratamento que, via de regra, doariam pessoalmente. Sigmund Freud endossava com regularidade *Erlagscheine* de dois a quatrocentos xelins para a clínica gratuita dos psicanalistas em Viena, conhecida como o *Ambulatorium*.

Em 1918, apenas dois meses antes do armistício, Freud convocara os psicanalistas reunidos em

FIG. 1: *Um vale no valor de duzentos xelins austríacos, assinado por Freud (arquivos da Sociedade e Instituto Psicanalíticos de Boston).*

xxx

Budapeste para o seu v Congresso Internacional, a fim de dar início àquelas "instituições ou clínicas ambulatoriais[...] nas quais
o tratamento será gratuito. O pobre deve ter tanto direito à assistência para a sua mente quanto dispõe agora do auxílio oferecido
pela cirurgia a fim de salvar a sua vida", afirmou, abraçando a nova
retórica da social-democracia austríaca. "Pode ser que passe um
longo tempo antes que o Estado chegue a compreender como são
urgentes esses deveres. Tais instituições, provavelmente, iniciar-
-se-ão graças à caridade privada."[1]

Por trás dessas declarações, como de todos os projetos psicanalíticos de Freud, subjaz uma interessante tensão entre a teoria
psicológica e a prática terapêutica. Ao passo que sua teoria pretendia ser a-histórica, uma ciência fática, a *prática* clínica de Freud
estava de acordo com a ideologia política social-democrata que predominava em Viena depois da Primeira Guerra Mundial. Quando,
em maio de 1922, os psicanalistas do círculo de Freud abriram o
ambulatório para adultos, crianças e famílias que buscavam tratamento externo de saúde mental, o caráter da social-democracia
e de suas instituições de bem-estar social permeara de tal modo
a cidade natal de Freud que sua clínica era apenas um dentre os
muitos serviços gratuitos oferecidos. Viena não foi a primeira nem
a única cidade a abrigar uma clínica psicanalítica. Naqueles anos
de modernismo emergente, as expressões de consciência social de
Freud inspiraram a criação de uma série de pelo menos outras doze
clínicas cooperativas de saúde mental, de Zagreb a Londres[2]. Muito
mais tarde, em 1935, Freud escreveu que "com recursos próprios,
sociedades [psicanalíticas] locais sustentam [...] ambulatórios nos
quais analistas experientes, bem como analistas em formação dão
tratamento gratuito a pacientes de recursos limitados"[3]. As décadas
seguintes testemunharam a prática da psicanálise se desdobrar em
simples consultórios, caso a caso, em divãs onde a teoria pairava,
invisível, nos encontros clínicos. Entre 1918 e 1938, a psicanálise
não era um tratamento inacessível aos trabalhadores, não estava
rigidamente estruturada, nem se prolongava excessivamente.

Pelo menos um quinto do trabalho da primeira e da segunda
gerações de psicanalistas foi destinado aos indigentes que viviam

1 S. Freud, Lines of Advance in Psychoanalytic Psychotherapy, *SE*, v. 17, p. 167.
2 Ibidem.
3 Idem, Postcript to an Autobiographical Study, *SE*, v. 20, p. 73.

A CONSCIÊNCIA DA SOCIEDADE   XXXI

na cidade. Isso tornava a psicanálise acessível a estudantes, artistas, artesãos, operários, trabalhadores de fábricas, funcionários de escritório, desempregados, agricultores, empregados domésticos e professores de escolas públicas. A ideia de Freud influenciou estagiários e estudantes de medicina a tal ponto que eles conseguiam financiar a sua educação atendendo pacientes sem nenhum custo. Médicos e intelectuais consagrados tratavam de crianças pequenas com problemas e de suas mães, de adolescentes delinquentes e de pessoas cujas doenças psicossomáticas variavam de asma a epilepsia que, de outra forma, não teriam condições de pagar pelo tratamento. A natureza relativamente descontraída dessa troca, combinada com a mentalidade aberta da cultura política entre guerras, marcava uma pauta que possibilitava a pessoas de mundos sociais totalmente opostos se encontrarem na sala de espera de um psicanalista. Mesmo entre analistas que, externamente, evitavam a política, a prática em uma clínica gratuita refletia, de modo implícito, um compromisso cívico com o bem-estar humano. Helene Deutsch, membro ativo do círculo íntimo de Freud, que assumiu o Instituto de Formação da Sociedade Psicanalítica de Viena depois de residir entre 1923 e 1924 em Berlim, falou em nome de sua geração. "O revolucionismo", escreveu ela em sua história acerca da segunda geração de psicanalistas, era "um espírito de reforma [...] [que] nunca pode ser definido simplesmente por meio de sua aplicação social; é um atributo de indivíduos que são atraídos por tudo o que é recém-formado, recém-ganho, recém-conquistado"[4].

De 1920 a 1938, em dez cidades e sete países, a geração ativista de psicanalistas criou centros de tratamento gratuito. Freud havia falado "em parte como profecia e em parte como desafio", disse Max Eitingon, o psicanalista cuja riqueza e talento administrativo viabilizaram a primeira clínica em 1920, a Policlínica de Berlim. As inovações da policlínica incluíam diretrizes sobre a duração do tratamento, a análise fracionada (limitada no tempo) e, é claro, o tratamento gratuito. A análise infantil foi ali debatida formalmente pela primeira vez, e a educação psicanalítica, padronizada. Em Viena, a solução do dilema de como abrir uma clínica psicanalítica sem ofender desnecessariamente o *establishment* dependeu das habilidades diplomáticas de Eduard Hitschmann, amigo de

4   H. Deutsch, *Confrontations with Myself*, p. 84.

Freud, que abriu a segunda clínica, o Ambulatorium de Viena, em 1922. Em 1926, os psicanalistas britânicos criaram uma clínica em Londres, dirigida por Ernest Jones, o mentor psicanalítico da Grã-Bretanha e, mais tarde, o primeiro grande biógrafo de Freud. Também em 1926, Ernst Simmel, cofundador com Eitingon da Policlínica de Berlim, abriu um centro de internação em Schloss Tegel, nos arredores da cidade. Em 1929, o pioneiro analista húngaro Sándor Ferenczi fundou uma clínica gratuita em Budapeste. A essa altura, em Viena, Wilhelm Reich, cuja fusão de psicanálise e política de esquerda permanece tão controversa hoje como na década de 1920, havia criado a Sex-Pol (abreviatura de Deutschen Reichsverband für Proletarische Sexualpolitik – Associação Alemã para uma Política Sexual Proletária) – , uma rede de clínicas médicas e de saúde mental de tendência libertadora particularmente forte. Com o tempo, seguiram-se outras sociedades psicanalíticas, com programas, alguns concretizados, outros não, para clínicas gratuitas em Zagreb, Moscou, Frankfurt, Nova York, Trieste e Paris. Eram clínicas gratuitas (*free*, literal e metaforicamente): libertavam as pessoas de suas neuroses destrutivas e, à semelhança das escolas e das universidades municipais da Europa, eram livres de encargos. No clima inebriante do progressismo e dos movimentos sociais entre as duas guerras mundiais, supunha-se que a psicanálise participaria dessa transformação da sociedade civil, e que esses novos centros de tratamento ambulatorial auxiliariam a restituir às pessoas o seu eu inerentemente bom e produtivo. Os psicanalistas acreditavam que tinham a obrigação social de doar parte de seu tempo a pessoas que, de outro modo, não poderiam pagar pela psicanálise. A maioria nem sequer considerou pesar a eficácia do tratamento frente ao encargo financeiro imposto ao paciente.

Erik Erikson, Erich Fromm, Karen Horney, Bruno Bettelheim, Alfred Adler, Melanie Klein, Anna Freud, Franz Alexander, Annie Reich, Wilhelm Reich, Edith Jacobson, Otto Fenichel, Helene Deutsch, Alice Bálint, Frieda Fromm-Reichmann, Hermann Nunberg, Rudolf Loewenstein e Martin Grotjahn – esses foram apenas alguns dos analistas das clínicas gratuitas que depois se espalharam pelo mundo ocidental, alguns carregando a tocha do progressismo e outros enterrando. São atualmente conhecidos pelo seu revisionismo teórico e pelas diversas formas em que seguiram, transformaram ou romperam com a teoria freudiana

A CONSCIÊNCIA DA SOCIEDADE   XXXIII

clássica. Nos anos de 1920 e início dos anos de 1930, contudo, os mesmos analistas se viam como agentes de mudança social, para quem a psicanálise constituía um desafio aos códigos políticos convencionais, uma missão social mais que uma disciplina médica. Erich Fromm, residente do Instituto de Pesquisa Social de Frankfurt no final da década de 1920, e Ernst Simmel, à frente da Associação dos Médicos Socialistas de Berlim, eram analistas da policlínica que baseavam sua prática em uma relação simbiótica com os valores políticos da era de Weimar. A liberdade intelectual de Berlim proporcionou a Melanie Klein autonomia para a análise profunda de crianças. Karen Horney, talvez mais conhecida como a psicanalista que introduziu o relativismo cultural na teoria freudiana, foi membro fundador da policlínica e a primeira mulher que lá ensinou. Para intelectuais vienenses como Bruno Bettelheim, Otto Fenichel e Siegfried Bernfeld, mergulhados no ativismo romântico dos movimentos juvenis de esquerda da Europa Central, a psicanálise representava a libertação humana, o empoderamento social e a liberdade de não agir segundo as convenções burguesas. Erik H. Erikson, vencedor do Prêmio Pulitzer, que estabeleceu, talvez com mais firmeza que qualquer um dos outros, o conceito central da influência do ambiente social no desenvolvimento humano, recebeu sua análise didática no início da Viena moderna, no ambulatório. Em Budapeste, o primeiro diretor da clínica, Sándor Ferenczi, amigo íntimo de Freud há longos anos, pertencia a um círculo de intelectuais, poetas e escritores modernistas húngaros que incluía o filósofo de esquerda Georg Lukács e o compositor Béla Bartók.

Ferenczi, que morreu em 1933, acreditava que os psicanalistas que desconsideravam as "condições *reais* dos diversos níveis da sociedade" abandonavam, à própria sorte, a população cuja vida cotidiana é especialmente dolorosa. De muitas maneiras, para a Viena do *début de siècle* e do pós-guerra a teoria e a terapia psicanalíticas eram menos controversas do que hoje. Mas, quase desde sua criação e certamente desde sua chegada à América, clichês contra a clínica têm cercado a psicanálise em todo o espectro político[5]. Alguns críticos sugerem que a investigação psicológica individual descarta a variável do meio ambiente e que os estudos

---

5   Cf. N.G. Hale Jr., *The Rise and Crisis of Psychoanalysis in the United States.*

psicanalíticos situam o indivíduo à margem da cultura. Outros se dedicaram regularmente a invalidar a psicanálise como uma disciplina não científica e puramente ideológica. Os próprios psicanalistas têm alegado que a objetividade clínica na verdade requer o distanciamento da política, do plano de ação e do pensamento sociais. Como observava Wilhelm Reich, um dos teóricos mais mordazes do campo, "o conflito dentro da psicanálise no que tange à sua função social era imenso muito antes que qualquer dos envolvidos o percebesse"[6]. Ferenczi e Freud, no entanto, reconheceram esse conflito e, em 1910, haviam dado início a uma estratégia de longo alcance para resolvê-lo.

Entre as mudanças radicais ocasionadas pela Primeira Guerra Mundial, atitudes políticas anteriormente depreciadas se tornaram, de repente, dominantes, tanto no movimento psicanalítico como em outros âmbitos, enquanto as primeiras repúblicas austríaca e alemã seguiram um caminho escarpado rumo à sua constituição como Estados. Em 1918, Freud poderia simplesmente ter reafirmado os princípios de 1913 que sistematizavam seu enfoque pré-guerra sobre os honorários pagos pelos pacientes[7], mas ele previa que a história da teoria psicanalítica repousaria, em última análise, na história de sua prática real. As novas democracias exigiriam dos psicanalistas, como de outros profissionais, maior envolvimento público e responsabilização. Por conseguinte, Freud defendia uma visão alternativa e não tradicional (mesmo então) das obrigações sociais coletivas da psicanálise. O discurso de Budapeste sobre "a consciência da sociedade" refletia o despertar pessoal de Freud diante da realidade de um novo contrato social, um novo paradigma cultural e político que atraía quase todo promotor de reformas, de Adolf Loos na arquitetura a Clemens Pirquet na medicina e Paul Lazarsfeld nas ciências sociais[8].

No final de 1918, mudanças fundamentais na Alemanha e na Áustria, em âmbito territorial e nas perspectivas políticas, foram acentuadas pelo advento da "Viena Vermelha" e da "Berlim de Weimar" como modelos modernos de reconstrução urbana. Em

---

6   W. Reich, The Living Productive Power, em M.B. Higgins and P. Schmitz (eds. and trans.), *People in Trouble*, v. 2, p. 75.

7   S. Freud, Further Recommendations on the Technique of Psychoanalysis: On Beginning the Treatment, the Question of the First Communications, the Dynamics of the Cure, *SE*, v. 12, p. 123-156.

8   Idem, Lines of Advance in Psychoanalytic Psychotherapy, *SE*, v. 17, p. 167.

A CONSCIÊNCIA DA SOCIEDADE   XXXV

ambas as cidades, as agressivas políticas de planejamento social dos novos governos vinculavam a recuperação econômica a uma abordagem de obras públicas pela qual foram instituídos projetos de grande escala, muito originais, juntamente com um amplo desenvolvimento cultural e estético. Freud acreditava que algum dia "o Estado chegue a compreender como são urgentes esses deveres" e, de fato, os novos governos promoveram a saúde mental e os serviços sociais em uma escala muito mais ampla do que a saúde pública jamais vira. Eles se basearam nas novas profissões da arquitetura utilitarista, da política de saúde pública e do serviço social profissional e enfatizaram a importância da alta cultura para a causa socialista. Relatos de primeira mão sobre a vida na Viena Vermelha, suas numerosas comunidades de moradias públicas, seus programas de bem-estar social para famílias, o fomento da arte e da música, compartilhavam uma qualidade estimulante de compromisso público e orgulho cívico. As interpretações desses relatos, no entanto, são infinitamente contraditórias e ideologicamente orientadas: para o analista conservador, trata-se de uma intromissão e regulação estatais excessivas; para o marxista, desvelam o oportunismo da social-democracia e a futilidade de introduzir as mudanças sociais gradualmente; para o progressista, são exemplos de justiça e ação positiva.

Em 1919, as mulheres austríacas conquistaram o sufrágio universal, levando as políticas governamentais de saúde, moradia e família a mudarem de uma caridade paternalista individual para o empoderamento do direito ao bem-estar social – os privilégios da cidadania. Foram investidos recursos públicos em clínicas médicas e odontológicas, programas de assistência familiar, auxílio a crianças e centros de consulta para jovens e mães. Esse conjunto de programas foi projetado por Julius Tandler, brilhante anatomista e professor universitário, que transformou o Departamento de Bem-Estar de Viena em um sistema de assistência profissional para famílias e crianças. Inclusive visitantes americanos ficaram impressionados "Uma coisa está clara", relatou uma delegação do Commonwealth Fund. "Seria grosseiramente impreciso pensar na Áustria como um país no qual a saúde e o serviço social estejam em um estágio rudimentar."[9] Os representantes do Fundo

---

9   W.J. French; G. Smith, *The Commonwealth Fund*, p. 121.

XXXVI

reuniram-se com Otto Bauer, líder dos novos marxistas austríacos e secretário de Relações Exteriores em 1918-1919. Editor do jornal socialista *Arbeiter-Zeitung* (Jornal dos Trabalhadores), Bauer lhes falou do movimento social corrente como uma revolução na "alma do homem"[10]. A cultura urbana, pensavam os sociais-democratas de Viena, deveria abranger a vida total do trabalhador, da privacidade da vida individual e familiar à política pública e ao local de trabalho. Entre os psicanalistas, o neurologista de esquerda Martin Pappenheim, amigo de Eduard Histchmann e convidado frequente à casa dos Freud, sustentava que a mudança social deveria se estender "à estrutura das relações familiares, à posição social de mulheres e crianças, [e] à reforma sexual[11].

Em 1920, Adolf Loos, agora lembrado por seu modernismo impiedosamente simplificado, foi contratado como arquiteto-chefe do Departamento de Obras da cidade de Viena, que sofria na época de uma escassez crônica de moradias. Anton von Webern, brilhante compositor de vanguarda, era o principal regente da Sinfônica dos Trabalhadores de Viena e do Coral dos Trabalhadores de Viena (onde permaneceu até 1934) e promoveu algumas das primeiras performances das composições modernistas de Arnold Schoenberg. Schoenberg já havia treinado para ser o organizador da orquestra dos trabalhadores social-democratas. Entrementes, na Alemanha, a fama do diretor da Bauhaus, Walter Gropius, que representava a quintessência do arquiteto de Weimar, chegou ao apogeu com a produção da construção urbana. Em suas oficinas de móveis, ao mesmo tempo funcionais e requintados, e de utensílios diários, a Bauhaus reelaborou a ideia da produção em massa. Seus princípios para a criação de designs funcionais (muitos dos quais ainda parecem modernos hoje em dia) foram aplicados a todas as necessidades materiais comuns da vida cotidiana da cidade, de lâmpadas de mesa de cobre a serviços de chá de porcelana, de torradeiras cromadas a berços dobráveis. A arte coexistia com a realidade econômica; a cultura, com a política; a cidadania, com a estrutura recém-participativa do Estado[12].

10   H. Gruber, *Red Vienna*.
11   E. Pappenheim, "Politics and Psychoanalysis in Vienna Before 1938," artigo apresentado na 1984 Oral History Workshop of the American Psychoanalytic Association.
12   Para uma pesquisa mais profunda acerca da aplicação excessiva dos privilégios da "alta cultura" às classes mais baixas, ver H. Gruber, *Red Vienna*.

A CONSCIÊNCIA DA SOCIEDADE

A Berlim da década de 1920 abrigava a policlínica, o programa carro-chefe dos psicanalistas para a terapia pública e, para muitos, o coração da Sociedade Psicanalítica de Berlim, assim como o Ambulatorium o era para os vienenses. Para o analista e professor húngaro Sándor Radó, os analistas de Berlim haviam criado uma "sociedade maravilhosa", um grupo particularmente vivaz e estimulante de profissionais progressistas tão popular entre os intelectuais da cidade que Karl Abraham esteve a ponto de introduzir a psicanálise como disciplina na universidade[13]. Estagiários internacionais em serviço social, psiquiatria, orientação infantil e psicologia afluíam à policlínica não só da França e da Inglaterra, mas também do Egito, de Cuba e dos Estados Unidos. "Enviem-me, por favor, todas as informações disponíveis sobre o seu instituto", escreveu o psicólogo do Hospital Estadual de Worcester, Norman Lyon, em agosto de 1929. "Espero, em algum momento, ensinar Psicologia e dirigir uma clínica de acordo com essa disciplina."[14] Dos ambientes interiores modernistas concebidos por Ernst, o filho arquiteto de Freud, aos projetos educacionais, os empenhos da clínica para atender às obrigações sociais da psicanálise correspondiam à perspectiva social, política e cultural da Berlim de Weimar. Ernst estudara com Loos em sua oficina de Viena e explorara com sucesso as linhas simples e as superfícies sem adornos de Loos em um design comunitário para a sala de espera da clínica. Em sua prática terapêutica, os psicanalistas de Weimar debatiam abordagens não tradicionais de tratamento e, no plano social, defendiam a reforma penal, a liberação sexual, a igualdade de gêneros e a descriminalização da homossexualidade[15]. Porém, mesmo em Berlim, onde a riqueza de Eitingon e a eficiência de Karl Abraham como diretor da sociedade levaram a uma simplificação da fórmula de Freud para a distribuição de serviços gratuitos, assumiram-se compromissos e pacientes eram

---

13 B. Swerdloff, entrevista com S. Radó, em "History of the Psychoanalytic Movement", Oral History Collections, Bibliotecas da Universidade Columbia, Nova York.

14 N.W. Lyon, carta de 05 ago. 1929, ao "Secretary, Psycho-analytic Institute, Berlin, Germany", Arquivos da Policlínica de Berlim, Koblenz, Alemanha.

15 Sobre o espírito cívico progressista da sociedade berlinense, ver L.M. Hermanns, Karl Abraham und die Anfänge der Berliner Psychoanalytischen Vereinigung, *Luzifer-Amor: Zeitschrift zur Geschichte der Psychoanalyse*, Heft 13, p. 30–40; R. De Clerck, Der Traum von einer bess'ren Welt, *Luzifer-Amor: Zeitschrift zur Geschichte der Psychoanalyse*, Heft 13, p. 41-70.

XXXVIII

vistos a domicílio. A demanda pública por um tratamento psicanalítico, que parecia superar qualquer solução para as inadequações crônicas de tempo e espaço, foi sensacional.

A psicanálise não estava realmente desconectada da rede geral de serviços de saúde mental disponíveis nem em Viena e tampouco em Berlim. Clínicas médicas e de saúde mental privadas, outrora restritas às pessoas abastadas ou quase abastadas, abriram suas portas a todos os estratos da sociedade. Pelo menos desde 1916, os governos haviam apoiado a psicanálise como uma forma de psicoterapia para ajudar soldados em estado de choque que voltavam das linhas de frente. E, embora Alfredesse desertado das fileiras de Freud em 1911, os membros da sua popular Sociedade de Psicologia Individual contavam com consultórios para orientação infantil ligados ao sistema educacional municipal de Viena[16]. Com sua ênfase intransigente na sexualidade humana, a psicanálise era só um dos muitos tratamentos disponíveis da psicologia moderna, porém, mesmo assim, o mais complexo e controverso. No Ambulatorium de Viena, situado na Pelikangasse, a psicanálise era praticada diariamente por clínicos intimamente ligados à mudança na agenda médica e sociopolítica da Viena Vermelha. E na Potsdamerstrasse, em Berlim, a Policlínica oferecia aos pacientes psiquiátricos da cidade uma alternativa compassiva aos cuidados institucionais do Hospital Charité, recebendo aqueles que os estabelecimentos médicos e psiquiátricos estavam prontos a dispensar.

Embora, em 1938, os nazistas tivessem exaurido a psicanálise de tal modo que era possível percorrer os centros acadêmicos de Berlim ou de Viena sem encontrar um único analista, muito menos judeu, Otto Fenichel e seu grupo de colegas exilados mantiveram suas crenças com mais veemência do que nunca. A clínica de Berlim fechou as portas em 1933; a Sex-Pol, em 1934; o Ambulatorium de Viena, em 1938. Ainda assim, Fenichel encorajava seus antigos colegas a preservar uma atitude política crítica, ainda que a policlínica tivesse sido arianizada (não fechada tecnicamente) em 1933. Nas *Rundbriefe*, uma série extraordinária de cartas escritas para e entre seu círculo de analistas ativistas, Fenichel articulava o confronto entre aqueles que fielmente defendiam o humanista Freud e uma nova classe de clínicos alinhados com a psicologia

16 P. Stepansky, *In Freud's Shadow: Adler in Context*, p. 216.

A CONSCIÊNCIA DA SOCIEDADE   XXXIX

do ego. Nos dez anos seguintes, Fenichel veria a nova teoria da adaptação da psicologia do ego de Heinz Hartmann, no melhor dos casos como neofreudiana e, na pior das hipóteses, como uma versão conformista e estranhamente pré-freudiana. O grupo de Fenichel argumentava consistentemente, junto com seus colegas da Associação dos Médicos Socialistas de Ernst Simmel, que a importância da psicanálise residia precisamente em sua dimensão social, inclusive marxista. "Estamos todos convencidos", escreveu Fenichel de Oslo, em março de 1934, "de que reconhecemos na Psicanálise de Freud o germe da psicologia dialético-materialista do futuro e, portanto, precisamos desesperadamente proteger e ampliar esse saber"[17].

É intrigante que a história do ativismo político na psicanálise tenha sido consistentemente omitida do público. As carreiras dos membros da segunda geração de psicanalistas foram exemplares. Os alunos de Freud eram líderes na academia, na medicina e mesmo no exército. A evidência histórica oral e escrita, ainda que fragmentada, confirma que o movimento psicanalítico, nos seus primórdios, foi construído em torno de um núcleo político progressista, intimamente ligado ao contexto cultural da Europa Central entre 1918 e 1933, e que as clínicas ambulatoriais gratuitas eram uma implementação dessa ideologia. Esse discurso se faz presente quando se situa a psicanálise no contexto dos movimentos sociais, alternadamente reformistas e conformistas, do modernismo, do socialismo, da democracia e do fascismo do século xx. Hoje, as *Rundbriefe*, de Otto Fenichel, sobrevivem como uma eloquente documentação do elo histórico entre a psicanálise e a política progressista, tão clássica em sua forma epistolar como o texto psicanalítico de referência de Fenichel, *Psychoanalytische Neurosenlehre* (A Teoria Psicanalítica das Neuroses). No momento em que este livro é escrito, são frágeis folhas de papel, com tipografia antiga, presas por clipes enferrujados. As *Rundbriefe*, porém, contam parte da história da evolução do movimento psicanalítico de 1934 a 1945, de seus participantes ativos e de suas maiores lutas ideológicas na Europa e na América. A reconstrução de outras crônicas igualmente válidas, a partir de memórias pessoais, dos poucos documentos subsistentes e dos fragmentos amplamente

---

17   O. Fenichel, *119 Rundbriefe (1934-1945): Band I: Europa (1934-1938)*, p. 35.

dispersos em diversos arquivos, constitui um desafio. No entanto, as afiliações políticas reais de membros proeminentes do movimento psicanalítico são fato comprovado. Entre os marxistas declarados estavam Erich Fromm, Otto Fenichel, Karl Landauer, Barbara Lantos, Georg Gerö, Frances Deri, Käthe Friedländer, Steff Bornstein e Wilhelm e Annie Reich. Bruno Bettelheim, Grete Bibring, Helene Deutsch, Ernst Simmel, Willi Hoffer, Eduard Kronengold (Kronold, Siegfried Bernfeld e Heinrich Meng se identificavam como socialistas. Entre os comunistas conhecidos estavam Anny Angel-Katan, Edith Jacobson, Edith Gyömröi, Edith Buxbaum, Marie Langer, Ludwig Jekels e Wilhelm Reich. Eduard Hitschmann, Paul Federn, Karen Horney, Josef Freidjung e Sigmund Freud eram sociais-democratas. Desde então, alguns desses analistas, como Erik Erikson e Karen Horney, ganharam reputação enquanto Helene Deutsch e Erich Fromm, por exemplo, desapareceram gradualmente da paisagem cultural atual e outros, como Wilhelm Reich e Sándor Ferenczi, ressurgiram com surpreendente força. À semelhança das *Rundbriefe*, que desapareceram do domínio público, o destino histórico das clínicas contrasta totalmente com os sofisticados padrões da formação psicanalítica e com o modelo da prática privada que hoje prevalecem nos institutos psicanalíticos e nos consultórios exclusivos em todo o mundo.

Com sua cultura fragmentada pelo terrorismo, obrigada a reconstruir sua vida profissional em uma língua estrangeira, e assolada pelo gritante nacionalismo do pós-guerra, a maioria dos psicanalistas da Europa Central fugiu. Ainda assim, eles confiavam em que a boa vontade e a compaixão geradas pela psicanálise acabariam por triunfar, caso amenizassem as histórias de seu passado radical. Ernest Jones sempre fora uma voz do conservadorismo, mas seus pronunciamentos sobre a consciência social em 1926 colocaram a clínica da Sociedade britânica em um curso tal que, ainda em nossos dias, continua a oferecer psicanálise gratuitamente aos londrinos. O Centro Jean Favreau ainda prospera sob a Sociedade Psicanalítica de Paris, fundada em 1920 e dirigida durante muitos anos por Marie Bonaparte; seus psicanalistas dão consultas e tratamentos gratuitos aos residentes de Paris.

Perto do final da Primeira Guerra Mundial, Ernst Simmel, que servira como médico do exército e fora diretor de um hospital para soldados com traumas de guerra, escreveu sobre a necessidade

A CONSCIÊNCIA DA SOCIEDADE

premente de participar da "economia humana [...] por causa do desperdício de vidas humanas durante os anos de guerra e para a preservação de todas as nações"[18]. Ele acreditava que a comunidade fosse a força vital da sobrevivência. Para Simmel, como para Freud, as clínicas gratuitas personificavam a coletividade dentro da psicanálise. Os psicanalistas se uniram na luta do *début de siècle* na Europa para construir uma democracia desprovida de sentimentalismo e um mundo melhor. Helen Schur, estudante de Medicina da Universidade de Viena na década de 1920 e mais tarde esposa do médico pessoal de Freud, Max Schur, resumiu isso muito bem. "Creio que eles achavam que isso seria a libertação das pessoas. Para conseguir que elas ficassem realmente livres de neuroses, para que estivessem mais preparadas para trabalhar, ou seja, como disse Freud, para amar e trabalhar."[19]

O que se segue é a história dessa libertação.

18 E. Simmel, Discussion, em E. Simmel et al., introdução de S. Freud, *Psycho-Analysis and the War Neuroses*, p. 30-43.
19 Entrevista não publicada da autora com Helen Schur, 08 nov. 1995.

I.

A Sociedade Desperta: 1918-1922

1918

"O tratamento será gratuito"

O psicanalista alemão Max Eitingon escreveu em 1925 que seus colegas já não podiam mais honestamente alegar que "o fato de que os pacientes paguem ou não tenha influência importante no curso da análise"[1]. Eitingon, porém, estava meramente anunciando o que seria a concretização do que Sigmund Freud previra sobre a consciência social no discurso de 1918, em Budapeste. Na ocasião, Freud rejeitou explicitamente sua posição pré-guerra, segundo a qual "o valor do tratamento não é melhor apreciado aos olhos do paciente se forem cobrados honorários muito baixos"[2], e repudiara a sua imagem anterior, de 1913, do psicanalista / médico como empreendedor[3]. Até o final de sua vida, Freud apoiou as clínicas psicanalíticas gratuitas, lutou por honorários flexíveis e defendeu a prática da análise leiga, todos eles desvios substanciais de uma tradição de privilégio dos médicos e de dependência dos seus pacientes. Sua aversão manifesta pelos Estados Unidos como "a

---

1 M. Eitingon, Report on the Berlin Psycho-Analytical Institute, May 1924–August 1925, *International Journal of Psychoanalysis*, v. 7, p. 139-144.

2 Mesmo na discussão acerca da determinação dos honorários, Freud menciona que "aproximadamente por dez anos reservei uma hora por dia, e às vezes duas, para tratamentos gratuitos".

3 S. Freud, Further Recommendations on the Technique of Psychoanalysis: On Beginning the Treatment, *SE*, v. 12, p. 131.

A SOCIEDADE DESPERTA: 1918-1922

terra dos bárbaros do dólar" reverberava seu desprezo por uma atitude médica que ele acreditava ser mais norte-americana que europeia, mais conservadora que social-democrata[4]. Essa ampla reavaliação no tocante aos honorários médicos, de 1913 a 1918, resultou em parte das dolorosas privações psicológicas e materiais sofridas pela família Freud durante a guerra e em parte de mudanças importantes no cenário político mais amplo do início do século xx.

O senso de responsabilidade cívica de Freud não era algo novo. Quando criança, ele havia testemunhado a criação, em 1868, do *Bürgerministerium* (ministério burguês), agressivamente liberal, que fomentava tolerância religiosa e uma legislação social progressista que abrangia a educação secular, os casamentos entre classes, a proibição da discriminação contra os judeus e um sistema penal compassivo[5]. Ele admirava Hanibal e Masséna, general judeu do exército de Napoleão, e estava fascinado pelo desenvolvimento de estratégias militares em larga escala. A ideia de se tornar um político parece ter ocorrido a Freud quando, na adolescência, ele "desenvolveu um desejo[...] de participar de atividades sociais" e decidiu estudar Direito[6]. A Escola de Direito o capacitaria para as habilidades da liderança política e assim ele poderia fomentar a agenda liberal austríaca de reforma social. O colapso econômico de 1873, no entanto, que abalou os bancos e as indústrias do setor privado de Viena, bem como a prosperidade econômica da cidade em geral, ocorreu no mesmo ano em que Freud ingressou na universidade. O jovem Freud foi profundamente afetado pelo "destino de estar na oposição e ser banido da 'imensa maioria'", e reagiu desenvolvendo o que mais tarde chamaria, ironicamente, de "um certo grau de independência de julgamento"[7].

A experiência direta com o antissemitismo na universidade serviu, na vida de Freud, como uma poderosa motivação para descobrir as raízes da agressão individual e social. Era apenas natural que Freud enfocasse o contexto social do comportamento individual. Seu modelo da família judaica liberal, de forte mentalidade

---

4   Carta de Freud a Ferenczi, n. 1079, de 19 set. 1926, em E. Falzeder et al. (eds.), *The Correspondence of Sigmund Freud and Sándor Ferenczi*, v. 3, p. 278.
5   P. Gay, *Freud: A Life of Our Time*, p. 14.
6   S. Freud, An Autobiographical Study, *SE*, v. 20, p. 8.
7   Ibidem, p. 9.

1918 ● O TRATAMENTO SERÁ GRATUITO

cívica, em grande parte secular, muito realizada e trabalhadora, estava enraizado na Viena cosmopolita. "Nosso pai era um homem verdadeiramente liberal", escreveu a irmã de Freud, Anna Freud Bernays, sobre Jacob, o chefe da família,

tanto que as ideias democráticas absorvidas por seus filhos estavam muito distantes das opiniões mais convencionais de nossos parentes [...] Em meados do século passado, o pai era a figura toda- poderosa na família europeia e todos obedeciam a ele sem questionar. Com a gente, no entanto, prevalecia um espírito muito mais moderno. Meu pai, um erudito autodidata, era realmente brilhante. Ele discutia com as crianças, especialmente com Sigmund, todo tipo de temas e problemas[8].

Não surpreende, pois, que Emma Goldman, uma das primeiras feministas americanas e líder anarquista, tenha encontrado tanto em comum com o jovem neurologista, ficando muito impressionada quando ouviu a palestra de Freud em 1896, em Viena:

Sua simplicidade, sinceridade e o brilho de sua mente combinavam-se de modo a dar a sensação de ser transportado de um porão escuro para a luz do dia. Pela primeira vez compreendi o pleno significado da repressão sexual e seus efeitos sobre o pensamento e a ação humanos. Ele me ajudou a entender a mim mesma, as minhas próprias necessidades; percebi também que somente pessoas de mentes depravadas poderiam impugnar os motivos ou considerar impura uma personalidade tão grande e admirável como Sigmund Freud[9].

Outros ativistas liberais como Sándor Ferenczi (figura 2), o grande parceiro psicanalítico húngaro de Freud, concordavam. "Em nossas análises", escreveu ele de Budapeste a Freud em 1910, "investigamos as condições reais nos vários níveis da sociedade, depuradas de toda hipocrisia e de todo convencionalismo, tal como se refletem no indivíduo."[10] Sándor Ferenczi era um médico e intelectual socialista afável, de rosto redondo, que defendia apaixonadamente os direitos das mulheres e dos homossexuais desde 1906. Homem encantador, filho de um editor socialista húngaro, Ferenczi estendeu os limites da teoria psicanalítica para além e

8   A. Freud Bernays, My Brother, Sigmund Freud, em H.M. Ruitenbeek (ed.), *Freud As We Knew Him*.
9   E. Goldmann, *Living My Life*, p. 173.
10 Carta de Ferenczi a Freud, n. 124, de 22 mar. 1910, em E. Falzeder et al. (eds.), op. cit., v. 1, p. 153.

com mais rapidez do que qualquer outro. Em 1912, ele fundou a Sociedade Psicanalítica Húngara, lar de grandes psicanalistas que incluíam Melanie Klein, Sándor Radó, Franz Alexander, Therese Benedek e Alice e Michael Bálint. Em 1929, Ferenczi restabeleceu a clínica gratuita que havia concebido em Budapeste, na universidade, dez anos antes, durante uma breve cátedra em psicanálise promovida pelo regime revolucionário[11]. A extraordinária relação de Freud com Ferenczi é demonstrada nas mais de 1.200 cartas trocadas entre 1908 e 1933, ano em que Ferenczi morreu de anemia perniciosa. O diálogo epistolar entre os dois homens é altamente carregado de sentimentos pessoais, registra a ampla troca de ideias acerca da teoria psicanalítica e, muitas vezes, alude, com amargo sarcasmo, aos efeitos maiores da injustiça social sobre seus pacientes.

Ferenczi descreve como o analista deve ouvir os pacientes porque só eles realmente entendem como a psicanálise favorece o bem-estar social. Quando as vidas de mulheres, homens e crianças estão mais em conformidade com suas naturezas individuais, a sociedade pode afrouxar os laços e permitir um sistema menos rígido de estratificação social. Seu trabalho analítico com um tipógrafo, um proprietário de uma gráfica e uma condessa havia demonstrado a Ferenczi como cada indivíduo vivenciava a repressão da sociedade dentro de seu respectivo estrato social. Nenhum estrato é mais repressor do que os outros, mas cada qual merece igualmente beneficiar-se da terapia. O tenso tipógrafo estava aterrorizado pelas exigências do chefe de seção do jornal; o proprietário da gráfica se sentia esmagado pela culpa decorrente das fraudes que aperfeiçoara, a fim de passar a perna nas regras corruptas da Associação dos Proprietários de Gráficas; as fantasias sexuais de uma jovem condessa com seu cocheiro manifestavam sua sensação de vazio interior. E uma criada revelou o prazer masoquista que obtinha ao decidir aceitar um salário inferior dos aristocratas em vez de um salário mais alto de uma família burguesa. "Em comparação com a 'Lei de Ferro dos Salários'", resumiu Ferenczi, "os determinantes psicológicos são tristemente negligenciados na sociologia atual."

---

11 K. Abraham et al. (eds.), Personalia und Literarisches, *Internationale Zeitschrift für Ärztliche Psychoanalyse*, v. 5, p. 228.

FIG 2. Retrato de Sándor Ferenczi, pintado por Olga Székely-Kovács (Judith Dupont)

O que poderia parecer o despertar do pós-guerra de Freud para as realidades mais duras da vida e para a desigualdade social estava há anos em incubação, muitas vezes nas frequentes troca de ideias entre os dois amigos. "Encontrei em mim mesmo apenas uma qualidade de primeiro grau, uma espécie de coragem que é inabalada pelo convencionalismo", escreveu Freud em 1915 para Ferenczi, postulando que suas descobertas psicanalíticas provinham de um "criticismo realista e implacável."[12] De fato, a realidade política requeria escrutínio em muitos níveis. Em 1915, Freud ainda era leal a Francisco José e à Viena na qual judeus assimilados prosperavam na alta cultura, nas atividades intelectuais e na política de reforma social. Nessa época, porém, a guerra já havia começado e o reacionário prefeito Karl Lueger, um populista e antissemita de direita, e o Partido Cristão-Social, que ele cofundara em 1885, desbancaram os liberais vienenses e dominaram a política municipal até a Primeira Guerra Mundial. Em 1917, a vida familiar e a prática profissional de Freud foram completamente dilaceradas. Ele escreveu a Ferenczi sobre o "frio intenso, as preocupações com provisões, as expectativas sufocadas [...] Até mesmo o ritmo em que se vive é difícil de suportar"[13]. Aos 62 anos de idade e claramente impaciente com as batalhas e a antiga ideia do Estado absolutista, Freud observou que "a tensão sufocante, sob a qual todos aguardam a iminente desintegração do Estado da Áustria,

---

12 Carta de Freud a Ferenczi, n. 542, de 8 abr. 1915, em E. Falzeder et al. (eds.), op. cit., v. 2, p. 55.
13 Carta de Freud a Ferenczi, n. 646, de 28 jan. 1917, ibidem, p. 179.

8 A SOCIEDADE DESPERTA: 1918-1922

talvez seja desfavorável". Mas, prosseguiu ele, "não posso reprimir minha satisfação com esse resultado"[14].

Mesmo antes do final da guerra, o discurso de Freud em setembro de 1918 no v Congresso Psicanalítico Internacional se concentrou especificamente no futuro, não na guerra ou no conflito individual. O discurso era um chamado para uma renovação social em grande escala no pós-guerra, uma exigência em três direções: a sociedade civil, a responsabilidade governamental e a igualdade social. Para muitos de seus colegas psicanalistas, diplomatas e estadistas, amigos e familiares que ouviram Freud ler seu ensaio sobre o futuro da psicanálise, aquele belo dia de outono em Budapeste foi o presságio de uma nova e ousada direção no movimento psicanalítico. Anna Freud e seu irmão Ernst haviam acompanhado o pai ao congresso, e o psicanalista britânico Ernest Jones (que não pôde comparecer) afirmou mais tarde que Freud leu seu artigo[15] em vez de produzir um discurso improvisado, como era de seu hábito, o que incomodou sua família[16]. Entretanto, na atmosfera cautelosamente festiva que predominava nos dias 28 e 29 de setembro, o discurso de Freud diante desse público sofisticado foi muito mais sedicioso em termos de significado do que de elocução. Ele os conduziria por um caminho inexplorado, disse, "que parecerá fantástico para muitos dos senhores, e que, não obstante, julgo merece que estejamos preparados para ele em nossas mentes"[17]. Ele invocou uma série de crenças modernistas sobre um progresso alcançável, a sociedade secular e a responsabilidade social da psicanálise. E defendeu o papel central do governo, a necessidade de reduzir a desigualdade por meio do acesso geral aos serviços, a influência do ambiente sobre o comportamento individual e a insatisfação com o *status quo*.

---

14 Carta de Freud a Ferenczi, n. 762, de 11 out. 1918, ibidem, p. 299.

15 Da mesma forma, Freud mais tarde repreendeu Wilhelm Reich por *ler* um artigo para a Sociedade em 1921. Reich nunca o fez de novo e Ilse Reich lembrava-se da vívida imagem de Freud comparando um conferencista que lê um artigo a um condutor de trens que dirige sua locomotiva em alta velocidade, enquanto os passageiros correm ao seu lado e tentam alcançá-la. Freud assemelhava um documento lido a um artigo no qual o autor apresenta uma posição firme, a uma sanção e não a um debate. Jones deve ter mal interpretado a perturbação causada pela sua escolha em Budapeste ou simplesmente tentou ignorar as implicações políticas do artigo.

16 E. Jones, *The Life and Work of Sigmund Freud*, v. 1, p. 198.

17 S. Freud, Lines of Advance in Psychoanalytic Psychotherapy, SE, v. 17, p. 166.

1918 ● O TRATAMENTO SERÁ GRATUITO

Freud proclamou:

É possível prever que a consciência da sociedade irá se despertar, e fará com que se lembre de que o pobre deve ter tanto direito à assistência para sua mente quanto dispõe agora do auxílio oferecido pela cirurgia a fim de salvar a sua vida; de que as neuroses ameaçam a saúde pública não menos do que a tuberculose, e tampouco podem ser deixadas aos cuidados impotentes de membros individuais da comunidade. Então, serão criadas instituições e clínicas ambulatoriais, para as quais serão designados médicos analiticamente preparados, de modo que homens que de outra forma cederiam à bebida, mulheres que sucumbiriam sob o peso de suas privações, crianças para as quais não há escolha, a não ser se converterem em selvagens ou em neuróticos, possam se tornar capazes, por meio da análise, de resistência e de trabalho eficiente. Tais tratamentos serão gratuitos. Pode ser que passe um longo tempo antes que o Estado chegue a compreender como são urgentes esses deveres. [...]Tais instituições, provavelmente, iniciar-se-ão graças à caridade privada. Mais cedo ou mais tarde, contudo, chegaremos a isso[18].

O argumento de Freud se referia a nada menos que à complexa relação entre os seres humanos e as forças sociais e econômicas dominantes. Implicitamente, ele estava compartilhando a sorte com o emergente governo social-democrata.

Mesmo em 1918, a psicanálise corria o risco iminente de irrelevância prematura e isolamento causados pelo elitismo. A mesma independência fervorosa que havia impulsionado o movimento psicanalítico, relativamente marginal às comunidades médicas e acadêmicas de Viena e praticado por um grupo eclético de pensadores livres, ameaçava agora a sua estabilidade. Sua sobrevivência econômica dependia de uma nova configuração governamental, segundo a qual o Estado aceitaria a responsabilidade pela saúde mental de seus cidadãos. Numa série de posições ideológicas visando a desestigmatização da neurose, Freud estava propondo que somente o Estado poderia colocar os cuidados com a saúde mental no mesmo nível da assistência à saúde física. Indivíduos têm, inevitavelmente, uma certa medida de preconceito com relação a pessoas com doença mental, e isso limita nossa capacidade de proporcionar cuidados confiáveis. A redefinição da neurose, de um problema pessoal para uma questão social mais ampla,

---

18 Ibidem, p. 167.

atribui a responsabilidade pelo cuidado da doença mental a toda a comunidade civil[19].

Freud endossava a ideia de que o poder de uma monarquia tradicional para estabelecer as leis de um país deveria ser agora redistribuído democraticamente entre seus cidadãos. Como seus amigos e contemporâneos, o político socialista austríaco Otto Bauer e o social-democrata Victor Adler, Freud acreditava que o progresso social poderia ser alcançado por meio de uma parceria planejada entre o Estado e seus cidadãos. Os cidadãos tinham direito à saúde e ao bem-estar e a sociedade deveria estar comprometida em ajudar as pessoas necessitadas no contexto de um ambiente urbano deliberadamente receptivo às necessidades de desenvolvimento das crianças e das famílias dos trabalhadores. Em termos práticos, ele exigia agora um governo intervencionista, cuja influência ativa na vida dos cidadãos impediria o crescente e óbvio desespero de mulheres sobrecarregadas de trabalho, de desempregados e de crianças órfãs. Os ganhos políticos e sociais derivados das novas alianças dos psicanalistas, no mínimo confeririam legitimidade a uma forma de tratamento no âmbito da saúde mental com frequência praticada por não médicos ou por médicos relutantes em aderir ao *establishment*.

Freud concluiu seu discurso em Budapeste com uma exigência por tratamento mental gratuito para todos. Ele defendeu a criação de clínicas ambulatoriais gratuitas de forma prudente e sistemática, como se fosse um estadista nato. A possibilidade de mudar a psicanálise, de uma terapia exclusivamente individualizante para uma abordagem mais ampla e ambiental dos problemas sociais dependia de quatro pontos críticos: acesso, alcance, privilégio e desigualdade social. Primeiro, as "atividades terapêuticas do psicanalista não têm um alcance muito vasto"[20]. Como se antecipando aos seus críticos, Freud apontava que essa escassez de recursos conferia ao tratamento o caráter de um privilégio, e esse privilégio limitava os benefícios que a psicanálise poderia alcançar caso seu escopo fosse ampliado. Segundo, "existe apenas um punhado" de médicos qualificados para praticar a análise. A escassez de terapeutas e de pacientes sugeria que a psicanálise poderia cair nas garras

---

19 Referindo-se aqui aos termos cunhados por C.W. Mills, em *The Sociological Imagination*.

20 S. Freud, Lines of Advance in Psychoanalytic Psychotherapy, *SE*, v. 17, p. 166.

de um elitismo perigoso. Essa situação difícil deveria ser superada se os analistas alertassem mais pessoas para o seu potencial curativo. Terceiro, "mesmo trabalhando muito, cada [analista] pode dedicar-se, em um ano, somente a um pequeno número de pacientes"[21]. Esse dilema é intrínseco ao formato intensivo e demorado do trabalho analítico, mas para Freud também significava que os analistas não poderiam assumir uma posição de responsabilidade social que fosse compatível com sua obrigação. Pacientes analíticos individuais (denominados analisandos, então como agora) teriam consulta no mesmo horário, cinco dias por semana, até que o tratamento fosse concluído. O tratamento durava normalmente de seis meses a um ano, talvez menos do que imaginamos hoje, mas, como Freud havia comentado ironicamente, já em 1913, "um tempo mais longo do que o paciente espera"[22].

O quarto ponto de Freud, de que a "enorme quantidade de miséria neurótica" real que o analista pode eliminar é, na melhor das hipóteses, "quase insignificante" quando comparada à sua realidade no mundo, parece um simples termo de isenção de responsabilidade. É nesse trecho, entretanto, que ressurge a consciência social dos tempos da adolescência e da universidade de Freud. O sofrimento humano não precisa ser tão difundido na sociedade nem tão profundamente doloroso para o indivíduo. De mais a mais, o sofrimento não deriva apenas da natureza humana, porque é, pelo menos em parte, imposto injustamente e em grande medida pelo *status* econômico e pela posição na sociedade, uma desigualdade social que Ferenczi descreveu vividamente na carta de 1910. A desigualdade, resumiu Freud, é o problema fundamental, e ele lamentava que fatores socioeconômicos explícitos restringissem o tratamento psicanalítico às "classes abastadas". Pessoas ricas, "acostumadas a escolher seus próprios médicos", já são capazes de intervir no seu tratamento. Os pobres, contudo, que têm menos escolha no tocante aos seus cuidados médicos, são precisamente aqueles com menor acesso ao tratamento psicanalítico e aos seus benefícios[23]. A psicanálise se tornara social e economicamente estratificada no início de seu desenvolvimento.

---

21 Ibidem.
22 Idem, Further Recommendations on the Technique of Psychoanalysis: On Beginning the Treatment, *SE*, v. 12, p. 139.
23 Idem, Lines of Advance in Psychoanalytic Psychotherapy, *SE*, v. 17, p. 166.

12 A SOCIEDADE DESPERTA: 1918-1922

Nesse momento crucial em sua breve história, a falta de consciência social a tornava praticamente impotente. "No momento, nada podemos fazer pelos estratos sociais mais amplos, aqueles que sofrem terrivelmente de neuroses."[24]

Quem melhor poderia reverter esse rumo do que aquele mesmo público de Budapeste? O discurso de Freud de 28 de setembro, nascido mais da indignação política do que do abatimento e da tristeza dos tempos de guerra, produziu um efeito surpreendente em seus ouvintes. O conceito da clínica gratuita de saúde mental pode ter precedido o congresso de Budapeste, mas o número de projetos organizacionais ali lançados pelos participantes reunidos, especialmente por Anton von Freund, Max Eitingon, Ernst Simmel, Eduard Hitschmann e Sándor Ferenczi, foi extraordinário. Eitingon e Simmel criariam a Policlínica de Berlim em 1920, Hitschmann começaria uma clínica gratuita em Viena em 1922, e Simmel abriria a clínica gratuita de internação Schloss Tegel. Ferenczi fundaria a clínica gratuita em Budapeste um pouco mais tarde, em 1929. Embora Ernest Jones não pudesse viajar a Budapeste para participar do congresso devido às restrições de guerra em 1918, ele abriu a Clínica de Psicanálise de Londres em 1926. Melanie Klein, Hanns Sachs, Sándor Radó e Karl Abraham também faziam parte daquele público e todos se converteram em figuras-chave da Policlínica de Berlim.

Naquele momento, a severidade dos últimos meses contenciosos de 1918 deu lugar ao idealismo político, à boa companhia e a uma confiança renovada em Freud e na psicanálise. "Debaixo de uma nogueira no jardim de um daqueles maravilhosos restaurantes em Budapeste [...] conversamos confidencialmente e em particular em torno de uma grande mesa"[25], lembrava-se Sándor Radó daquele espírito de comemoração. Na qualidade de secretário da conferência e codiretor da Sociedade de Budapeste chefiada por Ferenczi, o jovem Radó e seu colega Geza Roheim, futuro antropólogo, ficaram agradavelmente surpresos por jantar tão informalmente com Freud e Anna Freud. As conversas continuaram no navio a vapor pelo Danúbio, providenciado pela

24 Ibidem, p. 167.
25 B. Swerdloff, entrevista com S. Radó, em "History of the Psychoanalytic Movement", Oral History Collection, Bibliotecas da Universidade Columbia, Nova York.

1918 • O TRATAMENTO SERÁ GRATUITO

cidade para o transporte dos analistas entre o hotel e as reuniões na Academia Húngara de Ciências. Os visitantes ficaram hospedados no esplêndido e novo Hotel Gellértfürdö, ainda famoso por seus belos banhos termais azulejados. Bárczy, prefeito de Budapeste, e outras autoridades da cidade saudaram publicamente a psicanálise e gentilmente obsequiaram os congressistas com recepções e banquetes privados. À exceção do declarado pacifista vienense Siegfried Bernfeld e de Freud, a maioria dos analistas presentes em Budapeste havia se alistado como psiquiatras do exército e todos compareceram à conferência de uniforme. Oficiais e médicos do alto escalão militar da Hungria, Áustria e Alemanha representavam oficialmente as delegações de seus governos à convenção e se misturavam com as famílias e os convidados dos 42 analistas participantes.

O discurso de Freud pode ter sido sedicioso, mas sem dúvida deve ter sido também incrivelmente estimulante, posto que muitos dos analistas na plateia se tornaram poderosos defensores das clínicas gratuitas. Entre eles, a jovem Melanie Klein que, ao ver Freud pela primeira vez naquele congresso, disse ter sido conquistada pelo "desejo de se dedicar à psicanálise"[26]. Klein se tornaria a criadora da ludoterapia na análise infantil, autora de uma teoria ampliada do dualismo pulsional, uma verdadeira seguidora de Freud. No congresso de 1918, contudo, ela ainda era "Frau Dr. Arthur Klein" e mãe de três filhos, analisanda de Ferenczi e membro da Sociedade de Budapeste desde 1914.

Anna Freud e Ernst, o filho mais novo de Freud, que combatia na linha de frente nos últimos três anos, ficariam mais tarde completamente engajados nas clínicas gratuitas. Anna, a dedicada filha mais nova de Freud e a única psicanalista de seus seis filhos, era uma professora licenciada que desenvolvera junto a famílias do centro da cidade de Viena escolas experimentais com novas metodologias educacionais para a primeira infância. Não sabemos se Anna ou Ernst se sentiram particularmente incomodados pelo discurso do pai em 1918 ou apenas surpresos; ambos, no entanto, se integrariam em breve na sua plataforma social-democrata. A política progressista, como a psicanálise, os impressionava como um elemento básico da vida.

26 Apud P. Grosskurth, *Melanie Klein*, p. 71.

O líder que haviam escolhido para unificar a psicanálise e a reforma social era um rico proprietário húngaro de cervejarias e analista em formação, recém-nomeado secretário-geral da Associação Psicanalítica Internacional (IPA). Anton von Freund (Antal Freund von Tószeghi) era amigo e paciente de Freud e de Ferenczi. Era um jovem idealista, com doutorado em Filosofia, que acreditava que o êxito de seu recente combate contra o câncer e a depressão se devia à psicanálise. Toni, como Von Freund era apelidado carinhosamente, doou dois milhões de coroas para a promoção da psicanálise e assumiu dois projetos significativos, uma editora e um grande instituto multifacetado em Budapeste, que abrigaria uma clínica ambulatorial gratuita. "Isso nos dá segurança material, poderemos manter e expandir nossas revistas e exercer influência", escreveu Freud a Abraham depois de conversar com Von Freund sobre seus planos. "E haverá fim à nossa penúria até agora prevalecente", acrescentou Freud[27]. O empreendimento editorial, o Internationaler Psychoanalytischer Verlag (originalmente Bibliothek), começou no ano seguinte. Seu primeiro projeto em formato de livro reuniu os principais artigos do colóquio de 1918 em um único volume, chamado *Zur Psychoanalyse Derkriegsneurosen* (*A Psicanálise e as Neuroses de Guerra*), com uma introdução de Freud[28].

O instituto que Toni Freund projetara ajudaria "as massas por meio da psicanálise [...] que até então estivera somente a serviço dos ricos, a fim de mitigar os sofrimentos neuróticos dos pobres"[29]. Ele morreu antes que sua visão pudesse concretizar-se, porém Freud a descreveria mais tarde como um projeto que combinaria o ensino e a prática da psicanálise sob o mesmo teto, junto a um centro de pesquisa e um ambulatório. Um grande grupo de candidatos teria sua formação no instituto e depois remunerado especificamente "pelo tratamento dos pobres" na clínica. Von Freund e seus amigos adiantaram que Ferenczi seria o diretor e que Toni teria a responsabilidade administrativa e financeira. Embora uma clínica não surgisse realmente em Budapeste até

---

27 Carta de Freud a Abraham, de 27 ago. 1918, em E. Falzeder (ed.), *The Complete Correspondence of Sigmund Freud and Karl Abraham*, p. 381.

28 E. Jones, War Shock and Freud's Theory of the Neuroses, em E. Simmel et al., *Psycho-Analysis and the War Neuroses*, p. 44-59.

29 S. Freud, Dr. Anton von Freund: Obituary, *SE*, v. 18, p. 267-268.

1929, tal esquema estava de acordo com o projeto do governo municipal para a internação dos residentes urbanos e o tratamento psicanalítico ambulatorial. Stefan Bárczy, prefeito de Budapeste, prometeu facilitar a alocação do considerável legado financeiro de Von Freund e, como Freud lembrou, "preparativos para a criação de centros desse gênero estavam realmente em curso quando a irrompeu a revolução e pôs fim à guerra e à influência dos órgãos administrativos, até então onipotentes"[30]. De fato, as enormes mudanças políticas que varreram a Hungria, ao passar da monarquia liberal para a esquerda radical e, em seguida, a ditatorial, solapou a maior parte dessas promessas. Em transações complexas aparentemente intermináveis ao longo dos anos posteriores, os fundos de Von Freund passariam de um banco a outro, e o que fora uma quantia considerável praticamente se evaporou. Ao que tudo indica, a imprensa pública em Budapeste foi menos receptiva à psicanálise do que o governo municipal e, uma vez alertada acerca do legado de Von Freund, procurou especialistas que testemunhassem contra a clínica. "Psa não é uma ciência reconhecida. Indubitavelmente, [esse testemunho] é em grande parte político (antissemita e antibolchevique)", observou Ernest Jones ao seu colega holandês Jan van Emden[31]. Em outros países, porém, as clínicas ambulatoriais gratuitas, o aspecto mais crucial e mais polêmico do projeto de Von Freund, foram construídas ao longo das linhas formuladas na conferência de setembro de 1918.

Em meio às negociações sobre as clínicas gratuitas e, para alguns, sobre o futuro da própria psicanálise, Ferenczi, Ernst Simmel e Karl Abraham tornaram públicas as suas recentes experiências com a "neurose de guerra", o controverso diagnóstico psiquiátrico de trauma entre soldados. Os três médicos já tinham experiência militar e psicanalítica significativa (e cada qual estava destinado a ser o fundador de uma clínica gratuita) antes de virem para a conferência de Budapeste. Abraham, um homem autoconfiante de seus trinta anos, loiro, de boa aparência e espírito aventureiro, relembrou seu primeiro tratamento de neurose de guerra. "Quando criei uma unidade para neuroses e doenças mentais em 1916", disse Abraham, "descartei por completo todas

---

30 Idem, Memorandum on the Electrical Treatment of War Neurotics, *SE*, v. 17, p. 215.
31 Carta de E. Jones a Van Emden, de 14 nov. 1920, documento n. CVA/F03/02, arquivos da Sociedade Psicanalítica Britânica.

16 A SOCIEDADE DESPERTA: 1918-1922

as terapias violentas[32], bem como a hipnose e outros métodos de sugestão [...] Por meio de uma espécie de psicanálise simplificada, consegui [...] alcançar relaxamento e melhoria abrangentes"[33]. Na qualidade de psiquiatra-chefe do xx Corpo do Exército em Allenstein, Prússia Ocidental, Abraham montara com seu colega berlinense Hans Liebermann uma unidade de observação para noventa pacientes. Oficiais do exército húngaro ficaram impressionados com os resultados e decidiram adotar a psicanálise para tratar os sintomas psiquiátricos observados entre os soldados traumatizados no exercício do dever.

Ernst Simmel (figura 3), então médico sênior do Exército Real da Prússia, encarregado de um hospital militar especializado para neuróticos de guerra na Posnânia (Posen), foi um dos primeiros psicanalistas a prezar o trabalho de Abraham. A psicanálise poderia ser conduzida com sucesso sob condições de guerra, ele disse, "mas apenas raramente permite uma análise individual mais extensa. Empenhei-me para abreviar a duração do tratamento [...] a duas ou três sessões"[34]. Simmel baseou-se em seus dois anos de intenso trabalho de campo como superintendente de psiquiatria militar para desenvolver os diagnósticos e os tratamentos vívidos e interpretativos por ele descritos na conferência. Em 1918, Freud providenciou a publicação das observações de Simmel em um livro curto, porém notável, o primeiro volume da nova *Verlag*[35]. "Como resultado dessa publicação", disse Freud mais tarde, "participaram desse congresso psicanalítico delegados oficiais do comando militar alemão, austríaco e húngaro, que se comprometeram a estabelecer centros para o tratamento puramente psicológico das neuroses de guerra."[36] Nesse meio tempo, somente alguns psiquiatras conservadores ainda consideravam soldados neuróticos como aberrantes ou desleais, e queixas

---

32 Formas de terapia de eletrochoque usadas por Julius Wagner-Jauregg em pacientes psiquiátricos, às quais se opuseram Sigmund Freud e os sociais-democratas (ver infra, p. 78).

33 K. Abraham, Zur Psychoanalyse der Kriegs-Neurosen, apud J. Brunner, Psychiatry, Psychoanalysis, and Politics during the First World War, *Journal of the History of the Behavioral Sciences*, v. 27, n. 4, p. 357.

34 E. Simmel, Zur Psychoanalyse der Kriegs-Neurosen, apud D. Kaufmann, Science as Cultural Practice, *Journal of Contemporary History*, v. 34, n. 1, p. 140.

35 E. Simmel, Discussion, em E. Simmel et al., *Psycho-Analysis and the War Neuroses*, p. 30-43.

36 S. Freud, Memorandum on the Electrical Treatment of War Neurotics, SE, v. 17, p. 215.

FIG. 3. *Freud e Ernst Simmel em Schloss Tegel (Freud Museum, Londres)*

de ansiedade, fobias e depressões severas, acompanhadas de tremores, espasmos e cãibras, eram vistas como sinais genuínos de doença.

O interesse de Sándor Ferenczi pela neurose de guerra também tinha origens militares. O governo húngaro havia aclamado o trabalho de Ferenczi com soldados psicologicamente feridos no começo da guerra. Ferenczi, inicialmente médico do regimento de plantão na pequena cidade húngara de Papa, foi transferido para Budapeste e, em 1915, tornou-se diretor dos serviços de saúde da cidade para soldados com distúrbios psiquiátricos. O médico oficial-chefe do Comando Militar de Budapeste encarregou Ferenczi de projetar uma ala psicanalítica de hospitalização em Budapeste. Acomodações residenciais seriam adaptadas para tratar homens "com o cérebro deteriorado mentalmente [pela guerra] ou com lesões orgânicas e neuroses traumáticas", tomando como modelo, pelo menos em parte, o instituto terapêutico vienense de Emil Fröschels, colega do psicanalista Alfred Adler[37]. Emocionado pelo fato de a psicanálise ter alcançado respeitabilidade científica, Ferenczi compartilhou com Freud seu sonho de um "estudo preliminar [para] a planejada instituição psicanalítica civil", que começaria com cerca de trinta pacientes em 1918[38]. Istvan Hollós, membro da Sociedade húngara que então administrava o hospital psiquiátrico em Lipometzo, ou Max Eitingon, que empregava a hipnose com grande sucesso em uma base militar, ou ambos em conjunto, seriam excelentes diretores adjuntos, sugeriu Freud. Desde 1915, Eitingon supervisionava as divisões

37 Carta de Ferenczi a Freud, n. 556, de 24 jul. 1915, em E. Falzeder et al. (eds.), op. cit., v. 2, p. 71.
38 Carta de Ferenczi a Freud, n. 767, de 8 out. 1918, ibidem, p. 298.

18   A SOCIEDADE DESPERTA: 1918-1922

de observação psiquiátrica de vários hospitais militares, um em Kassa (Kachau), no norte da Hungria, o outro em Miskolcz, uma pequena cidade industrial no leste da Hungria. Reunidos na conferência de Budapeste pela primeira vez desde o início da guerra, Eitingon, Ferenczi, Simmel e Abraham começaram a estabelecer políticas para sua prática clínica civil, derivadas da experiência psiquiátrica militar. A maior preocupação era a tripla ideia de um acesso ao tratamento psicanalítico livre de barreiras, não punitivo e participativo. Sándor Ferenczi introduziu o conceito técnico de "terapia ativa" durante aquelas discussões sobre a neurose de guerra, dando início a uma controvérsia clínica que perdura até nossos dias. Ao longo da história da psicanálise e, na verdade, de grande parte do tratamento moderno da saúde mental, por um lado, o debate entre os proponentes do apoio verbal direto do terapeuta ao paciente, e por outro lado, aqueles que consideram que o papel do terapeuta deve se limitar a orientar a interpretação do paciente em sua própria busca pelo conhecimento interior, tem mudado de década para década. Provavelmente encorajado pelo discurso intervencionista de Freud sobre o papel do Estado, a própria alocução de Ferenczi propunha uma técnica psicanalítica com limite de tempo, de objetivos e de proibições.

Para Freud, a neurose de guerra era uma entidade clínica bastante análoga à "neurose traumática que também ocorre em tempos de paz após experiências assustadoras ou acidentes graves", exceto pelo "conflito entre o velho ego pacífico do soldado e seu novo ego bélico"[39]. Ele estava descrevendo o que hoje chamamos de transtorno de estresse pós-traumático ou TEPT, um conjunto de sintomas psiquiátricos (depressão, hipocondria, ansiedade e *flashbacks* alucinatórios) vivenciados por homens e mulheres expostos a um trauma. O diagnóstico exigia que fosse tecida uma distinção necessária entre uma condição psicológica involuntária e ações mais deliberadas, como fingimento, mentira, deserção e falta de patriotismo. Para Simmel, o primeiro a articular o conceito de neurose de guerra, a designação deveria ser utilizada com muita cautela. "De bom grado nos abstemos de fazer diagnósticos por desespero", escreveu ele, advertindo que a sociedade não poderia ignorar "o que quer que, na experiência de uma pessoa,

39   S. Freud, Introduction to Psychoanalysis and War Neuroses, *SE*, v. 17, p. 209.

1918 • O TRATAMENTO SERÁ GRATUITO   19

fosse demasiado intenso ou horrível para que sua mente consciente captasse e que, por meio de filtros, submerge e opera no nível inconsciente de sua psique"[40]. A designação "neurose de guerra", que encapsulava todas as ambiguidades morais de um diagnóstico psiquiátrico, ressurgiria em 1920, quando Freud foi chamado pelo Ministério de Guerra de Viena para testemunhar contra o neurologista Julius Wagner-Jauregg.

"Os eventos políticos absorvem atualmente tanto interesse", escreveu Karl Abraham a Freud um mês depois do congresso de Budapeste, "que levam automaticamente à distração do trabalho científico. Mesmo assim, alguns novos planos estão começando a amadurecer."[41] O mês de novembro de 1918 foi tão memorável para a Áustria como para a psicanálise e, na verdade, para o resto do mundo ocidental. Em 10 de novembro, Freud informou Jones com alegria que "nossa ciência tem sobrevivido bem aos tempos difíceis e novas esperanças para ela têm surgido em Budapeste"[42]. No dia seguinte, Dia do Armistício, Freud passou da psicanálise para preocupações mundanas maiores: os Habsburgos, escreveu ele a Ferenczi em 17 de novembro "nada deixaram além de uma pilha de merda"[43]. O mapa do mundo político de Freud mudava rapidamente. Do palácio de Schönbrun ao Escorial de Madri, do século xiii ao xx, a dominação de setecentos anos da Europa pelo império dos Habsburgos havia abrangido onze países e quatorze idiomas. Agora chegara ao fim, deixando em sua esteira revoluções, nações recém-nascidas e uns poucos governos ambiciosos que tentavam aliviar o sofrimento humano. Na Alemanha, tão logo o *kaiser* abdicou, o social-democrata Philipp Scheidemann proclamou a República. A Áustria encolheu, tanto do ponto de vista territorial quanto de poder político, da imensidão do império dos Habsburgos para uma república menor, economicamente devastada, porém independente. No seu apogeu, Viena fora a capital da Áustria, da Hungria, da Tchecoslováquia, da Iugoslávia,

---

40 E. Simmel, War Neuroses and Psychic Trauma, em A. Kaes; M. Jay; E. Dimendberg, *The Weimar Republic Sourcebook*, p. 7.
41 Carta de Abraham a Freud, de 27 out. 1918, em E. Falzeder (ed.), *The Complete Correspondence of Sigmund Freud and Karl Abraham*, p. 383.
42 Cartas de Freud a Jones, n. 222 e 306, de 10 nov. 1918, em R.A. Paskauskas (ed.), *The Complete Correspondence of Sigmund Freud and Ernest Jones*, p. 325.
43 Carta de Freud a Ferenczi, n. 772, de 17 nov. 1918, em E. Falzeder et al. (eds.), op. cit., v. 2, p. 311.

do norte da Itália e de partes da Polônia. Embora a nova Áustria não enfrentasse naquele momento a pressão de lidar com uma enorme administração de múltiplas províncias, era premente a necessidade que o governo tinha de uma liderança eficaz. Entre os líderes, o médico e social-democrata Victor Adler tinha uma visão política particularmente original, que abrigava o campo atípico da psicanálise. Tratado com desprezo por Karl Lueger e pelos cristãos-sociais, Adler promovia uma identidade única para o Sozialdemokratische Arbeiterpartei (Partido dos Trabalhadores Social-Democratas, ou SDAP) vienense (também conhecido como Partido Socialista Austríaco ou como Partido Austro-Marxista), baseada nos valores combinados dos movimentos de intelectuais liberais e dos trabalhadores.

Victor Adler era um homem de aspecto afável, cabelos castanhos ondulados, óculos de armação de aço e um bigode grosso. Primeiro como um *Armenarzt* (médico dos pobres) e depois como inspetor do governo para as fábricas na Alemanha, Suíça e Inglaterra, bem como na sua Áustria natal, as primeiras observações críticas de Victor Adler sobre a vida doméstica corriqueira levaram-no a seguir a política de reforma social. Em 1886, ele fundou o primeiro semanário social-democrata, *Gleichheit* (Igualdade), e em 1889 o *Arbeiter-Zeitung* (Jornal dos Trabalhadores). Sua personalidade atraía inclusive aqueles que resistiam à mudança da Áustria para uma república constitucional autogovernada. Adler pertencia ao Círculo Pernerstorfer, um grupo vienense que rejeitava o liberalismo austríaco do século xix em favor do sufrágio ampliado, de estruturas econômicas socialistas e da renovação cultural baseada na arte, na política e nas ideias. Assim, ele era ao mesmo tempo um nacionalista e um médico socialmente comprometido, cujas tentativas pessoais de satisfazer as preocupações referentes à saúde dos pobres incentivavam uma visão política de reforma social[44]. Adler morreu de repente em 11 de novembro, no mesmo dia em que a guerra terminou. Seu amigo Sigmund Freud, que não ansiava nem pela antiga monarquia nem pela estrutura tradicional, escreveu a Ferenczi naquele dia. "Perdemos o melhor homem, talvez o único que poderia estar à altura da tarefa", disse ele. "Provavelmente, nada pode ser feito com os cristãos-socialistas nem com

---

44 Ver W.J. McGrath, *Dionysian Art*.

1918 • O TRATAMENTO SERÁ GRATUITO

os nacionalistas alemães."[45] Os judeus vienenses, com não podia deixar de ser, haviam apoiado Francisco José porque ele lhes oferecia proteção contra o antissemitismo[46]. Agora, os cristãos-sociais, pró-Habsburgos, posicionavam-se, manifesta e perigosamente, contra os judeus de Viena. Freud e Adler certamente discutiam essas preocupações junto com seus pontos de vista sobre a política e a cultura vienenses, e recordavam as aventuras do colégio com seu ativista colega Heinrich Braun.

Braun foi uma das primeiras relações intensas de Freud com homens influentes e parece ter inspirado o desejo do amigo por uma carreira reformista quando, na adolescência, conheceram-se no *Gymnasium*, no início da década de 1870. Braun era "meu amigo mais íntimo em nossos tempos de escola", lembrou Freud anos depois[47]. "Sob a poderosa influência de uma amizade formada na escola com um menino um tanto mais velho que eu, e que veio a ser um político conhecido, nasceu em mim o desejo de estudar Direito, como ele."[48] No final das contas, Freud optou por estudar Ciências Naturais e depois Medicina, porém suas convicções adolescentes sobre a justiça social e a necessidade de liderança política perduraram por toda sua vida. Como Victor Adler, Heinrich Braun se tornou um proeminente político socialista e um especialista na teoria da economia social. Quando Braun morreu em 1926, Freud enviou uma nota de condolências à viúva de seu colega e deixou claro o quão profundamente a política estava nos pensamentos compartilhados pelos três amigos.

> No *Gymnasium*, éramos amigos inseparáveis [...] Ele despertou em mim uma infinidade de tendências revolucionárias [..] Nem os objetivos nem os meios para concretizar nossas ambições estavam muito claros para nós [...] Mas uma coisa era certa: que eu iria trabalhar com ele e que jamais poderia abandonar o seu partido.[49]

Freud de fato nunca o fez. Compartilhou com Braun, Adler e Eduard Silberstein, outro amigo de infância, o pano de fundo

---

45 Ibidem.
46 Ver J.W. Boyer, *Culture and Political Crisis in Vienna*.
47 M. Molnar (ed. e trad.), *The Diary of Sigmund Freud*, p. 202.
48 S. Freud, An Autobiographical Study, *SE*, v. 20, p. 7.
49 Carta de Freud a Julie Braun-Vogelstein de 1927, em M. Grotjahn, A Letter by Sigmund Freud with Recollections of His Adolescence, *Journal of the American Psychoanalytic Association*, v. 4, n. 4, p. 644–652.

da tradição do século xix de médicos liberais, eruditos e ateus. Já em 1875, Freud perguntara a Silberstein se os sociais-democratas austríacos "também são revolucionários em questões filosóficas e religiosas; sou de opinião de que é mais fácil aprender com esse relacionamento do que com qualquer outro, quer seja ou não realmente radical o traço básico de seu caráter[50]". O adolescente Freud se perguntava se o radicalismo, filosófico ou religioso, em alguém como ele, era mais central para uma posição revolucionária do que até mesmo o progressismo da democracia social. Essa seria a jornada de Freud: criar uma posição revolucionária, combinar um crescente liberalismo arrojado com a ciência, adaptar a profundidade e a cortesia tradicional das humanidades de modo a atender às necessidades do povo. No final, a luta adolescente foi resolvida pela descoberta da psicanálise. Muito depois, o adulto Freud alugou o apartamento que antes havia pertencido à família de Victor Adler, no número 19 da Berggasse, uma rua de sólidos edifícios vienenses, numa colina íngreme próxima à Universidade de Viena. Victor Adler morreu no dia anterior à decretação da República austríaca, porém suas ideias plantaram as sementes da época conhecida como *Rotes Wien* (Viena Vermelha). À semelhança da República de Weimar, a primeira república progressista da Áustria duraria menos de vinte anos.

Na Viena Vermelha, o nascimento de um Estado social-democrata dependia, mais do que de Braun ou de Adler, da influência do dr. Julius Tandler, anatomista da Universidade de Viena, cujo papel como administrador do sistema pioneiro de bem-estar social da nova república era apenas superado pela sua brilhante reputação acadêmica. Aos cinquenta e poucos anos, Tandler era professor na Universidade de Viena desde 1910 e fora decano da Faculdade de Medicina durante a guerra. Ele assumiu o cargo de subsecretário de Estado para a saúde pública em 9 de maio de 1919. Nos dez anos seguintes, Tandler lutou por uma ampla expansão dos serviços públicos de saúde e bem-estar e implementou uma solução política abrangente para os altos índices de mortalidade infantil, de doenças infantis e, enfim, da pobreza das famílias da cidade. Os sociais-democratas "esperavam eliminar a vergonha de haver nascido como filho ilegítimo", lembrou a psicanalista Else

---

50 Carta de Freud a Silberstein, de 07 mar. 1875, em W. Boehlich (ed.), *The Complete Letters of Sigmund Freud to Eduard Silberstein*, p. 97.

Pappenheim. "Qualquer bebê nascido fora do casamento", ela disse, "era adotado pela cidade. Ficava com a mãe que, se fosse pobre, era enviada por seis semanas para uma moradia com o bebê – mas ele era oficialmente adotado."[51] Inclusive um grupo de médicos americanos de visita a Viena ficou impressionado. "Em nenhum outro lugar a teoria e a prática da tutela legal de crianças ilegítimas e dependentes haviam sido tão impulsionadas", observaram[52]. Na verdade, o atendimento médico pediátrico teve origem na Áustria e os princípios da tutela, o Estado em essência substituindo o amparo paterno de filhos ilegítimos, há muito estava em vigor. Durante os anos da guerra, o sucesso extraordinário dos serviços infantis atenuou a maior parte das críticas. Para Julius Tandler, crianças saudáveis constituíam simplesmente a base necessária de um Estado saudável. Seja na Conselho Municipal de Viena ou na universidade, onde seus estudantes de Medicina incluíam futuros psicanalistas proeminentes como Erik Erikson, Wilhelm Reich, Otto Fenichel e Grete e Eduard Bibring, as crenças de Tandler eram tão lendárias quanto seu temperamento irascível, seu grande bigode branco, o chapéu de aba larga e a gravata borboleta.

Entrementes, Otto Bauer, o matemático que havia assumido a presidência dos sociais-democratas depois da morte de Victor Adler, aplicou a plataforma de um progressismo cauteloso do partido à recuperação econômica de Viena. O novo governo de Bauer, que incluía o advogado e especialista em impostos Robert Danneberg e Hugo Breitner, ex-diretor do Ländesbank austríaco, procurou socializar a moradia sem atacar a propriedade privada, construir um sistema de governo viável baseado na democracia parlamentar e consolidar o país política e economicamente. Para articular a complexa parceria entre a arquitetura urbana e o planejamento social, Bauer contratou Benedikt Kautsky, filho do teórico do socialismo internacional Karl Kautsky e editor da correspondência de seu pai com Engels e Victor Adler, como seu secretário particular. Robert Danneberg abordou questões de Direito e criou uma série de novas regulamentações municipais. Finalmente, Hugo Breitner tornou-se conselheiro financeiro responsável pela política fiscal e orçamentária. Juntos, eles aboliram o sistema de tributação pré-guerra e criaram uma estratégia "à prova

51 E. Pappenheim, entrevista à autora.
52 W.J. French; G. Smith, *The Commonwealth Fund Activities in Austria*, p. 109.

24 A SOCIEDADE DESPERTA: 1918-1922

de inflação", para proteger a receita da cidade em um ambiente econômico excepcionalmente volátil. Elaboraram uma série de medidas inteligentes de redistribuição de impostos que conseguiram equilibrar as contas municipais, ao mesmo tempo que permitiam que o governo continuasse a funcionar no contexto da economia capitalista preexistente. Dez anos depois, em 1929, pessoas de fora, como os representantes americanos do Commonwealth Fund, que estavam concluindo sua missão filantrópica em saúde pública, constataram que a estratégia havia sido um feito impressionante em todas as frentes econômicas. "A cidade social-democrata implementou uma gama de experimentos em tributação e foi pioneira em empreendimentos municipais – habitação, por exemplo – de forma tal que chama a atenção de toda a Europa", relataram William French e Geddes Smith[53].

Entre 1918, quando terminou a Primeira Guerra Mundial, e meados da década de 1930, quando começaram as incursões fascistas nas ruas de Viena, o *début de siècle* foi uma ruptura gradual e, por vezes, dolorosa, do distante reinado da monarquia. A dissolução da monarquia austro-húngara em outubro havia provocado o abrupto declínio de um império supranacional de 52 milhões de súditos para um Estado federal de meros 6 milhões de cidadãos, um terço dos quais vivia dentro dos limites de Viena. Concomitantemente, a ascensão da *Deutschösterreich*, a autodenominada Áustria rural, gerou conflitos com a Viena urbana (tanto na área metropolitana quanto na antiga cidade imperial) que só terminariam em 1933. Os proprietários de terras e os agricultores, conservadores e católicos, em geral, relutavam contra a ideia de compartilhar comida, carvão e matérias-primas com a cidade, que para eles representava decadência, impostos e judeus. A marca do austromarxismo da Viena Vermelha e a convicção social-democrata de que a mudança política e social deveria ser cada vez maior, fizeram soar o alarme nos círculos tradicionalistas. O apoio que recebeu da vanguarda progressista, entretanto, garantiria a sua sobrevivência. Uma vez que o termo *austromarxismo* se tornou sinônimo de uma aliança única entre as artes liberais e as profissões da saúde, ele removeu muitas das imagens negativas tradicionalmente associadas aos movimentos de esquerda.

53 Ibidem, p. 103.

Os sociais-democratas acreditavam que uma futura orientação política socioeconômica humanitária poderia ser alcançada por meio da não violência e de eleições genuinamente democráticas. No momento, contudo, a construção de moradias, os concertos sinfônicos para trabalhadores, a reforma escolar, os acampamentos de verão para as crianças da cidade e os subsídios deixavam claro o compromisso do partido em melhorar a realidade cotidiana da vida humana. Um genuíno sistema de bem-estar coexistia com palestras públicas, bibliotecas, teatros, museus e galerias, estádios esportivos e festivais populares. O sucesso do experimento estimulou a confluência de várias correntes ideológicas, que combinaram uma visão econômica materialista, focada no presente, com a cultura tradicional, liberal.

A Viena dos anos entre 1918 e 1934 atingiu um nível extraordinariamente elevado de produção intelectual. Ligados à Áustria por seu recente alistamento ao serviço de guerra, porém ainda apartados de sua nação pela cultura e pela religião, o compositor modernista Arnold Schoenberg e seus dois célebres pupilos, Anton von Webern e Alban Berg, foram os mentores da chamada Escola Vienense de Música do Segundo Milênio, ou do Século xx. Esses compositores polêmicos romperam com as formas tradicionais da música e articularam o novo sistema dodecafônico da composição em série. Em fevereiro de 1919, Schoenberg criou um fórum de música moderna, o Verein für musikalische Privataufführungen (Sociedade de Performances Privadas de Música), no qual os compositores apresentavam música de câmara, canções e até óperas que demoliam a herança musical de Viena e exaltavam o modelo atonal contemporâneo. O *Verein* funcionou até 1921, tanto com as aulas de composição ministradas por Schoenberg como oferecendo locais para os concertos em uma base de "pague quanto pode". A música moderna atraiu um público pequeno. O jovem Wilhelm Reich, entretanto, ainda na Faculdade de Medicina e amigo de Otto Fenichel, Grete Lehner Bibring, e outros futuros psicanalistas, a maioria dos quais tocava piano, afiliou-se ao *Verein* de Schoenberg. No que diz respeito à filosofia, o Círculo de Viena (incluído Rudolf Carnap, defensor do positivismo lógico) reunia-se semanalmente na Universidade de Viena entre 1925 e 1936, para estudar a relação entre os universos matemático e psicológico. Na Medicina, Guido Holzknecht, já membro da Sociedade Psicanalítica de Viena, foi pioneiro no uso da radiologia, enquanto Clemens Pirquet cunhou o termo "alergia" para designar uma reação de hipersensibilidade. Ainda consciente de seu passado, algumas instituições, como o *Bildungszentrale* (o centro social-democrata para educação de adultos) e os museus municipais patrocinavam exposições da estatística pictórica de Otto Neurath, comparando a vida cotidiana pós-guerra à Viena do passado. A ponte entre arte e sociologia foi erguida a partir de observações sobre famílias. De todas as produções culturais que ligavam a psicanálise e a Viena Vermelha, a nova arquitetura da habitação pública demonstraria que as comunidades edificadas especificamente para atender às necessidades das crianças e famílias da cidade também atendiam a necessidades psicológicas essenciais.

"As condições de vida na Viena do pós-guerra eram miseráveis", lembrou o psicanalista Richard Sterba. "As rações oficiais de comida eram tão pequenas que era preciso complementá-las no mercado negro para sobreviver [...] Em casa e na universidade não havia combustível para calefação e os apartamentos e salas de aula eram gelados [...] Nós [todos] tivemos ulcerações provocadas pelo frio."[54] Com o número de casamentos e de novas famílias que surgiram no final da guerra, a escassez de moradia em Viena tornou-se particularmente aguda para jovens como Sterba. Com o retorno dos funcionários do antigo império e dos militares, recém-casados e mesmo pequenas famílias se viram obrigados a sublocar quartos ou alugar "espaços para dormir" em apartamentos existentes. A demanda por habitação aumentou à medida que os trabalhadores foram despejados de suas sublocações, ficando sem moradia alternativa. Nos edifícios residenciais em que permaneciam famílias indigentes não havia gás nem eletricidade, e a maioria dos moradores compartilhava água e banheiros no corredor. Inflação, desemprego, insuficiência de capital privado investido em imóveis e quedas reais de salário somaram-se a uma grande crise habitacional. Os aluguéis já tinham sido reduzidos pelo *Mieterschutz* (proteção ao inquilino, também conhecido como controle do aluguel), um decreto governamental de 26 de janeiro de 1917, destinado a proteger os soldados e suas famílias dos aumentos de aluguéis e de despejos.

---

54 R. Sterba, *Reminiscences of a Viennese Psychoanalyst*, p. 21-22.

Na sua essência, a Viena Vermelha na qual Freud vivia e trabalhava "não era tanto uma teoria quanto um modo de vida [...] permeado por um sentimento de esperança sem paralelo no século xx", lembra Marie Jahoda, uma das mais influentes psicólogas sociais modernas[55]. No Instituto de Psicologia da Universidade de Viena, Karl Bühler, Charlotte Bühler, Paul Lazarsfeld e Alfred Adler combinaram o novo "método experimental" com a psicologia acadêmica e a observação direta de bebês baseada no laboratório. Na Escola de Medicina da universidade, Wilhelm Reich, Helene Deutsch e Rudolf Ekstein começaram a se reunir como uma segunda geração de psicanalistas com orientação ativista específica de esquerda. Ao refletir sobre o que a Viena Vermelha significava para essa incrível gama de psicólogos sociais, psicólogos do desenvolvimento, educadores e psicanalistas, arquitetos e músicos cuja vocação emergiu de um nexo excepcional de ideologia e prática, Jahoda explica que ficou fascinada por aquela visão de mundo ativista. O *revolucionismo* foi outra designação do espírito da Viena Vermelha. Helene Deutsch cunhou esse termo nas suas memórias de juventude, quando era uma ambiciosa estudante de Medicina nascida na Polônia, interessada igualmente no ativismo político, na psiquiatria e depois, na psicanálise. Quando jovem, Helene Deutsch, cujos traços clássicos marcantes eram realçados por cabelos escuros penteados para cima, tinha sido a amante secreta do líder socialista Herman Lieberman e com ele conhecera a influente marxista Rosa Luxemburgo[56]. Deutsch foi uma das poucas primeiras mulheres admitidas na Faculdade de Medicina da Universidade de Viena, onde estudou anatomia com Julius Tandler pouco antes da guerra. Foi também a única psiquiatra de guerra do sexo feminino autorizada a trabalhar na clínica de Wagner-Jauregg. Como médica, ela admirava particularmente a equipe dos Kollwitz, a artista socialista Käthe e seu marido pediatra (ativistas berlinenses que mais tarde formaram a Associação dos Médicos Socialistas, juntamente com Albert Einstein e o psicanalista Ernst Simmel).

---

55 M. Jahoda, The Emergence of Social Psychology in Vienna, *British Journal of Social Psychology*, v. 22, p. 343.

56 Rosa Luxemburgo, ardorosa revolucionária socialista e cofundadora da Liga Espartaquista, foi presa com Karl Liebknecht e fuzilada pelas tropas *Freikorps* em Berlim, no ano seguinte.

Wilhelm Reich também estava em Viena, um entusiasta jovem médico residente que se destacava entre os dois mil outros estudantes. Como a maioria dos psicanalistas que não tinha voz política no início da guerra, ele radicalizou seu posicionamento em 1918. Reich, que se juntaria ao ambulatório como diretor adjunto quatro anos depois, em 1922, acabara de sair do serviço militar e se matriculara como estudante de Medicina. Suas próprias memórias da Viena Vermelha relatam que "tudo estava em confusão: o socialismo, a burguesia intelectual vienense, a psicanálise", ao descrever essa época em que todas as suposições anteriores sobre os interesses do governo, dos indivíduos e da sociedade eram questionadas[57]. Logo após seu primeiro encontro com Otto Fenichel na Escola de Medicina, Reich havia lido o "Esoterik", de Fenichel, e ficara muito impressionado porque as imagens do ensaio capturavam genuinamente a turbulência da Viena Vermelha[58]. Como ele recordou, aquele ensaio apresentou, pela primeira vez, um relato por escrito da luta política e moral de uma mulher pelo direito de usar seu corpo para reprodução, venda ou erotismo, seja para si mesma ou para outros. Reich era desafiado por essas mesmas questões e, de fato, sua rede posterior de clínicas gratuitas ofereceu planejamento familiar gratuito e confidencial para mulheres. Enquanto isso, seus amigos Otto Fenichel, Siegfried Bernfeld e Bruno Bettelheim estavam envolvidos com os complexos grupos *Wandervögel*[59] de Viena e, como outros jovens que voltavam da linha de frente, aplaudiram a transformação crucial do movimento, que passara do seu pangermanismo pré-guerra para uma postura "pacifista e antibélica"[60]. Na verdade, os jovens promotores de reformas representavam apenas um aspecto do movimento juvenil, uma vez que este havia se dividido recentemente em diversas linhas ideológicas. Membros de esquerda afiliaram-se ao socialismo, ao comunismo e ao sionismo, enquanto outros se juntaram aos nacionalistas cristãos e a grupos de direita ainda mais radicais, precursores de organizações nazistas como a Juventude Hitlerista. Os próprios amigos de esquerda de Bettelheim estavam especificamente interessados

57 W. Reich, *Passion of Youth*, p. 74.
58 Ibidem, p. 136.
59 Literalmente, "pássaro errante", um dos primeiros movimentos da juventude alemã, que contestava, por meio de um retorno à natureza, a sociedade industrial do fim do século XIX, início do século XX. (N. da T.)
60 B. Bettelheim, Last Thoughts on Therapy, *Society*, v. 28, n. 3, p. 65.

1918 • O TRATAMENTO SERÁ GRATUITO   29

em uma reforma educacional radical. Inspirados pelo ideal de uma comunidade espontânea, proposto pelo teórico anarquista Gustav Landauer, então em voga[61], reuniam-se aos domingos nos bosques de Viena. Era um vasto e exuberante parque suburbano de convidativas cervejarias e elaboradas trilhas para caminhada, em um amplo sentido um *playground* onde grupos itinerantes de jovens se reuniam para jogar, cantar e discutir política. Anos depois, Bettelheim ainda gostava de contar a história sobre o dia em que Fenichel, trajando seu uniforme militar, apareceu no seu grupo. Fenichel era muitas vezes desatencioso, e dessa vez interrompeu a conversa e começou a expor as opiniões de Sigmund Freud. Freud acabara de proferir algumas de suas famosas palestras na universidade e o deslumbrado Fenichel mal podia conter sua exuberante fascinação pelos sonhos, pela interpretação de sonhos e pela sexualidade. Bettelheim, por sua vez, tinha menos pressa, mas ainda assim estava curioso. "Embora tivéssemos ouvido falar vagamente sobre essas teorias em nosso círculo, que avidamente adotava todas as ideias novas e radicais", lembrou-se Bettelheim de sua primeira introdução à psicanálise, "não sabíamos nada de essencial sobre seu conteúdo."[62] No entanto, como o fascínio pareceu contagiar também a namorada de Bettelheim, ele se apressou a encontrar-se com o Sigmund Freud real. Em pouco tempo Bettelheim encontrou sua vocação – e retomou também o seu relacionamento romântico.

"É bom que o velho morra, mas o novo ainda não está aqui", escreveu Freud a seu grande amigo e colega Max Eitingon em Berlim, poucas semanas antes do fim da Primeira Guerra Mundial. O primeiro vislumbre de Freud da liberdade da guerra foi "assustadoramente emocionante"[63]. Já em outubro de 1918, Freud tivera

---

61 Gustav Landauer, colega de Martin Buber, Thomas Mann e Walter Benjamin, foi influenciado pela obra de 1844 do anarquista Max Stirner, *Der Einzige und sein Eigenthum* (O Eu e Sua Propriedade). Landauer exercera o cargo de ministro da Educação na efêmera República Soviética da Baviera e foi assassinado em 1919 pelos reacionários *Freikorps*. Seu livro mais popular, *Aufruf zum Sozialismus* (Chamado ao Socialismo), de 1911, integrava teorias anarquistas e espirituais com a forma mais individualista da democracia social. Cf. *For Socialism*, trad. D.J. Parent, 1978. As teorias posteriores de Wilhelm Reich nutriram-se, em grande medida, de Stirner e Landauer.

62 B. Bettelheim, *Freud's Vienna and Other Essays*, p. 25.

63 R. Ekstein, Foreword (1991), em S. Gardner; G. Stevens, *Red Vienna and the Golden Age of Psychology*.

A SOCIEDADE DESPERTA: 1918-1922

a sensação real de que mudanças notáveis em todos os níveis da sociedade estavam prestes a transformar o mundo que conheciam. Um mês antes, junto com Eitingon e outros membros da nova IPA que haviam se reunido em Budapeste para seu V Congresso Internacional, Freud traçou o que ele chamaria de "Linhas de Progresso" na batalha pela psicanálise. Eles haviam aprovado planos de longo alcance que exigiriam das Sociedades psicanalíticas locais o fomento da pesquisa clínica, de programas de formação padronizados e de clínicas ambulatoriais gratuitas. Seu estado de espírito era confiante e ávido. O psicanalista Rudolf Ekstein lembrava-se como "Anna Freud [e] August estavam preocupados não só com questões teóricas, mas também com questões práticas de educação. "Na Viena Vermelha, é claro", dissera ele, "estava Sigmund Freud."[64]

---

64 Carta de Freud a Eitingon, n. 130 F., de 25 out. 1918, em M. Schröter (ed.), *Sigmund Freud – Max Eitingon Correspondance 1906-1939*, p. 168.

1919

"A policlínica será aberta no inverno e se converterá em um instituto de ψ"

Para os educadores que trabalhavam com jovens nos centros comunitários perto do Prater, a zona de diversões decadentes e prostituição de Viena, a ideia de estabelecer centros de tratamento de base escolar para crianças negligenciadas por quatro anos de guerra e fome parecia uma salvação. Um anúncio para esse tipo de centro havia aparecido no outono de 1919, menos de um ano depois do armistício, em um pequeno quadro de avisos do *Gymnasium* local, o instituto de ensino secundário na Zircusgasse. O cartaz também anunciava a abertura iminente de um departamento adicional no *Volksheim*, uma espécie de residência universitária na qual os trabalhadores tinham aulas noturnas. Os cursos anunciados abrangeriam de psicologia infantil a reforma educacional. Eles seriam ministrados por Alfred Adler, criador da Psicologia Individual, e por alguns dos seguidores de Sigmund Freud como Siegfried Bernfeld e Hermine Hug-Hellmuth. Adler e Freud davam palestras nos arredores de Viena e, para além da intimidade dos círculos psicanalíticos, suas diferenças, agora notórias, não eram tão evidentes. De qualquer forma, dada a profunda necessidade das crianças e dos professores de Viena, qualquer dos analistas poderia contar com um público grato pela atenção cuidadosa, afetuosa e metódica à psicologia infantil.

Adler era um orador cativante, que trajava um impecável terno de *tweed* feito sob medida, camisa branca engomada, fumava charuto, tinha uma atitude pensativa, bigode e usava óculos de aro de metal. Às oito horas da noite, quando Adler começou a falar no *Volksheim*, a pequena sala de aula, sem janelas, já estava tão abarrotada que mesmo um local mais amplo mal conseguiria acomodar professores, assistentes sociais, psicólogos e enfermeiras escolares, todos já impressionados com seus novos escritos em psicologia educacional. O cartaz no *Gymnasium* havia anunciado que Adler ministraria um curso semestral chamado "Cura Pela Reeducação". Sua palestra, em geral, começava com a fascinante descrição de um caso, talvez de Frank, um tímido menino de oito anos de um bairro marginal, que havia mentido sobre a gravidade da doença da mãe. A professora de Frank vira a energética mãe pendurando roupa no varal e ela não parecia estar morrendo. Por que o menino havia mentido? Empregando a técnica analítica de Adler, ela se deu conta de que as histórias de Frank não eram "mentiras patológicas", mas, pelo contrário, mecanismos de enfrentamento que emergiam de sua necessidade de retificar sentimentos dolorosos de rejeição familiar e negligência comunitária. Adler começava seu seminário com histórias como essas, oferecia algumas informações e princípios gerais e depois solicitava aos participantes exemplos de casos. Ele podia extrair análises extremamente precisas de pequenos incidentes da vida cotidiana em que as crianças, de repente, tornavam-se importantes e a necessidade humana de pertencer a uma sociedade comunitária adquiria grande relevância.

A jovem psicóloga Hilde Kramer descobriu sua capacidade nesse público. Ela tinha se oferecido para apresentar o caso de seu difícil cliente juvenil, Ernest, e ficou impressionada com a clareza da explicação de Adler sobre o problema psicológico do menino. A cura pela reeducação era, pensava ela, uma técnica inovadora, uma união pragmática de teoria e terapia. Em primeiro lugar, os conceitos de "individualismo" e "comunidade" não eram necessariamente incompatíveis. Em segundo, as crianças eram tão receptivas quanto os adultos, se não mais, ao significado subjacente nesses dois termos e os consideravam menos contraditórios. Em terceiro, pouco dano poderia advir ao se reforçar nas crianças a mensagem dupla: que cada criança possui um valor singular no universo e, ao mesmo tempo, deve fazer uso desse valor em benefício da comunidade. Dado o interesse de Kramer pelas necessidades das crianças e das famílias da Viena do pós-guerra, dar início a algum tipo de programa terapêutico independente ao longo dessas linhas parecia ser o próximo passo óbvio. Ademais, o crescente *status* de Adler nos círculos pedagógicos e políticos significava que o tipo de programa clínico gratuito que Kramer imaginava, com suas características sociais-democratas, beneficiaria numerosas famílias locais. A tentativa da jovem psicóloga, de fazer chegar a Adler suas ideias, foi encorajadora e, durante uma de suas palestras noturnas no centro comunitário Prater, Adler abordou as preocupações específicas dela. "Por que não começar com um local de orientação infantil (*Erziehungsberatungstelle*) para benefício dos filhos e dos pais?", perguntou[1]. Era o momento de pôr em ação o primeiro centro de orientação infantil, a Clínica de Orientação Infantil.

O primeiro paciente da nova clínica foi o mesmo jovem Ernest, um menino magro e ansioso, de olhos penetrantes, que exalava hostilidade eficava sentado, amuado, numa cadeira no canto ou saía correndo abruptamente pelos telhados vizinhos. Ernest, de nove anos de idade, era o filho primogênito, mimado, de pais excessivamente emotivos. Quando nasceu o segundo filho do casal (agora o filho perfeito), Ernest passou a demonstrar um comportamento violento contra o irmão. Irritava-se, agredia o irmão mais novo, ganhou a posição de bode expiatório da família e se tornou o vassalo incumbido de fazer as tarefas familiares. A mãe de Ernest tentou colocá-lo sob a custódia do Estado, mas o tribunal recusou-se a lidar com um "problema familiar", encaminhando-a aos serviços sociais comunitários, a fim de obter assistência. Mãe e filho chegaram à clínica desesperados. Kramer ainda não havia conversado com Adler, mas ele acabou se inteirando da chegada do menino. "Tente ajudá-lo", Adler encorajou Kramer. O trabalho terapêutico que ela começou era então chamado de psicologia "individual", mas na verdade envolvia todo o ambiente social de Ernest, incluídas a família, a escola e a vizinhança. A mãe se acalmou quando a intensidade de seu próprio desespero foi aceita e tratada, estabilizando a distorcida atenção que dava ao filho, o que

1 H.C. Kramer, The First Child Guidance Clinic and Its First Patient, *Individual Psychology Bulletin* n. 2, p. 34.

mitigou o comportamento ansioso de Ernest. Quando o conselho dos pais da escola (uma espécie de associação psicológica de pais e professores) convocou uma reunião noturna para discutir se o estranho comportamento indisciplinado de Ernest se tornara perigoso para as demais 99 crianças da escola, sua mãe se sentiu mais apoiada do que repreendida. Adler revisou o caso, comentando que apenas uma criança que é uma unidade inteiramente autônoma é perigosa, porém a capacidade genuína de Ernest de se adaptar com cautela ao centro comunitário e à segurança e confiança de seus colegas de classe era sinal de saúde. A reformulação de Adler da patologia do menino ajudou a equipe da Clínica de Orientação Infantil a promover sua exitosa "reeducação" na escola e em casa.

Esse modelo de clínica de orientação infantil seria replicado em toda a Viena nos quinze anos seguintes. A maior parte das clínicas estava localizada dentro das escolas e funcionava igualmente como laboratório para tratamento de crianças que sofriam da falta do que Adler chamava de *Gemeinschaftgefühl*, ou senso de comunidade. Adler instituiu uma rede municipal de centros de prevenção de suicídio porque, acreditava ele, o suicídio individual era uma forma de traição da comunidade. A paixão pela comunidade era quase uma segunda natureza para Adler, que havia começado sua vida profissional como um *Armenarzt*, mas, diferentemente de seu homônimo (o outro famoso médico reformista, Victor Adler), acabou escolhendo uma carreira médica e não política. O "médico comunitário" austríaco (*Gemeindearzt*) dos anos de 1920, um médico particular subsidiado pela comunidade, supervisionava a gestão de doenças contagiosas, as autópsias e os tratamentos gratuitos dos pobres. Esse trabalho inicial em saúde pública propiciou a Adler um modelo prático para seus programas baseados na comunidade e para o seu consequente sistema psicológico. Cada vez mais popular entre os sociais-democratas, Adler atribuía a desigualdade social e o sentimento humano de inferioridade à perniciosa carência de *Gemeinschaftgefühl*.

Naquele dia de maio de 1919, em uma eleição com vitória esmagadora que se repetiria em 1927, o Partido dos Trabalhadores Social-Democratas (SDAP) venceu os cristãos-sociais na primeira eleição secreta da Áustria. As mulheres votaram pela primeira vez sob a égide do sufrágio universal e levaram à eleição suas preocupações com a saúde da família e sua aguda consciência da necessidade de uma ação governamental firme para conter a onda da tuberculose, da desnutrição e das condições precárias de habitação, que dizimavam as crianças da cidade. Freud assinou a petição eleitoral em favor dos sociais-democratas[2]. O plebiscito introduziu um governo socialista que durou até a sua violenta destruição pelos fascistas austríacos em 1934. Embora o Partido Social-Democrata tivesse sido uma presença cada vez mais forte no cenário político austríaco desde 1897, seus representantes finalmente obtiveram maioria nessa eleição, ganhando 100 dos 165 assentos do Conselho Municipal. O novo Rathaus social-democrata, o Conselho da cidade de Viena, usou sua maioria absoluta para fomentar um programa altamente inovador de políticas comunitárias e replanejar praticamente todos os recursos municipais.

No início, os políticos e os funcionários públicos recém-eleitos da Viena Vermelha não se sentiram cômodos com a presença de Paul Federn e de outros psicanalistas-políticos eleitos, leais a Sigmund Freud, nas reuniões do Rathaus. Federn era um homem imponente. Muito alto, com uma voz estrondosa e trêmula, brilhantes olhos escuros e uma longa barba negra, sua aparência era quase ameaçadora. Sua posição social, contudo, inseria-se totalmente no padrão do psicanalista de 1919: médico licenciado, representante do primeiro distrito de Viena, ativo na Organização Socialista dos Médicos de Viena, e membro do conselho da Associação de Assentamentos de Viena. "Ideologicamente, a maioria dos analistas era liberal", lembrou Richard Sterba, amigo de Federn. "Suas simpatias, como as da maior parte dos intelectuais vienenses, estavam com os sociais-democratas."[3] Dotado de elevados princípios morais e uma paixão pelo trabalho assistencial atento e ponderado, o que fez com que sua família o chamasse, muitos anos mais tarde, de "policlínica de um único homem", Federn rapidamente se converteu em um trunfo para o novo prefeito social-democrata de Viena, Jakob Reumann[4]. Reumann era um gentil ex-torneiro de madeira, de ombros largos, que editava o *Arbeiter-Zeitung* desde 1900. A prefeitura lhe ofereceu a oportunidade de demonstrar com que eficácia o novo Partido

2 Ver M. Pollak, Psychanalyse et Austromarxisme, *Austriaca*, n. 21, p. 83.
3 R. Sterba, *Reminiscences of a Viennese Psychoanalyst*, p. 81.
4 E. Federn et al., Thirty-Five Years with Freud, *Journal of the History of the Behavioral Sciences*, v. 8, n. 1, p. 38.

A SOCIEDADE DESPERTA: 1918-1922

Social-Democrata poderia aplicar estratégias de bem-estar social à crise econômica da Viena do pós-guerra. Além de ajudar Viena a se tornar uma província separada, Reumann reforçou as políticas de saúde pública e bem-estar infantil em grande escala. Sua primeira prioridade foi a reconstrução de uma infraestrutura viável para o saneamento urbano e a distribuição de alimentos, e ele dificilmente se opunha a receber ajuda externa para as necessidades da cidade. Em tais circunstâncias, mesmo países capitalistas pareciam satisfeitos em oferecer assistência, e grandes instituições de beneficência privada americanas, como a Fundação Rockefeller e o Commonwealth Fund, eram generosas (se bem que, inevitavelmente, tivessem sua própria agenda social). Alimentos e transporte para crianças eram comprados pelo Fundo Europeu para a Infância da American Relief Administration, então dirigido por Herbert Hoover que, por sua vez, acreditava que os adultos deveriam ser auxiliados – quando muito – pelas Associações de Amigos[5]. Essa postura, de que adultos com livre-arbítrio poderiam, mais ou menos, prover sua própria subsistência, mudou em 1922, quando os patrocinadores americanos e austríacos decidiram apoiar famílias desempregadas e acadêmicos subempregados. Essas instituições privadas viam pouca ou nenhuma contradição em seus objetivos pós-guerra, que consistiam em promover a compreensão internacional e a diminuição do nacionalismo enquanto disseminavam os ideais da democracia americana. Na prática, no entanto, as crianças de Viena, especialmente os órfãos de guerra, requeriam apoio emergencial direto de dispensários médicos, programas contra a tuberculose e enfermeiras formadas. Quando, depois de um ano, chegaram esses fundos destinados ao bem-estar infantil, provenientes de Eli Bernays (o cunhado americano de Freud), do projeto de reconstrução pós-guerra da Cruz Vermelha americana e do Commonwealth Fund no ano seguinte, Sigmund Freud se juntou a Reumann, Paul Federn e Julius Tandler em um comitê para supervisionar a sua distribuição.

O novo governo vienense apoiou o direito à moradia e incentivou o desenvolvimento de um extraordinário conjunto de edifícios

5   Relatório sobre "O Trabalho de Reconstrução na Europa, 1919", apresentado nas conferências realizadas na Cruz Vermelha em Washington D.C., 29-31 out., caixa 25, pasta 223, Barry C. Smith série 2, subsérie 4, Commonwealth Fund Collection, arquivos da Fundação Rockefeller.

FIG. 4. *Quadra habitacional comunitária, uma das assinaturas dos* Gemeindebauten *de Viena (foto da autora).*

de apartamentos de baixo custo, os *Gemeindebauten* (figura 4), cuja escala, escopo e impacto social e arquitetônico combinados não foram replicados desde então. Os edifícios construídos na cidade de Weimar, na Alemanha Central, inspirados na Bauhaus e projetados no início do mesmo ano (1919) pelo renomado arquiteto Walter Gropius, são geralmente mais conhecidos hoje, porém são comparáveis em intenção aos *Gemeindebauten* vienenses. À semelhança dos edifícios de Gropius, os *Gemeindebauten* de Viena celebravam a mecanização moderna com unidades padronizadas e inclusive pré-fabricadas, projetadas para melhorar a eficiência humana sem sacrificar a necessidade igualmente humana de gratificação estética. Os conjuntos habitacionais em Viena e em Weimar compartilhavam uma lógica social-democrata subjacente, a das teorias e práticas pré-guerra de Loos, Peter Behrens e Bruno Taut. Arte e artesanato juntos, funcionalismo integrado à estética, razão e paixão, a escola-oficina Bauhaus da Alemanha (de certa forma, como a Werkstätte de Viena) mesclava belas-artes e artes aplicadas para produzir uma variedade impressionante de *designs* para móveis, luminárias, tapetes, cerâmicas, joias, fontes tipográficas e projetos de livros, dança e música. A teoria e a prática de Gropius da "arquitetura total" comunitária, tão cativantes como um heroico mito germânico, anteviam a "nova construção do futuro, que será tudo junto, arquitetura, escultura e pintura, em uma única forma, elevando-se ao céu a partir das mãos de milhões de artesãos, como um símbolo cristalino de uma nova fé emergente.[6]" O mesmo poderia ser dito dos *Gemeindebauten* de Viena, o programa excepcional de construção que acomodaria em melhores residências milhares de famílias nos quinze anos seguintes e que, já em 1919, era o destaque central da Viena Vermelha. Na Alemanha e na Áustria, esses edifícios amplos e maravilhosamente projetados eram totalmente congruentes com a orientação de bem-estar social dos psicanalistas.

Essa campanha habitacional se tornou um ponto crítico nas tensões políticas entre o partido de esquerda que governava a cidade e a maioria conservadora do país, clericalista e veementemente antissocialista. Os cristãos-sociais – entre eles o psiquiatra conservador Julius von Wagner-Jauregg – também se consideravam defensores da família média da classe trabalhadora e seguiam defendendo sua plataforma antissemita extremamente popular, originalmente promovida por Karl Lueger, o poderoso prefeito de Viena de 1897 a 1910. Quando Hitler viveu em Viena, de 1908 a 1913, absorveu o ódio vingativo de Lueger aos socialistas e judeus, bem como a retórica populista do prefeito. De forma paradoxal, a administração de Lueger fortaleceu a infraestrutura pública da cidade, centralizou a distribuição de gás, eletricidade e água potável, e inaugurou a Stadtbahn, a elegante ferrovia municipal com estações projetadas por Otto Wagner. A Áustria tinha também um Departamento Nacional de Saúde (uma seção do Ministério do Bem-Estar Público) com leis sanitárias notavelmente modernas, controlando o abastecimento de água e o esgoto, a inspeção de alimentos, as doenças contagiosas e as irregularidades construtivas desde 1870. Outras grandes cidades da Europa Central viram planos de reconstrução urbana comparáveis, desenvolvidos depois que as revoluções de 1918 trouxeram o sufrágio universal e a democracia parlamentar. As inovadoras políticas habitacionais de Viena, contudo, eram únicas e melhoraram decisivamente a vida dos jovens trabalhadores austríacos e suas famílias, pelo menos um terço dos quais morava na capital ou nos seus arredores. Tratava-se de soldados recém-chegados da linha de frente e suas novas famílias, ou de veteranos e seus dependentes à beira do despejo, para os quais a falta total de construção de novas moradias significava viver sem teto e em condições urbanas cada vez

6   W. Gropius, First Proclamation of the Weimar Bauhaus (1919), em H. Bayer; I. Gropius; W. Gropius, *Bauhaus*, p. 16.

1919 ◈ A POLICLÍNICA SERÁ ABERTA NO INVERNO E SE CONVERTERÁ EM UM INSTITUTO DE Ψ

mais precárias. Em última análise, a extensa e imaginativa reforma habitacional foi possível graças ao novo *status* da cidade como uma província (*Bundesland*) por direito próprio, responsável por seu próprio sistema de tributação. Independentes do restante da Áustria, os sociais-democratas que governavam Viena acreditavam que a reforma implicava a conjunção de políticas sociais e econômicas. Eles consolidaram o seu apoio entre os novos grupos de eleitores, incluindo mulheres e outros grupos anteriormente marginalizados, e fortaleceram o seu partido, atendendo tanto à crise imobiliária como aos grandes problemas da saúde pública: a tuberculose e a má-nutrição.

O surto de tuberculose (e a consequente mortalidade infantil) era típico do pobre saneamento e da escassez de alimentos no pós-guerra, porém em 1919 sua intensa propagação constituiu uma grande ameaça para as crianças da classe trabalhadora. Tandler não perdeu tempo para conter o dano. O carismático anatomista conciliou suas responsabilidades acadêmicas e cívicas emergentes criando um sistema particularmente elaborado de auxílio às crianças. Com o imaginativo superintendente escolar Otto Glöckel e o pediatra Clemens Pirquet, inventor do teste cutâneo para tuberculose, como parceiros, Tandler combateu a tuberculose com um programa sistemático de bem-estar social e saúde pública. No devido tempo, esse programa incluiria merendas escolares, exames médicos e dentários na escola, instalações de banhos municipais, férias e acampamentos de verão com patrocínio público, novas creches e centros de estudos extraescolares e clínicas infantis especiais para a tuberculose e a ortopedia. Tendo em vista a unificação da saúde física e da saúde mental da criança, pediatras como Felix Tietze tentaram introduzir um novo tipo de especialização socio-médica. Entre 1920 e 1924, Tietze trabalhou na clínica de Pirquet, nos postos de saúde infantil, em um dispensário para tuberculosos, realizou uma pesquisa sobre o bem-estar infantil e prestou assessoria aos financiadores da Commonwealth e da Cruz Vermelha em Viena[7]. Como resultado dessa abordagem ampla, a mortalidade infantil na década de 1920 diminuiu em 50% e a taxa geral de mortalidade caiu em 25%. As creches e jardins de infância proliferaram, aumentando de vinte em 1913 para 113

---

7 *Curriculum vitae* do dr. Felix Tietze, caixa 24, pasta 206, R.G. Barry Smith série 2, subsérie 4, Commonwealth Fund Collection, arquivos da Fundação Rockefeller.

em 1931, com dez mil crianças matriculadas[8]. Nas escolas públicas recém-secularizadas, o aprendizado prático e a criatividade substituíram a memorização passiva. Muitos dos programas escolares mais recentes foram influenciados pelas inovações educacionais de Maria Montessori e sua fé na criatividade inata e na alegria de aprender da criança. Em especial depois de 1924, os métodos de Montessori, centrados na criança, viram uma reaproximação entre educadores e psicanalistas como August Aichhorn e Siegfried Bernfeld (que prestavam serviços de consultoria gratuitos no ambulatório) e outros intelectuais dedicados ao bem-estar e à educação dos jovens. Nesse entorno, a carreira de Anna Freud como uma *Volksschullehrer* (professora da escola do povo) em uma escola primária a levou a desenvolver uma série de seminários públicos sobre a relação teórica e prática entre psicanálise e educação. No centro de toda essa modernização, Julius Tandler sustentava, com firmeza, que a educação na primeira infância e a saúde pública eram conceitualmente inseparáveis, e apoiou programas especializados como a creche de Clare Nathanssohn para famílias tuberculosas. Clare Nathanssohn era uma jovem ativista política que mais tarde se casaria com o psicanalista Otto Fenichel e que havia adaptado os princípios da ioga, do movimento corporal e da sinergia mente-corpo de Elsa Gindler às necessidades de crianças doentes. Como a maioria das crianças tuberculosas havia sido infectada em casa, a escola especial as mantinha ao ar livre, praticando exercícios físicos e aprendendo ativamente a cuidar de seu corpo[9]. Clare e seu futuro marido se juntaram mais tarde ao movimento do jardim de infância, assim como o fizeram alguns dos psicanalistas mais famosos de Viena.

Quando Fenichel conheceu Clare Nathanssohn, ela era uma bailarina jovem e fascinante, que trouxera para o seu círculo de amigos a aura dos episódios heroicos como uma jovem prisioneira política, detida devido à sua filiação de esquerda durante a fugaz República Soviética da Baviera (1918 – maio de 1919). Clare foi profundamente afetada por suas experiências ativistas com Gustav Landauer em Munique, tanto pela animada cultura dos artistas urbanos e das organizações coletivistas de trabalhadores

---

8   H. Gruber, *Red Vienna*, p. 66.

9   S. Gifford, transcrição da entrevista com Clare Fenichel, 01 maio 1984, arquivos da Sociedade Psicanalítica de Boston, p. 10–11.

da cidade quanto pela violenta repressão da comunidade pelos fascistas, mais notavelmente Hitler, em 1919. Ela se juntou a uma organização coletivista (um grupo de vinte pessoas que rompera com o movimento Bauhaus) e decidiu criar uma escola maternal perto de Darmstadt. Clare ensinava o trabalho mente-corpo ao pequeno grupo que depois se reassentou na colônia original de artistas de 1901 do arquiteto Peter Behrens. A comunidade de Behrens havia sido montada de acordo com o ideal do Jugendstil[10] de "arte total", e até hoje os lindos mosaicos alegóricos do amor atraem admiradores para os pitorescos terraços e pérgulas. As crenças da colônia nas forças curativas da natureza, da música e da dança incluíam os ideais de reforma escolar de Gustav Wyneken e levaram Clare a replicar a escola original de seu mentor para crianças problemáticas[11]. Quando Tandler apoiou os esforços de Clare na creche, ela deixou de ser uma professora rural de crianças perturbadas para se tornar uma psicanalista urbana. Seus ensinamentos sobre o trabalho terapêutico mente-corpo influenciaram a orgonoterapia posterior de Wilhelm Reich. "Você pode ver como os professores entravam em contato com a análise", ela lembrou muito tempo depois, de sua casa em Boston. "Era algo normal, claro. Não se podia ignorá-lo."[12]

Erik Erikson, Anna Freud, August Aichhorn, Siegfried Bernfeld e Willi Hoffer estavam entre os psicanalistas que se dedicaram à educação da primeira infância. Politicamente sociais-democratas, como Alfred Adler, às vezes seu rival, eles tentaram lidar com os efeitos da crise econômica de Viena no bem-estar físico e psicológico de crianças. Com o tempo, expandiram a ideia original de ambientes educativos protetores, cuidadosamente construídos para crianças pequenas, em um projeto de investigação psicanalítica em larga escala sobre a interação entre a sociedade e o desenvolvimento na primeira infância. Erikson em particular, um

---

10 *Jugenstil*, literalmente "estilo da juventude", estilo de arquitetura e design formalista, assim como seu congênere, o *art nouveau*, a chamada arte decorativa na época, em voga nos países germânicos na virada do século XIX para o século XX. (N. da T.)

11 Wyneken foi um proponente de reforma educacional muito influente do movimento Wandervogel, e criou uma *freie schulgemeinde* (escola comunitária livre) nas montanhas Taunus. Josephine Dellisch, amiga de Anna Freud e de Alix Strachey e paciente na Policlínica de Berlim, lecionava numa escola Wyneken em meados dos anos de 1920. Walter Benjamin, mais tarde uma das principais figuras da Escola de Frankfurt, que integrava a psicanálise no marxismo, foi discípulo de Gustav Wyneken.

12 S. Gifford, op. cit, p. 21.

jovem artista alemão que ainda usava seu sobrenome Homburger quando chegou a Viena, exploraria as múltiplas influências da realidade ambiental no desenvolvimento da identidade da criança e da personalidade individual. Em 1919, no entanto, mesmo antes que Erikson chegasse à sua creche experimental, Anna Freud estava trabalhando com um jovem educador criativo, Siegfried Bernfeld, ex-líder do movimento juvenil austríaco de esquerda. Bernfeld era "alto e magro, com uma feiura que impressionava tanto quanto a beleza", lembrou Helene Deutsch, que, como Freud, considerava a intensidade do jovem educador coerente com seu idealismo[13]. Bernfeld acreditava que a repressão social era um primeiro obstáculo ao desenvolvimento da criança e que os professores, em geral, reforçavam a carga moral em vez de aliviá-la. Sionista apaixonado e organizador socialista nos últimos dez anos, Bernfeld queria que a educação progressista começasse nos jardins de infância. Ele tentava persuadir os educadores da primeira infância a realmente usar, e não apenas exibir, toda uma gama de técnicas pedagógicas, do hipnotismo aos métodos de Montessori. Bernfeld estava particularmente fascinado pelas possibilidades da psicanálise. Um ano antes, ele havia sido um dos mais jovens analistas presentes no congresso de Budapeste e agora era o mais novo membro da Sociedade Psicanalítica de Viena. Em pouco tempo, apresentaria Anna Freud a Eva Rosenfeld e, em 1924, conduziriam juntos outro experimento educacional antiautoritário, a pequena escola Heitzing em Viena. Além de seu trabalho psicanalítico e de seus escritos políticos originais, Bernfeld fundou o *Kinderheim* Baumgarten (Lar das Crianças em Baumgarten), um jardim de infância modelo mais tarde dirigido por seu amigo Willi Hoffer[14]. O *Kinderheim* experimental também abrigava e alimentava crianças carentes, desamparadas ou desabrigadas (incluindo mais de 240 crianças judias refugiadas) com capital proveniente dos fundos municipais. As próprias palestras de Hoffer sobre educação pública e seu Curso de Viena para Educadores, de orientação psicanalítica, eram acessíveis aos professores das creches, das escolas primárias e secundárias municipais[15]. O material teórico dessas palestras era

13 H. Deutsch, *Confrontations With Myself*, p. 161.
14 E. Young-Bruehl, *Anna Freud*, p. 100.
15 A. Freud, A Short History of Child Analysis, *Psychoanalytic Study of the Child*, v. 21, n. 1, p. 7–14.

acompanhado por ilustrações de casos do trabalho do autor no *Kinderheim* com as crianças refugiadas, muitas das quais menores de cinco anos, famintas, incapacitadas ou traumatizadas[16]. As palestras foram reimpressas no *Zeitschrift für Psychoanalytische Pädagogik* (Revista de Pedagogia Psicanalítica) e ainda transmitem o sério tom austromarxista e o idealismo do serviço social das primeiras gerações de psicanalistas vienenses.

Wilhelm Reich, o psicanalista da segunda geração talvez associado com mais frequência ao radicalismo político, recém embarcava na busca, de toda a sua vida, por uma bem-sucedida fusão de mudança social e psicanálise. Seu projeto Sex-Pol começou de forma brilhante, porém acabaria por atormentá-lo. Filho de um agricultor recentemente liberado do exército, Reich havia se matriculado na Faculdade de Medicina em 1919 para se tornar psiquiatra. Musculoso, magro, de olhos sombrios e mandíbula quadrada, Reich parecia permanentemente angustiado na aula de Tandler. Este ainda ensinava anatomia clássica na Escola de Medicina, se bem que também administrasse o novo Departamento de Bem-Estar Municipal. Tanto na sala de aula quanto no legislativo da cidade, Tandler inspirava seu público a crer que levar a experiência médica e do bem-estar social a serviço do governo local era a missão mais elevada. Para Reich, como para seus amigos Grete Lehner, Otto Fenichel e Eduard Bibring, a mensagem de Tandler foi uma profecia. Grete Lehner reverenciava Tandler e acreditava que ele faria o mesmo na política que na anatomia. Ele poderia transformar uma tarefa médica penosa em uma "bela experiência profundamente estética", dizia ela. "Relações ocultas tornavam-se de repente evidentes."[17] Seu conhecimento da escultura grega clássica compensava o uso sombrio dos cadáveres, transformando-os em ilustrações, exercícios e espécimes vívidos. Certa vez, quando Grete estava sentada numa aula no auditório da Escola de Medicina, entre Eduard Bibring e Reich, durante a palestra de anatomia de Tandler (figura 5), Fenichel entregou a ela uma nota rabiscada que ela deveria repassar aos demais alunos. A mensagem instava todos a que se juntassem a ele em um novo projeto exploratório. Fenichel, um criador intensamente exigente

---

16 E. Roudinesco; M. Plon, Siegfried Bernfeld, *Dictionaire de la Psychanalyse*, p. 109.

17 S. Gifford, Grete Bibring, 1899-1977, obituário no *Harvard Medical Alumni Bulletin*, dez. 1977.

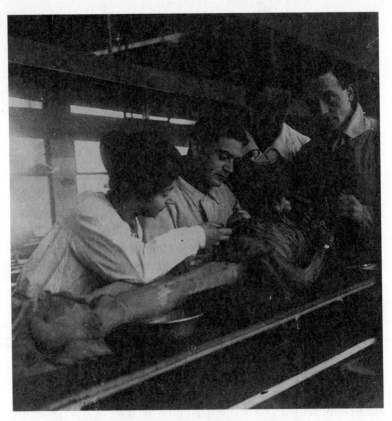

FIG. 5. *Grete Lehner, Samuel Singer, Wilhelm Reich e Eduard Bibring, em 1919, dissecando um cadáver para a aula de anatomia do dr. Julius Tandler na Faculdade de Medicina da Universidade de Viena.*
Fonte: *arquivos da Sociedade e Instituto Psicanalíticos de Boston.*

de grupos, queria começar um seminário a ser convocado pelos próprios alunos, no qual poderiam ser discutidos temas não abordados no currículo médico. Grete acreditava que, se os estudantes idealistas organizassem seu próprio seminário, poderiam examinar as relações sociais e discutir política, religião e sexualidade com precisão tandleriana.

Os quatro jovens ativistas se propuseram a trazer à luz descobertas psicológicas modernas dentro e fora da sala de aula. Os edifícios de pedra cinzenta da Universidade de Viena consistiam de oito pátios conectados, que rodeavam uma grande praça arborizada, na qual os estudantes se reuniam sem aparentes restrições. Os cafés serviam bolo de maçã sob as arcadas e, no verão, eram populares os *biergarten* em cada um dos cantos do quadrante, se bem que os estudantes gostassem especialmente de se encontrar sob os afrescos dos nus de Gustav Klimt, na entrada da universidade. Reich e seus amigos tinham ouvido recentemente o teólogo existencialista Martin Buber discursar aos estudantes universitários judeus em uma enorme manifestação organizada principalmente por Siegfried Bernfeld[18]. Buber estava então traduzindo a *Bíblia* hebraica para o alemão e desenvolvendo suas ideias sobre uma espiritualidade moderna inclusiva. A multidão gostou dessa nova retórica humana e substituiu, com facilidade, disse Reich, uma ideologia de "raça contra raça" por outra de "povo-com-povo". Reich estava tão satisfeito com essa mudança conceitual quanto com a própria Grete. Ele se lembrava dela como "uma acadêmica séria e dedicada, suave e elegante, às vezes ingênua e encantadora" que, infelizmente para Reich, estava atraída pelo mais formal Eduard Bibring, um colega veterano de guerra que estudava então em ritmo acelerado. No entanto, quando encontravam tempo para deixar o trabalho acadêmico de lado, os três amigos desfrutavam de festas, bailes de máscaras e flertes em intermináveis rondas por bares esfumaçados perto da universidade. Seja escalando as montanhas Rax em torno de Viena ou andando de bicicleta na orla do Danúbio, eles adoravam conversar, discutir sexo e política e, em geral, planejar secretamente como abalar a estagnação do gênero humano. A vida estudantil, como grande parte da vida da cidade em 1919, não obstante as tensões econômicas, consistia em encontros aos sábados no Café Stadttheatre, discussões acaloradas sobre os mais recentes desenvolvimentos do movimento juvenil acompanhadas de doces nos cafés decorados com espelhos ao redor do Ring, ou em estudar sofregamente para os exames bebendo chocolate no Volkscafé. Os complexos hinos de Hölderlin (musicados) eram interpretados no Kammerspiele, a *Flauta Mágica*, na ópera, e uma infinidade de teatros, dramas musicais e concertos filarmônicos nutriam a vivência do cosmopolitismo vienense. Tais experiências culturais eram profundamente importantes para esses jovens médicos da cidade que, mais tarde, integrariam a Sociedade Psicanalítica de Viena; mesmo de Budapeste seu colega Radó observou, com uma pitada de inveja, como as carreiras médicas em Viena eram motivadas mais pelo humanismo do que pela ambição científica.

---

18   Cf. E. Roudinesco; M. Plon, op. cit.

46 A SOCIEDADE DESPERTA: 1918-1922

Para Rudolf Ekstein, jovem educador que se tornou psicanalista, a Viena Vermelha era um grande *"movimento* [...] uma ética".

Otto Fenichel era um homem de baixa estatura, barrigudo mesmo na juventude, com um rosto largo e suave e um grande sorriso. Usava jaquetas de alpinista e botas de caminhada e com frequência carregava uma enorme mochila desajeitada. Na primavera de 1919, Otto persuadiu seus colegas da Escola de Medicina Reich, Lehner e Bibring a lançarem o novo grupo de leitura que haviam organizado furtivamente na aula de anatomia de Tandler. Concordaram que seriam discutidas obras modernas sobre sexo e psicologia e que se concentrariam em temas alternativos e não tradicionais, de descobertas científicas a textos sociopolíticos. Seu seminário, dirigido por estudantes, discutia a fisiologia genital, a masturbação, a controvérsia sobre o orgasmo clitoriano e a homossexualidade, tópicos banidos do currículo da Faculdade de Medicina. Discutiam também a psicanálise. Fenichel havia desenterrado uma cópia dos *Drei Abhandlungen zur Sexualtheorie* (Três Ensaios Sobre a Teoria da Sexualidade) de Freud e considerava seus argumentos fascinantes. Ele compartilhava o livro com os amigos, que o esmiuçavam capítulo por capítulo em seus encontros semanais. Os quatro estavam fascinados pelo pequeno texto cujos enigmas igualavam qualquer quebra-cabeças que tinham visto na Medicina. Foram, pois, até a fonte, o próprio Freud, para explicações.

O consultório de Freud ficava a uma curta caminhada, pela íngreme colina da Berggasse, perto da universidade. Mantendo a tradição médica de Viena, Freud reservava uma hora todas as tardes para consultas. De sua própria experiência formativa em Viena, Franz Alexander, psicanalista nascido em Budapeste, lembrava que, naquela época, a prática de recorrer à Berggasse 19 era "não apenas natural, porém mais ou menos esperada" para os primeiros alunos e professores de psicanálise[19]. Nos dias que se seguiram à última aula de Tandler, Reich, Lehner, Fenichel e Bibring decidiram ver Freud durante essa hora diária de consulta. Os quatro jovens socialistas, já cômodos com o enfoque do bem-estar social da Viena Vermelha relativo a saúde, também eram bons leitores de psicanálise. Freud deve ter ficado satisfeito com o conhecimento

---

19 F. Alexander, Recollections of Berggasse 19, *Psychoanalytic Quarterly*, v. 9, n. 2, p. 196.

dos jovens e com sua atitude inquisitiva, pois convidou os quatro a assistir às reuniões semanais da Sociedade Psicanalítica de Viena. Felizmente para Reich e seus amigos, Freud estava selecionando, naquele momento, "novos membros com base nas qualificações pessoais e profissionais e nas palestras ministradas pelo membro em perspectiva". Como presidente da Sociedade, "a opinião pessoal de Freud era sempre decisiva", assinalou Helene Deutsch em suas memórias[20]. Então, novamente, como Erik Erikson relembrava de seus próprios dias de estudante em Viena, o movimento psicanalítico tinha uma incrível flexibilidade e se "os Freud achassem que você tinha um certo senso de análise, você poderia se tornar um analisando de um dos mais destacados membros veteranos, sem quaisquer outras condições"[21].

A Faculdade de Medicina juntou Reich, Bibring, Fenichel e Lehner, mas Freud deu-lhes uma causa. Desde 1902, Freud reunira em torno de si um grupo de *protégés*, amigos, ex-pacientes e alunos com ideias afins, grupo esse que se desenvolveria na Sociedade Psicanalítica de Viena em 1908. "A proximidade com o trabalho de Freud *in statu nascendi* nos deu a sensação de participar de um processo científico e cultural importante e configurador do futuro"[22] – lembrou Richard Sterba, psicanalista cujas interpretações líricas da vida na sociedade vienense idealizam Freud, mas também evocam um prazer genuíno com sua presença. Os quatro estudantes de Medicina logo ganharam a estima da Sociedade, enquanto todos observavam, ao mesmo tempo, como Deutsch, Sterba e Hermine von Hug-Hellmuth respondiam aos comentários ou às ideias de Freud. Eles estavam sintonizados sobretudo com o conteúdo sociopolítico naquelas mesas-redondas nas noites de quarta-feira e ainda mais nas polêmicas no Café Riedl (um dos cafés vienenses favoritos de Freud), no qual os psicanalistas se reuniam após as palestras[23]. No ano seguinte, Fenichel partiria para Berlim a fim de trabalhar na policlínica, e em 1922 os quatro

---

20 H. Deutsch, op. cit., p. 148.
21 H. Levine, Interview with Erik H. Erikson, *Boston Psychoanalytic Society and Institute Newsletter*, n. 1/2, p. 5.
22 R. Sterba, op. cit., p. 81.
23 O cartão de Natal de Freud a Karl Abraham, em 1908, descrevia uma cena no Café Riedl e "despertou muitas memórias" de suas primeiras visitas a Viena. Carta de Karl Abraham a Sigmund Freud, de 13 jan. 1909, em E. Falzeder (ed.), *The Complete Correspondence of Sigmund Freud and Karl Abraham*, p. 75.

participantes do seminário de sexologia assumiriam papéis de liderança no Ambulatorium, porém jamais esqueceriam as noites de quarta-feira na casa de Freud.

Reich logo solicitou adesão plena à Sociedade Psicanalítica de Viena. Ele já havia entregado seu artigo *Zur Trieb-Energetik* (Sobre a Energética dos Impulsos), mas tinha certeza de que Freud "sacudiria a cabeça e o devolveria"[24]. Em seu próprio relato de seu desenvolvimento pessoal como analista praticante, Reich datou sua primeira sessão clínica em 15 de setembro de 1919. No Natal, ele tinha dois pacientes e havia começado sua análise pessoal com Isidor Sadger, em cujo seminário psicanalítico também estava matriculado. Poucos membros do círculo das quartas-feiras pareciam menos politizados do que Sadger, e nenhum mais convencido da primazia absoluta da sexualidade na vida humana. Ele próprio assombrado pela homossexualidade e pelo fetichismo, Sadger tinha a reputação escabrosa de analisar os convidados dos jantares até os mínimos detalhes íntimos. Exasperava inclusive Freud com sua adesão ultraortodoxa à teoria da sexualidade. Ao que parece, Sadger analisava Reich nesse sentido, e sua influência sobre as teorias de Reich e a posterior criação da organização e das clínicas Sex-Pol foram mais complexas e importantes do que as próprias memórias de Reich indicam.

O desenvolvimento pessoal de Reich como psicanalista socialmente orientado e sua crença na validade das teorias de Freud amadureceram simultaneamente. Reich observava o povo da cidade a partir de uma perspectiva sociológica. Via as senhoras idosas conversando de manhã sobre o aumento dos preços, perguntando a quem quer que fosse quando as coisas melhorariam. Às sete horas da manhã, professores da escola secundária discutiam o comunismo com um limpador de chaminés já coberto de fuligem. Os grupos políticos se atacavam entre si, fossem eles comunistas, sociais-democratas ou cristãos-sociais, todos maculados pela busca de poder e de importância pessoal. Em 1919, Reich se moveu mais à esquerda, ansioso para começar o trabalho clínico no hospital, estudando inglês e ministrando sua palestra de qualificação na Sociedade Psicanalítica de Viena, da qual se tornaria membro em 1920. Convencido de que "a sexualidade é o núcleo

---

24 Ver W. Reich, *Zeitschrift für Sexualwissenschaft*, v. 10, n. 23; *Early Writings*, v. 1.

em torno do qual gira toda a vida social, bem como a vida espiritual interior do indivíduo", Reich interpretava com sucesso os sonhos de seus pacientes[25]. Não obstante a análise de Sadger, ele era curiosamente ambivalente a respeito da visão então adotada por seu amigo e colega de estudos de medicina, Otto Fenichel, da sexualidade que tudo permeia, porque isso parecia ao exigente Reich apenas uma caricatura superficial das ideias de Freud. A amizade entre Reich e Fenichel continuaria a manter, por muitos anos, esse intenso tom combativo de luta política e interesses mútuos. Então, todavia, Fenichel estava muito mais ocupado com o seminário de sexologia dos estudantes, sua própria fusão de psicanálise e educação sexual que ele havia iniciado no começo daquele ano na universidade. Poeta e médico, intérprete e escritor, Otto Fenichel pensava que inclusive os diários mais pessoais "eram sempre escritos com o pensamento de que um dia seriam lidos". Assim também no tocante às narrativas da psicanálise. Ao longo de 1919 e no início da década de 1920, o primeiro seminário psicanalítico mais conhecido (as discussões de Fenichel com Reich, Lehner e Bibring) adquiriu grande popularidade entre os estudantes de Medicina da universidade, dispostos a contestar o *status quo* político e acadêmico. A tradição estava sendo desafiada em todos os lugares.

Originalmente, quando os primeiros psicanalistas formaram a IPA no II Congresso Psicanalítico Internacional realizado em Nurembergue em 1910, eles haviam decidido que ela seria uma organização de afiliação centralizada, com filiais em Londres, Viena, Budapeste e Berlim. Em 1919, nas grandes cidades da Europa, nos Estados Unidos, no Japão e na Índia, grupos semelhantes se congregaram em Sociedades psicanalíticas locais para estudar, ensinar e promover o trabalho de Freud. Com organizações modeladas a partir do emblemático grupo de Viena, no qual líderes como Helene Deutsch aceitavam que era preciso defender Freud e impulsionar todos os seus projetos, as Sociedades locais fomentavam os objetivos da psicanálise pública e privadamente. Era uma batalha, disse Deutsch, "combatida externamente com e a favor do próprio Freud, contra o meio científico e profissional do qual se originara; internamente, a luta era pelo próprio Freud,

---

25 Idem, *Passion of Youth*, p. 80.

em seu favor e por seu reconhecimento"[26]. Exteriormente, os psicanalistas lutavam contra o *establishment*, enquanto internamente competiam pela bênção de Freud, às vezes de forma amigável, outras não, e pela legitimidade, dentro e fora da IPA, sua organização profissional.

Uma das condições dos estatutos da IPA e da permanência dos seus membros era a de criar uma diretoria para a Sociedade, que seria responsável pelo cumprimento das duas resoluções concebidas no congresso de 1918 em Budapeste, no qual Freud manifestara sua posição acerca das obrigações sociais da psicanálise. A primeira resolução oficial foi proposta por Herman Nunberg e dizia respeito à necessidade premente de padronizar a formação psicanalítica. Nunberg insistia em particular que todos os psicanalistas deveriam ser analisados. A prática da psicanálise era nova demais e, já nos seus primórdios, corria o risco de ser corrompida caso fosse deixada para médicos não treinados, mesmo psiquiatras, que não possuíssem conhecimentos técnicos específicos. A fórmula básica da formação tripartite, de curso teórico, supervisão de casos e análise pessoal foi concebida em Budapeste em 1918, implementada no mesmo ano e ratificada em 1920 sob a direção de Max Eitingon. As especificações desenvolvidas em meados dos anos de 1920 pela International Training Commission (ITC), e articuladas por Karen Horney como membro do comitê de educação da policlínica, foram tão amplamente aceitas que continuam vigentes até hoje[27]. Uma segunda resolução tomada no congresso, porém, concentrava-se no desenvolvimento de clínicas sem consulta marcada, nas quais "o tratamento será gratuito" para analisandos potenciais com recursos limitados[28]. Ao contrário do resultado bem consolidado da resolução sobre a formação, a segunda é mais conhecida hoje – quando muito – pelo papel que as clínicas desempenharam ao aproveitar os pacientes para a formação psicanalítica dos candidatos. No entanto, quando as Sociedades de Berlim, Viena, Londres e Budapeste organizaram seus programas de formação psicanalítica, também criaram programas externos

---

26 H. Deutsch, Freud and His Pupils, em H.M. Ruitenbeek (ed.), *Freud as We Knew Him*.

27 K. Horney, The Establishment of a Training Program, em M. Eitingon et al., *Zehn Jahre Berliner Psychoanalytisches Institut, 1920–1930*.

28 S. Freud, Lines of Advance in Psychoanalytic Psychotherapy, *SE*, v. 17, p. 167.

1919 • A POLICLÍNICA SERÁ ABERTA NO INVERNO
E SE CONVERTERÁ EM UM INSTITUTO DE Ψ

baseados na comunidade – as clínicas ambulatoriais gratuitas. E, na realidade, as Sociedades psicanalíticas do início do século xx sustentaram com firmeza seus centros ambulatoriais com dinheiro, habilidade e doações em espécie. Tomadas em conjunto, ambas as resoluções expressavam implicitamente os esforços dos psicanalistas para rejeitar as tradições conservadoras e substituí-las por novas instituições de saúde mental sob uma autoridade muito mais progressista.

Em 1919, os planos para uma clínica psicanalítica oficial gratuita já estavam em andamento em Berlim. O projeto da clínica de Berlim havia sido elaborado pelo menos dez anos antes, em 1909, quando Max Eitingon e Karl Abraham uniram forças para promover a psicanálise. Em 1910, haviam constituído a Sociedade Psicanalítica Alemã (Deutsche Psychoanalytische Gesellschaft, ou DPG) como uma filial da IPA e, dentro dela, a Sociedade Psicanalítica de Berlim, bem como um instituto de formação e inclusive as primeiras etapas das dependências para os tratamentos ambulatoriais. A energia criativa de Berlim atraiu profissionais talentosos como Eitingon e Abraham, ambos recém-chegados de sua formação em Zurique e ambos judeus autoconfiantes. "As coisas estão se mexendo! No dia 27, a Sociedade Psicanalítica de Berlim celebrará sua primeira sessão", escreveu Abraham a Freud em agosto de 1908[29]. Sua primeira e delineada Policlínica de Tratamento Psicanalítico de Doenças Nervosas surgiu no final daquele ano, uma clínica modesta que, dez anos depois, em 1920, tornou-se a pedra angular de uma já imponente Sociedade filial da IPA[30]. Freud gostava do simpático Abraham por seu "estado de espírito sereno e sua confiança tenaz", porém tinha depositado a maior confiança em Eitington[31].

Max Yefimovich Eitingon (figura 6) era um homem pequeno, de rosto redondo, cabelos curtos e escuros cuidadosamente penteados com uma risca lateral, um bigode bem aparado e ar pensativo. Nas fotografias, tanto nos retratos como nas fotos com amigos médicos ou psicanalistas, o pequeno corpo de Eitingon e o terno impecável que trajava sempre o distinguiam do grupo. Eitingon cresceu na Alemanha, formou-se em Filosofia na Universidade

---

29 Carta de Abraham a Freud, de 21 ago. 1908, em E. Falzeder (ed.), op. cit., p. 56.
30 K. Brecht et al., *Here Life Goes On in a Most Peculiar Way*, p. 80.
31 Carta de Freud a Abraham, de 02 jan. 1912, em E. Falzeder (ed.), op. cit., p. 145.

de Marburg e depois estudou Medicina. Sua família se destacava, mesmo entre os ricos negociantes de peles da Galícia, como poderosos comerciantes internacionais, com negócios espalhados por toda a Rússia, Polônia, Inglaterra e Alemanha. Em 1905, aos 24 anos, Eitingon se tornou psiquiatra na famosa clínica Burghölzli de Zurique. Dois anos mais tarde, Carl Jung, que ainda era amigo de Freud e orientador da tese de Eitingon em Burghölzli, sugeriu que ele estudasse psicanálise. A partir de 1907, Freud, que cultivara relações apaixonadas e geralmente decepcionantes com homens como Josef Breuer, Sándor Ferenczi e mesmo Jung, afeiçoou-se a Eitingon com menos ardor, porém com grande amizade. Nos quinze anos seguintes, Max fez uso de sua extraordinária riqueza para propiciar aos indigentes o acesso ao tratamento de saúde mental. Em 1919, ele havia assumido muitas das grandes dívidas da IPA, inicialmente resgatadas por Von Freund. Antes ainda, em 1910, Eitingon financiara o rudimentar serviço psicanalítico independente que, depois do congresso de 1918 em Budapeste, serviria de anteprojeto para a policlínica. A policlínica havia sido um empreendimento caro desde o começo, e depois de um desembolso inicial de cerca de vinte mil marcos (aproximadamente cinco mil dólares) no outono de 1919, a clínica viu seu orçamento aumentar de forma constante, devido à dramática inflação da moeda alemã. Eitingon, no entanto, anunciou em uma carta a Freud no início de dezembro que haviam sido encontradas dependências adequadas para abrigar a clínica. Abraham, que estava cada vez mais impressionado com as capacidades administrativas de Eitingon, logo concordou que a Sociedade de Berlim alugaria o espaço se o preço estivesse dentro de suas possibilidades.

Em novembro de 1919, Abraham anunciou a Freud que "Berlim clama pela psicanálise" e considerava a policlínica como um fato consumado. "Eitingon certamente vai mantê-lo atualizado acerca dos negócios da nossa policlínica. O plano está prestes a se tornar realidade."[32] Em 19 de julho, a proposta de Eitingon para fundar uma policlínica foi aprovada por unanimidade pela Sociedade de Berlim e, em 26 de julho, já se discutia a sua implementação. Em 19 de setembro, Simmel apresentou à diretoria planos para divulgar a policlínica e, em 26 de setembro, Eitingon, Simmel e

---

32 Cartas de Abraham a Freud, de 19 out. e 23 nov. 1919, em E. Falzeder (ed.), op. cit., p. 405, 407.

FIG. 6. *Max Eitingon*
(*Biblioteca da Sociedade e Instituto Psicanalítico de Boston*)

Abraham foram formalmente eleitos como Comitê Clínico[33]. Os analistas de Berlim ficaram cada vez mais animados quando descreveram a Freud os detalhes dos vários preparativos. "As coisas estão *bem* no nosso grupo. O entusiasmo é grande e as conquistas muito melhores do que eram", escreveu Abraham. "Seu apelo em Budapeste caiu em terreno fértil. A policlínica será aberta no inverno e se converterá em um instituto de Ψ."[34] Abraham indicou Ernst Simmel, um dos novos analistas mais sérios da IPA e socialista declarado, associado ao Ministério da Educação por meio de suas atividades políticas, como "uma excelente força propulsora para a policlínica"[35]. Freud, por sua vez, ficou tão satisfeito com toda essa atividade que "por ocasião da fundação da Policlínica de Berlim" propôs "que Eitingon fosse admitido como membro de participação plena no comitê"[36]. Nada agora iria deter Abraham, Simmel e Eitingon para transformar o sonho social-democrata de Freud em uma realidade do século XX.

---

33 Korrespondenzblatt, *Internationale Zeitschrift für Psychoanalyse*, n. 6, 1920, p. 100.
34 Em Berlim, como em Viena e em todos os centros europeus de psicanálise, os analistas colocaram primeiro em funcionamento a clínica gratuita para pacientes externos e depois o Instituto de Formação. Carta de Abraham a Freud, de 03 ago. 1919, em E. Falzeder (ed.), op. cit., p. 402.
35 Carta de Abraham a Freud, de 07 dez. 1919, em E. Falzeder (ed.), op. cit., p. 410.
36 Tratava-se do influente Comitê Secreto, proposto por Ernest Jones in 1912 e constituído pelos seis principis seguidores de Freud (Karl Abraham, Hanns Sachs, Otto Rank, Sándor Ferenczi e Anton von Freund, substituído por Max Eitingon), que se comprometeram a preservar a doutrina psicanalítica e a promover a política da IPA. Freud deu a cada um deles um elegante anel de ouro. Carta de Freud a Abraham, de 03 out. 1919, em E. Falzeder (ed.), op. cit., p. 404.

1920

"A posição da própria policlínica como quartel-general do movimento psicanalítico"

Em 24 de fevereiro de 1920, Freud enviou sua filha Mathilde e seu marido, Robert Hollitscher, um homem de negócios vienense, para assistir às cerimônias de abertura da nova Berlin Poliklinik für Psychoanalytische Behandlung Nervöser Krankheiten (Policlínica de Berlim para Tratamento Psicanalítico de Doenças Nervosas), o primeiro centro psicanalítico ambulatorial especificamente designado como clínica gratuita. A abertura da clínica foi "a coisa mais gratificante nesse momento", escreveu Freud a Ferenczi, e a presença de Mathilde ao lado de outros membros proeminentes da comunidade psicanalítica acrescentou uma certa autoridade às festividades[1]. A policlínica, como veio a ser conhecida, tinha sido ideia original de Max Eitingon e Ernst Simmel. Seu amigo e benfeitor húngaro, Anton von Freund, morrera apenas um mês antes, em 20 de janeiro, deixando à IPA um pouco de dinheiro, mas, sobretudo, um legado muito maior de boas obras inacabadas e o projeto adiado para uma clínica gratuita em Budapeste. "Em Berlim, há notícias muito melhores [do que] em Budapeste", comentou Ernest Jones com seu colega holandês Jan van Emden. "Eles têm

---

1   Carta de Freud a Ferenczi, n. 837, de 15 mar. 1920, em E. Falzeder et al. (eds.), *The Correspondence of Sigmund Freud and Sándor Ferenczi*, v. 3, p. 12.

o dinheiro para a policlínica."[2] De fato, Max Eitingon, endinheirado e generoso, assumiu o cargo de Von Freund, financiando, de sua própria fortuna, o início das atividades da nova clínica, agora transferida para Berlim. Eitingon continuaria a financiar as despesas das dependências da Policlínica de Berlim, em contínuo crescimento, primeiro na Potsdamerstrasse 29, até 1928 e depois na Wichtmanstrasse até o fechamento forçado em 1933.

A cerimônia de inauguração da policlínica em 14 de fevereiro resultou em um evento esplêndido: houve música clássica, leitura de poesia e odes à investigação psicanalítica. O *Programme* de festividades ao longo do dia consistiu de performances de membros e amigos da Sociedade Psicanalítica de Berlim, e incluiu uma sonata para piano de Beethoven, algumas obras de Chopin, peças para piano e canto de Schubert e Schoenberg, e *Lieder* de Hugo Wolf. Ernst Simmel leu "Presentimento" e "Loucura" do *Stunden-Buch* (Livro das Horas) de Rilke. Abraham terminou o dia com o artigo "O Surgimento da Policlínica Desde o Inconsciente". Os temas simbólicos gerais do programa sobre a emoção, a realidade e a natureza humanas refletiram-se na combinação de peças tradicionais da cultura alemã predominante com o trabalho contemporâneo, sugerindo modernidade e subjetividade. Na música, Schubert e Chopin foram mesclados com Schoenberg, compositor vienense de vanguarda, identificado musicalmente com os expressionistas e, do ponto de vista político, com os sociais-democratas. Na poesia, os psicanalistas compensaram a voz romântica de Rilke com o surrealismo mordaz da sátira de Christian Morgenstern. Rilke ainda vivia na Europa, era imensamente popular, se bem que irascível e, como Freud, íntimo amigo da intelectual russa Lou Andreas-Salomé. Quando o dia chegou ao fim, os analistas puderam se deleitar com uma celebração elegante, em total sintonia com os matizes culturais de Weimar.

De acordo com suas aspirações modernistas para a policlínica, Eitingon convidou Ernst Ludwig, filho de Freud (figura 7), o arquiteto e engenheiro que havia treinado em Viena junto a Adolf Loos, para planejar a disposição física e o mobiliário da clínica. Em um mês, Ernst "conquistou reconhecimento duradouro por sua concepção da policlínica, que é admirada por todos", escreveu Abraham

---

2 Carta de Jones a Van Emden, de 14 nov. 1920, documento n. CVA/F03/02, arquivos da Sociedade Psicanalítica Britânica.

FIG. 7. *Ernst Freud, o jovem arquiteto, em 1926 (Freud Museum, Londres).*

a Freud em março[3]. Ernst recém chegara a Berlim a convite do amigo Richard Neutra, seu colega de turma no estúdio de arquitetura de Loos na Bauschule de Viena de 1912 a 1913[4]. De 1919 até a sua emigração forçada para Londres, em 1933, os anos de Ernst como arquiteto berlinense foram preenchidos com experimentação ao longo das linhas da Nova Objetividade e do Estilo Internacional dos anos de 1920. O encargo de projetar o espaço interior da policlínica e de redecorar seus aposentos mofados teve um apelo especial. "Amo as condições impostas por um edifício com caráter, já existente", diria Ernst anos depois, "e muitas vezes [as] habitações antigas dos velhos edifícios têm grandes possibilidades."[5] Esse conjunto particular de cômodos na Potsdamerstrasse 29 fora escolhido e alugado como sede da clínica devido à sua localização central ideal e à comodidade de estar próximo dos consultórios particulares dos analistas de Berlim. No quarto andar de um edifício residencial relativamente modesto, a meio caminho de uma rua arborizada, os cinco cômodos interconectados do apartamento foram reorganizados para tratamento ou consulta. Portas duplas de madeira de cor clara insonorizavam as consultas ou as terapias. Um sofá de vime, sem adornos, uma cadeira e uma mesa, algumas luminárias e simples retratos na parede guarneciam os cômodos. Ernst modificou o divã analítico ricamente adornado de seu pai, despojando-o de ornamentação, e simplificou sua forma para produzir o modelo com mais frequência usado em nossos dias.

3 Carta de Abraham a Freud, de 13 mar. 1920, em E. Falzeder (ed.), *The Complete Correspondence of Sigmund Freud and Karl Abraham*, p. 418.
4 D. Worbs, Ernst Ludwig Freud in Berlin, *Bauwelt*, n. 42, nov. 1997, p. 2398-2403.
5 C.A. Benton, *A Different World*, p. 156.

A SOCIEDADE DESPERTA: 1918-1922

"O fascínio desta tarefa é oferecer apartamentos convenientes com um mínimo de modificação", explicou Ernst em outro contexto, uma tarefa tornada visível em sua reestruturação coerente do espaço da policlínica[6]. Para Ernst, como para seu amigo Richard Neutra, modernismo significava proporção, respeito pelas demandas do ambiente existente e o uso de luz natural para integrar o interior e o exterior. À semelhança de Neutra, a arquitetura de Ernst Freud era permeada de sensibilidade ecológica e ambiental. Ao longo de sua carreira na Áustria, na Alemanha e especialmente na Inglaterra depois de 1933, Ernst projetaria móveis para clientes particulares e se deleitaria com linhas funcionais, madeiras claras e tecidos naturais. Seus projetos arquitetônicos variavam de fábricas a casas particulares, porém seu talento especial era reformar casas, adaptando-as à vida moderna. Ernst reformava inclusive móveis. Em 1938, quando a célebre ceramista Lucie Rie escapou dos nazistas, levando seus móveis projetados por Ernst Plischke, outro arquiteto modernista, Ernst os adaptou à nova casa dela em Londres. Suas sofisticadas estantes e armários embutidos, pequenas mesas e poltronas de nogueira propiciavam um modo de vida harmonioso e de poucos elementos. O senso de Ernst Freud do ambiente orgânico, estilo que ele compartilhava com Neutra, já era perceptível em seus desenhos de 1920 para a policlínica. Cortinas pesadas e escuras protegiam os consultórios, enquanto as janelas da sala maior de reuniões, chamada de Lecture Hall, deixavam penetrar a luz através de cortinas de musselina. Essa sala também era usada para conferências e aulas. Com uma lousa relativamente grande, montada na parede frontal e um pódio para o orador, havia nela cerca de quarenta cadeiras Thonet. O uso feito por Ernst de móveis comercialmente disponíveis, como essas cadeiras, refletia a visão de Loos de que o *design* arquitetônico não deveria influenciar a escolha feita pelo usuário dos produtos do dia a dia.

Uma mobília igualmente simples e bem elaborada foi utilizada na pequena sala de espera da clínica, conscientemente planejada para dar uma sensação de comunidade. Ernst tinha aprendido com seus colegas arquitetos da Bauhaus e dos *Gemeindebauten* da Viena Vermelha como projetar espaços públicos visando seu efeito terapêutico. Imbuído das crenças de Alfred Loos acerca de

6   Ibidem.

formas desprovidas de adornos e, sempre que possível, de móveis embutidos, Ernst colocou a biblioteca em uma das áreas públicas de reunião. Na verdade, Eitingon, acima de tudo um intelectual judeu convencido dos poderes curativos do conhecimento, solicitou especificamente que Ernst transformasse um dos cômodos da clínica em uma sala de leitura, que reuniria toda a literatura psicanalítica, disponibilizada tanto ao cliente quanto ao clínico[7]. O ambiente deliberadamente concorrido da policlínica contrastava por completo com o modelo tradicional de consultório médico, com suas portas separadoras e estreito acesso, quase privado, ao profissional. Os pacientes da clínica viam-se regularmente e, confidencialidade à parte, podiam se sentir seguros ao saber que um grupo de seus pares havia sido admitido e aguardava para entrar em uma sessão de análise. Eitingon acreditava que essa atmosfera comunitária motivaria sutilmente os pacientes a alcançar autossuficiência, no que mais tarde seriam chamadas formas de "ambiente terapêutico". Uma vez dentro da sala do analista, no entanto, a privacidade prevalecia. Ernst isolou os escritórios contra som por meio de uma série de novas técnicas (características de sua prática arquitetônica posterior), incluindo janelas com vidros duplos e portas laminadas com um núcleo de madeira compensada para insonorização. No conjunto, essas medidas tinham o intuito de dissipar os aspectos mais assustadores do início do tratamento. O primeiro encontro do futuro paciente com a policlínica foi tão escrupulosamente concebido como os móveis e as estatísticas da clínica.

A policlínica publicou um anúncio formal de sua inauguração:

A Associação Psicanalítica de Berlim
inaugurou em 16 de fevereiro de 1920
uma
policlínica para o tratamento psicanalítico de doenças nervosas
em W. Potsdamer Str [asse] 29, sob a supervisão médica
do dr. Abraham, dr. Eitingon, dr. Simmel.
Consultas nos dias úteis das 9h00 às 11h30, exceto nas quartas-feiras.[8]

Desde o seu dia de abertura, o grande e inesperado fluxo de pacientes adultos e infantis foi coordenado por Eitingon e Simmel.

7   Carta de Abraham a Freud, de 13 mar. 1920, em E. Falzeder (ed.), op. cit, p. 418.
8   K. Brecht et al., *Here Life Goes On in a Most Peculiar Way*, p. 32.

60   A SOCIEDADE DESPERTA: 1918-1922

Sua pequena equipe de médicos, todos membros da Sociedade de Berlim que haviam concordado em conduzir análises gratuitas, foi bombardeada por pedidos de pessoas com problemas de longa data ou crônicos – psicológicos e fisiológicos – e por pacientes que haviam ido de um médico a outro ou de uma clínica a outra. Pelo menos duas horas e meia diárias (exceto nas quartas-feiras e nos domingos) foram designadas para essas consultas iniciais, ou *intakes*, que no início os codiretores dirigiam em conjunto. Os novos pacientes "sofriam com especial intensidade de neuroses devido à pobreza econômica", escreveu Simmel, "ou eram especialmente propensos à miséria material precisamente como resultado de sua inibição neurótica"[9]. No primeiro ano da policlínica, 350 pacientes se inscreveram para tratamento psicanalítico gratuito. Muitos vinham da rua, atraídos pelo nome na clássica placa de cobre na porta da frente. Pouco a pouco, aumentava o número dos que eram recomendados por antigos pacientes, amigos ou médicos pessoais. Alguns pacientes haviam lido sobre a abertura oficial da clínica nos jornais locais. A imprensa de Berlim fora razoavelmente neutra, não tão lisonjeira quanto seria a cobertura dos jornais de Viena acerca do ambulatório em 1922, porém definitivamente mais favorável do que a recepção da clínica de Budapeste, mais tarde na mesma década. O *Die Neue Rundschau* de Berlim, a prestigiosa revista mensal da Fischer Verlag, publicou um longo artigo de Karl Abraham delineando os princípios da psicanálise[10]. Naquele momento, as comunidades acadêmicas e psiquiátricas da cidade estavam entusiasmadas com a policlínica e dispostas a encaminhar pacientes. Embora um serviço *psicanalítico* fosse algo novo para os psiquiatras do Charité, o imenso e magnífico hospital-escola da Universidade de Berlim, a ideia de usar uma policlínica como alternativa ao tratamento médico sob internação existia há pelo menos cem anos. A prática havia começado no Charité no final do século XIX e desde então se tornara padrão em todo o sistema médico da Alemanha. Em novos campos como a ortopedia ou a psicanálise, as policlínicas de cuidados intermediários ajudavam os hospitais a propiciar formação acadêmica e saúde pública geral.

9   E. Simmel, Zur Geschichte und sozialen Bedeutung des Berliner Psychoanalitischen Instituts, em M. Eitingon et al., *Zehn Jahre Berliner Psychoanalytisches Institut*, 1970 [1930].

10   P. Gay, *Weimar Culture*, p. 35.

1920 ⊛ A POSIÇÃO DA PRÓPRIA POLICLÍNICA COMO QUARTEL-GENERAL DO MOVIMENTO PSICANALÍTICO

Mesmo antes de sua abertura formal, a policlínica psicanalítica parecia tão promissora que a equipe médica do Charité considerou nomear Abraham para uma cátedra em psicanálise. Isso nunca se materializou, porém Abraham informou Freud que "a policlínica, que definitivamente será inaugurada em janeiro, desperta grande interesse por parte do Ministério [da Educação]" e que suas relações amistosas com as autoridades responsáveis pela saúde pública estavam dando frutos[11]. O entusiasta Konrad Haenisch, então diretor do Ministério da Educação de Berlim, havia solicitado a Abraham que fizesse um relato de suas "primeiras experiências na policlínica no tocante ao número de pacientes que comparecia para tratamento" e o tamanho do público que frequentava as palestras da Sociedade[12]. "A clínica é bastante frequentada", disse Abraham com alegria, decorrido um mês de sua abertura. Pelo menos vinte análises haviam começado e o fluxo de pacientes (de todas as idades, ocupações e estratos sociais) continuava tão grande que a policlínica não divulgou novamente o serviço. "Para um futuro mais distante, existe um projeto de organizar uma seção especial para o tratamento de crianças neuróticas", acrescentou Abraham. "Eu gostaria de treinar uma médica especificamente para isso."[13] Em junho, pouco mais de três meses depois que essa nota foi enviada a Freud, Hermine von Hug-Hellmuth lançou o programa de tratamento infantil da Policlínica de Berlim.

Hermine von Hug-Hellmuth era "uma mulher pequena de cabelo preto, sempre vestida de modo impecável, pode-se mesmo dizer ascético", relembrou Helene Deutsch, sua colega nas mesas-redondas da Sociedade em Viena[14]. Antes mesmo de Melanie Klein e Anna Freud, Hug-Hellmuth havia desenvolvido terapias para crianças baseadas em jogos e desenhos e, como tal, é conhecida como uma das primeiras profissionais da análise infantil. Suas ideias encontraram lugar na educação, nos cuidados parentais e nos centros de bem-estar infantil, e sua prática de tratar crianças em suas próprias casas foi adotada pela emergente profissão do assistente social. Suas crenças no impacto da família e do ambiente mais amplo no desenvolvimento humano

---

11 Carta de Abraham a Freud, de 29 dez. 1919, em E. Falzeder (ed.), op. cit., p. 413.
12 Carta de Abraham a Freud, de 01 maio 1920, ibidem, p. 421.
13 Carta de Abraham a Freud, de 13 mar. 1920, ibidem, p. 418.
14 H. Deutsch, *Confrontations With Myself*, p. 136.

eram consistentes com o enfoque de Tandler de bem-estar social relativo à saúde mental das crianças, e Hug-Hellmuth conseguiu introduzir a psicanálise freudiana na crescente rede de serviços sociais às famílias e escolas da cidade. Felizmente, Abraham previra a necessidade de tratamento psicanalítico para crianças e de uma seção de formação, e convidou Hug-Hellmuth para configurá-los. No entanto, sua chegada a Berlim não foi totalmente isenta de problemas. Embora o diplomático Eitingon (que falava por toda a equipe em seus relatórios e cartas aos colegas) nunca o tivesse declarado tão abertamente, a controvérsia sobre o curto e chocante livro de Hug-Hellmuth, *Tagebuch eines halbwüchsigen Mädchens* (O Diário de uma Adolescente), dominava a conversação. Publicado no ano anterior, em 1919, como uma autêntica narrativa da sexualidade de uma adolescente e perfeitamente sincronizado com a teoria freudiana, o *Diário* provou ser em grande parte fictício. O pequeno livro provocou tal furor entre os analistas, como Deutsch se recordava, que um deles "fez o papel de detetive e verificou em todos os hospitais se um homem de uma certa descrição tinha sido admitido na data em que a cronista do *Tagebuch* relata que seu pai adoecera"[15]. A investigação foi inútil e popularizou ainda mais o livro. Em 1923, ano em que retornou a Viena, Hug-Hellmuth finalmente reivindicou a obra como sua redação pessoal de um diário adolescente genuíno (talvez o dela). A história da adolescente, falsa ou não, contribuiu para a dupla ideia, cada vez mais aceita, de que adolescentes e mesmo crianças mais jovens sofrem de neuroses e que tais aflições podem ser tratadas por meio da psicanálise com tanto sucesso quanto com os adultos.

"Não podemos dizer que o fato de que os pacientes paguem ou não tenha influência importante no curso da análise."[16] Indiscutivelmente uma das afirmações mais paradoxais de Eitingon, a hipótese de que o pagamento em si tem pouco ou nenhum efeito significativo no curso do tratamento psicanalítico era tão perspicaz como controversa. Ele usava dados quantitativos para confirmar a viabilidade da crença de Freud no acesso público à psicanálise, dados que hoje refutam as conclusões de várias

15 Ibidem.
16 M. Eitingon, Report on the Berlin Psycho-Analytical Institute, May 1924-August 1925, *International Journal of Psychoanalysis*, v. 7, p. 139-141.

análises baseadas em classe social dos estudos de casos de Freud[17]. Eitingon acreditava que os honorários do tratamento deveriam ser discutidos, não obstante alguma tensão inevitável, entre o paciente e o administrador ou o médico. Ele podia lidar pessoalmente com questões pecuniárias e clínicas de um indivíduo ao mesmo tempo, porém as maiores preocupações relacionadas ao bem-estar social, eventualmente suscitadas pela questão da gratuidade do tratamento, eram surpreendentemente complexas. A policlínica funcionava como uma organização de caridade privada, geralmente independente da superintendência do Estado e da supervisão regulamentar de Karl Moeli, diretor da seção de casos psiquiátricos criada dentro da divisão médica do Ministério da Cultura de Berlim. Mesmo assim, os honorários, inusualmente baixos, geraram discordância tanto dentro da clínica como fora dela e supõe-se que tenham criado certa ansiedade em alguns psicanalistas acostumados ao modelo da prática particular. Melanie Klein, por exemplo, estava plenamente consciente disso. Em seus pequenos diários pessoais da década de 1920, ela registrava com meticulosidade o tempo que devia à policlínica, minuto a minuto. Eitingon, contudo, estava confiante de que o "total desinteresse material" acabaria por reforçar a posição e a autoridade do analista da policlínica. Ele confrontava analistas que tinham dúvidas e temiam – ou diziam temer, e é inevitável indagar se não temiam por interesse próprio – que a renúncia aos honorários significava renúncia às oportunidades de pressionar o paciente a lidar com "complexos de importância vital". O argumento tríplice de Eitington sugeria que a força do fundamento lógico do "tratamento gratuito" era implícita. Em primeiro lugar, o discurso de Freud em Budapeste havia especificado que "esses tratamentos serão gratuitos"; em segundo, a policlínica não tinha diretrizes formais para o tratamento gratuito; e, em terceiro, a independência dos

---

17   Autores como Benjamin Brody (*Freud's Case-load*), tentaram demonstrar que a teoria e a prática psicanalíticas se afirmam exclusivamente sobre a base de uma amostra de pacientes femininas, afluentes e desocupadas. Em contraposição, os dados da clínica demonstram que essa distribuição de gênero era igual tanto para consultas como para tratamentos durante dez anos. No que diz respeito à classe social (definida pela ocupação), a categoria totalmente feminina de "casadas sem ocupação" denotava meros 7% de toda a população que recebeu serviços durante dois anos, de 1923 a 1925. A maior categoria de pacientes (cerca de 40%) era constituída de "profissionais", seguida de perto por artesãos e funcionários de escritório.

64 A SOCIEDADE DESPERTA: 1918-1922

analistas em relação à questão do pagamento teria efeitos favoráveis sobre seu trabalho clínico.

Análises gratuitas eram conduzidas lado a lado, ao mesmo tempo e no mesmo local que as análises pagas (figura 8). Os mesmos psicanalistas tratavam de todos os casos de forma igual, independentemente da capacidade do paciente de pagar: pacientes isentos de pagamento não eram reservados aos analistas veteranos, nem o tratamento gratuito era uma obrigação apenas dos candidatos a psicanalistas. Na verdade, uma espécie de tabela de honorários, que variava segundo as condições do paciente, a partir de zero, eliminava a linha divisória entre tratamento "gratuito" e tratamento "pago". Os analistas veteranos tinham pouca escolha. Eitingon, inclusive, tratou vários pacientes gratuitamente, embora não fosse conhecido por sua perspicácia clínica. Muitos de seus colegas, de Sándor Radó a Alix Strachey, concordavam que Eitingon tinha excelente formação filosófica e vasta sofisticação cultural, mas também era pessoalmente inibido demais para comandar uma prática clínica de sucesso[18]. No entanto, os três primeiros empregados em tempo integral foram Eitingon e Simmel, na qualidade de codiretores, com Anna Smeliansky como sua assistente, cada qual trabalhando até catorze horas todos os dias. Novos membros seriam adicionados à equipe desde que atendessem a três critérios distintos que Abraham havia delineado para Freud. "Nossas condições para trabalhar na clínica são", escreveu ele, "primeiro, suficiente formação neurológica e psiquiátrica; segundo, suficiente conhecimento da literatura psicanalítica; terceiro, análise pessoal do candidato."[19] Hanns Sachs chegaria em breve a Berlim para conduzir muitas dessas análises didáticas. Os membros voluntários da Sociedade cobriam as doenças e as férias um do outro, e iriam "administrar a policlínica como representantes de Eitingon durante suas viagens", conforme Abraham apressou-se a tranquilizar seus colegas internacionais"[20].

"A posição da própria policlínica como quartel-general do movimento psicanalítico", escreveu Freud a Abraham, "seria apenas

18 B. Swerdloff, entrevista com S. Radó, em "History of the Psychoanalytic Movement", Oral History Collection, Columbia University Libraries, New York, p. 84.

19 Carta de Abraham a Freud, de 06 jun. 1920, em H. Abraham; E.L. Freud (eds.), *A Psycho-Analytic Dialogue*, p. 314.

20 K. Abraham, *Rundbriefe* n. 11, de 12 dez. 1920, série 1, subsérie 2, Otto Rank Papers, Bibliotecas da Universidade Columbia.

FIG. 8. *Sala de tratamento n. 2 na Policlínica de Berlim*
(*Biblioteca da Sociedade e Instituto Psicanalítico de Boston*).

fortalecida" diante da perspectiva de que Theodor Reik se mudasse para Berlim[21]. Reik era um erudito cronicamente empobrecido e modelo original do analista sem formação médica. Sua prática acabou criando tal furor que Freud foi estimulado a publicar *Die Frage Der Laienanalyse* (A Questão da Análise Leiga). Se Reik se mudasse para Berlim, pensava Freud, poderia aliviar Sachs da sobrecarga de conduzir todas as análises didáticas, prover a Abraham um substituto confiável para as séries de palestras, e elevar o prestígio da policlínica dentro da IPA e de círculos acadêmicos mais amplos. Enquanto isso, sua ausência de Viena suavizaria algumas das disputas internas da Sociedade local. No entanto, nem Abraham nem Eitingon receberam com prazer a ideia de Freud de transferir Reik para Berlim. Eles estavam muito satisfeitos com as habilidades de Sachs e, talvez mais importante, inseguros acerca do compromisso político de Reik. Ademais, o jovem e inspirado analista Otto Fenichel acabara de se mudar de Viena para Berlim. Depois de um verão cheio de tergiversações a respeito de Reik, a chegada de Otto Fenichel em Berlim assinalou o início de uma nova e vigorosa programação no instituto. Fenichel organizou e atualizou o sistema de registros da clínica (seu ponto forte) e formou um grupo que acabou se convertendo nos célebres Seminários

---

21 Carta de Freud a Abraham, de 28 nov. 1920, em E. Falzeder (ed.), op. cit., p. 434.

de Crianças (*Kinderseminar*). O nome desse encontro era atraente, se bem que enganoso, porque não se tratava em absoluto de um seminário pedagógico sobre análise infantil. Na realidade, se tratava de um curso especial autônomo para os candidatos mais jovens de Berlim, interessados nos aspectos terapêutico e sociopolítico da psicanálise. Fenichel propôs primeiro a ideia a Eitingon, que concordou em apoiá-lo e, em seguida, reuniu um grupo de discussão muito similar ao que tivera anos antes na Faculdade de Medicina. Muitos anos depois, a analista Edith Jacobson lembrava-se de Otto Fenichel como "um dos que mantinham o interesse pelos problemas sociológicos". A própria Edith Jacobson se destacaria, no final dos anos de 1920, como uma das mais radicais ativistas psicanalíticas de esquerda, talvez menos importante apenas do que o mais extravagante Reich e certamente mais sagaz. Jacobson era uma bela mulher, de pequena estatura, com olhos de intensidade profunda e brilhantes cabelos castanhos, penteados em um coque solto. Ela sempre se lembrava dos Seminários de Crianças, incondicionalmente, como aquele "grupo especial [que] abordava as relações entre a sociologia e a psicanálise"[22]. A partir desse grupo Fenichel desenvolveria, em 1931, o círculo interno de psicanalistas especificamente dedicados à expansão e difusão do pensamento freudiano marxista. A esfera mais próxima de Fenichel havia sido descrita como de esquerda política, e com razão, porém a alegação de que ela representava a "oposição de esquerda" na psicanálise é capciosa, posto que as afiliações individuais eram meramente uma questão de grau.

Ideologias políticas à parte, Eitingon insistia que o trabalho da clínica não poderia ser inequivocamente chamado de "terapia de massas", por diversas razões. Em primeiro lugar, Eitingon pretendia remover obstáculos financeiros ao tratamento individual, não fazer da psicanálise uma causa de caridade. Em segundo lugar, o termo *massas* podia ser conceitualmente enganoso. Como Fenichel explicou mais tarde em seu resoluto esboço da psicologia dialético-materialista, os psicanalistas não usam a expressão "psicologia de massas" para descrever "um 'espírito das massas'". É tão impreciso atribuir um inconsciente universal à psique individual,

---

22 E. Jacobson, Fenichel-Simmel Memorial Lecture, 1966, em E. Mühlleitner; J. Reichmayr, Otto Fenichel, *Psychohistory Review*, v. 26, n. 2, p. 162.

1920 • A POSIÇÃO DA PRÓPRIA POLICLÍNICA COMO
QUARTEL-GENERAL DO MOVIMENTO PSICANALÍTICO

escreveu Fenichel, que "C.G. Jung teve que inventar a ideia de um 'inconsciente coletivo'[...] que assombra as psicologias burguesas."[23] Em contraste, a psicanálise explora o modo em que o inconsciente do indivíduo interage com as condições sociais ou ambientais reais; isso não deve de modo algum ser confundido com a imagística sentimental de Jung. Em termos práticos, a policlínica tinha como objetivo oferecer tratamento mental em larga escala fora do *establishment* médico, mas ainda dentro dos parâmetros da prática psiquiátrica.

Eitingon teve a sorte de compreender o problema da marginalização em todas as suas dimensões. Ele repudiava a ideia de que a policlínica operava segundo o "princípio do tratamento gratuito" porque temia que, dentro de um Estado cada vez mais empresarial, esse conceito marginalizasse a função da clínica. Temia que os especialistas presunçosos do Charité engendrassem uma tomada de poder desse serviço. A policlínica se posicionou deliberadamente em contraposição às instituições de ensino de Berlim como o Charité onde, do ponto de vista de Simmel, o "proletariado" e as pessoas com seguros precários convertiam-se em cobaias dos estudantes, enquanto os "pacientes com possibilidade de pagar honorários altos" estavam isentos desse abuso. Simmel conta a história de um de seus primeiros pacientes, uma pequena mulher decepcionada que saiu da policlínica resmungando: "Não há lâmpadas ultravioleta?" Tímida e desconfortável, ela havia respondido às perguntas exploratórias de Simmel de forma simples: "Sim, eles dizem [...] eu tenho um problema com os nervos." Ao que parece, outras clínicas haviam-na dispensado com indiferença, como se ela fosse um mero estorvo, dizendo que pertencia ao grupo denominado "psicopatas" ou "neurastênicos". Uma vez que Simmel defendia o "caráter igualitário da própria psicanálise", o acesso ao tratamento dificilmente poderia ser baseado apenas na capacidade de pagamento do paciente[24]. As decisões acerca do tratamento baseavam-se exclusivamente no diagnóstico e na necessidade do paciente – não na necessidade dos candidatos do

---

23 O. Fenichel, Psychoanalysis as the Nucleus of a Future Dialectic Materialistic Psychology, *American Imago*, v. 24, n. 4, p. 307.

24 E. Simmel, Zur Geschichte und sozialen Bedeutung des Berliner Psychoanalitischen Instituts, em M. Eitingon et al., *Zehn Jahre Berliner Psychoanalytisches Institut*, 1970 [1930].

instituto (ou dos estudantes de Medicina do Charité) de material para a formação. Como o grau de urgência de cada caso determinava *como* o paciente deveria ser tratado, o diagnóstico decidia *se* o tratamento teria lugar na policlínica.

Os pacientes não estavam impedidos de pagar pelo tratamento. Simplesmente não eram obrigados a fazê-lo. Esperava-se que pagassem o que achavam que poderiam. Pessoas que não podiam pagar, como estudantes, trabalhadores desempregados ou homens e mulheres indigentes, eram analisados gratuitamente. Posto que um indivíduo era admitido para tratamento com base apenas na necessidade diagnosticada, a mera capacidade de pagar não determinava o acesso à terapia. Acreditava-se nos relatórios dos próprios pacientes acerca de sua situação financeira: se dissessem que poderiam ou não pagar, isso não era um fator importante. A expectativa de que os pacientes "paguem tanto ou tão pouco quanto podem ou *pensam que podem*" era mais importante como uma questão clínica do profissional do que administrativa[25]. O valor da consulta inicial era de cerca de um dólar (em 1926), e as sessões subsequentes seguiam uma tabela que variava de 25 centavos a 1 dólar. Os honorários eram fixados com base em uma avaliação, caso a caso, da renda do paciente ou da família e das "responsabilidades", termo usado pelo psicanalista americano visitante Clarence Oberndorf para descrever obrigações financeiras, como aluguel e alimentação. Os relatórios de Obendorf tentavam oferecer a seus céticos colegas de Nova York um relato realista de quanto o solicitante poderia dispor para o tratamento[26].

Em consonância com seu *status* de instituição de caridade privada, sem fins lucrativos, os fundos gerais da Sociedade de Berlim, os honorários dos pacientes e as doações privadas sustentavam a policlínica (figura 9). Como todos os doze membros da Sociedade tratavam gratuitamente pelo menos um solicitante clínico em seu consultório particular, a clínica poderia manter ao mesmo tempo doze pacientes não pagantes. Alternativamente, os membros da Sociedade poderiam doar o montante equivalente aos seus rendimentos profissionais anuais para apoiar a clínica. Inclusive os

---

25 M. Eitingon, Report of the Berlin Psycho-Analytical Policlinic, March 1920 - June 1922, *International Journal of Psychoanalysis*, v. 4, p. 254-269. (Grifo nosso.)

26 C.P. Oberndorf, The Berlin Psychoanalytic Policlinic, *International Journal of Psycho-Analysis*, v. 7, p. 318-322.

1920 • A POSIÇÃO DA PRÓPRIA POLICLÍNICA COMO
QUARTEL-GENERAL DO MOVIMENTO PSICANALÍTICO

membros que escolhiam não atender pacientes isentos de pagamento nem fazer doações, eram obrigados a apoiar a policlínica porque um sistema de inscrição havia sido criado na estrutura de pagamentos da Sociedade. Em sua carta de 26 de agosto a Therese Benedek, uma jovem psiquiatra húngara recém estabelecida em Leipzig, Abraham descreveu os requisitos para a admissão na Sociedade psicanalítica e explicou as taxas. "A anuidade de cada membro consiste em oito marcos por ano para o Comitê Diretivo da Associação Internacional & duzentos marcos para o grupo local [Berlim]. A magnitude desse último pagamento é explicada pela necessidade de apoiar a policlínica."[27] Os honorários efetivos dos pacientes, ou seja, a receita, cobriam aproximadamente – e apenas – 10% do orçamento operacional da policlínica. O orçamento da policlínica supria salários, aluguel, registros, manutenção e gerenciamento das dependências. Os membros da equipe permanente recebiam salários baixos que, como Eitingon comentava, "não têm nenhuma relação com seus serviços ou com os sacrifícios que fazem". Por exemplo, cada assistente remunerado recebia 75 marcos, ou US$ 18 por mês dos fundos gerais da Sociedade Psicanalítica de Berlim. Tais ativos saíam, provavelmente, da própria conta bancária de Eitingon, da qual a IPA também recebeu "um novo fundo Ψ no valor de um milhão de coroas (US$ 5.000)". Como Freud ficou muito feliz em relatar, isso "põe fim aos nossos temores mais pungentes"[28]. Enquanto isso, em 1920, as despesas da clínica durante oito meses chegaram a 20.000 marcos (US$ 5.000), dos quais só 2.500 marcos (US$ 600) de receita. De outubro de 1920 a outubro de 1921, houve uma destinação de verbas no valor de 60.000 marcos (US$ 14.500), com 17.500 marcos (US$ 4.206) de receita. Historicamente, as clínicas de saúde mental com políticas muito abertas sobre o acesso ao tratamento podem se ver sobrecarregadas de pacientes; por outro lado, só essa política de abertura possibilita a admissão de pacientes segundo sua necessidade diagnóstica e não sua capacidade pessoal de pagar. Por conseguinte, reconhecia Eitingon, a independência econômica da

27 T.G. Benedek, A Psychoanalytic Career Begins, *The Annual of Psychoanalysis*, v. 7, p. 4-5.
28 Carta de Freud a Jones, n. 275, de 13 mai. 1920, em R.A. Paskauskas (ed.), *The Complete Correspondence of Sigmund Freud and Ernest Jones, 1908-1939*, p. 379.

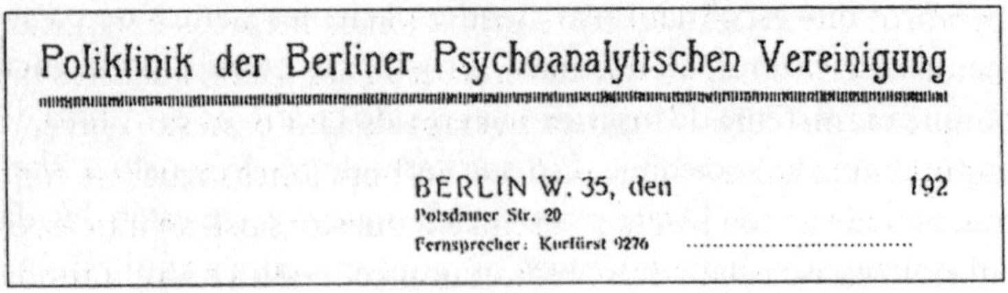

A SOCIEDADE DESPERTA: 1918-1922

Poliklinik der Berliner Psychoanalytischen Vereinigung

BERLIN W. 35, den   192
Potsdamer Str. 20
Fernsprecher: Kurfürst 9276   ....

FIG. 9. *Papel timbrado da Policlínica de Berlim (Bundesarchiv, Koblenz, Alemanha).*

policlínica realmente dava aos médicos um acesso muito maior a pacientes do que a prática privada.

Ernest Jones estava então em Londres, observando, com inveja e à distância, como a policlínica crescia em capacidade e estatura, mas relutava em embarcar ele mesmo em tal projeto. Jones mencionou a seu amigo Jan van Emden o novo financiamento da policlínica e também relatou acerca da chegada em Berlim de dois psicanalistas inventivos, "Frau Klein de Budapeste [vai] analisar as crianças [...] Sachs [está] analisando alguns médicos que desejam estudar Psa e trabalhar na Clínica."[29] Hanns Sachs, membro da Sociedade de Viena desde 1909 e coeditor da revista *Imago* com Otto Rank, permaneceria em Berlim como professor de professores e analista didata até partir para Boston em 1932. Jones logo levaria Melanie Klein a Londres e, no final, criaria a própria clínica da Sociedade britânica em 1926. Em 1920, contudo, Jones ainda passava por muitos apuros financeiros para poder pôr de lado suas objeções à clínica. Escreveu aos seus colegas em Viena e Berlim: "Temos que refletir com cuidado antes de lançarmos a égide de nosso prestígio sobre uma instituição que pode mais prejudicar a psicanálise do que beneficiá-la aos olhos do mundo exterior."[30] Ele considerava alarmante a recente disseminação da "psicanálise selvagem"[31], não obstante a campanha dos berlinenses para oferecer a todos os novos profissionais formação adequada. Acreditava

---

29 Carta de Jones a Van Emden, de 14 nov. 1920.
30 Carta de Jones a Eitingon e Freud (ou Rank?), *Rundbriefe* L6 (1920), arquivos da Sociedade Psicanalítica Britânica.
31 Instigado pela relato de uma paciente em processo de divórcio, que se queixara que o médico que ela consultara antes dera três soluções para sua angústia, segundo ele de fundo sexual – continuar com o marido, arrumar um amante ou se satisfazer sozinha –, Freud publica, em 1910, Über Wilde Psychoanalyse (A Psicanálise Selvagem), um dos textos fundamentais do esforço de institucionalizar a psicanálise. (N. da T.)

também que "a relação entre profissionais médicos e leigos era exatamente oposta ao que deveria ser". Para Jones, analistas não médicos (ou "leigos") nunca tiveram de fato o mesmo nível de autoridade clínica que os médicos. Embora Jones invocasse constantemente a autoridade de Freud em questões psicanalíticas, ele contestava a crença de que uma educação médica não era fundamentalmente benéfica (e poderia inclusive dificultar) à psicanálise eficaz. Ele admirava a postura conservadora e excludente de Brill em Nova York. "O ponto de vista americano sobre a análise leiga não me inspira tanta antipatia quanto à maioria das pessoas na Europa", escreveu mais tarde a Eitingon. "Estou inclusive inclinado a pensar que eu deveria compartilhá-lo se vivesse na América."[32] Apesar de sua fé em Freud e do seu desprezo pelos americanos, Jones tomou seu lado na luta para manter o domínio médico da profissão. Não é de admirar, portanto, que a reiterada oferta da psicanalista Barbara Low, para investigar a clínica de Berlim em nome da Sociedade britânica, tenha sido protelada por pelo menos um ano. Barbara Low era amiga e colega de Alix e James Strachey e de seu grupo literário de Bloomsbury. Em meados da década de 1920, Alix e James tornar-se-iam hábeis tradutores de Freud e viajariam amiúde entre Londres e Berlim para suas análises. Low, por conseguinte, sentia-se cômoda em Berlim, porém sua resolução, "de que uma consulta sobre a organização, financeira ou não, da Clínica Psicanalítica de Berlim fosse realizada o mais rápido possível, com vistas a estabelecer uma clínica freudiana em Londres", foi posta de lado[33]. Quatro anos mais tarde, Low finalmente foi a Berlim, e seu relatório sobre a policlínica converteu-se no projeto para a Clínica de Psicanálise de Londres. Jones, que era médico, se tornaria seu diretor.

Naquele mês de julho, embora a Policlínica de Berlim tivesse aberto sem aparentes empecilhos governamentais, o projeto para uma clínica em Viena foi recebido com muito mais cautela. Eduard Hitschmann, um dos heróis não prestigiados da psicanálise e social-democrata convicto, insistia que os psicanalistas deveriam ter uma clínica gratuita e, com esse propósito, combateu

---

32 Carta de Jones a Eitingon, de 27 set. 1928, documento n. CEC/F01/28, arquivos da Sociedade Psicanalítica Britânica.

33 Atas da Sociedade Psicanalítica Britânica, reunião de 07 maio 1920, documento n. FAA/01, arquivos da Sociedade Psicanalítica Britânica.

o entrincheirado *establishment* médico e psiquiátrico de Viena. Por mais dois anos, até 1922, Hitschmann encontrou obstáculos governamentais à abertura do Ambulatorium. Poucos analistas estavam em melhor posição do que ele para agir no interesse da sociedade de Viena em criar uma clínica gratuita. Respeitado por seus pares como "modelo de ordem e exatidão em todo o seu trabalho e sua competência" e um grande diagnosticador psiquiátrico, Hitschmann parecia gostar do confronto com a rígida burocracia médica[34]. Competitivo e dinâmico, e pessoalmente alfinetado pelas notícias do sucesso imediato de Max Eitingon na Policlínica de Berlim, Hitschmann estava determinado a organizar uma clínica ambulatorial similar. A maioria dos analistas de Viena estava predisposta a dar início a uma clínica gratuita. Seu *ethos* médico tradicional encorajava os serviços gratuitos; eles sentiam que deveriam aderir ao novo movimento; ao mesmo tempo, intervinham outras motivações, igualmente fortes, como seu interesse em ganhar legitimidade e garantir a sua prática. "Cada ramo da medicina tinha sua clínica gratuita. Assim, não foi tão incomum que os psicanalistas com inquietações sociais decidissem que também nós deveríamos ter uma", disse Else, filha de Martin Pappenheim, que emigrou sob coação em 1938, quando ainda estava em fase de formação psicanalítica[35].

No final, o Ambulatorium tomou forma, em grande parte, graças às habilidades de Hitschmann, mas também à ativa preocupação socialista de Paul Federn e Helene Deutsch com as classes sociais mais baixas da cidade[36]. No entanto, curiosamente, o início do Ambulatorium de Viena foi marcado pela desconfiança de todos os setores. As petições de Hitschmann para o estabelecimento de um ambulatório psicanalítico em nome da Sociedade Psicanalítica de Viena foram rejeitadas tanto pelo Departamento Médico do Estado quanto pelo Conselho Municipal da Equipe Médica do Hospital Geral. Infelizmente, inclusive o novo governo social-democrata estabelecia uma distinção entre saúde física e saúde mental e hesitava antes de conceder à enfermidade psicológica as mesmas proteções que à tuberculose e à higiene dentária.

---

34 P. Federn, Sixtieth Birthday of Eduard Hitschmann: July 28, 1931, *International Journal of Psychoanalysis*, v. 13, p. 263-264.

35 E. Pappenheim, entrevista à autora.

36 E. Young-Bruehl, *Anna Freud*, p. 157.

No entanto, a irritante resistência com a qual Hitschmann se deparou por dois anos enquanto preparava o Ambulatorium devia-se muito menos à clínica gratuita como instituição do que à psicanálise como método de tratamento. Tal como Freud previra em seu discurso de Budapeste, o apoio público à sua clínica ficaria para trás da iniciativa privada de caridade dos próprios psicanalistas. Freud, que se entusiasmara com a abertura da Policlínica em Berlim apenas oito meses antes, escreveu com ressentimento a Ferenczi que "basicamente lhe prestariam um favor se [a clínica] nunca chegasse a existir. Ela não é adequada para Viena"[37]. Ele também sugeriu a Karl Abraham que o pedido da Sociedade de Viena para uma seção psicanalítica no Hospital Geral era totalmente contra a sua vontade. "Se a conseguirmos, não será algo bem-vindo para mim", escreveu Freud, "porque teria que estar em meu nome; não posso dedicar tempo a isso, e não há ninguém na Sociedade a quem eu possa confiar a sua administração."[38]

A retratação ostensiva de Freud de seu manifesto de 1918 em Budapeste, seguiu uma dinâmica complexa e interessante. A ideologia governante da cultura política vienense era agora inequivocamente social-democrata e Freud podia se permitir a expor um lado político seu mais reativo. Em nível pessoal, ele se sentia sobrecarregado pela idade avançada (64 anos) e receava as interferências em sua prática de uma maior carga de trabalho e de tarefas gerenciais. Ele lamentava uma aparente falta de liderança independente entre os analistas vienenses. A Sociedade Psicanalítica de Viena carecia de administradores qualificados como Eitingon ou inclusive Jones, situação talvez criada pela preeminência de Freud, porém, ainda assim óbvia. Em nível político e em contraste com sua exigência proativa anterior por clínicas psicanalíticas gratuitas, Freud temia ver a psicanálise cooptada inteiramente pela esquerda. Ele dificilmente gostaria que o governo municipal legitimasse objetivos cívicos explorando o seu trabalho. Freud precisava se situar à esquerda do partido de direita, já que os cristãos-sociais eram abertamente antissemitas, mas também procurava evitar um compromisso político manifesto. Era uma postura complexa, que Freud adotaria reiteradamente ao longo

---

37 Carta de Freud a Ferenczi, n. 855, de 31 out. 1920, em E. Falzeder et al., (eds.), *The Correspondence of Sigmund Freud and Sándor Ferenczi*, v. 3, p. 37.
38 Carta de Freud a Abraham, de 04 jul. 1920, em E. Falzeder (ed.), op. cit., p. 430.

A SOCIEDADE DESPERTA: 1918-1922

de sua vida, enquanto procurava manter a psicanálise acima da disputa política.

Os psicanalistas vienenses da década de 1920 representavam todo o espectro político da esquerda, dos sociais-democratas aos comunistas. O fato de que alguns se moveram mais à esquerda não significava que outros estivessem situados mais à direita. "Entre a maioria dos intelectuais, o que aqui [nos Estados Unidos] é um liberal era em Viena um socialista, um social-democrata", explicou Grete Lehner Bibring[39]. Wilhelm Reich adotou finalmente uma posição de esquerda ainda mais radical, afiliando-se abertamente ao Partido Comunista. Outros analistas, como Paul Federn, pensavam que os comunistas eram perigosos para o nascente movimento psicanalítico, não devido à sua ideologia, mas porque estavam sujeitos a serem presos ou ficarem sob fiscalização policial, e poderiam ser dispensados de sua afiliação partidária se fossem descobertos na análise. Os sociais-democratas, pelo contrário, eram pessoas como ele. Com uma mãe que defendia os direitos das mulheres, um pai cuja prática como médico de família tendia aos pobres, e uma irmã que havia fundado a primeira agência privada de serviço social em Viena, a Associação de Assentamentos de Viena, Paul Federn era o epítome social-democrata do progressismo. Era, pois, importante distinguir entre "comunista" como afiliação partidária e "socialista" como uma ideologia política nominalmente marxista, alinhada com os sociais-democratas[40]. Sigmund Freud repetia com frequência a sua oposição ao comunismo *per se*, porém, esse era um partido diferente; e os psicanalistas, incluídos Freud e Grete Lehner Bibring, seguiram sendo "todos eles sociais-democratas porque esse era o partido liberal para nós"[41]. A geração mais jovem dos analistas vienenses estava profundamente ligada aos austromarxistas na Prefeitura, enquanto Freud e os analistas mais velhos,

39 S. Gifford, Interview with Grete Bibring, arquivos da Sociedade Psicanalítica de Boston.

40 Mesmo ao redor da mesa de jantar dos psicanalistas, dizia Ernest Jones, contava-se que "imigrantes pobres da Galícia chegam à Palestina sem roupas, mas com o *Das Kapital*, de Marx, na mão e o *Traumdeutung* [A Interpretação dos Sonhos] debaixo do braço". É possível que o gracejo espirituoso do dr. Heimann não tivesse sido apenas uma piada casual. Carta de Jones a Budapeste e Berlim, *Rundbriefe* n. 10, de 07 dez. 1920, arquivos da Sociedade Psicanalítica Britânica.

41 S. Gifford, Intreview with Grete Bibring, p. 1515, arquivos da Sociedade Psicanalítica de Boston.

cujos valores se fundamentavam em uma tradição liberal clássica, simplesmente se identificavam com eles.

Ambas as crenças, contudo, de que a psicanálise tinha uma missão política implícita e de que o freudismo era progressista, foram amplamente aceitas por seus praticantes, pelo governo social-democrata de Viena e pelos círculos intelectuais mais de vanguarda na Europa e na América[42]. Emma Goldman, anarquista americana que havia assistido às conferências ministradas por Freud na Universidade Clark em 1909, ficara "profundamente impressionada com a lucidez de sua mente e a simplicidade de sua elocução". Goldman registrou em sua autobiografia, *Living My Life* (Vivendo Minha Vida) como o discurso de Freud reverberara para ela os temas da sexualidade feminina e a libertação da opressão, temas sobre os quais ela tinha ouvido falar pela primeira vez em 1896. Freud e a psicanálise "aterrissaram" oficialmente na América em setembro de 1909, na conferência do vigésimo aniversário da Clark University, realizada em Worcester, Massachusetts. Convidado pelo psicólogo G. Stanley Hall para receber um título honorário, o inicialmente relutante Freud cruzou o Atlântico na companhia de Carl Jung e de Sándor Ferenczi. Freud improvisou em alemão e ministrou cinco palestras, em cada uma das quais desenvolveu uma descoberta psicanalítica específica. A palestra final examinava como a "civilização" exige repressão e aplica um código moral particularmente rigoroso às "classes cultas". A ética americana da moralidade puritana exemplificava, para Freud, a repressão inerente aos códigos morais da civilização. Desafiando o estilo somático então difundido na psiquiatria americana, as ideias de Freud foram recebidas com ambiguidade. As palestras de 1909, entretanto, representaram um divisor de águas nas ciências comportamentais e sociais americanas. Para o neurologista James Jackson Putnam, a visita "foi de profunda importância", enquanto o psicólogo de Harvard William James, o psiquiatra Adolph Meyer e o antropólogo Franz Boas foram mais ambivalentes[43]. Os jornais e as revistas trataram-no como

---

42 Para uma visão geral do acolhimento, positivo e negativo, das ideias de Freud nos Estados Unidos, ver N.J. Hale Jr., *The Rise and the Crisis of Psychoanalysis in the Unites States*.

43 Carta de Putnam a Freud, n. 10, de 17 nov. 1909, em N.G. Hale Jr., (ed.), *James Jackson Putnam and Psychoanalysis*, p. 86.

uma pessoa célebre e, alternadamente, o criticavam, definindo os rumos para uma relação tensa e instável que perdura até hoje. O ressentimento norte-americano contra Freud ainda persiste em muitos aspectos, porém os sentimentos sempre foram recíprocos. Inclusive em meados da década de 1920, Freud tentou evitar as perguntas americanas sobre o socialismo e outras opiniões controversas, dizendo a Max Eastman, jornalista de Greenwich Village, que já havia publicado um livro sobre Freud e Marx: "politicamente, não sou nada". Ao mesmo tempo, Freud informou Eastman que Lênin estava realizando "um experimento assaz interessante", bastante racional pelo seu aspecto científico, porém anarquista o suficiente para ser aceito por alguns jovens analistas brilhantes como Otto Fenichel e Wilhelm Reich[44]. Eastman dificilmente ficou dissuadido do progressismo de Freud.

Por volta de 1920, Freud decerto sentia-se cômodo com a política social-democrata corrente. Conforme disse a Ferenczi, ficara muito feliz em receber um convite para participar do comitê do prefeito Jakob Reumann, liderado por Clemens Pirquet e Julius Tandler, influentes proponentes de reformas da saúde mental pública da Viena Vermelha, para supervisionar um fundo internacional destinado ao bem-estar infantil[45]. O barão Clemens von Pirquet, que se juntou ao projeto de bem-estar da criança de Freud e de Tandler, era uma daquelas figuras extraordinariamente originais da Viena do *début de siècle*. Um pediatra de aparência distinta, descrito como "extremamente amável e cortês, se bem que muito nervoso" pelos financiadores do seu laboratório da Fundação Rockefeller, Pirquet também introduziu o conceito de alergia na linguagem médica corrente e foi o precursor da nutrição moderna com um sistema de medições baseado em unidades de leite[46]. Ele era próximo de muitos psicanalistas, entre os quais Helene Deutsch, que recém terminara seu período de trabalho como psiquiatra de guerra e estava interessada na saúde mental na infância. Em alguns aspectos, o projeto se encaixava perfeitamente com o interesse primordial dos sociais-democratas na reconstrução de

---

44 M. Eastman, Differing with Freud, em *Great Companions*, p. 178.
45 Carta de Freud a Ferenczi, n. 841, de 22 abr. 1920, em E. Falzeder et. al. (eds.), op. cit., v. 3, p. 17.
46 Carta de Eversole a Pearce, Conditions in Austria, de 09 jul. 1924, p. 3, subsérie A, série 705, RG 1.1, arquivos da Fundação Rockefeller.

Viena em torno de um núcleo de bem-estar público centrado na criança e na família, e na sua necessidade de fazer uso construtivo de fundos estrangeiros. Em outros aspectos, como Richard Pearce observou corretamente, o antagonismo entre Tandler e Pirquet, "o primeiro representando a visão socialista e o segundo a aristocrática", levou a confrontos referentes a recursos na Universidade de Viena[47]. No momento em que Pirquet integrou a campanha americana de auxílio a crianças austríacas, o Commonwealth Fund decidiu ajudar a sua famosa *Kinderklinik* a se expandir e a reformar sua casa de convalescência para crianças tuberculosas. Diversas doações especiais contribuíram para substituir equipamentos técnicos e instrumentos cirúrgicos desgastados, utilizados especialmente para operar crianças. Subsequentemente, Eli Bernays, o rico e filantrópico cunhado de Freud, que vivia então nos Estados Unidos, acrescentou um milhão de coroas aos três milhões de coroas doados (US$ 608.000) por um grupo de médicos americanos interessados em aprimorar a infraestrutura médica de Viena, incluindo as casas de convalescência para crianças[48]. Com imagens ainda vívidas da destruição humana na guerra, a decisão dos vienenses de aceitar doações de americanos ricos não foi difícil. Os americanos, no entanto, eram responsáveis moralmente pela administração imparcial desses legados. Cabe destacar aqui que, entre as fundações que orientaram o curso do bem-estar moderno da criança e da pesquisa sobre o desenvolvimento infantil, o Laura Spelman Rockefeller Memorial (LSRM) respondeu com entusiasmo à ideia de que cultivar uma boa higiene mental na infância produziria adultos saudáveis. Segundo a maioria dos desenvolvimentistas, inclusive Freud, o caráter humano, a personalidade e mesmo a fisiologia individual são mais vulneráveis a influências ambientais durante a infância. Uma sociedade pós-guerra pacífica e produtiva desejaria, portanto, uma educação atenta e progressista e serviços sociais dedicados ao bem-estar das crianças. Naquele momento, o LSRM estava disposto a investir diretamente nos serviços sociais práticos de Julius Tandler.

Freud era muito mais ambivalente em relação a outros médicos vienenses proeminentes não afiliados aos sociais-democratas.

---

47 Carta de Pearce a Gregg, Alan Gregg Diary, de 28 jan.-02 fev. 1926, subsérie A, série 705, RG 1.1, arquivos da Fundação Rockefeller.

48 E. Jones, *The Life and Work of Sigmund Freud*, v. 3, p. 5.

78 A SOCIEDADE DESPERTA: 1918-1922

Entre eles, o neurologista Julius von Wagner-Jauregg (figura 10) era então diretor da principal clínica psiquiátrica pública da cidade e, em 1920, um psiquiatra tão conhecido em Viena como Freud. Um homem magro de aparência austera, o comportamento severo de Wagner-Jauregg era ressaltado por uma boca arqueada para baixo, um grande bigode "engomado" e um corte de cabelo bem aparado. A compaixão não era seu ponto forte, porém ele era um professor inspirado e um formidável pesquisador que receberia o Prêmio Nobel por sua descoberta, em 1927, da malarioterapia para a paralisia geral. No entanto, em 1920, Wagner-Jauregg foi acusado pela Comissão de Inquérito Sobre o Abandono do Dever Militar do governo da cidade, de fazer uso letal de eletroterapia em soldados em estado de choque. A comissão, composta por destacados sociais-democratas, convidou Freud a testemunhar como perito nas audiências de 14 e 16 de outubro, nas quais se investigavam alegações de tortura praticada por psiquiatras militares sob o comando de Wagner-Jauregg. Desde 1918, o *Arbeiter-Zeitung* e outros jornais tinham publicado terríveis relatos pessoais: alguns soldados, que sofriam de neurose de guerra, foram acusados de fingimento e pusilanimidade e torturados na clínica de Wagner com "faradização"[49] ou corrente elétrica a ponto de levar à morte ou ao suicídio. Ainda leal aos Habsburgos, Wagner-Jauregg unia o dever patriótico ao poder médico e prescreveu celas de isolamento, camisas de força e queima seletiva como terapias para soldados que ele considerava insuficientemente energizados para o esforço de guerra. A brutalidade psiquiátrica, no entanto, mesmo quando passava como dever patriótico, simplesmente indignava Freud. Os psiquiatras tinham "agido como metralhadoras atrás das linhas de frente, forçando os soldados em fuga a retornar", disse Freud no banco das testemunhas[50]. Ademais, ele mudou o tom de seu "*Memorandum* Sobre o Tratamento Elétrico dos Neuróticos da Guerra", de um artigo clínico para uma declaração política. Começava o ensaio como o faria um colega diplomático,

---

49 Termo com que era referida a terapia que se vale das cargas de correntes elétricas como indutor ou estimulador de músculos e nervos. O uso indiscriminado e, muitas vezes punitivo, do eletrochoque, como ficou conhecida, estigmatizou essa terapia, mas, melhor controlada e rebatizada de eletroconvulsoterapia – ECT, ela tem se mostrado eficiente em determinados casos. (N. da E.)

50 Cf. D. Kaufmann, Science as Cultural Practice, *Journal of Contemporary History*, v. 34, n. 1, p. 141.

FIG. 10. *Dr. Julius Wagner von Jauregg* (*Instituto de História da Medicina da Universidade de Viena*).

sugerindo que Wagner-Jauregg era um homem de princípios que tinha agido contra o seu melhor juízo psiquiátrico por causa do compromisso cívico com os interesses do Estado. Se bem que ambos os homens concordassem com a sintomatologia subjacente à neurose de guerra, discordavam sobre o tratamento. Freud, contudo, concluía com uma crítica devastadora da guerra e da psiquiatria militar tradicional. O serviço militar obrigatório não era um dever patriótico do Estado, disse ele, mas o oposto, a "causa imediata de todas as neuroses de guerra, [que gera] rebelião contra a supressão impiedosa da própria personalidade [do soldado] imposta por seus superiores". A disposição de Wagner-Jauregg para agir em sintonia com o Estado corporativo, ao apoiar implicitamente o uso governamental da violência, desonrava a preocupação humanitária do médico pelo indivíduo[51]. Freud havia dito a Ferenczi que iria "naturalmente tratar [Wagner-Jauregg] com a mais clara benevolência", acrescentando que os eventos tinham "a ver com a neurose de guerra"[52]. Ele só quisera mostrar ao tribunal como suas abordagens clínicas e teóricas diferiam, sem atacar o colega pessoalmente. Naquele momento, a Sociedade Psicanalítica de Viena estava formulando planos para sua própria clínica gratuita, e Freud sabia que o projeto exigiria pelo menos diplomacia trivial com relação ao seu conservador rival. Wagner-Jauregg acabou sendo exonerado, mas continuou a representar para Freud o antiquado *establishment* médico de Viena e o domínio de uma postura punitiva e reacionária na psiquiatria.

---

51 Cf. E. Roudinesco; M. Plon, Nevrose de Guerre, *Dictionaire de la Psychanalyse*, p. 731-732.
52 Carta de Freud a Ferenczi, n. 853, de 11 out. 1920, em E. Falzeder et al. (eds.), op. cit., v. 3, p. 35.

Muito cedo, entretanto, Freud se deu conta que a cortesia demonstrada com relação à psiquiatria institucional de Viena e a Wagner-Jauregg foi vencida por estratégias mais habilidosas. Funcionários hostis e uma burocracia médica letárgica bloquearam reiteradamente a proposta de Hitschmann para o Ambulatorium nos dois anos seguintes. Uma vez que a licença para abrir a clínica estava nas mãos dos membros conservadores da comunidade médica, que se opunham à psicanálise, Hitschmann recrutou o apoio de seu colega Guido Holzknecht. Altamente respeitado como um dos principais radiologistas da época, assistente na clínica de Hermann Nothnagel e bem-relacionado com a direção da Sociedade dos Médicos do hospital Allgemeines, Holzknecht fora desde 1910 membro da Sociedade Psicanalítica de Viena[53]. Holzknecht, Freud e Hitschmann eram amigos e parceiros, todos eles convencidos de que a investigação da mente inconsciente e do interior do corpo tinham objetivos equivalentes. A genialidade de Holzknecht na descoberta de tumores era a contrapartida fisiológica da detecção de Freud das neuroses. Holzknecht e Freud também estavam associados como médicos e pacientes recíprocos: Holzknecht, um ex-analisando, tinha sido o radiologista que tratou o câncer de Freud em 1924. Em 1929, Freud visitou Holzknecht, que estava morrendo de câncer em consequência de suas próprias experiências, tendo o braço direito já amputado. Freud lhe disse: "Você deve ser admirado pela maneira com que suporta o seu fado", e Holzknecht retrucou: "Você sabe que posso agradecer apenas a você por isso."[54] Hitschmann tinha claramente encontrado um porta-voz e estrategista influente.

Ainda assim, dois anos inteiros de manobras táticas cuidadosamente planejadas decorreriam antes que o Allgemeines designasse e aprovasse oficialmente uma seção para o Ambulatorium. Ao que parece, a primeira intervenção pessoal de Holzknecht com a administração decorreu bem. Em 16 de junho, ele registrou com otimismo suas primeiras visitas auspiciosas aos chefes de departamento e escreveu a Hitschmann que

haverá espaço, nos próximos meses, para um "ambulatório para tratamento mental" no Hospital Garrison Nº 1. Mas, como começar? Com

---

53   E. Mühlleitner, *Biographisches Lexikon der Psychoanalyse*, p. 161.
54   E. Jones, op. cit., v. 3, p. 157.

1920 • A POSIÇÃO DA PRÓPRIA POLICLÍNICA COMO QUARTEL-GENERAL DO MOVIMENTO PSICANALÍTICO

quem começar? Penso que, no devido tempo, por meio de associação com uma das seções no Hospital Geral, embora infelizmente seja impossível na minha. (Por outro lado, nada é realmente impossível!"[55]

Hitschmann seguiu o conselho otimista de seu colega. Somente cinco meses após a abertura da clínica de Berlim, sua petição datada de 1 de julho chegou às mãos do Conselho Médico Superior do hospital Allgemeines, da autoridade de saúde pública local do Departamento Médico do Estado, e da Sociedade dos Médicos presidida por Wagner-Jauregg. O Ambulatorium psicanalítico, prometeu Hitschmann, não competiria com o Departamento de Psiquiatria por pacientes, nem diminuiria o uso de terapia médica, mas introduziria outras formas de tratamento. A psicanálise dificilmente poderia ser vista como rival de outros departamentos do hospital, "já que a psicoterapia, para não falar da psicanálise, não é praticada em nenhum deles". Ela tinha sido inacessível para as "massas mais amplas até agora", mas estava "pronta para aplicação prática em um escopo maior. O ambulatório restringir-se-á a doentes menos atendidos"[56].

Um esplêndido edifício de tijolos vermelhos que abrigava o hospital militar (Hospital Garrisson No. 1) foi selecionado como o local do ambulatório por estar convenientemente próximo do Hospital Geral e porque algumas das suas salas de tratamento estavam vazias desde o fim da guerra. Essas dependências poderiam ser utilizadas de forma bastante eficiente, calculavam os psicanalistas, uma vez que precisariam no máximo de uma sala de espera, outra grande área na qual seriam examinados pacientes em perspectiva, e várias pequenas salas de tratamento. Pedidos modestos talvez, mas a filial hospitalar da Sociedade dos Médicos – o órgão governamental da profissão médica austríaca – era responsável pela alocação das dependências e não via necessidade de intensificar o ritmo do moroso processo de decisão. Holzknecht, membro desse conselho (juntamente com Wagner-Jauregg), retransmitia a Hitschmann, seu amigo e "mais estimado colega", algumas informações e instruções confidenciais para ações futuras:

---

55 Carta de Holzknecht a Hitschmann, de 16 jun. 1920, Archiv des Psychoanalytischen Ambulatoriums Wien, arquivos do Freud Museum, Londres.
56 E. Hitschmann, em K. Fallend, *Sonderlinge*, p. 114.

82 A SOCIEDADE DESPERTA: 1918-1922

Nossa proposta não foi colocada em pauta na primeira reunião do Conselho dos Médicos do hospital. Nada fiz a respeito, a fim de não ser identificado como partidário desde o início. Peço-lhe com insistência que visite o diretor, dr. Glaser e, sem pressionar demais, informe-se sobre o destino da proposta várias vezes apresentada, para que ela não desapareça no buraco negro da burocracia.

As negociações infrutíferas continuaram. Por nenhuma razão clara, a audiência que Hitschmann havia solicitado passou do Conselho dos Médicos local do hospital para a reunião de outubro da Junta Médica do Estado. Segundo o que os médicos filtraram daquela sessão inconclusiva, Holzknecht estava conversando socialmente quando, de repente, o secretário da Junta o alertou de que os médicos Wagner-Jauregg e Jakob Pal estavam prontos para ouvi-lo. Enquanto "eu lia para eles as palavras introdutórias da sua proposta", relatou Holzknecht acerca dos eventos de 23 de outubro, Jakob Pal, professor de medicina interna e também membro da junta, o interrompeu e nomeou Wagner-Jauregg para examinar os planos e emitir um parecer de especialista. O Conselho todo concordou, por unanimidade. Era "o estilo austríaco", disse Holzknecht com desânimo a Hitschmann. Dessa vez, nada poderia ser feito a não ser pressionar Wagner[57]. O aristocrático Wagner von Jauregg, que presumivelmente ainda se ressentia do testemunho de Freud em seu julgamento, levou todo o ano seguinte para examinar o documento, exercer sua autoridade e, finalmente, chegar a uma decisão provisória em julho de 1921.

Em contraste com o moroso progresso da petição dos psicanalistas para uma clínica gratuita, outros ramos do novo Departamento de Saúde Pública de Viena avançavam rapidamente. Em novembro de 1920, Julius Tandler foi nomeado conselheiro encarregado do Escritório de Bem-Estar Público de Viena, posto esse que manteve ativamente até fevereiro de 1934. Tandler considerava um programa de bem-estar estatal e comunitário como a solução mais adequada e viável para a deterioração generalizada na Viena do pós-guerra em quase todos os aspectos da vida humana. De acordo com a evolução cultural da Viena Vermelha, uma reorganização completa da estrutura da saúde e do bem-estar se fazia necessária e Tandler, trabalhando com Hugo Breitner,

---

57 Carta de Holzknecht a Hitschmann, 23 jun. 1920, em K. Fallend, op. cit., p. 114.

Otto Glöckel, Karl Seitz e outros sociais-democratas, tornou-se seu principal arquiteto.

As teorias de Tandler sobre os benefícios e o direito ao bem-estar social provinham de modelos anteriores, como os programas em larga escala de Bismarck para a saúde nacional, os acidentes e as aposentadorias. Em uma curiosa contradição ideológica não incomum na política do século xix, os programas progressistas de Bismarck se originaram de um motivo conservador, o de criar distância entre os trabalhadores alemães e o movimento socialista – embora o efeito tenha sido oposto. À semelhança de Bismarck, se bem que com motivações diferentes, Tandler se propunha a unir os trabalhadores ao Estado e vice-versa. "Na Alemanha", ele escreveu, "10-15% de todas as crianças nascidas vivas têm sua subsistência assegurada pelo sistema de bem-estar; na Áustria, somente 4-5%."[58] Ele relatou isso com admiração, não porque acreditasse que o Estado deveria suprimir a responsabilidade dos pais cuidando de tantas crianças, mas porque, ao fazê-lo, o Estado poderia provar sua capacidade de cuidar de crianças cujas vidas haviam sido colocadas em risco por condições sociais e ambientais mais amplas. A guerra criara em Viena um ambiente incapacitante. Tandler reagiu centralizando todas as instituições de bem-estar da cidade em um único Escritório de Bem-Estar Público, com controle profissional e legal. Sua primeira preocupação, reduzir as políticas condescendentes da caridade para o "cuidado dos pobres", substituindo-as por formas modernizadas, planejadas e muito mais respeitosas de assistência direta, levou a reformas administrativas adicionais. O foco particular de Tandler nas necessidades e nos direitos das crianças coadunava-se com o surgimento de novos estudos científicos sobre o desenvolvimento infantil e novas técnicas de tratamento, bem com a educação da primeira infância e a análise de crianças, o que implicava a necessidade de serviços de bem-estar social. Os psicanalistas concordavam. O ambulatório, acreditavam, substituiria o paradigma estigmatizador de caridade no tratamento gratuito da saúde mental pelo paradigma do serviço social.

Os serviços sociais na Viena do pós-guerra oferecem um verdadeiro mapa virtual dos avanços obtidos pela moderna prática

---

58 J. Tandler, *Krieg und Bevölkerung*, p. 555, apud R. Sieder, Housing Policy, Social Welfare and Family Life in "Red Vienna", 1919–1934, *Oral History*, v. 13, n. 2, p. 41.

do serviço social desde os anos de 1900, quando ele se inseria em grande parte na esfera da benevolência das classes altas que zelavam pela moral, até a década de 1920, quando se converteu em uma profissão qualificada. Na Viena Vermelha, alguns dos mais poderosos patrocinadores do serviço social e do bem-estar social internacional, a Fundação Rockefeller e o Commonwealth Fund, colaboraram com os dirigentes dos serviços de saúde da cidade, incluindo Julius Tandler, Clemens Pirquet e Guido Holzknecht. Os representantes da Fundação Rockefeller observavam a política de Tandler com certa ambivalência, porém em geral concordavam com seus objetivos. A simpatia que ele nutria pela psicanálise, assim como Holzknecht, era bem conhecida, e eles exerceram influência em todas as grandes campanhas de bem-estar social nesses anos de formação. Com a união dos patrocinadores internacionais, dos dirigentes da cidade e dos psicanalistas locais no apoio a políticas progressistas de bem-estar da criança, a nova profissão do serviço social assumiu a sua respeitada posição no Estado de bem-estar social.

Em cada um dos distritos de Viena, uma mulher nomeada como "agente de bem-estar" visitava os lares de crianças colocadas aos cuidados de outras famílias que não as de seus pais biológicos, de filhos adotivos e de filhos ilegítimos. Ela trabalhava nos centros de aconselhamento para mães em zonas residenciais e supervisionava as inspeções médicas escolares, atentando aos problemas familiares e a sinais de potencial abuso físico ou sexual. Tendo à sua disposição um dinheiro extra, ela podia complementar, em pequena medida, as necessidades de uma família, comprando roupas ou sapatos para uma criança ou um novo equipamento para um pai prestes a perder o emprego por não ter ferramentas de carpintaria. É claro que ela documentava suas observações sobre as condições de vida da criança: a própria natureza de seu trabalho consistia na exitosa combinação de assistência prática e da metodologia mais atual da universidade, a observação direta do comportamento da criança. A motivação central de uma assistente social estava (e está) sempre sujeita à interpretação, e permitir seu acesso ao lar da família significava renunciar ao poder e à autoridade sobre seus membros em favor do suposto controle do Estado. Entretanto, uma motivação oposta também pode ser verdadeira: um governo pode estar mais interessado em garantir a segurança e o bem-estar de suas crianças do que preservar a falsa dignidade das estruturas familiares tradicionais. Como Tandler retrucaria às acusações dos cristãos-sociais, de que as assistentes sociais afastavam as crianças das suas famílias, "só posso dizer que estamos fazendo o máximo para deixar essas crianças com suas famílias em todos os casos possíveis. Mas [...] a primeira coisa que temos que nos perguntar é se os pais realmente são capazes de educar seus filhos"[59]. Em qualquer sociedade que atribua grande valor à noção de privacidade, visitas domiciliares são vivenciadas como intrusivas e humilhantes, a menos que uma emergência médica exija a presença de um médico à cabeceira do paciente. Se a Áustria monarquista e patriarcal sustentava a supremacia da autoridade parental, as políticas de bem-estar da Viena Vermelha afirmavam o direito do Estado de proteger a criança.

Dada a preocupação vienense com a proteção da criança e a própria crença de Julius Tandler no valor da assistência familiar específica, o governo padronizou e fortaleceu os laços entre os centros de saúde pública infantil e os serviços de apoio prestados em casa. As novas oportunidades para ensinar jovens mães, não necessariamente sobre saneamento, que já era muito bom, mas sobre nutrição e amamentação ou o tratamento da febre e da infecção, culminaram na criação de uma nova ocupação: a *Fürsorgerin*. Meio enfermeira e meio assistente social, porém mais influente do que a combinação de ambas, o título de *Fürsorgerin* não tem um equivalente real no Estados Unidos. O impressionante prestígio da *Fürsorgerin* advinha de um sistema sanitário e de serviço social em grande parte centralizado, que atribuía a responsabilidade pelo cuidado da criança diretamente ao governo e, portanto, podia padronizar abordagens em questões de bem-estar infantil, tais como filhos ilegítimos, órfãos, abuso e negligência de crianças. Na qualidade de assistente social, ela (era em grande parte uma profissão feminina) podia contar com a lei para apoiar suas decisões e, como funcionária da saúde pública, seu julgamento era respeitado devido ao peso médico que comportava. A cada condado eram designadas *Fürsorgerinnen* treinadas para auxiliar os médicos nos postos de saúde pré-natal ou infantil, bem como as famílias que viviam em suas áreas geográficas.

---

59 Ibidem, p. 43.

86 A SOCIEDADE DESPERTA: 1918-1922

Postos são encontrados em todos os tipos de edifícios públicos ou semipúblicos – hospitais, câmaras municipais, edifícios comerciais e habitações municipais coletivas", declararam os relatores do Commonwealth Fund acerca das habitações *Gemeindebauten*, "que são adequadas para serem decoradas com um estilo moderno e requintado!"[60]

Crianças pequenas não seriam privadas de cuidados, mesmo que as mães sobrecarregadas de trabalho carecessem de tempo para levá-las ao pediatra. Em vez disso, as mães viam que a *Fürsorgerin*, em suas visitas domiciliares, examinava a saúde das crianças, dava algumas dicas de segurança e proporcionava algum alívio da carga deprimente da vida doméstica cotidiana. Dos cem postos de saúde infantil federalmente subsidiados na Áustria, os quinze centros localizados em Viena registraram quase dez mil crianças, prestando assistência a outras quarenta mil. Só no ano de 1927, as *Fürsorgerinnen* afiliadas aos postos de saúde fizeram mais de dezesseis mil visitas domiciliares para registrar bebês e crianças em idade pré-escolar de Viena[61]. É verdade que as *Fürsorgerinnen* procuravam crianças órfãs de pai e mãe ou supervisionavam o cuidado de crianças adotivas como exigido por lei, mas, principalmente, encaminhavam crianças que necessitavam de cuidados ortopédicos ou odontológicos a clínicas especializadas, ou crianças tuberculosas ao posto de saúde ou, no caso de cuidados de saúde mental, ao ambulatório.

Os palhaços da classe e os tagarelas constantes, os trapaceiros e os mentirosos, crianças insolentes ou presunçosas, crianças com notas baixas, algumas deprimidas, outras pegas se masturbando – ao que tudo indica, a maioria das crianças que passava pela orientação clínica havia sido desmoralizada por problemas familiares. Todo o sistema da escola municipal foi reorganizado pelo Conselho Austríaco de Educação do pós-guerra, de modo a considerar a adaptação social das crianças tão importante quanto as suas necessidades educativas. A escolha estava entre uma pedagogia freudiana ou adleriana, mas as instituições educacionais aliadas a cada um dos grupos estavam imbuídas de psicanálise. Configurado segundo os projetos para jardins de infância de Willi Hoffer e Siegfried Bernfeld e pela marca registrada de

---

60 W.J. French; G. Smith, *The Commonwealth Fund Activities in Austria*, p. 21.
61 Ibidem, p. 24-25.

Adler, a Psicologia Individual, o novo Instituto Pedagógico da cidade de Viena estava simultaneamente afiliado à Faculdade de Filosofia da universidade e ao Instituto de Psicologia vienense de Karl e Charlotte Büehler. Os Büehlers, então os principais psicólogos acadêmicos de destaque em Viena, estavam adaptando a sua metodologia de experimentos controlados baseados no laboratório para entender o comportamento infantil. E ao discursar no Instituto de Pedagogia, Adler alistou um amplo fórum de educadores, terapeutas e diretores escolares no primeiro programa para professores das clínicas de orientação infantil. Ele estava pessoalmente empenhado em criar a primeira do que acabaria por se tornar toda uma rede de clínicas de orientação para professores e crianças. Em um distrito da cidade com 67 escolas primárias e secundárias, das quase 20.000 crianças da área, 171 foram tratadas voluntariamente em 1920 (o primeiro ano do programa), partindo de um modelo personalizado[62]. A maior parte dos professores nunca havia considerado que alunos problemáticos fossem parte orgânica da classe, nem tampouco pensava neles como deprimidos ou isolados. O método de Adler treinava professores para que envolvessem a classe toda na construção de um senso de *Gemeinschaftgefühl*, ou sentimento de comunidade, entre as crianças rudes ou gazeteiras. Crianças com dificuldades tinham problemas graves, não um mau caráter inato.

Quando Otto Glöckel, à frente do Departamento de Educação de Viena, com tendências reformistas, responsável pela política administrativa escolar, resolveu apoiar oficialmente a Psicologia Individual, foi por fim concedida a Adler a oportunidade de testar suas ideias na prática. O edifício na Staudingergasse 20, uma das estruturas clássicas mais antigas da cidade, foi convertido em uma escola primária experimental baseada nos princípios de Adler do *Arbeitsschule*, trabalho e comunidade. Cômodos outrora ornamentados foram transformados em espaçosas salas comunitárias. Bancos de madeira antigos, armários e mesmo pequenos tinteiros de metal foram resgatados do exército e distribuídos entre as crianças locais, a maioria de famílias pobres. Psicodrama, conversas em grupo e terapia individual foram utilizados como ferramentas educacionais nesse extraordinário ambiente escolar,

---

62 R. Seidler, School Guidance Clinics in Vienna, *International Journal of Individual Psychology*, v. 2, n. 4, p. 75.

no qual as próprias crianças se tornavam coeducadoras, assistentes e, com sorte, coterapeutas de seus colegas mais perturbados. Ali Oskar Spiel e Ferdinand Birnbaum incorporavam a psicologia profunda na agenda diária, proporcionando uma educação moderna e progressista pelos dez anos seguintes a incontáveis crianças negligenciadas, neuróticas, com dificuldades de aprendizagem ou simplesmente desprivilegiadas no sentido econômico e social. Os pais da classe trabalhadora na vizinhança recebiam o boletim ilustrado de Adler, a *Elternhaus und Schüler* (A Casa Parental e o Estudante) e aulas gratuitas à noite sobre o desenvolvimento infantil. Satisfeitos em reger-se pelo currículo da nova escola primária austríaca, Spiel e Birnbaum tentavam preencher a lacuna entre a psicologia individual e a psicanálise (uma ponte que Adler e Freud não conseguiram construir) e empenhavam-se para estimular uma atmosfera intensamente terapêutica, na qual cada aula era uma experiência comunitária. A psicanálise freudiana, ao enfatizar o eu interior frente ao determinismo social, também desempenhou seu papel para legitimar o direito individual da criança, em separado da família, de ser protegida pelo Estado.

Concomitante a essa reorganização dos valores sociais convencionais e papéis sociais de gênero, uma revolução sexual parecia florescer em praticamente todos os níveis da sociedade. As mulheres votavam. A sexualidade era discutida abertamente em jornais e romances, como o *Wiener Romane*, de Hugo Bettauer. Bettauer, um prolífico escritor austríaco cujo romance, *Die freudlose Gasse* foi transformado em um filme por G.W. Pabst, em 1925 (A Rua das Lágrimas), reapareceria nos primeiros anos da década de 1920 como um divulgador da psicanálise e um verdadeiro defensor do ambulatório. Enquanto isso, a ambígua ideia de uma família procriadora, que fomentava ao mesmo tempo imagens maternalistas e feministas, impregnava a vida cotidiana, do transporte urbano à arquitetura municipal. O seminário de sexologia para estudantes começara no ano anterior, em 1919, por Otto Fenichel e seus amigos Reich, Lehner e Bibring, e portanto, era dificilmente inadequado, seja dentro da universidade ou fora dela. Agora em seu segundo ano, o seminário planejava explorar como as crenças tradicionais sobre o sexo poderiam ser reorganizadas com a nova metodologia psicanalítica e como extrapolar uma agenda política a partir daí. Para Fenichel, a liberdade sexual era tanto uma questão política quanto psicológica. "O Homem Vive a Partir de Dentro ou a Partir de Fora?" foi o título anarquista de um simpósio experimental realizado em 22 de junho, no qual ele exigia, sem rodeios, que os participantes dessem voz apenas aos seus sentimentos e expulsassem resolutamente todos os pensamentos intelectuais ou científicos. Algo entre um sermão e uma arenga, o denso discurso de duas horas e meia de Fenichel explorava uma série de soluções sistemáticas, contudo humanas, para os problemas sociais. A ciência, a filosofia, o movimento juvenil, ou a política são, por acaso, melhores para mobilizar as pessoas a fim de aliviar a "'grande e flagrante miséria em todas as suas cores' da humanidade?"[63] O grupo reunido naquela noite no elegante apartamento de seu amigo Hans Heller, incluía Desö Julius, amigo e parceiro de estudos de Reich, um estudante húngaro que havia fugido para Viena naquele verão após a queda do governo de Béla Kun e que apresentou Reich ao movimento comunista. A namorada de Otto Fenichel, Lisl, estava lá com a irmã e o cunhado dele, Paul Stein, bem como Gisl Jäger do movimento juvenil, Gretl Rafael e Willy Schlamm, futuro editor do *Die Rote Fahne* (A Bandeira Vermelha) em Viena. Annie Pink, que se tornaria a primeira esposa de Reich e uma proeminente psicanalista, também se encontrava ali; ainda era membro do movimento juvenil e aluna da escola secundária. Estavam igualmente presentes Lore Kahn, professora de jardim de infância em processo de formação e a pálida namorada de Reich. Kahn morreu de tuberculose pouco tempo depois. Quando sua enlutada mãe acusou falsamente Reich de induzir a morte de Lore, fazendo com que ela fizesse um aborto desastroso, Reich a encaminhou a Paul Schilder, então professor de psiquiatria na Universidade de Viena[64].

Por mais diferentes que fossem, Paul Schilder e Heinz Hartmann (o futuro defensor da psicologia do ego) haviam trabalhado no hospital psiquiátrico da universidade, porém viam pouca ou nenhuma contradição entre a concepção psicanalítica de Freud e a visão orgânico-biológica de Wagner-Jauregg sobre a doença

---

63 W. Reich, *Passion of Youth*, p. 110.
64 Entre seus tumultuosos relacionamentos com mulheres, esse iria obcecar Reich. Freud o repreendeu pessoalmente, mas também o perdoou. O episódio "ocorreu há quatro anos", segundo o que Freud escreveu a Ferenczi, muito antes que Reich se instalasse na Sociedade de Viena. Ver carta n. 922, de 19 mar. 1923, em E. Falzeder et al. (eds.), op. cit., v. 3, p. 97.

mental. Wagner-Jauregg presidia a Clínica Psiquiátrica-Neurológica, o centro clínico de psiquiatria de Viena e, na maior parte do tempo, ocupava-se dos seus protocolos de pesquisa baseados em eletroterapia e nos tratamentos por choque insulínico. Inclusive Helene Deutsch, psiquiatra militar durante a guerra, havia trabalhado em seus experimentos. Posto que as mulheres eram excluídas de nomeações oficiais, Deutsch perdeu o emprego quando Schilder voltou da linha de frente, mas dizia ela reconhecer nele "um espírito muito original e produtivo" e não parecia ressentida pelo insulto institucional[65]. Deutsch usou algumas das experiências de Schilder com a hipnose humanista para ajudar, por exemplo, uma idosa mulher catatônica, intuindo que por trás da fachada inexpressiva da paciente, uma consciência oculta ouvia e convidava o contato humano. Evidentemente, no início dos anos de 1930, a maioria dos jovens analistas do ambulatório era encorajada a estudar o modelo de Schilder. Erik Erikson (ainda usando o nome Erik Homburger), que participara de algumas das aulas de Tandler, prosseguiu seus estudos em psiquiatria com Schilder. Paul Federn mantinha contatos amistosos com a clínica universitária e mais tarde considerou que a aplicação da terapia de base psicológica na psicose era inestimável. A própria clínica não ficava longe da casa de Freud na Berggasse, e Anna Freud participava das sessões de formação à tarde, quando Deutsch era assistente. A formação estritamente controlada de Anna como professora de escola primária pouco a tinha preparado para as espontâneas explosões e dor não mitigada dos pacientes psiquiátricos. Anna, porém, aprendia com rapidez. Ela observava sua amiga Grete Lehner Bibring, também discípula de Schilder, aplicar o modelo integrado dele à sua primeira paciente analítica, uma prostituta com neurose compulsiva. Grete se formara em Medicina aos 24 anos e iniciara uma prática psiquiátrica em seguida. Mesmo depois de dois anos de experiência na clínica de Wagner-Jauregg, ela ainda se lembrava da formação com Schilder como o melhor preparo para lidar, por exemplo, com os floridos sintomas psiquiátricos de um paciente delirante, perverso polimorfo, de vinte e três anos de idade. No entanto, dez anos se passariam antes que Schilder introduzisse formalmente a psiquiatria médica no ambulatório,

65 H. Deutsch, op. cit., p. 110.

FIG. 11. *Eduard Hitschmann* (*Instituto de História da Medicina da Universidade de Viena*).

com o brilhante, se bem que breve Departamento Para o Tratamento de Transtorno de Personalidade Limítrofe e Psicoses.

Entrementes, no campus principal da Universidade de Viena, o seminário de sexologia se tornava cada vez mais popular. Depois de Fenichel ter deixado Viena e partido para Berlim naquele outono, Reich assumiu a direção e a responsabilidade administrativa pelo agendamento de aulas e conferências. Seu sincero interesse pela sexualidade humana refletia-se na escolha de palestrantes como Isidor Sadger (analista do próprio Reich), que então pesquisava a homossexualidade e as perversões sexuais, e Eduard Hitschmann (figura 11), que estava publicando estudos sobre a frigidez feminina. A experiência de Reich com a estrutura autoritária criada durante os quatro anos de exército logo o levou a dividir o seminário em dois ramos, um grupo biológico liderado por Eduard Bibring e um grupo psicológico, a seu próprio cargo. Os eventos eram tão populares, relatava Reich, que trinta estudantes e seguidores participaram de uma palestra bastante simples sobre "Conceitos de Pulsão e Libido de Forel a Jung"[66]. À medida que o público aumentava, Reich encontrava grupos ansiosos de universitários radicalizados, entre eles velhos amigos e seguidores de Fenichel e de Bernfeld no movimento juvenil, bem como jovens adeptos do Partido Social-Democrata. Em pouco tempo, o que tinha começado como uma simples atividade extracurricular na Escola de Medicina tornou-se um planejado programa de seminários para o estudo da sexologia. A endocrinologia, a biologia, a fisiologia e, especialmente, a psicanálise passaram a ser estudadas como novos ramos da nova disciplina.

[66] Ver W. Reich, *Early Writings*.

92 A SOCIEDADE DESPERTA: 1918-1922

Entre os participantes ocasionais do seminário que, com o tempo, uniriam-se a Reich nas clínicas Sex-Pol estava Lia Laszky, colega nas aulas de anatomia de Tandler na Escola de Medicina da Universidade de Viena. Lia era uma mulher jovem e elegante, bissexual, por quem Reich era obsessivamente apaixonado e atormentado a ponto de sentir que poderia "acabar caindo nas mãos de Jauregg". Lia tinha um "rosto delicado, nariz e boca pequenos, cabelos loiros", lembrava-se Reich e, embora fosse pobre, levava uma alegre vida boêmia em Viena[67]. Ela levou a Reich a música moderna e a ópera de Viena e, em consequência de suas discussões sobre o socialismo, o presenteava com livros como o *Aufruf* (O Apelo), de Gustav Landauer. Reich simpatizou de imediato com as visões utópicas de Landauer e de Sterner. Os críticos, então como agora, têm descartado Reich por ser demasiado idealista e anarquista, pois seu efeito sobre a psicanálise é quase irrealizável, e muito do seu impacto reside na aplicação clínica das ideias de Landauer. Da mesma forma, quando Reich dava a Lia livros sobre psicanálise (como o de Hitschmann) e interveio pessoalmente para garantir sua formação psicanalítica, ela deixou de lado seu envolvimento com o Wandervögel e procurou organizar um grupo de orientação de esquerda para moças. Nomes mais familiares iriam se aliar aos esforços subsequentes de Reich para organizar a Sex-Pol – Annie Pink Reich, Edith Jacobson – porém, entre seus amigos da segunda geração de psicanalistas, Otto Fenichel embarcou de maneira mais ousada no ativismo político.

Otto Fenichel era claramente um orador nato e ao retornar a Viena depois de outra estada em Berlim naquele Natal de 1920, fascinou seus amigos por duas noites inteiras com uma conversa "Sobre a Fundação de Uma Comuna em Berlim". A maioria dos membros do seminário de sexologia tinha ouvido falar da Policlínica de Berlim, se bem que poucos, à exceção de Fenichel, a tivessem realmente visitado. Foi Fenichel, contudo, quem de fato previu as numerosas formas em que a Policlínica de Berlim se converteria, tal como afirmara Freud, uma "instituição ou clínica ambulatorial [...] em que o tratamento será gratuito". Ele estava fascinado pelo modelo de Berlim, o primeiro e, naquele momento, o único do seu gênero, que constituía um nexo social

---

67 W. Reich, *Passion of Youth*, p. 129.

entre a policlínica como um serviço clínico e o instituto como um programa de formação psicanalítica regular. A instituição composta atendia às expectativas de Fenichel sobre a coletividade, um interesse que dominaria sua vida pessoal e profissional.

Em Viena, Freud e Rank anunciaram em uma circular aos seus colegas que iriam publicar um relatório no fim do ano sobre a atividade da clínica de Berlim, seja em forma de folheto ou como um suplemento da *Imago*, mesmo antes que o verdadeiro trabalho de tratar os pacientes houvesse começado[68]. Na Berlim de Weimar e na Viena Vermelha, a ideia de que a criatividade poderia ser combinada com a natureza prática do cotidiano tinha um apelo intelectual e popular especial.

---

68 Freud e Rank, *Rundbriefe*, n. CFC/F05/15, arquivos da Sociedade Psicanalítica Britânica.

1921

"Deveria existir um ambulatório para tratamento psíquico na acepção mais ampla do termo"

"É surpreendente", escreveu Freud a Ernest Jones em março de 1921, "quão pouco *Gemeinsinn* [espírito comunitário] e tendência para organização podem ser encontrados entre os melhores elementos da Sociedade americana. Apenas ladrões e piratas se organizam em bandos."[1] Seu comentário, de que a "competitividade é muito mais feroz entre eles, não lograr êxito significa a morte civil [...] e êxito significa dinheiro", é seguido pela indagação ainda mais desconfiada de Freud: "os americanos [podem] viver em oposição à opinião pública?" As questões se refletem em temas importantes, não só relacionados com a oposição entre afinidades psicanalíticas americanas e europeias dentro de suas respectivas culturas, mas também no entendimento, do próprio Freud, da cultura como uma comunidade *de facto*. É claro que o termo *comunidade* já era muito popular nos círculos da saúde mental graças ao seu ex-colega Alfred Adler, mas também desempenhou um papel fundamental na Sociedade de bem-estar social de Viena.

A notícia da rejeição do pedido para o Ambulatorium por parte das autoridades vienenses de saúde foi, portanto, em especial

---

1 Cartas de Freud a Jones, n. 304 e 306, de 18 mar. e 12 abr. 1921, em R.A. Paskausas (ed.), *The Complete Correspondence of Sigmund Freud and Ernest Jones*, p. 416, 419.

mortificante quando chegou aos ouvidos dos psicanalistas em julho. Hitschmann recebeu o relatório negativo um ano após ter recrutado Guido Holzknecht para que ajudasse a acionar o pedido inicial pela miríade de complexidades da burocracia médica e administrativa. Como a relação entre o conservador Conselho dos Médicos (*Gesellschaft*) do hospital Allgemeines e Wagner--Jauregg, da Clínica Psiquiátrica de Viena era profunda, a rejeição da psicanálise depois de uma verificação longa e complicada era frustrante, se bem que previsível. Freud havia desprezado o Conselho, por ele considerado o pior símbolo de rigidez ortodoxa, desde o início de sua carreira médica. Mesmo quando o *Gesellschaft* o nomeou membro honorário em março de 1931, Freud lhe agradeceu sem entusiasmo e descreveu o evento para Eitingon como "um gesto covarde de reconhecimento aparente, muito desagradável e repulsivo"[2]. O que não estava previsto, entretanto, foi a opinião favorável do Conselho, de que "deveria existir um Ambulatorium para o tratamento psíquico na acepção mais ampla do termo"[3]. É óbvio que Wagner-Jauregg estava bastante consciente de sua responsabilidade como administrador da saúde pública. A partir de sua perspectiva, o problema aparente era a aplicabilidade, ou o alcance geral, do tratamento psicanalítico, não a necessidade de um tratamento de saúde mental *per se*. Hitschmann, porém, conjecturou que o revés fora baseado em duas premissas adicionais, muito mais polêmicas. Em primeiro lugar, uma clínica psicanalítica custaria caro demais se o ministro das Finanças a patrocinasse como um projeto estatal. Em segundo lugar, essa clínica pareceria demasiado limitada terapeuticamente se excluísse todas as formas de tratamento psiquiátrico externo à exceção da psicanálise – e fosse apoiada como tal pelo Estado. Hitschmann percebeu que esses problemas contínuos com a localização e a concessão de licenças prenunciavam futuras lutas relacionadas à questão mais ampla da análise leiga e à própria legitimidade da prática analítica. O caminho da persuasão parecia ter atingido o limite: nem o entusiasmo dos analistas pelo projeto nem sua campanha de relações públicas pareceu mobilizar a Autoridade de Saúde local para que aprovasse uma licença ao Ambulatorium. A resistência da Autoridade foi desanimadora, sobretudo na Viena Vermelha,

2 M. Molnar (ed. e trad.), *The Diary of Sigmund Freud, 1929-1939*, p. 96.
3 J. Wagner-Jauregg, em K. Fallend, *Sonderlinge*, p. 114.

uma vez que todos os demais ramos da medicina já contavam com sua própria clínica gratuita, e os cidadãos tinham acesso à saúde como um direito social[4].

Uma delegação do Commonwealth Fund observou:

Ao adulto doente, ou à criança que precisa corrigir um defeito, é dada automaticamente a oportunidade de que lhe seja garantido algum cuidado médico. Muito tempo e energia que nos Estados Unidos são consumidos pelos esforços das enfermeiras para conseguir tratamento gratuito [...] são liberados na Áustria para outras atividades.

No seu esforço de seis anos para apoiar a saúde infantil na Áustria, oficiais da poderosa organização de caridade americana mencionaram reiteradamente a eficácia do plano sanitário geral dos sociais-democratas. Ademais, associações privadas de seguro de saúde (*Krankenkassen*), fundadas nos anos de 1880 para dar cobertura aos pobres, foram expandidas após a guerra de modo a incluir a maioria da população. Todos os funcionários do governo pertenciam agora a esse sistema de contribuição regulado pelo Estado, bem como todos os trabalhadores, criados e operários assalariados. Assim, quando Freud argumentou que "o pobre deve ter tanto direito à assistência para a sua mente quanto dispõe agora do auxílio oferecido pela cirurgia a fim de salvar a sua vida; e as neuroses ameaçam a saúde pública não menos do que a tuberculose", ele estava simplesmente pedindo ao Estado que incluísse a psicanálise em um sistema de saúde pública geral.

O governo, contudo, protelou a abertura do Ambulatorium por mais um ano, recusando-se a conceder uma licença para a clínica, a menos que ela assegurasse que apenas médicos ali trabalhariam. Mesmo depois que um espaço físico havia sido garantido e confirmada a cooperação de membros-chave do Departamento de Saúde Pública e do Conselho dos Médicos de Viena, as objeções oficiais não mostravam nenhum sinal de transigência. A relação controversa – às vezes hostil – de Freud com a universidade e o *establishment* médico pode ter frustrado suas primeiras oportunidades. Finalmente, no final daquele verão, o dr. Tauber, um funcionário do serviço público de saúde, inusualmente imaginativo, ofereceu a Hitschmann um conjunto de salas vagas em outra

---

4   E. Pappenheim, entrevista à autora, 22 nov. 1995.

98 · A SOCIEDADE DESPERTA: 1918-1922

seção do hospital militar, o Hospital Garrison Nº 2. Infelizmente, a proposta original de Tauber se mostrou inviável. O alto custo da reforma das salas e a transformação do espaço médico militar em um arranjo adequado às necessidades dos pacientes do Ambulatorium psicanalítico era proibitivo. Outro ano exasperante iria decorrer até que Felix Deutsch, chefe do Departamento de Cardiologia do hospital e também psicanalista, resgatasse o projeto.

Teria o dr. Tauber dado o seu consentimento para a clínica de Freud com mais facilidade se as clínicas de saúde mental de Alfred Adler não estivessem funcionando bem desde 1918? Adler era na época célebre por seu trabalho em orientação infantil. Sua primeira clínica foi aceita de forma tão favorável pelos sociais-democratas que as autoridades vienenses lhe pediram que as replicasse em cada distrito. Com o tempo, 28 desses centros foram criados. De alguma maneira, os fundamentos teóricos da psicologia individual eram menos ameaçadores ao *establishment* médico do que a psicanálise freudiana. Adler dirigia a sua própria clínica como um centro de treinamento para médicos, professores, assistentes sociais e estudantes de pós-graduação em psicologia, todos interessados em participar dos movimentos operários. Depois de formados, esses psicólogos gerenciavam as clínicas e geralmente nelas trabalhavam sem remuneração[5]. Do que mais Viena necessitava? Em última análise, os administradores da Viena Vermelha viam as diferenças entre Adler e Freud e encontraram espaço não só para ambas as abordagens terapêuticas como também para experimentos adicionais em psicoterapia e bem-estar social.

A pressão de Wilhelm Reich (figura 12) para associar o bem-estar social à psicanálise, tanto no Ambulatorium como na Sex-Pol, em última instância, mostrou que tais experimentos eram possíveis. Reich, que pertencia a uma geração mais jovem que Adler, atuara em organizações estudantis e no Partido Social Democrata e trabalhava então nos círculos psicanalíticos com Siegfried Bernfeld e Otto Fenichel, seus amigos do Movimento Juvenil. Naquele momento, Freud tinha tanta estima e consideração por Reich que o autorizou a começar uma prática analítica antes de se graduar na Faculdade de Medicina: ele era um discípulo precoce. Eufórico, com toda razão, exclamou: "Estou vivo. Tenho dois pacientes

5   Cf. H. Orgler, *Alfred Adler: The Man and His Work*.

FIG. 12. *Wilhelm Reich em seus vinte e poucos anos, num café em Viena (Coleções Especiais, Biblioteca A.A. Brill, Sociedade e Instituto Psicanalíticos de Nova York).*

pagantes que me foram enviados pelo próprio Freud."[6] Reich não sentia escrúpulos em criticar Adler, cujo trabalho ele considerava esporadicamente interessante, mas em grande parte desonesto e hipócrita. "O socialista e psicólogo do indivíduo, Alfred Adler, fica sentado no Café Central noite após noite, um luminar para seus discípulos boquiabertos", escreveu Reich quando teve a oportunidade de observar o seu rival. Os alunos "ouvem enquanto ele pondera sobre o problema do socialismo mundial e continua a tagarelar sobre a luta dos sentimentos de comunidade contra a vontade de poder, sobre objetivos socialistas, enquanto há uma dança da morte do lado de fora"[7]. Enquanto Reich lutava para equilibrar a objetividade adleriana com seu próprio sentimentalismo intenso, seu amigo Fenichel, que tinha a capacidade de encaixar tudo e todos em uma determinada categoria (Reich chamava isso de personalidade de "escaninho" de Fenichel), desvinculou a política da personalidade. "Sim, há um inconsciente no sentido psicanalítico", disse Fenichel, mas "não em um sentido filosófico!" Mais tarde, em meados e final da década de 1930, Fenichel reativaria suas espetaculares habilidades de planejamento, quando o marxismo e a psicanálise clássica pareciam desesperada e absurdamente contraditórias para quem quer que fosse. Até então, porém, os dois homens continuaram sendo amigos, Reich especialmente dedicado a Fenichel tão logo encontrou seu nome no alto da lista de seus confidentes. Em 1921, viajaram juntos para Wachau, uma região adorável no Danúbio, com Annie Pink e Berta Bornstein. Separaram-se durante os anos seguintes, somente para se reunirem com maior determinação em Berlim.

6   W. Reich, *Passion of Youth*, p. 147.
7   Ibidem, p. 161.

A SOCIEDADE DESPERTA: 1918-1922

Enquanto isso Max Eitingon estava mais ocupado do que nunca: ele assumira a responsabilidade exclusiva pela triagem de cada novo paciente na Policlínica de Berlim, porque "o critério", determinou, deveria ser observado "mais do que o habitual nesse tipo de trabalho". Eitingon também indicava o analista veterano que faria as entrevistas adicionais e às vezes permitia que um assistente continuasse com o minucioso questionário. Todos os solicitantes passavam por exames físicos e breves avaliações neurológicas; pacientes com problemas físicos subjacentes ou complicados eram encaminhados a outras clínicas, para radiografias ou análises de sangue. Mas sempre era Eitingon quem determinava o curso do tratamento dos pacientes e seus analistas. Ele relatou a seus amigos no exterior a satisfação em encontrar a clínica funcionando tão bem depois de sua ausência, com crescentes desempenho e reputação[8]. O tamanho da equipe que trabalhava em tempo integral aumentou rapidamente. Apesar do incremento do voluntariado, as despesas da clínica mais que duplicaram de 1921 a 1922, atingindo 150.000 marcos ($ 36.055) dos quais somente 25.500 marcos ($ 6.000) em receita. Eitingon estimava que seu próximo orçamento seria de cerca de 275.000 marcos (US $ 66.100)[9]. Hans Lampl ali trabalhava com Ada Schott, que se especializava em análise de crianças. Karl Abraham, Hans Lieberman, Karen Horney e Melanie Klein tratavam voluntariamente de pacientes não pagantes. Felix Boehm e Carl Müller-Braunschweig, dois analistas idiossincráticos que se tornariam, em 1933, colaboradores nazistas e orientariam a arianização catastrófica da policlínica, ainda eram aparentemente analistas sérios no início dos anos de 1920.

Melanie Klein havia chegado a Berlim em 1921, vinda de Budapeste, aos 38 anos de idade, e logo criou um cadinho de novas ideias sobre a análise infantil. Na aparência, Melanie Klein nunca rompeu com suas raízes húngaras. Ela usava maravilhosos chapéus extravagantes, vestidos ou saias longos e retos e blusas bordadas. Ela completara a sua formação com duas figuras importantes da psicanálise, o gentil Ferenczi e o mentor Abraham. As cartas que

8   Carta de Eitingon aos seus colegas, de 3 nov. 1921, pasta 168, série 1, subsérie 2, Otto Rank Papers, Universidade Columbia.

9   Essas conversões monetárias baseiam-se na equivalência de Clarence Oberndorf de 1926, de 75 marcos a 18 dólares (americanos), e descrevem a ampla inflação e o enfraquecimento da moeda que assolava a policlínica – e a República de Weimar.

1921 • DEVERIA EXISTIR UM AMBULATORIUM PARA TRATAMENTO PSÍQUICO NA ACEPÇÃO MAIS AMPLA DO TERMO

sua amiga Alix Strachey, a boêmia jornalista britânica e candidata analítica, escrevia de Berlim para sua casa transmitiam uma sensação do entusiasmo real que Melanie havia gerado na policlínica.

Die Klein propôs seus pontos de vista e suas experiências referentes à *Kinderanalyse* [análise infantil], & finalmente a oposição mostrou sua mentalidade obsoleta", escreveu Alix ao marido James Strachey. Na noite da apresentação de Klein, "a oposição consistia dos drs. Alexander e Radó [...] E todos se uniram a ela e atacaram os dois húngaros de tez morena [...] Mais duas mulheres apoiaram Melanie. Uma delas foi Horney & a outra [Josine] Müller.[10]

Melanie Klein também confiava em que os membros mais aventureiros da Sociedade berlinense, especialmente Ernst Simmel, se manteriam fiéis a ela. Sua prática clínica cresceu tão logo ela chegou à cidade, e embora seus colegas se sentissem, em geral, desconfortáveis com os métodos utilizados por Klein para sondar profundamente o inconsciente de uma criança, alguns como Felix Boehm e Karen Horney permitiram que ela realizasse análises profiláticas com seus filhos. É claro que a própria Horney era uma experimentadora. O húngaro Franz Alexander (que tinha fugido da opressão política junto com Sándor Radó e chegado a Berlim em 1921), companheiro de pesquisa de Klein, escreveu que, à semelhança de Melanie Klein, Horney era "sempre dada a fazer suas próprias formulações"[11]. Mais tarde na sua vida, Melanie Klein recordaria com amargura sua experiência em Berlim e lamentaria que seus únicos pacientes na policlínica tivessem sido crianças ou parentes profundamente perturbados de outros analistas ou pacientes. O relato de Klein sobre a controvérsia em torno de seu trabalho é bastante preciso, se bem que ela também fosse muito popular na vida social da policlínica. Argumentos à parte, sem a atmosfera de tolerância e experimentação clínica da policlínica, Klein poderia nunca ter tido a oportunidade de observar crianças tão de perto[12]. A policlínica também se beneficiou. Com Klein na equipe, 52 crianças menores de 10 anos passaram por consultas que resultaram em

---

10 Carta de Alix a James Strachey, Terça-Feira à Tarde, 16 dez. 1924, em P. Meisel; W. Kendrick (eds.), *Bloombury/Freud*, p. 147.

11 F. Alexander, Psychoanalytic Training in the Past, the Present and the Future: A Historical View, apresentado à Associação de Candidatos do Instituto de Psicanálise de Chicago, 26 out. 1951, arquivos do Instituto de Psicanálise de Chicago.

12 Observação feita por P. Grosskurth, em *Melanie Klein*.

tratamento. Em contraste, apenas dois pacientes com mais de 56 anos de idade começaram análise nesse mesmo período, embora quase cinquenta houvessem sido entrevistados. A análise infantil como método de tratamento começara para valer, ao passo que a psicanálise dos adultos se mantinha, como o faria por muitas décadas, distante. As análises em Berlim de Egon e de Erna, de seis anos, foram relatadas mais tarde em *Die Psychoanalyse des Kindes* (A Psicanálise de Crianças). Nesse meio tempo, a frequência do tratamento das crianças e o progresso clínico eram registrados praticamente dia a dia, em fichas clínicas previamente impressas em folhas de papel acetinado marrom[13]. Esses formulários padronizados, presumivelmente concebidos por Otto Fenichel, eram dobrados em quatro, à semelhança de listas de presença escolar. Nos três anos subsequentes, Klein faria uso desses documentos para manter-se informada acerca de seus famosos primeiros pacientes infantis: Kate; Walter; Heinrich; Heinz; Evchen, de três anos; Tanya; Eva, de seis anos; e Ralph, de dez anos de idade. Qualquer pessoa que tratasse de analisandos na policlínica, adultos ou crianças, era obrigada a usar esse formato prático. O sistema de fichas clínicas possibilitava fácil atualização do tratamento, anotações rápidas, diagnósticos e comentários sobre a condição física do paciente, como a febre alta de uma criança ou a tosse persistente de um adulto. As fichas também registravam pagamentos e rastreavam os eventos da vida do paciente, como férias e funerais. E, o melhor de tudo era que, uma vez preenchido a ficha, as estatísticas poderiam ser prontamente entregues a Eitingon.

Esses números eram extremamente importantes para Eitingon, que entendia como a presença da policlínica em Berlim poderia renovar ou destruir a delicada relação entre a psicanálise e a psiquiatria clínica. O modelo da policlínica não era uma novidade para a psiquiatria alemã. Os serviços psiquiátricos ambulatoriais haviam surgido na década de 1890, quando os psiquiatras urbanos procuravam remediar a pobre imagem pública da sua profissão. A medicina acadêmica já havia concebido policlínicas como espaços de ensino, nos quais os alunos combinariam visitas supervisionadas às casas de famílias indigentes (*Hauspolikliniken*) com algumas

---

13 Material do caso de Melanie Klein "Heinrich 1921", caixa 6, pasta B-5, série PP/ KLE, Contemporary Medical Archives Center, Wellcome Institute for the History of Medicine.

1921 • DEVERIA EXISTIR UM AMBULATORIUM PARA TRATAMENTO PSÍQUICO NA ACEPÇÃO MAIS AMPLA DO TERMO

horas regularmente contabilizadas de expediente em consultório, em geral localizado perto de um hospital universitário. No Charité, psiquiatras com consciência social haviam organizado a primeira policlínica especificamente psiquiátrica, ligando a clínica externa ao Departamento de Neurologia do hospital[14]. Em 1909, o número de pacientes gratuitos ou que pagavam baixos honorários no Charité tinha aumentado para seis mil por ano. Uma equipe de doze médicos cuidava da higiene mental e das responsabilidades sociais bastante expandidas da clínica. Cuidados especiais eram oferecidos a crianças, alcoólatras e pessoas com doenças sexualmente transmissíveis. Na virada do século, os psiquiatras alemães conseguiram revitalizar a profissão combinando tratamento de ponta em base individual com um sistema de saúde mental em nível comunitário. Essa promessa de uma melhor atenção para com doenças mentais se coadunava perfeitamente com a imagem que Freud tinha da clínica gratuita em 1918 e da qual falara em Budapeste. Eitingon entendia que o modelo policlínico diminuiria os impedimentos externos à psicanálise, atrairia tanto a classe média como a baixa, proporcionaria o tipo de intensa observação clínica necessária para uma pesquisa científica básica, e deixaria espaço para questões relacionadas ao bem-estar social e à saúde mental.

Ernest Jones (figura 13) não via nada disso. Até que os Stracheys voltassem à Inglaterra em 1922, Jones rejeitava a ideia de construir uma clínica em Londres. O fato de que questões políticas mais amplas simplesmente se lhe escapassem era, por si só, um sinal da própria posição privilegiada de Jones, como era sua sensação de que poderia se manter indiferente às implicações de classe social na psicanálise inglesa. Na verdade, ele estava "muito interessado em se manter fora da política", disse a psicanalista londrina Pearl King. Ela descreveu Jones como "um homem pequeno, bem-vestido [que] conseguia que as pessoas chegassem pontualmente às reuniões"[15]. Em uma dessas reuniões bem administradas da Sociedade britânica, Barbara Low e Joan Riviere tinham maquinado uma discussão particularmente dinâmica sobre a clínica de Berlim. Até mesmo Glover aquiesceu em começar "alguma coisa" mais ou menos idêntica à policlínica. O simples fato de a questão de uma

14 Cf. E.J. Engstrom, Social Prophylaxis: Psychiatric Policlinics, *The Birth of Clinical Psychiatry*, 1997.
15 Pearl King, entrevista à autora.

FIG. 13. *Ernest Jones, verificando as horas (foto de Eduard Bibring, arquivos da Sociedade e Instituto Psicanalíticos de Boston).*

clínica psicanalítica ter sido suscitada foi encorajador para Low e Rivière, mas, segundo os próprios registros dos analistas participantes da reunião, "nenhuma linha definida foi adotada quanto à sua constituição"[16]. Por vários anos os analistas haviam carecido de recursos básicos, como um local oficial em que pudessem se reunir para apresentar os casos, quem diria uma clínica. Jones, no entanto, que mantinha em grande parte o poder nas mãos e uma atitude ambivalente no que diz respeito à questão politicamente carregada do tratamento gratuito, não concordaria com um plano experimental.

Mesmo durante os anos inflacionários da Europa, de 1921 a 1923, Hugo Breitner e as políticas econômicas dos sociais-democratas estabilizaram o orçamento municipal de Viena e mantiveram a solvência sem depender de empréstimos externos. Ao redirecionar a carga tributária para os proprietários de terras e as grandes empresas, que continuavam ricos após a guerra e se beneficiavam da inflação, eles geraram receita suficiente para financiar projetos de habitação e de bem-estar social. Cavalos e cachorros – quanto mais fino o *pedigree*, maior o imposto – eram avaliados seletivamente, da mesma maneira que a comida e a bebida vendidas em hotéis de luxo e restaurantes, a cerveja, o entretenimento, a publicidade e os leilões, com uma carga moral que inevitavelmente se infiltrava em tais determinações. Impostos sobre itens supérfluos, tais como carros, criados, bens imóveis e artigos de luxo (basicamente, tudo que não fosse renda) substituíram em grande parte os impostos indiretos sobre o aluguel e os encargos do consumidor. A alta cultura estava integrada de modo tão significativo na vida vienense, tanto dos trabalhadores como dos burgueses,

---

16 Atas da Sociedade Psicanalítica Britânica, de 19 out. 1921, arquivos da Sociedade Psicanalítica Britânica.

que as óperas e os concertos eram tributados segundo uma taxa menor do que os filmes e as lutas de boxe. Proprietários de terras e grandes empregadores, especialmente entidades empresariais como bancos, desacostumados com os impostos, agora os pagavam mensalmente e os fundos eram revertidos de imediato para cobrir as despesas do setor público. Os homens de negócios se recusaram a pagar impostos sobre mercadorias e serviços não essenciais, alegando que tal interferência do governo causaria falências e aumentaria o desemprego. Na realidade, aconteceu o contrário. O investimento em larga escala em obras públicas proporcionou emprego a milhares de funcionários administrativos e a operários, e a nova classe trabalhadora vienense, por sua vez, estimulou a economia municipal. Os latifundiários e os donos de indústrias, conservadores e enfurecidos, aliaram-se aos cristãos-sociais e apelidaram a nova política de *Steuersadismus* (sadismo tributário), uma vez que a estratégia era, como de fato pretendia, deslocar grande parte da carga fiscal que recaía sobre os trabalhadores pobres para a elite endinheirada local[17]. Na nova política habitacional tríplice do Estado, os aluguéis de imóveis preexistentes foram congelados; o financiamento para casas individuais foi assim garantido e, em seguida, foram construídos complexos de apartamentos em grande escala. A fim de dissipar qualquer dúvida, Danneberg articulou a ambiciosa política de habitação igualitária da Viena Vermelha. "Até que não haja escassez de habitação", proclamou naquele inverno, "será inevitável que a comunidade tenha palavra decisiva no mercado dos alojamentos e na distribuição do espaço habitacional."[18] Em 15 de abril, a Assembleia Nacional aprovou o projeto de lei dos sociais-democratas para a criação de um Fundo Federal de Habitação e Assentamento (Bundes vvohn-und Siedlungsfonds), que destinava fundos para construir o *Siedlungsamt*, a associação de construção. Curiosamente, Danneberg encontrou em Adolf Loos um arquiteto dotado da necessária e talentosa mescla de interesse na habitação clássica, de engenhosidade franca e ideologia modernista.

Loos, cujo famoso ensaio *Ornament und Verbrechen* (Ornamento e Crime) condenava todas as formas de decoração dos

---

17 J. Lewis, *Red Vienna*, p. 343.
18 R. Danneberg, Kampf Gegen, apud E. Collotti, *Socialdemocrazia e Amministrazione Municipale*, *Annali dela Fondazione Giangiacomo Feltrinelli*, v. 23, p. 454.

edifícios e especialmente o popular Jugendstil e o trabalho da Wiener Werkstätte, foi nomeado arquiteto-chefe do *Siedlungsamt* de Viena (ou associação de construção) de maio de 1921 a junho de 1924. Um homem pequeno, de olhos um tanto afundados e soturnos e queixo pontudo, ele era o arquiteto ideal para gerenciar o universo ambíguo da arquitetura urbana. De muitas maneiras, Loos era o verdadeiro funcionalista com quem Ernst Freud, então um aprendiz no estúdio de Loos, estudou o uso do espaço racional e refinado. Quando seu grupo estelar de arquitetos, jornalistas e intelectuais de esquerda se juntou ao projeto habitacional da Viena Vermelha, a construção civil assumiu o espírito de um movimento social. Loos previu as formas despojadas características do modernismo; mas ele também era o tipo de visionário estranho que bania árvores dos jardins por serem "antissociais" porque, dizia ele, causavam desentendimentos entre vizinhos[19]. Em um padrão que floresceria ao longo dos quinze anos seguintes, Loos supervisionou a construção de trinta assentamentos habitáveis nos quais "o jardim é primordial, a casa, secundária"[20]. A tradição do plantio urbano e a autossuficiência data daquele período do pós-guerra em que a escassez de comida e de habitação levou os arquitetos a demarcar pequenos canteiros nos quais os trabalhadores poderiam criar seus próprios jardins, abrigo alternativo e, na verdade, assentamentos de ocupação ilegal. A edificação real dos *Siedlungs* começou na periferia da cidade, quando o apoio municipal para a construção se tornou disponível em uma base individual ou cooperativa. Por fim, cerca de cinco mil pequenas casas foram construídas nos bairros operários ao redor de Viena: a cozinha ficava na sala de jantar, um minúsculo quarto servia unicamente para dormir, e um banheiro externo garantia que os excrementos fossem reciclados para o jardim. Aquele pequeno jardim verde se converteu na base em torno da qual girava toda a organização social e a economia dessa nova habitação centrada na família. Ainda hoje, quando nos aproximamos da cidade de Viena, de trem ou de ônibus, a presença dos jardins e de suas hortas, de algumas videiras e algumas flores trepadeiras no galpão de ferramentas, são inconfundíveis.

19 R.-H. Guerrand, *Vienne-la-rouge*, p. 84.
20 Adolf Loos, Die Modern Siedlung, em E. Blau, *The Architecture of Red Vienna*, p. 101.

1922

"Um ambulatório psicanalítico em Viena"

O Ambulatorium abriu suas portas com muito alarde em 22 de maio de 1922, poucas semanas depois do sexagésimo sexto aniversário de Freud e mais de dois anos depois que os berlinenses haviam inaugurado a policlínica. Depois de dois longos anos de negociações tensas com os veteranos patrícios médicos entrincheirados de Viena, Hitschmann deu as boas-vindas aos novos empenhos de Paul Federn, Helene Deutsch e seu marido Felix Deutsch para relançar o projeto do Ambulatorium (figura 14). Finalmente, essa rodada de esforços deu frutos. A intervenção crucial veio de Felix Deutsch, um médico especializado em doenças cardíacas no hospital Allgemeines e bastante poderoso como diretor da Clínica de Doenças Cardíacas, a unidade de cardiologia do hospital. Para alguém de posição privilegiada como Deutsch, o imenso labirinto do Allgemeines Krankenhaus finalmente cedeu um adequado conjunto de salas em um lugar inadequado, a entrada das ambulâncias na mesma unidade cardiológica. A seção de cardiologia, a *Herzstation*[1], havia sobrevivido como uma unidade

---

1 A *Herzstation* do Hospital Geral ressurge periodicamente na história da psicanálise. Em março de 1938, por exemplo, Muriel Gardiner combinou ali se encontrar com Otto Bauer, na época exilado em Brno, a fim de recuperar os passaportes que permitiriam a judeus e socialistas escapar da Áustria pós-*Anschluss*.

independente do hospital graças a dois dos eminentes médicos de Viena, o farmacologista Hans Horst Meyer e o cardiologista Rudolf Kauffmann. Já em 1915, eles haviam reconhecido a necessidade crítica de designar um centro médico independente para uso exclusivo de pacientes cardíacos. Agora, Meyer e Kauffman concordaram com os planos de Felix Deutsch e sentiram que o objetivo de saúde pública do Ambulatorium coincidia com o deles.

Sem se deixarem intimidar pelo comportamento sufocante da administração do hospital, Meyer e Kauffman desenvolveram a *Herzstation* no final da Primeira Guerra Mundial, depois de convocar um Conselho de Administração similar à própria Sociedade local dos psicanalistas. Eles estavam particularmente alarmados com o aumento de doenças crônicas relacionadas com o coração que, junto com o surto de neuroses de guerra, foram descobertas em jovens, graças aos exames médicos para o serviço militar. Entre os médicos da *Herzstation*, jovens como Tom Schwarz e Ernst Haudek apoiavam as políticas da Viena Vermelha em prol da família, e entendiam que o esforço vital do pós-guerra para recuperar a população da cidade exigia inovação prática e técnica. Felizmente, a *Herzstation* adquiriu com rapidez novos equipamentos médicos, uma máquina de raios-x e uma piscina de hidromassagem terapêutica. Serviços pediátricos foram adicionados por cortesia do Commonwealth Fund. O afável Guido Holzknecht solicitou fundos da Fundação Rockefeller (que, na época, também auxiliava a clínica infantil Pirquet e o instituto de tuberculose do dr. Löwenstein) para a aquisição uma grade Potter-Bucky e uma câmara respiratória, ajudava a manejar o aparelho de raios-x, e treinava os técnicos[2]. Os resultados dessas radiografias ou *Orthodiagrammen* eram cuidadosamente registrados e fichas padronizadas disponibilizavam os dados do paciente para revisão médica.

Tais prontuários médicos seriam, de muitas maneiras, a tábua de salvação do Ambulatorium. Meyer e Kaufmann acreditavam que a *Herzstation*, concebida durante a guerra, deveria continuar funcionando pelo menos no primeiro ano de paz. Uma vez que toda a burocracia do hospital girava em torno de fichas, estatísticas e várias formas de relatórios, esse enorme arquivo de informações

---

2   Carta de Schick ao Conselho Internacional de Saúde da Fundação Rockefeller, de 25 abr. 1922, subsérie A, série 705, RG 1.1, arquivos da Fundação Rockefeller.

FIG. 14. *O Ambulatorium na Pelikangasse, 18, em Viena (Freud Museum, Londres).*

sobre o paciente justificava essencialmente a preservação dessa unidade de saúde cardiológica para atender ao setor civil. Os meticulosos relatórios levariam a novos protocolos para o cuidado ativo dos doentes, bem como permitiam documentar retrospectivamente doenças relacionadas à guerra e antecipar pedidos de indenização militar. Administrada por um círculo íntimo de amigos e colegas, como o Ambulatorium seria pela Sociedade psicanalítica, a Sociedade da *Herzstation* desenvolveu estatutos organizacionais e assegurou que o governo da Baixa Áustria autorizasse Meyer e Kaufmann a ampliar sua modesta clínica com novos programas terapêuticos.

Duas pequenas casas na Pelikangasse, com jardins que confrontavam diretamente o hospital militar, acomodariam os novos equipamentos de ECG e os programas de extensão de tratamento. A casa menor, de um andar, que em breve compartilharia suas dependências com o Ambulatorium psicanalítico, foi reformada de modo que a antiga entrada para uma casa particular se convertesse em uma sala de espera para pacientes com trauma. O modelo vienense de clínica cardiológica de base comunitária foi aplaudido por civis e veteranos e replicado pelos departamentos de saúde pública em outras cidades austríacas. Sua clínica esportiva era especialmente renomada pelos exames médicos rápidos e abrangentes da nova geração de atletas austríacos. Em 1922, o treinamento atlético já caracterizava competições de ginástica, corridas de obstáculos e jogos superorganizados tão populares que, em 1931, os eventos desportivos dos trabalhadores culminariam nas Olimpíadas Internacionais dos Trabalhadores[3]. Infelizmente, essa popularidade parecia gerar pouca receita, e a Sociedade da *Herzstation* de Kaufmann via-se obrigada a buscar financiamento vezes sem conta. Quando Felix Deutsch abordou Meyer com a ideia de alugar algum espaço no edifício menor da Pelikangasse 18, isso pareceu uma excelente solução para os problemas econômicos de todas as partes. A seção de ambulâncias da *Herzstation* já contava com salas equipadas e portas à prova de som, um arranjo compatível com a necessidade de privacidade e confidencialidade dos pacientes do ambulatório. As quatro salas de consulta, que poderiam ser usadas apenas à tarde, foram alugadas. Um salão, ou uma grande sala de conferências, também foi disponibilizado e alugado para as reuniões noturnas da equipe do ambulatório. Helen Ross, psicanalista de Chicago que recebera sua formação em Viena, lembrava-se das reuniões naquela "grande sala na Pelikangasse, uma sala comprida com uma mesa longa e grandes cadeiras pesadas"[4].

A luta por um ambulatório psicanalítico ainda não terminara. Oculto por trás do Conselho da Associação Profissional dos Médicos de Viena, o grupo conservador dos psiquiatras hospitalares fez mais uma tentativa para reprimir os psicanalistas. No dia 11 de fevereiro, o Conselho dos Médicos (a poderosa associação financeira dos médicos vienenses) reiterou suas objecções ao ambulatório, alegando "violação de regras comerciais". Sem rodeios, exigiu o controle regulatório total e a autoridade profissional sobre terapeutas que não fossem médicos. A psicanálise poderia ser tolerada, talvez, porém apenas se praticada privadamente. O grupo médico barrou a abertura do ambulatório, claramente em causa própria, pelo motivo de que iria prejudicar os interesses financeiros dos médicos vienenses e de que a clínica era supérflua. Já acostumados com esses ataques Federn, Deutsch

---

3 H. Gruber, *Red Vienna*, p. 106-107.
4 F. Sawyier, Interview with Helen Ross, *Portraits in Psychoanalysis*, série de vídeos, Gitelson Film Library, Instituto de Psicanálise de Chicago.

1922 • UM AMBULATÓRIO PSICANALÍTICO EM VIENA   111

e Hitschmann apresentaram memorandos explicativos que levaram, após um longo tempo, em 9 de maio, a um acordo com o
comitê executivo do Conselho. O Conselho aquiesceu em rescindir
sua resolução se os psicanalistas consentissem em agir de acordo
com as estipulações a seguir: 1. a direção do ambulatório manteria
os princípios da associação financeira dos médicos; 2. todos os
aspectos do tratamento psicanalítico, o ensino e a aprendizagem
seriam dirigidos exclusivamente por médicos. Em outras palavras,
seria negada a admissão à instituição a todos os leigos (à exceção
dos pacientes). Os analistas concordaram, porém Hitschmann
ficou furioso. "Essa cláusula", disse Hitschmann, "evidencia quão
forte [era] o temor em Viena, o receio de que a profissão médica
sofresse danos materiais se fosse permitido que leigos se tornassem
analistas."[5] Sua política "rigorosamente médica", ele reiterava, era
motivada pela rude ganância dos médicos do *establishment* que se
opunham ao ambulatório. Em nenhuma hipótese um meio-termo,
mas depois de 9 de maio a clínica foi de fato aceita no hospital e
recebeu autorização de funcionamento.

O Ambulatorium de Viena foi inaugurado em 22 de maio de
1922. Hitschmann e seus colegas orgulhosamente convidaram
Freud para inspecionar as instalações, difundiram publicamente
a abertura de sua clínica e começaram seu trabalho na Pelikangasse, 18. Decorridos uns poucos dias, os sinais encorajadores de
extensa atenção pública e privada foram simplesmente emocionantes. Freud, é claro, ficou satisfeito em aceitar as felicitações
pessoais de colegas e amigos e o aplauso oficial das Sociedades
filiais da IPA. No dia 24 de maio, Sándor Radó e Sándor Ferenczi,
respectivamente secretário e presidente da Sociedade Psicanalítica Húngara de Budapeste, receberam a notícia com alegria. Eles
parabenizaram os vienenses e lhes agradeceram pela inspiração
para criar uma instituição semelhante em Budapeste, a cidade em
que Freud articulara pela primeira vez a missão da psicanálise na
sociedade em geral[6]. Radó e Ferenczi transmitiram formalmente
esses elogios em nome de todos os membros da Sociedade Psicanalítica Húngara e condimentaram as observações com toques de

5   E. Hitschmann, A Ten Years' Report, *International Journal of Psychoanalysis*, v. 13,
     p. 246.
6   Carta de Ferenczi e Radó a Freud, de 24 mai. 1922, Archiv des Psychoanalytischen Ambulatoriums Wien, arquivos do Freud Museum, Londres.

112   A SOCIEDADE DESPERTA: 1918-1922

moderada admiração. Em 30 de maio Max Eitingon enviou felicitações coletivas da equipe de Berlim, escritas de próprio punho
em um dos seus elegantes cartões de cor creme. Ele desejou aos
vienenses boa sorte com a inauguração da clínica, encorajando-os
com respeito à honesta recompensa por esse trabalho[7]. Finalmente, o desejo de Freud, de "que indivíduos ou sociedades sigam
o exemplo de Eitingon e criem instituições similares", se tornara
realidade[8].

A autoconfiança desses inícios auspiciosos reflete-se no retrato
oficial do grupo (figura 15). Quatorze homens e mulheres bem
vestidos, a equipe psicanalítica do ambulatório, foram formalmente fotografados juntos na parte de trás de uma das grandes
salas acarpetadas do hospital, muito mais elegante do que a asséptica *Herzstation*. Wilhelm Reich está sentado no centro da fileira
da frente, com Grete Lehner Bibring, Richard Sterba e Annie
Reich Pink à sua esquerda. Hitschmann está à direita de Reich,
juntamente com Ludwig Jekels, Anny Angel-Katan e Eduard
Kronengold. Atrás deles, na segunda fileira, Ernst Hoffmann,
Ludwig Eidelberg, Eduard Bibring, Parker[9], Stjepan Betlheim e
Edmund Bergler estão de pé, à frente de um conjunto de portas
duplas e pesadas. Todos os homens trajam ternos de inverno de
tweed e camisas de colarinho branco engomado. É um retrato da
emergente segunda geração de psicanalistas, dos analistas jovens
politicamente conscientes favorecidos por Freud para supervisionar o crescimento do movimento psicanalítico com suas
publicações, clínicas e institutos de formação.

É claro que, em 1922, o currículo sistematizado para a formação psicanalítica recém começa a se consolidar. Franz Alexander,
o primeiro aluno a se registrar no Instituto de Berlim, comparou
esse processo à "medicina medieval, em que os estudantes se reuniam em torno de professores famosos"[10]. Para ele, Freud era aquele

---

7   Carta de Eitingon a Freud, de 30 maio 1922, Archiv des Psychoanalytischen
    Ambulatoriums Wien, arquivos do Freud Museum, Londres.

8   S. Freud, Preface to Max Eitingon's Report on the Berlin Psycho-Analytic Poli-
    clinic, *SE*, v. 19, p. 285.

9   Provavelmente o americano William B. Parker, editor de *Psychotherapy: A Course
    of Reading in Sound Psychology, Sound Medicine, and Sound Religion*; comunica-
    ção pessoal de Michael Molnar, 15 nov. 2000.

10 F. Alexander, Recollections of Bergasse 19, *Psychoanalytic Quarterly*, v. 9, n. 2,
    p. 195.

FIG. 15. *A equipe do Ambulatorium de Viena: sentados* (da esquerda à direita), *Eduard Kronengold, Anny Angel-Katan, Ludwig Jekels, Eduard Hitschmann (diretor), Wilhelm Reich (diretor-assistente), Grete Lehner Bibring, Richard Sterba, Annie Reich; em pé* (da esquerda à direita), *Ernst Hoffman, Ludwig Eidelberg, Eduard Bibring, Parker (?), Stjepan Betlheim, Edmund Bengler (Freud Museum, Londres).*

modelo de docente, o funcionário de admissão autonomeado, que preteria alguns candidatos e tinha genuíno interesse pessoal na seleção de analistas promissores como Wilhelm Reich, Grete Lehner Bibring e dezenas de outros médicos retratados como a equipe do Ambulatorium de Viena. O quadro de jovens analistas selecionados por Freud incluía Annie Reich Pink, com tendências de esquerda, Anny Angel-Katan e Edmund Bergler, que se juntariam à Sex-Pol de Reich no final da década de 1920. Stjepan Betlheim, temporariamente em Viena para sua formação com Paul Schilder na clínica de Wagner-Jauregg, tornou-se um pilar da psicanálise iugoslava e, em 1928, um dos fundadores da clínica gratuita de Zagreb. Junto com médicos jovens e inteligentes como Ludwig Eidelberg, futuro diretor da Clínica Neurológica dos Trabalhadores de Viena, a equipe do Ambulatorium concebeu um enfoque clínico da relação entre causa e efeito que encontrou um equilíbrio entre a neurofisiologia evidente do hospital e as asserções de neutralidade científica do médico particular.

Notícias descritivas e pequenos anúncios da clínica logo apareceram nos jornais de Viena. Menos de uma semana depois da inauguração, um artigo longo e lisonjeiro intitulado "Um Ambulatorium Psicanalítico em Viena" foi publicado no *Ärztliche*

Reform-Zeitung. Seu autor inominado, que não era amigo do domínio conservador na Medicina, declarou sarcasticamente que "a alegação de que mais pessoas pobres não estão atendendo às necessidades econômicas dos médicos, tentando conseguir tratamento no ambulatório, deve ser verificada"[11]. O artigo informava que os parceiros dessa caridade parecem ter herdado "uma bela prática privada", e sua renda aumentaria agora que era mais difícil obter "prova de empobrecimento" individual e que a classe social de um paciente ou sua condição econômica era menos óbvia. Não que os esforços sinceros da sociedade médica – para proteger os médicos do uso indevido do ambulatório – tivessem tido muito êxito. Por conseguinte, continuava o espirituoso jornalista, os médicos deveriam estar duplamente preocupados que o novo programa ambulatorial seria seriamente abusado. Na ideia de que os pobres se aproveitariam dos cuidados gratuitos subjaz um clássico jogo de conjecturas ideológicas contrastantes. Os sociais-democratas acreditavam no acesso geral aos serviços de saúde, enquanto os proponentes de uma abordagem conservadora insistiam que tal acesso geral à assistência sanitária corromperia mais ainda uma classe trabalhadora que já era preguiçosa.

Esse drama ideológico se desdobraria nos quinze anos seguintes no pequeno edifício de dois andares que abrigava o ambulatório e também era utilizado pela seção de triagem da *Herzstation* para o Allgemeines Krankenhaus. Contra o plano de fundo da enorme estrutura em estilo *Beaux Arts* do hospital, o moderno revestimento de ripas de madeira (*clapboards*) do ambulatório, com pequenas janelas das quais se podia avistar o cruzamento com a Lazaretgasse, parecia a casa de um porteiro em uma propriedade de luxo. Até a calçada se estreitava em frente da clínica na Pelikangasse, 18, uma rua larga e curta pela qual, ao sair do centro médico principal, os transeuntes tinham que subir na entrada coberta, na verdade, a entrada de emergência para os pacientes cardíacos, a fim de evitar que se esbarrassem. Rua abaixo, na virada da esquina, ao lado dos enormes hospitais-escola e dos quartéis de Viena, essa incongruente casa recoberta de madeira dispunha de pouco mais de seiscentos pés quadrados em dois pisos. O termo alemão *Klinik*,

---

11 Eine Wiener Psychoanalytische Ambulatorium, *Ärztliche Reform-Zeitung*, maio 1922, p. 49, Archiv des Psychoanalytischen Ambulatoriums Wien, arquivos do Freud Museum, Londres.

1922 • UM AMBULATÓRIO PSICANALÍTICO EM VIENA   115

derivado do grego *kline*, que significa "cama", denota um cuidado intensivo, hospitalização. O termo inglês *clinic* é, em alemão, *Ambulatorium* e deriva-se do latim *ambulare*, ou seja, deambular. E, de fato, dentro das modestas dependências do Ambulatorium, pacientes psicanalíticos e cardíacos se misturavam sem distinção de doença ou classe social. Dezenas de pessoas passavam diariamente pela porta da Pelikangasse, 18, pacientes cardíacos pela manhã e pacientes analíticos à tarde, os corredores mal acomodando o fluxo dos grupos de pacientes, médicos, administradores, equipamentos, estudantes e famílias. Doenças psicológicas de todos os tipos podiam ser observadas entre os pacientes encaminhados para a psicanálise, do operário infeliz no amor que sofria de rubor incontrolável à paciente ninfomaníaca que se masturbava com uma faca. Em média, o ambulatório registrou de 200 a 250 solicitantes anuais entre 1922 e o final da década de 1930. No interior dos abarrotados consultórios médicos com macas rangentes, Richard Sterba e seus colegas mantinham as mesmas prescrições técnicas para o tratamento psicanalítico que – ao contrário de suas reflexões ideológicas – Freud não mudara desde 1913. "Obedeço rigidamente ao princípio de estabelecer uma hora definida de sessão", escreveu ele. "Uma determinada hora do meu dia de trabalho é disponibilizada para cada paciente."[12] Em duas noites por semana, alguns analistas dedicavam tempo para consultas ou para sessões de admissão de até duas horas cada. Como os pacientes eram vistos todos os dias da semana, durante uma hora, cinco análises ocupavam cinco horas diárias. Os analistas alternavam entre seus consultórios particulares, suas responsabilidades hospitalares e suas horas no ambulatório.

Inclusive nos últimos dias da Sociedade de Viena, antes do *Anschluss* em 1938, "cada médico tinha pacientes que não pagavam [...] e cada didata tratava gratuitamente dois candidatos [...] [Todos] os analistas tratavam pacientes na clínica"[13]. A psicanalista Else Pappenheim achava que isso poderia ser "surpreendente para os americanos [hoje]", mas assim procederam, em diferentes

---

12 S. Freud, Further Recommendations on the Technique of Psychoanalysis: On Beginning the Treatment, *SE*, v. 12, p. 139.
13 E. Pappenheim, Remarks on Training at the Vienna Psychoanalytic Institute (transcrito e ampliado), Oral History Workshop of the American Psychoanalytic Association Meeting, dez. 1981.

momentos e contextos, Eduard Hitschmann, Grete Lehner Bibring, Richard Sterba, e até Freud. Cada membro ativo da Sociedade Psicanalítica de Viena cumpria um acordo, ou um compromisso inicial, "de assumir um ou mais tratamentos gratuitos", seja na clínica ou em seus consultórios particulares[14]. Candidatos em formação, que ainda não eram psicanalistas em pleno exercício, poderiam assinar um contrato com Hitschmann ou, mais tarde, com Wilhelm Reich, como assistente de direção da clínica, e combinar que retribuiriam em espécie os custos de sua formação. O modelo particular de pagar pela formação psicanalítica, seja por meio do tratamento gratuito de pacientes seja contribuindo financeiramente para a manutenção da clínica significava que os candidatos que se submetiam à análise didática gratuita teriam que trabalhar no ambulatório por dois anos, sem remuneração[15]. As vantagens desse modelo eram ao menos triplas: a clínica se assegurava de que todas as necessidades da equipe seriam atendidas; os candidatos faziam a análise didática como elemento da educação psicanalítica; para os analisandos essas decisões implicavam que os pacientes da clínica mereciam o mesmo tratamento respeitoso e profissional muitas vezes confinado à prática privada, os mesmos aspectos de confidencialidade e tratamento equitativo que Ernst Simmel havia assinalado em Berlim.

Com o tempo, todos os analistas tratavam gratuitamente pelo menos um quinto de seus pacientes, um costume tácito compartilhado até pelos médicos mais bem-sucedidos de Viena[16]. Na privacidade das consultas em sua casa ou nas salas abertas e não tão confortáveis da clínica, os analistas eram conhecidos por oferecerem voluntariamente até um dia inteiro de sua semana de trabalho. "Nossos institutos analíticos pioneiros do passado eram pobres", lembraria Anna Freud anos depois, "e inclusive para proporcionar salas de reunião e de tratamento para o trabalho analítico supervisionado, esticavam seus recursos ao máximo."[17] Helene Deutsch, Wilhelm Reich e Richard Sterba eram repetidamente convocados para assumir análises gratuitas tanto no

14 Ver E. Hitschmann, op. cit.
15 H. Lobner, Discussions on Therapeutic Technique in the Vienna Psycho-Analytic Society (1923-1924), *Sigmund Freud House Bulletin*, v. 2, p. 20-31.
16 E. Pappenheim, op. cit.
17 A. Freud, The Ideal Psychoanalytic Institute, *The Writings of Anna Freud*, v. 7, p. 80.

1922 • UM AMBULATÓRIO PSICANALÍTICO EM VIENA   117

ambulatório como em seus consultórios. Não contando com as brilhantes habilidades administrativas de seu colega de Berlim, Max Eitingon, porém desesperada por uma política que distribuísse de forma justa e sistemática seus pacientes, a Sociedade de Viena adotou o versátil *Erlagschein*, o sistema de vales. Na comunidade médica como na clínica, um signatário autorizado poderia usar o vale para reembolsar pessoalmente um colega que havia doado de seu tempo para tratar um paciente. Desse modo, os analistas veteranos conseguiam uma pausa no trabalho voluntário, os analistas jovens eram compensados por assumir o trabalho extra na clínica, e ao ambulatório era assegurada uma base econômica estável, pelo menos a curto prazo. Freud optou por participar do autofinanciamento voluntário do ambulatório (por meio dos *Erlagscheine*), em parte porque concordava com essa abordagem e também porque, em 1922, as classes profissionais da cidade não estavam mais livres das penúrias econômicas do pós-guerra do que os trabalhadores que tratavam.

Os psicanalistas, contudo, decidiam ocasionalmente que seria possível recorrer a outra fórmula, que consistia de uma contribuição mensal em dinheiro para o ambulatório, que os isentava da responsabilidade do tratamento direto. Se a memória de Sterba não estava equivocada cinquenta anos depois, as taxas mensais eram de 100 xelins austríacos por pessoa, que correspondiam então a cerca de us$ 25,00. "Cada um de nós pagava, naquele momento cem xelins por não ter um paciente [...] Tenho um pacote de recibos dos cem dólares que Freud pagava a cada mês como subsídio para outras análises", lembrava-se Grete Bibring[18]. Os agora famosos *Erlagscheine* (figura 16), os vales que Freud endossou para o ambulatório, pareciam belas sedas antigas nas mãos dela, talvez os artefatos sobreviventes da civilização desaparecida da Viena Vermelha. Quarenta anos depois, no entanto, Bibring já não era sentimental e repetia que os analistas veteranos "éramos obrigados, cada um de nós, a atender pelo menos um paciente clínico que não pagava. [Enquanto] aqueles de nós que sentiam que não podiam ou não queriam pagar ou não tinham tempo ou que tinham compromissos demais para atender a outro paciente clínico", pagavam a um jovem analista, inclusive a um jovem analista americano,

18 S. Gifford, Interview with Grete Bibring, p. 1-2, arquivos da Sociedade Psicanalítica de Boston.

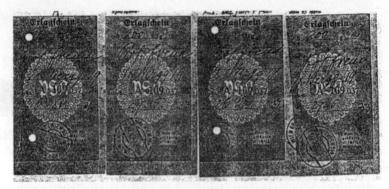

FIG. 16. *Os* Erlagscheine, *ou vales de Sigmund Freud, endossados para o Ambulatorium de Viena em 1931, 1932 e 1933* (arquivos da Sociedade e Instituto Psicanalíticos de Boston).

para assumir a responsabilidade clínica por aquele paciente. Das memórias de Bibring, Sterba e de muitos outros evidencia-se que os analistas do alto escalão subscreviam uma obrigação não escrita, porém muito específica, segundo a qual deveriam tratar um ou mais pacientes sem nenhum custo e também fazer a análise didática gratuita de um ou mais futuros analistas. Assim, até 1925, quando Richard Sterba finalmente terminou sua educação psicanalítica, ele não só recebeu análise didática grátis, como também uma bolsa de estudos de trezentos ou quatrocentos dólares por mês, embora sua dívida para com a clínica fosse de milhares de dólares. A experiência de Sterba era similar à da maioria dos jovens membros da Sociedade Psicanalítica de Viena, nativos e estrangeiros, que eram compensados por seu trabalho no ambulatório por serem, em essência, empregados da Sociedade.

Sim, também Freud tratava pacientes gratuitamente. Ele analisou, por exemplo, Marianne Kris sem nenhum custo, de modo intermitente de 1931 a 1938. "[Freud] me tratou de graça", Kris depois informou o psicanalista de Nova York Robert Grayson[19]. No decorrer de sua análise, ela questionava se esse gesto era mais do que uma cortesia profissional, embora ela mal tivesse o dinheiro. Quando Freud se recusou a deixá-la pagar pela análise, ela lembrou que seu pai, Oscar Rie, não havia sido pago por seus serviços como pediatra da família Freud. Mas "foi muito generoso porque é algo muito diferente", explicava. "Quando um pediatra

---

19 R. Grayson, entrevista não publicada com a dra. Marianne Kris (1972), arquivos A.A. Brill e Coleções Especiais da Sociedade Psicanalítica de Nova York.

1922 • UM AMBULATÓRIO PSICANALÍTICO EM VIENA   119

faz uma visita, ele não perde outra visita que poderia ter feito; quando se tem alguém em análise, durante aquela hora você não pode atender a mais ninguém." Freud interrompia com frequência o tratamento de Kris por causa de doença ou porque resolvia usar a hora dela para outro paciente ou como um experimento clínico de análise fracionada[20]. À semelhança de Eva Rosenfeld em sua própria análise gratuita com Freud, Kris admitiu que às vezes se sentia "um pouco invejosa [...] [embora] bastante grata [...] O fato de não pagar e ter que interromper [...] [não] atrapalhava a análise, se bem que talvez a tenha tornado um pouco mais difícil, mas eu podia expressar meu [s] sentimento [s]". A carreira de Freud está repleta de histórias de análises gratuitas: Marianne Kris, Eva Rosenfeld, os Wolfman e Bruno Goetz são apenas alguns exemplos.

Em contraposição à clínica psiquiátrica estatal de Wagner-Jauregg ou dos centros municipais de consulta, o ambulatório era dirigido privadamente pela Sociedade Psicanalítica de Viena, em dependências alugadas do hospital. O espaço e as salas de tratamento eram limitados mesmo quando os analistas tratavam alguns pacientes da clínica nos seus próprios consultórios particulares. As salas de consulta médica compartilhadas tinham que atender a duas necessidades: a necessidade de privacidade dos psicanalistas e a necessidade de um espaço tranquilo dos cardiologistas da *Herzstation*. Condições desagradáveis à parte, os analistas apreciavam a oportunidade de demonstrar que o sucesso da psicanálise não dependia do ambiente. Tratava-se de consultórios cirúrgicos totalmente austeros onde o divã era uma mesa de exame metálica e os pacientes analíticos tinham que usar uma escada móvel para alcançar o tampo da mesa e, em seguida, deitar-se sobre o fino colchão sem molas. Não só os pacientes tinham que suportar os austeros arranjos improvisados: seu analista se sentava em ângulo atrás da mesa, em uma simples cadeira de madeira sem encosto para os braços. "Depois de cinco sessões, sentíamos os efeitos de um contato tão prolongado com a dura superfície", recordava-se Sterba[21].

---

20 Suspensa em intervalos calculados de tempo por interrupções que, ainda que sirvam também a outros propósitos, como viagens, têm valor terapêutico. (N. da T.)

21 R. Sterba, *Reminiscences of a Viennese Psychoanalyst*, p. 41.

Certa vez, tarde da noite, Grete Bibring era a última analista da equipe prestes a deixar a clínica quando seu colega do Departamento de Neurologia, o residente do hospital especialista em epilepsia, entrou no ambulatório com um belo estudante de Direito de dezenove anos. As convulsões do jovem eram tão severas, disse o neurologista, que limitavam sua capacidade de estudar e, pior ainda, impediam-no de se socializar nos clubes estudantis de Direito porque seus ataques eram frequentes e repentinos. Mais por espírito de coleguismo do que um interesse real pelo novo paciente, Grete começou a avaliá-lo no consultório da clínica que dava para um pequeno pátio com jardim, compartilhado por outros departamentos médicos. Como era de se esperar, a entrevista passou rapidamente das circunstâncias da vida atual do paciente para a primeira infância, e quando falaram de sua mãe, o jovem foi acometido por convulsões. Já no final da sessão seguinte e em todas as noites posteriores, ele descia da mesa de exame – o divã analítico – e, enquanto mudava a forma de tratamento formal *sie* para a mais familiar *du*, pareceu se lançar sobre a aterrorizada Grete e depois caiu em convulsões. Como médica, ela poderia facilmente cuidar da fisiologia da doença, mas, como psicanalista, esperava desesperadamente que o jovem paciente articulasse o conteúdo latente sob a expressão manifesta da crise epiléptica, tão obviamente imbuído de simbolismo edípico. Com o passar do tempo, a barreira entre o inconsciente e o *insight* desapareceram e sua epilepsia foi curada. Depois disso, na sua longa e ousada carreira como terapeuta, poucas coisas amedrontariam Grete Bibring, mas ela sempre reconhecia o som de deglutição assustador de um paciente prestes a sofrer um ataque convulsivo. E, claro, permanecia aberta a questão: se os sintomas podiam ser curados pela psicanálise, a doença era epilepsia ou histeria?

Debates clínicos igualmente desafiantes eram recorrentes no Seminário sobre Técnica Terapêutica, realizado semanalmente, e nas reuniões noturnas da Sociedade Psicanalítica de Viena. A ideia de um Seminário Técnico, como seria chamado, ocorrera pela primeira vez quando Freud sugeriu que seu brilhante aluno Wilhelm Reich tomasse medidas práticas para sistematizar a supervisão clínica no ambulatório. O objetivo do seminário diferia das reuniões científicas da Sociedade, nas quais havia apresentações teóricas (com material clínico de apoio) em torno da mesa

1922 ● UM AMBULATÓRIO PSICANALÍTICO EM VIENA   121

de conferências no consultório de Freud. Em contraste, as reuniões do ambulatório eram menos teóricas, dirigidas a analistas inexperientes, e realizadas ao redor da mesa de conferências da *Herzstation*. Esses seminários enfocavam exclusivamente casos de tratamento analítico individual, grandes problemas clínicos e fracassos no tratamento. Bibring, por exemplo, optou por defender a tese de uma base psicossomática no tocante à epilepsia de seu jovem paciente em uma reunião do Seminário Técnico. Ali, os candidatos menos experientes se mostraram relutantes diante da facilidade de Bibring para mesclar psicologia e medicina, no entanto ficaram intrigados. Federn imediatamente discutiu com ela, afirmando que a cura em si descartava qualquer outro diagnóstico que não o de histeria. Enquanto isso, o gentil e galante Ferenczi, de visita naquela noite, defendeu Bibring. Era uma ideia esplêndida, disse ele, e Federn não tinha direito de simplesmente descartar a noção de epilepsia psicossomática de modo impensado. A epilepsia necessariamente excluiria uma condição psicossomática? Eram muitos os pacientes na lista de espera da clínica que sofriam de doenças à parte de suas neuroses opressivas. O primeiro paciente era analisado, o segundo talvez, mas o terceiro paciente gratuito poderia endurecer até mesmo o mais altruísta dos clínicos. Imaginem analisar alguém por um ano e meio (uma verdadeira maratona na década de 1920), interpretar seus sonhos e fantasias, compreender suas irmãs e irmãos, sem jamais sequer saber seu nome e endereço! Esse anônimo paciente ficou conhecido como "o homem com o cedilha sob o 'c'"[22].

Quando o ambulatório abriu como centro de tratamento, seus fundadores simplesmente pretendiam tornar a psicanálise acessível a pessoas que careciam de recursos para pagar por um tratamento particular. O ambulatório era mantido por fundos privados limitados e funcionou em grande parte numa base de encaminhamento ou indicação até 1926. Fossem eles flexíveis ou simplesmente ingênuos, os analistas nunca esperavam de fato que a psicanálise se tornasse tão lucrativa quanto a prática médica tradicional. Para a maioria dos pacientes vienenses na economia inflacionária do pós-guerra, a desvalorização da moeda austríaca significava que pagar honorários de 30 xelins era difícil demais. Naquele momento,

22   S. Gifford, Interview with Grete Bibring, p. 5, arquivos da Sociedade Psicanalítica de Boston.

122 A SOCIEDADE DESPERTA: 1918-1922

porém, muitos pacientes em perspectiva e candidatos vieram da América, Inglaterra e Holanda, e esses visitantes, esses *Ausländer* (estrangeiros), chegavam dispostos a pagar pelo seu tratamento em dinheiro vivo, dólares e libras esterlinas. Freud aceitava esses estrangeiros ávidos por tratamento ou análise didática, e era "terrível e abertamente careiro", lembrava-se Grete Bibring, porque ele não tinha sentimentalismos e sua conduta como pesquisador (não como médico) justificava o preço[23]. Ele cobrava dos pacientes da *Entente* pelas sessões perdidas, a fim de reembolsar os amigos pelos empréstimos que lhe haviam concedido durante a guerra, sustentar sua família, e inclusive para apoiar o círculo crescente de adeptos, como Lou Andreas-Salomé. Contudo, à semelhança de seus colegas vienenses, Sigmund Freud quase nunca cobrava de um candidato austríaco tão logo a inflação chegou.

Depois de 1922, os cidadãos vienenses, mesmo da classe média, eram em grande medida isentos de pagar pelo tratamento psicanalítico e pela análise didática que buscavam, seja no ambulatório ou no consultório de Sigmund Freud. Em geral, os analistas tinham poucos escrúpulos no tocante à redistribuição das grandes somas que cobravam dos estrangeiros. Na verdade, Freud pediu à sua amiga Kata Levy que perdoasse esse viés e mantivesse confidencial o fato de que inclusive ele "não podia mais ganhar o seu sustento com os vienenses, húngaros, alemães. Não é realmente uma atividade para um ancião digno. *C'est la guerre*"[24]. A questão política mais ampla na qual Freud estava imerso, entretanto, era realmente uma forma das exigências de residência local. Na Viena Vermelha, como em quase todos os sistemas de bem-estar social, o dinheiro dos impostos cobrados passava por uma administração municipal apenas para ser redistribuído à comunidade local original sob forma de habitação pública, parques, clínicas de saúde, escolas e bibliotecas. Os requisitos de residência distinguiam cidadãos e não cidadãos, por exemplo, cobrando dos residentes estrangeiros uma taxa mais alta para cursar uma universidade pública. Assim, os psicanalistas da Viena Vermelha, Freud entre eles, cobravam confortavelmente honorários mais altos dos estrangeiros, oferecendo os mesmos serviços gratuitamente para o residente local,

---

23 Ibidem, p. 4.
24 Carta de Freud a Kata Levy, apud P. Gay, *Freud: A Life for Our Time*, p. 388.

1922 • UM AMBULATÓRIO PSICANALÍTICO EM VIENA   123

fosse ele um pobre estudante de Medicina que ainda vivia com os pais ou um paciente de classe média.

No ambiente politicamente carregado da cidade, o ambulatório oferecia às famílias indigentes de Viena a mesma qualidade de serviços de saúde mental tradicionalmente reservados para pacientes particulares. A missão do ambulatório – de tratar pessoas independentemente de sua capacidade de pagar – inscrevia a psicanálise perfeitamente na ideologia de bem-estar social da Viena Vermelha. Em 1922, as celebrações do Ano Novo foram dedicadas à recente independência de Viena e sua nova condição real de Estado, já que a cidade havia se separado voluntariamente da Baixa Áustria pelo *Trennungsgesetz* (lei de separação). A cidade – e agora Estado constituinte – de Viena estava por enquanto à margem da atmosfera política austríaca mais ampla de conservadorismo militar e religioso. O direito de legislar, de determinar e impor impostos atribuía a responsabilidade pela resolução dos problemas urbanos diretamente ao governo da cidade, como também permitia seu programa particularmente ousado de experimentação econômica e social.

O programa social-democrata penetrava com facilidade na psiquiatria clínica: Josef Berze, especialista em pesquisas cerebrais relacionadas a transtornos esquizofrênicos e, como Freud, ex-residente na clínica psiquiátrica de Theodor Meynert, havia dedicado a segunda metade de sua carreira para dirigir o hospital psiquiátrico Am Steinhof. Destinada aos moradores de Viena desde a sua abertura em 1907, a famosa instituição para o cuidado e tratamento de pacientes com doenças mentais e neuropatológicas estava integrada no novo sistema de bem-estar após o *Trennungsgesetz*. No declive da colina Gallintzinberg, no décimo quarto distrito de Viena, o enorme *asylum* ornamentado estava disposto em sessenta pavilhões que abrigavam dois mil e duzentos pacientes "inquietos" e "semi-inquietos", centros de ensino e pesquisa, o primeiro programa hospitalar completo de terapia ocupacional, laboratórios e escritórios para os administradores[25]. Às vezes, a população de pacientes da instituição duplicava, como em 1914, quando foram abertos um hospital militar e um quartel no local, ou depois de 1918, quando serviu como uma dependência

25   H. Gröger et al. (eds.), *On the History of Psychiatry in Vienna*, p. 49.

médica geral para abrigar refugiados de guerra. Mesmo então, o vale de exuberante vegetação embalava as vias elegantes e os corredores estilizados dos dezessete edifícios muito dispersos da instituição. Otto Wagner projetara esses edifícios com jardins abertos, galerias, varandas de ferro forjado e rampas similares a plantas que conduziam às modernas salas de recepção e aos grandes auditórios para apresentações de espetáculos dos quais participavam pacientes e visitantes. Não é surpreendente, pois, que essa inovação arquitetônica possa ter gerado mudanças teóricas no campo da saúde mental. O campo relativamente novo da psicologia produziu, em uma colaboração incomum que o psicólogo existencial Karl Jaspers chamou de psiquiatria de *asylum* e "universidade", um número de escolas conceituais e uma variegada gama de teorias, do materialismo e da fisiologia à psicolinguística e psicanálise. A influência de Theodor Meynert ainda se fazia sentir: sua ênfase pioneira na anatomia do cérebro, sua clínica anatômica de psiquiatria, seu ensino e, o mais famoso de tudo, sua rejeição de descrições sintomáticas vagas e simultânea insistência de que apenas os achados baseados em análises empíricas poderiam ser chamados de científicos. Meynert e seus colegas Hermann Nothnagel e Ernst Brücke talvez teriam apoiado com dedicação o pedido pessoal de Freud para ser promovido a *Privatdozent*[26] no Hospital Geral no final da década de 1880, mas a geração seguinte do *establishment* psiquiátrico de Viena manteve com firmeza o legado de empirismo estrito de Meynert e seguia Wagner-Jauregg na sua rejeição da psicanálise. Periodicamente, ainda tentavam fechar o ambulatório.

Em 15 de julho, Josef Berze, então chefe de psiquiatra em Am Steinhof e ainda o acerbo perito em Viena no tratamento institucional da esquizofrenia, decidiu informar o Departamento de Saúde Pública da cidade acerca de Hitschmann. Ele criticava a "atitude terapêutica unilateral" do ambulatório, alertava sobre a intrusão na neurologia e na psiquiatria, e exigia saber exatamente como os médicos da clínica aplicavam seus conhecimentos

---

26 *Privatdozent* é uma titulação característica das universidades de língua alemã, designando professores que têm permissão para ensinar e pesquisar de forma independente, mas que não receberam a cátedra de ensino ou de pesquisa, daí decorrendo o fato de que não necessariamente recebem uma remuneração. (N. da T.)

especializados[27]. Freud ficou muito irritado e, encarando as consequências em enfrentá-los de igual para igual, exerceu sua autoridade como presidente da Sociedade Psicanalítica de Viena e liderou o argumento oposto. Em 27 de dezembro, Freud recorreu da decisão do Departamento Federal de Administração Social de agir de acordo com o cancelamento da licença por escrito do Escritório de Saúde Pública e a queixa verbal de Wagner-Jauregg. Esses especialistas criticavam o ambulatório por não seguir as instruções de Wagner-Jauregg e criar uma unidade independente e autossuficiente. Aduziam, sobretudo, que a qualificação de Hitschmann, de especialista, não havia sido foi provada para sua inteira satisfação. Freud então lembrou-lhes os onze anos de treinamento de Hitschmann em medicina interna no seu Allgemeines Krankenhaus, sua preparação adicional na clínica de Krafft-Ebing e sua especialização geral no tratamento de doenças mentais (ou casos neuropsiquiátricos), de base hospitalar bem como ambulatorial. Foi obtida a documentação necessária dessas credenciais e as objeções e ameaças das autoridades municipais, intimidadas pela psiquiatria oficial, finalmente diminuíram. "Em virtude de sua capacidade como médico, psicanalista e neurologista, Hitschmann tinha o perfil adequado e foi nomeado diretor da Clínica Psicanalítica de Viena", observou uma nota em 1931 no *International Journal of Psychoanalysis* por ocasião do sexagésimo aniversário de Hitschmann. "A atitude da profissão médica foi por muito tempo hostil para com o instituto", dizia o registro, "e a necessidade primordial para sua reputação era a confiabilidade do diagnóstico", que Hitschmann satisfazia admiravelmente[28].

Uma vez sancionado pelo Departamento Federal de Administração Social, o Ambulatorium (figura 17) prosperou por mais dezesseis anos. A clínica cresceu e passou a incluir um instituto de formação dirigido por Helene Deutsch, um centro de orientação infantil, e um departamento especial para o tratamento de psicoses. Deutsch, cuja "grande virtude", lembrava seu discípulo Abram Kardiner, "estava na sua simplicidade e no seu excelente bom senso", tinha um dom para ensinar psicanálise e assim articulou com facilidade novos planos para um programa

27 K. Fallend, *Sonderlinge*, p. 115.
28 P. Federn, Sixtieth Birthday of Eduard Hitschmann: July 28, 1931,*International Journal of Psychoanalysis*, v. 13, p. 263-264.

AMBULATORIUM DER WIENER PSYCHOANALYTISCHEN VEREINIGUNG

FIG. 17. *Papel timbrado do Ambulatorium de Viena*
(arquivos da Fundação Sigmund Freud, Viena).

educacional[29]. Embora de início os esboços oficiais delineassem uma separação entre o Instituto de Formação e o ambulatório, as duas organizações legalmente separadas se tornaram virtualmente interdependentes. Na realidade, tão logo o Instituto de Formação de Viena foi criado três anos depois, o ambulatório era a principal fonte de casos supervisionados dos candidatos. Ao mesmo tempo que Reich garantia a qualidade do trabalho dos analistas em formação, ele sugeriu durante uma reunião de planejamento que o ambulatório serviria melhor aos pacientes se ampliasse o seu escopo de modo a incluir programas de formação regulares *in situ* e conferências informais entre os alunos e seus colegas mais experientes. Reich recém completara sua pós-graduação em neuropsiquiatria na clínica da Universidade de Viena, dirigida pelo professor Wagner-Jauregg. Hitschmann e Federn concordavam que o que funcionava na psiquiatria pública de base hospitalar seria igualmente eficaz na clínica e, portanto, novos cursos clínicos e palestras, denominados inicialmente "Discussões Sobre a Técnica" foram integrados no Seminário Técnico de Reich no Ambulatorium. Hermann Nunberg presidiu as reuniões em 1922, as primeiras dez sessões de um projeto excepcional que duraria até 1938, quando tudo o mais foi fechado.

Enquanto isso, os laços entre o Centro de Orientação Infantil do Ambulatorium e os serviços de bem-estar social para crianças da Viena Vermelha ganhavam força. Freud há tempo estava encantado com as ideias inovadoras de Hermine Hug-Hellmuth sobre a educação de filhos. "Uma educação austera por uma mãe inteligente, esclarecida por Hug-Hellmuth, fez muito bem a ele", escreveu Freud a Abraham a respeito de Ernst Halberstadt, seu

---

29 A. Kardiner, *My Analysis with Freud*, p. 83.

1922 ● UM AMBULATÓRIO PSICANALÍTICO EM VIENA

encantador neto de quatro anos[30]. Nas suas palestras sobre a educação na primeira infância para mulheres vienenses em círculos privados e nas sociedades educacionais dos trabalhadores, Hermine Hug-Hellmuth descrevia a psicanálise como um enfoque tolerante da psicologia infantil, aberto a novas ideias. Ela fazia uso de histórias do programa de terapia infantil do ambulatório para ajudar seu público a imaginá-la no trabalho. Tendo recentemente retornado de um período de docência na Policlínica de Berlim, Hug-Hellmuth acreditava que uma forte ligação com o terapeuta era necessária para uma análise infantil bem-sucedida. Ela era membro ativo do Seminário Técnico e ensinava seus colegas a escrutinar características clínicas seletas dos primeiros sonhos e fantasias das crianças, usando métodos agora geralmente atribuídos a Melanie Klein. A atenção dada por Hug-Hellmuth às necessidades de dois grupos sociais, o dos terapeutas e o dos pacientes, contribuiu para um início auspicioso do centro clínico que ela supervisionou com grande sucesso até sua morte repentina em 1924.

A originalidade ao elaborar um programa de tratamento infantil separado dentro de uma clínica dedicada sobretudo à saúde mental dos adultos não deve ser superestimada. Karl Abraham tinha concebido a ideia e Hermine Hug-Hellmuth fez dela uma realidade clínica. As crianças deveriam ser tratadas como indivíduos com direitos próprios, não como versões em miniatura de adultos. Esther Menaker, uma candidata de Nova York, lembrava-se de avaliar um "garotinho patético de sete anos que havia sido encaminhado pelo ambulatório". Ela se recordava de que ele urinava na cama e sua mãe, que era muito pobre, "estava desesperada com os problemas da grande quantidade de roupa para lavar e de todo o trabalho adicional que os sintomas do filho lhe causavam. Ele era filho único e o pai, um trabalhador sem instrução profissional"[31]. O estilo de tratamento de Menaker era mais de apoio (como Anna Freud) do que interpretativo (como Melanie Klein). Embora seu trabalho com o menino fosse mais centrado nos sentimentos dele, ela não podia ignorar as severas condições sociais e econômicas da família. Crianças como o jovem paciente de Menaker eram às vezes acompanhadas ao

30 Carta de Freud a Abraham, de 22 set. 1914, em E. Falzeder (ed.), *The Complete Correspondence of Sigmund Freud and Karl Abraham*, p. 279.
31 Cf. E. Menaker, *Appointment in Vienna*.

128 A SOCIEDADE DESPERTA: 1918-1922

ambulatório pelos próprios pais, mas com o tempo, muitos jovens vinham sozinhos. Conforme Hitschmann relatou dez anos mais tarde, escolas e clubes, professores, médicos de escola e pediatras pessoais encaminhavam à clínica crianças "de todos os estratos das classes necessitadas". As razões para isso eram duplas. Em 1922, o Estado prezava a necessidade de proteger a saúde física e a saúde mental de seus jovens cidadãos. Ao mesmo tempo, as crianças nascidas depois da guerra nas famílias jovens, e muitas vezes pobres, de Viena precisavam de ajuda individual para sobreviver à atmosfera estressante.

O problema do despovoamento urbano foi resolvido por uma das mais controversas novas instituições do Estado, uma clínica de orientação matrimonial. O governo municipal da Viena Vermelha e seus membros do Conselho social-democrata ali afirmavam sua complexa mescla de política maternalista pró-família, de saúde do trabalhador e de subvenções estatais. Seis centros de cuidado e educação pré-natal tinham sido abertos, cada qual ligado a um posto público de saúde infantil, no qual trabalhavam um médico, uma assistente social e uma parteira[32]. Para encorajar a procriação, a clínica oferecia aos casais aconselhamento sobre saúde sexual, forças e defeitos genéticos, e perspectivas saudáveis de gravidez e parto – enquanto se evitavam ostensivamente temas mais relacionados com o aconselhamento sexual e o controle de natalidade. Atacada como sacrílega pelos conservadores e excessivamente intrusiva e eugenésica pelos liberais, a clínica durou apenas alguns anos. Seu desenvolvimento, no entanto, sinalizou o reconhecimento oficial da sexualidade como socialmente útil, em especial para elevar os padrões morais das famílias de operários. "A sexualidade era muito mais aberta porque o Partido Social-Democrata insistia nisso, em discutir questões sexuais, em dispor de clínicas de aconselhamento", lembrou Else Pappenheim, então estudante e ela mesma uma adolescente inquisitiva[33]. Em muitos sentidos, as políticas de bem-estar de Tandler foram igualmente paradoxais: no âmago de uma política ao que parece ultraliberal subjazia uma luta entre a postura maternalista tradicional e a promoção radicalmente nova da autonomia sexual feminina. O Estado se opunha a que as mães trabalhassem fora de casa, como se isso contribuísse para a alta

---

32 W.J. French; G. Smith, *The Commonwealth Fund Activities in Austria*, p. 27.
33 E. Pappenheim, entrevista à autora.

1922 • UM AMBULATÓRIO PSICANALÍTICO EM VIENA   129

taxa de mortalidade infantil. Os múltiplos serviços sociais finalmente integrados nos *Gemeindebauten* de Viena reforçaram essa
contradição entre a genuína assistência às famílias (para que as
crianças crescessem saudáveis) e, simultaneamente, as limitações
que isso impunha à vida das mulheres (a exigência de procriar).
Mesmo as duas ou três páginas da seção de "Menschen die einan-
der suchen" (pessoas que procuram umas as outras), os anúncios
pessoais encontrados no final de cada edição da revista muito
popular de Hugo Bettauer, *Er und Sie* (Ele e Ela), afirmavam que
o objetivo das relações humanas era o casamento e não a promiscuidade[34]. A ênfase do corolário de Bettauer na origem sexual dos
problemas sociais, entretanto, conferia maior legitimidade tanto à
clínica de orientação matrimonial quanto ao movimento psicanalítico. O esclarecimento sexual era promovido com tanto vigor como
as instituições do casamento e da família, porque o argumento de
que uma vida sexual saudável para trabalhadores saudáveis e mais
felizes era em geral compatível com a social-democracia. Tandler
inaugurou um centro regional para o tratamento do alcoolismo no
mesmo ano, presumivelmente com a mesma intenção.

Adolescentes com problemas encontraram um aliado extraordinário em August Aichhorn. Antigo professor das escolas públicas
da cidade (e, segundo Helen Ross, ele próprio um ex-delinquente)
e organizador das instituições municipais de cuidados infantis da
Viena Vermelha, Aichhorn desenvolveu serviços sociais especiais,
de orientação psicanalítica, para adolescentes perturbados ou
delinquentes. Ele era na época mais conhecido como um poderoso ator na política da cidade e no movimento de reforma escolar
de Viena e havia recém-chegado à psicanálise. Aichhorn tinha
feições amáveis, uma longa barba, ombros largos e suaves e braços longos. Usava chapéus austríacos clássicos, casacos de lã e
calças com suspensórios. Quando Aichhorn se interessou pela
psicanálise, impôs a si mesmo a tarefa de construir um centro
terapêutico e pedagógico para delinquentes juvenis. Esse foi o
famoso projeto *Jugenderziehungsanstalt* em Oberhollabrunn, uma
instituição residencial sustentada pelo Partido Social-Democrata
da época, localizada primeiro no espaço de um antigo campo
de refugiados e depois na residência St. Andrä. Aichhorn estava

---

34 B. Noveck, Hugo Bettauer and the Political Culture of the First Republic, *Contemporary Austrian Studies*, v. 3, p. 143.

entre os primeiros analistas que ensinaram sua equipe de aconselhamento a trabalhar partindo da pressuposição de que a postura delinquente de seus jovens era um comportamento antissocial motivado por conflitos. Pobres, zangados e irremediavelmente mortificados diante de seus professores e dos colegas mais ricos, essas crianças haviam sido barradas das escolas primárias locais por brigar, roubar e fugir de casa (amiúde, como uma forma de sobreviver ao abuso). St. Andrä, com seu amplo pátio sombreado, edifícios caiados de branco, jardins e gramados, era um refúgio espaçoso para as crianças e os adolescentes em dificuldades da cidade. Vinte alunos da escola primária a cada vez enchiam as salas de aula, pequenas meninas loiras de tranças e garotos sombrios desarmando seus professores e tutores especializados com aquele comportamento particularmente agradável, fruto de rejeição e instabilidade. Lana, uma garota de treze anos de idade recém-admitida em St. Andrä, fora pega roubando uma maçã de um vendedor ambulante. Ela já tivera problemas com a lei, costumava faltar às aulas mesmo antes dessa detenção e manifestara resistência à psicopedagoga de formação adleriana de sua escola local, que a exortava a desenvolver força de caráter e responsabilidade para com a sociedade. Em contraste, sua terapeuta psicanalítica em St. Andrä acreditava que a infeliz jovem extrairia força interna do vínculo poderoso da relação entre elas. A terapeuta tinha sido ensinada por Aichhorn a aceitar que, com o tempo, Lana e ela curariam o eu raivoso da jovem, fraturado por pais insensíveis e um ambiente urbano punitivo. Tão logo seu impulso latente de atacar fosse dominado pela relação reparadora, a jovem poderia voltar à vida cotidiana com amigos, na escola e na vizinhança. No que diz respeito a Lana como às demais crianças que não se comportavam bem, Adler insistia que elas não conseguiam se adequar (por razões internas ou externas) ao padrão social ideal de "sentimento comunitário". Aichhorn considerava essa interpretação inerentemente opressiva, pois exigia que todos os indivíduos se conformassem à sociedade. Em vez disso, o cerne da terapia, ele alegava, deveria se basear na experiência de um relacionamento emocional forte e positivo (não muito diferente da conceituação posterior de Donald Winnicott da terapia como uma experiência emocionalmente corretiva) que substitui o impulso inconsciente da criança em direção ao comportamento desviante. A abordagem

1922 • UM AMBULATÓRIO PSICANALÍTICO EM VIENA   131

clínica de Aichhorn era menos moralizante do que a psicologia individual de Adler, e seus próprios métodos de reeducação enfocavam os aterradores temores sociais e individuais implícitos no comportamento agressivo do adolescente. O psicanalista húngaro Franz Alexander trabalhou com Aichhorn e seus esforços para entender jovens criminosos provêm em grande parte desse rico entorno teórico. Depois de 1930, quando Alexander emigrou para o Instituto de Psicanálise de Chicago, ele se concentraria na delinquência juvenil e trabalharia no Pioneer House, o projeto de Fritz Reidl em Detroit. Em 1922, porém, Alexander apenas se mudara de Viena a Berlim, ensinava ao lado de Abraham e analisava um número crescente de pacientes na policlínica.

Confirmou-se que Berlim havia se convertido no verdadeiro centro do movimento psicanalítico quando a Sociedade ali sediou o VII Congresso Internacional de Psicanálise em setembro, o último congresso do qual Freud participaria. O efeito de sua apresentação, um esboço do novo quadro "estrutural" do inconsciente, publicado no ano seguinte em *Das Ich und das Es* (O Ego e o Id), foi surpreendente. Rudolf Loewenstein permaneceria indelevelmente marcado pelo discurso de Freud, uma das experiências mais elevadas de sua vida, algo parecido com o primeiro encontro de Melanie Klein com Freud no congresso de 1918 em Budapeste. Klein já tinha se mudado de Berlim para Londres, e Loewenstein logo iria a Paris. Cada qual trabalharia nas clínicas da sua Sociedade local, porém, naquele momento, mostrou-se aos convidados da conferência como a comunidade profissional da policlínica apoiava tanto o trabalho clínico como a pesquisa. O corpo docente e a Sociedade tinham ganhado prestígio, e a psicanálise era cada vez mais aceita pelos profissionais tradicionais de Berlim. A psicanálise, ao que parecia, chegaria mais longe no âmbito da produção cultural alemã na vanguarda dos intelectuais de Weimar do que na Áustria. Em Berlim, as peças de Kleist eram revividas por seus temas psicanalíticos do pai e dos sonhos edipianos, e mais tarde até mesmo o teólogo Paul Tillich ficou impressionado com a influência cada vez mais forte da "filosofia do inconsciente, iniciada por Freud [crescendo] diariamente" em Berlim[35]. Felix J. Weil, um jovem cientista político cuja dissertação de doutorado sobre os "problemas

35 P. Tillich, apud P. Gay, *Weimar Culture*, p. 36.

132   A SOCIEDADE DESPERTA: 1918-1922

práticos da implementação do socialismo" poderia ter descrito a própria evolução da policlínica, conseguiu financiamento para criar um instituto autônomo com ideias afins dedicado à análise e à aplicação social da teoria marxista. Esse instituto seria inaugurado no ano seguinte como a prestigiosa Escola de Frankfurt do Institut für Sozialforschung (Instituto de Pesquisa Social), cujo corpo docente, com poucas exceções, fortaleceu a associação entre a psicanálise e a teoria crítica de esquerda. Enquanto isso, na conferência, os analistas comemoravam com festas e jantares. O grande banquete final terminou com o discurso cheio de humor de Jones – como ele mesmo disse – sobre o patrono anônimo da clínica de Berlim que, segundo rumores, seria Eitingon. Apoiando-se em sua bengala dourada, Jones disse:

Em inglês temos dois provérbios notáveis: "A caridade começa em casa" e "O segredo sempre será descoberto". Se agora aplicamos os mecanismos de condensação e deslocamento, chegaremos à conclusão de que "O segredo começa em casa", um princípio fundamental da psicanálise, e "A caridade sempre será descoberta", o que ilustra a dificuldade de manter em segredo o nome do generoso doador da Policlínica de Berlim.[36]

Por ocasião do VII Congresso da IPA, o interesse em ir a Berlim lecionar, estudar e trabalhar refletia as aprimoradas relações internacionais que permitiam intercâmbios intelectuais sinceros entre os psicanalistas da Europa Oriental e Ocidental. Sándor Radó havia se mudado recentemente para o oeste, de Budapeste para Berlim, a fim de se juntar ao instituto recém-criado. Fenichel viajava reiteradas vezes entre Viena e Berlim. Helene Deutsch, que passaria os dois anos seguintes em Berlim como enviada especial de Freud, resumiu os principais eventos do congresso de Berlim na reunião da Sociedade de Viena de 18 de outubro, e descreveu a situação do movimento psicanalítico, incluindo seus avanços teóricos. Para não ser superado pela concorrência implícita com Berlim, Hitschmann observou na mesma reunião que as atividades do ambulatório estavam progredindo e anunciou que duas séries de palestras começariam no início de novembro. Ele ministraria "Uma Introdução à Psicanálise" e Felix Deutsch daria um curso especial chamado "O Que Deve Saber o Médico Praticante Sobre

36   E. Jones, *The Life and Work of Sigmund Freud*, v. 3, p. 88.

a Psicanálise?" Às vezes, Hitschmann sentia-se sobrecarregado por suas responsabilidades como diretor da clínica, mas também queria ajudar seus colegas vienenses a promover sua clínica tanto quanto os berlinenses tinham feito pelos visitantes da IPA[37].

No final do congresso, a equipe da policlínica se deu conta de como suas condições de trabalho haviam sido tensas e cansativas, em parte devido ao grande fluxo de pacientes, estagiários, e membros, como também devido à constante expansão das atividades pedagógicas. "Nosso trabalho", queixava-se Eitingon, "precisa cada vez de mais espaço, porém a escassez de moradia impede que ampliemos nossas dependências". Freud concordou, esperando que "indivíduos ou Sociedades sigam o exemplo de Eitingon e criem instituições similares"[38]. Palavras sem dúvida encorajadoras, mas Freud estava lembrando aos analistas a sua necessidade de vigilância e prioridades em pelo menos duas áreas. Primeiro, conforme o próprio Jones reconhecera (e como Eitingon e Simmel haviam feito em Berlim), a liderança psicanalítica em toda a IPA deveria incorporar serviços sociais à saúde mental e não o contrário. As clínicas subvencionadas pelo governo poderiam se converter em armas burocráticas nas mãos da psiquiatria tradicional, na sua luta contra a psicanálise. Em segundo lugar, a psicanálise sucumbiria aos seus conservadores detratores se apenas alguns poucos pacientes fossem beneficiados. Ampliando o argumento que apresentara em Budapeste, Freud reiterou seu discurso indireto sobre o acesso geral. O tratamento gratuito, ele sugeria, não deveria estar disponível apenas para pessoas comprovadamente indigentes, mas também – e igualmente – para aquelas que apenas são pobres demais para pagar pelo tratamento. As palavras de Freud foram baseadas no óbvio sucesso da policlínica, e também planejadas para acalmar o que Radó lembrava como "o crescente ciúme e inveja dos vienenses à medida que aumentava a importância de Berlim"[39]. Como um pai que se diverte ao ver a luta entre seus descendentes rivais, Freud encorajava de modo uniforme

37 Report of the General Meeting of the Vienna Psycho-Analytical Society, Oct. 18th, 1922, *International Journal of Psychoanalysis*, v. 4, p. 252.
38 S. Freud, Preface to Max Eitingon's Report on the Berlin Psycho-Analytic Policlinic, *se*, v. 19, p. 285.
39 B. Swerdloff, entrevista com S. Radó, em "History of the Psychoanalytic Movement", Oral History Collection, Bibliotecas da Universidade Columbia, Nova York, p. 24.

134 A SOCIEDADE DESPERTA: 1918-1922

todas as clínicas gratuitas, não apenas o dispensário-irmão do ambulatório em Berlim.

A psicanálise pode realmente alcançar todas as classes sociais? O registro da policlínica mostra que os analistas o tentaram. "E aqui pela primeira vez a análise pode apresentar estatísticas para aqueles que por elas anseiam, mostrando os dados coletados em um único lugar e num tempo relativamente curto", relatava Eitingon, rindo. Em princípio, ele colocava a análise quantitativa em pé de igualdade com a psicanálise. Treinado em um laboratório e empirista por natureza, Eitingon tinha lutado nos últimos anos para decidir qual dos projetos opostos – a narrativa psicanalítica orientada pelo processo ou os registros estatísticos baseados em resultados – seria o mais adequado para os relatórios da clínica. Recorrendo às categorias diagnósticas clássicas propostas por Emil Kraepelin, psiquiatra do século XIX, Otto Fenichel e Eitingon tentaram criar um respeitável banco de dados clínicos próprio. Não havia nenhum psiquiatra de língua alemã que não estivesse familiarizado com o sistema nosológico do texto de Emil Kraepelin, já em sua oitava edição em 1907. A dissertação médica de Karen Horney fora orientada por um discípulo do grande metodologista clínico e Helene Deutsch havia estudado a abordagem kraepeliniana em Munique. Para eles, mesmo o *design* das fichas diagnósticas originais de Kraepelin (*Zählkarten*) da clínica da Universidade de Heidelberg, impressas em tipo romano e em negrito, requeria avaliações claras e objetivas de acordo com linhas prévias e específicas de questionamento. De forma surpreendente, a maioria dos dados de Kraepelin fora baseada em observações de mulheres da classe baixa, pacientes típicas da clínica por volta de 1900[40]. Não é de admirar que Fenichel e Eitingon, cujo objetivo duplo era tratar pessoas dessa mesma classe social, mas também oferecer ajuda de modo imparcial, procurassem formas menos prescritivas de documentação.

No final, Eitingon e Fenichel produziram dois conjuntos de fichas. Uma era uma ficha clínica (figura 18) em que os psicanalistas acompanhavam o progresso dos pacientes; tinha um *design* simples em forma de resumo, com bastante espaço para anotações e comentários abertos. A outra era uma tabela estatística

---

40 M.M. Weber; E.J. Engstrom. Kraepelin's Diagnostic Cards, *History of Psychiatry*, v. 8, n. 31, p. 382.

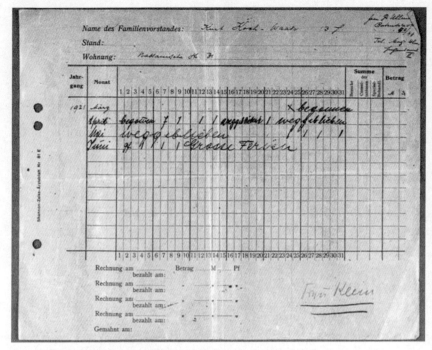

FIG. 18. *A ficha clínica de Melanie Klein do caso "Kurt K.", um paciente da Policlínica de Berlim em 1921 (Biblioteca Wellcome, Londres).*

cujas copiosas categorias de diagnósticos predefinidas e listas de verificação imergiam o leitor em uma profusão de detalhes que tornam a clínica viva. No contexto da era de Weimar, as fichas de Fenichel foram planejadas no estilo de fonte documental que desenfatizava o papel do autor em favor da "nova objetividade". Nos dias de hoje, as técnicas inovadoras de fotografia e filme jornalísticos desenvolvidas pelos artistas de Weimar são bem conhecidas. Mas no início dos anos de 1920, quando Otto Fenichel aplicou essa abordagem documental à psicanálise, ele criou um relatório extraordinariamente impressionante. Entrementes, Max Eitingon, que supervisionava o conteúdo da ficha enquanto Fenichel atentava à forma, abria mão da responsabilidade científica pelas estatísticas. Os números "seriam muito valiosos [se fossem] abrangentes, claros em todos os detalhes", dizia Eitingon, e se baseados em comparações controladas destinadas a eliminar a parcialidade e a interpretação. No tocante a perguntas como o tempo necessário para o tratamento, ele comentava que tal "estatística detalhada […] seria o teste de nossa coragem para dar ao mundo" evidência genuína de que a psicanálise leva – e deveria levar – tempo. Em termos gerais, esses esforços resultaram em uma representação da clínica impressionante, calculada e eminentemente prática– e uma hábil justificativa do valor real das estatísticas.

Os dois relatórios mais significativos, um de 1923 e outro de 1930, mostram o olho infalível de Eitingon para rastrear com precisão os padrões observados nos pacientes da policlínica, segundo *status* social, sexo e ocupação. Em "ocupação" ele incluía advogados; garçons; o diretor de uma banda musical; a filha de um general; um arquiteto; operários de fábrica; capitães; e uma ampla gama de estudantes e "burocratas". Artesãos (25 homens, 35 mulheres); empregados (22 homens, 41 mulheres); funcionários públicos (7 homens, 3 mulheres); professores (16 homens, 19 mulheres); empregadas domésticas e enfermeiras (27, mulheres); comerciantes (23 homens); estudantes (12 homens, dos quais 5 médicos, e 2 mulheres, das quais 1 médica) e profissionais (médicos e acadêmicos, 56 homens e 59 mulheres). Casadas sem ocupação (63 mulheres), viúvas (6 mulheres) e sem ocupação (2 homens, 8 mulheres) eram outras categorias interessantes. "Ocupação" é o único foco de uma tabela estatística no relatório de 1922, enquanto outras cinco fazem o cruzamento de ocupação com idade, sexo, diagnóstico, duração do tratamento e resultados do mesmo. O relatório de 1930 tratava muito menos das ocupações. Contam-se 22 ocupações apenas pelo número de consultas. Sexo, idade e duração do tratamento não são mencionados. "Burocratas" (funcionários de escritório ou funcionários públicos) foram os que mais buscaram consultas (173) ao longo de dez anos, e agricultores os que menos procuraram tratamento (3). Ainda assim, o fato de se contar os agricultores é um dado ainda mais interessante, levando-se em conta o intenso cosmopolitismo urbano de Berlim. As categorias de "sem profissão" (249) e "sem profissão determinada" (313), ambas podendo significar "desempregados", constam nas listas em maior número. Artistas, lojistas e professores são categorias iguais, com 124 casos cada.

Os solicitantes de atenção clínica eram contados segundo sexo, idade, ocupação / profissão e diagnóstico. Alguns homens e mulheres, que tinham sido vistos apenas para uma entrevista e cujos casos não justificavam a admissão ao tratamento (ou que foram encaminhados para outro local) foram contabilizados em separado. Exibidos de várias formas, de listas simples

1922 ● UM AMBULATÓRIO PSICANALÍTICO EM VIENA   137

(ou "classificações") a correlações bastante complexas, os dados revelavam o cuidadoso estudo quantitativo da equipe da policlínica (ou o obsessivo de Fenichel). Os números de consultas e tratamentos são listados por ano, e depois mês a mês. As listas são classificadas em tabelas, que são correlacionadas com fatores clínicos e administrativos: os casos são contados por resultado (ativo, terminado e interrompido ou "fracionado"), pela duração do tratamento e pelo ano em que ele foi concluído. No relatório de 1923, as tabelas estatísticas estão dispersas por todo o documento e são usadas para destacar problemas específicos. Em contraposição, o relatório de 1930 (que apresenta ensaios bastante polêmicos de Simmel, Fenichel e Karen Horney) resume as estatísticas em uma simples coluna central de duas páginas. Ainda assim, inclui uma elaborada tabela correlacionando diagnósticos, duração de tratamento e resultado do tratamento.

Os relatos correntes escritos e orais dos psicanalistas sobre seus casos, outra crônica da vida na policlínica, descrevem uma troca contínua de "comunicações breves" nos encontros clínicos da Sociedade de Berlim[41]. Simmel relatava os sonhos de uma paciente epiléptica; Melanie Klein, uma "neurose de domingo" em uma criança; Franz Alexander, uma neurose obsessiva em um homossexual. Das três reuniões que a Sociedade realizou regularmente (segundo Radó, com excesso de zelo) a cada mês antes da morte de Abraham em 1925, uma foi dedicada a tais breves trocas de ideias (kleine Mitteilungen). "As próximas reuniões realizar-se-ão nos dias 4, 11 e 18 de outubro", escreveu Abraham em seu convite para Therese Benedek. Benedek, uma jovem e inquisitiva analista que frequentava a Sociedade de Berlim enquanto ainda se deslocava de Leipzig, considerava que a mescla de kleine Mitteilungen e artigos clínicos mais extensos coadunava-se perfeitamente com a sua própria ideia de conferências sobre casos. Ela gostava da natureza democrática das "comunicações breves [baseadas na prática], para as quais todos trazem o que quer que tenham", e ela mesma era muito elogiada[42]. Abraham informou Freud, depois de uma das apresentações orais de Benedek: "Essa

---

41 Report of the Berlin Psychoanalytic Society, *International Journal of Psychoanalysis*, v. 3, p. 261.
42 T.G. Benedek, A Psychoanalytic Career Begins, *Annual of Psychoanalysis*, v. 7, p. 8-9.

senhora é de grande valor por sua habilidade em atrair os jovens, bem como por seu excelente trabalho prático".[43] A observação não passou despercebida por Franz Alexander: dez anos mais tarde, com o terror sem precedentes que varria a Alemanha, Alexander trouxe Benedek e o marido para a América ainda que, na época, ele também considerasse as reuniões infinitamente inspiradoras. Ele se recordava que Abraham "era mestre nesse tipo de apresentação". Enquanto Abraham acrescentava apenas "uma discussão teórica mínima, atendo-se aos fatos e à sua explicação psicodinâmica", Simmel "gostava de fazer abstrações teóricas de longo alcance"[44]. Nos quase dois anos decorridos desde a abertura da policlínica, Simmel desenvolvera uma gama interessante de estratégias políticas. Por um lado, ele inseria deliberadamente expressões técnicas na linguagem psicanalítica, porque acreditava que assim melhorava a credibilidade externa dos psicanalistas, para diferenciá-los dos especialistas em saúde mental menos confiáveis de Berlim. Os críticos da psicanálise, então como agora, tentaram marginalizar a sua prática alegando que ela carecia de fundamentação científica e de verificação empírica. Essas acusações derivam, pelo menos em parte, do significativo número de novas palavras cunhadas como termos científicos no alemão de Freud, porém traduzidas seletivamente em combinações de inglês, latim e grego. A confusão foi em grande parte resolvida com a publicação de 1926 do *Glossário* prático de Jones, que sistematizou as definições e os termos psicanalíticos.

Um fazedor de listas por natureza, Otto Fenichel já tinha uma compreensão melhor da fraseologia psicanalítica do que muitos de seus colegas. Ele indexou os diagnósticos cuidadosamente, enumerando 36 categorias clínicas no relatório de 1923 da policlínica e 31 em 1930. A distribuição por gênero foi notavelmente similar para ambos, consulta e tratamento (figura 19): num período de dez anos (1920-1930), das 1.955 consultas, 969 eram de homens e 986 de mulheres; de um total de 721 análises, 342 eram de homens e 379 de mulheres. Esses números refutam mais uma vez a popular crítica contra a psicanálise como um tratamento a que recorriam

---

43 Carta de Abraham a Freud, de 03 dez. 1924, em E. Falzeder (ed.), op. cit., p. 526.
44 F. Alexander, "Psychoanalytic Training in the Past, the Present and the Future: A Historical View", apresentado à Associação de Candidatos do Instituto Psicanalítico de Chicago, 26 out. 1951, arquivos do Instituto de Psicanálise de Chicago.

FIG. 19. *Sala de admissão e consulta na Policlínica*
(*Biblioteca da Sociedade e Instituto Psicanalíticos de Boston*).

somente mulheres burguesas e planejado exclusivamente para elas. O relatório de 1923 contém uma interessante tabulação cruzada de gênero e idade: a categoria de trinta a quarenta anos de idade revela a maior diferença em utilização (122 mulheres: 52 homens), enquanto a menor diz respeito à idade de vinte a trinta anos (65 mulheres:72 homens). Entre dez e quinze anos de idade, a proporção entre os sexos era idêntica (6:6). Histeria era o diagnóstico mais frequente em ambos os inventários. As mulheres eram diagnosticadas com histeria com muito mais frequência do que os homens (95:10), perfazendo 271 consultas e 129 tratamentos ao longo de dez anos. A neurose obsessiva era mais igualmente distribuída entre mulheres e homens (25:37), sendo o segundo diagnóstico mais frequente. Diagnósticos fisiológicos como epilepsia e asma brônquica eram entremeados com categorias psicológicas como depressão, mania, alcoolismo e paranoia. Uma pequena amostra de neurose de guerra (três homens) e um caso feminino de neurose por auxílio-deficiência aparentemente combinavam diagnósticos psicológicos e fisiológicos. No geral, as tabelas estatísticas mostram uma impressionante tentativa de inclusão social e um esforço deliberado para tratar pessoas de classes sociais geralmente isoladas e economicamente desiguais. A grande população de pacientes da classe baixa foi resultado em grande parte do próprio ativismo social de Ernst Simmel. Isso explicava seu trabalho na Associação dos Médicos Socialistas com o pediatra Karl Kollwitz (marido da artista expressionista alemã Käthe Kollwitz) e, em menor grau, suas colaborações com Karen Horney, uma das discípulas favoritas de Karl Abraham.

Ainda que Karen Horney seja célebre por ter sido a psicanalista que introduziu o relativismo cultural na teoria freudiana, sua posição como a única mulher entre os seis membros fundadores da policlínica em 1920 e a primeira docente feminina tem sido subestimada até agora. A posição de Horney como docente e pensadora na Berlim experimental lhe propiciou o contexto perfeito para começar a formular suas ideias pioneiras sobre a psicologia das mulheres, a questionar a teoria da libido de Freud e a explorar o impacto da cultura no desenvolvimento humano. Ela impressionava Alexander por "sua lucidez e recusa obstinada em aceitar as construções teóricas habituais como fatos indiscutíveis"[45]. Horney era uma mulher magra, de cabelos louros e finos amarrados atrás, olhos notavelmente grandes, e com o estilo informal das pessoas bem-educadas. Havia chegado em Berlim em 1909, uma estudante de Medicina cujos estudos oficiais culminaram em 1915 com uma tese de alto valor acadêmico, defendida no estilo diagnóstico da psiquiatria kraepeliniana. Ela também desempenhava dois outros papéis, muitas vezes contraditórios: o da esposa e mãe da classe média alta e o da analisanda, então psicanalista em formação com Karl Abraham. À semelhança de outros analistas da policlínica, ela custeava os gastos de viagem dos pacientes, se necessário, para que o tratamento pudesse continuar[46]. Em seu trabalho teórico, Horney endossava e até mesmo embelezava os objetivos sociais de Freud, embora suas posições fossem claramente menos políticas do que as de muitos de seus colegas em Berlim e Viena.

Em 1922, em Viena, as Clínicas de Higiene Sexual para Trabalhadores e Empregados (Sexualberatungs-Klinik für Arbeiter und Angestellte), de Wilhelm Reich, surgiram dos esforços de alcance comunitário que ele mais tarde incorporou sob a rubrica de "trabalho de cunho sexo-político". Vários dias por semana Reich e sua equipe de psicanalistas e médicos viajavam numa camioneta para os subúrbios e áreas rurais de Viena, anunciando suas visitas com antecedência. Falavam sobre preocupações sexuais com

45 Ibidem.
46 S. Quinn, *A Mind of Her Own*, p. 197.

1922 • UM AMBULATÓRIO PSICANALÍTICO EM VIENA   141

as pessoas interessadas, reunidas em um parque local. O próprio Reich conversava com os adolescentes e os homens, o ginecologista da equipe com as mulheres, e Lia Laszky (amiga íntima de Reich ainda da Faculdade de Medicina) com as crianças. A pedido, o ginecologista também prescrevia contraceptivos adequados para as mulheres. O modelo praticamente replicava os postos de saúde pré-natal e infantil criados pelos sociais-democratas e sustentados com ajuda externa, por exemplo, da Cruz Vermelha. É provável que o grupo abertamente político de Reich parecesse mais subversivo e, embora a polícia tivesse perseguido ou prendido seus membros por exercerem atividades ilegais, o grupo ainda distribuía panfletos com informações sexuais de porta em porta. Na época, Reich dava palestras políticas à noite. Ao clamar por uma "política da vida cotidiana", ele se concentrava em questões sociais amplas sem ignorar os problemas mais íntimos que as pessoas traziam para a equipe naquele dia. Jovens queixavam-se de falta de dinheiro, de liberdade obstruída, de trabalho frustrante e do medo de uma gravidez indesejada. Mesmo quando a polícia rotineiramente dissolvia as reuniões de higiene social, nas quais Reich criticava o "poder do Estado", ele via os agentes como seres humanos ocultos por trás dos "guardiães da lei e da ordem". De sua função repressora, muitas vezes militarista, a polícia poderia converter-se em "defensora da causa dos párias sociais". Reich podia mostrar aos seus ouvintes como renunciar a barreiras de classe preconcebidas e permitir que o indivíduo se libertasse das restrições de classe. Quando ele falava sobre dificuldades no casamento, a família e a infância ou os dilemas que os desempregados, trabalhadores de fábricas, jovens e mulheres teriam que resolver por si só, a "consciência do público sobre a presença de 'protetores dos interesses de classe'[47] desaparecia por completo". Reich era muito carismático e capaz de despertar empatia entre seus ouvintes, apelando para a humanidade fundamental que eles tinham em comum, mesmo com a polícia que os vigiava. Por conseguinte,

tornou-se visivelmente óbvio para todos os presentes que aqueles agentes e policiais eram eles mesmos empregados, apesar de seus uniformes. Tinham filhos, esposas, problemas conjugais e dificuldades relacionadas à moradia e à educação dos filhos. Vistos dessa maneira, a partir de uma

---

47   O policial padrão designado para tais reuniões.

perspectiva prática e psicológica, as divisões de classe pareciam totalmente diferentes de como eram retratadas nos programas puramente econômicos [políticos] do partido[48].

Em seus próprios escritos, Reich utilizou o termo *serviço social* para descrever seu enfoque dos serviços de saúde mental baseado na comunidade, uma combinação singular de ação social e serviços diretos, não diferentes do paradigma do serviço social contemporâneo.

Jovens mulheres e adolescentes atraíam em particular a preocupação de Reich. Meninas haviam engravidado involuntariamente, por estupidez ou ignorância ou, pior, por estupro ou incesto. Elas eram encaminhadas às clínicas municipais de controle de natalidade, embora não antes de uma entrevista com um membro da Sex-Pol, que as instruía acerca da sexualidade e do uso de contraceptivos. Muitos anos depois, quando perguntaram a Edith Jacobson, uma companheira dessas viagens que havia repudiado Reich, como esse aconselhamento poderia ajudar os adolescentes, ela respondeu: "Muito, surpreendentemente."[49] Mesmo em 1922, Reich via que muitas vezes a gravidez satisfazia os desejos da mãe ou da sociedade em geral de ter um filho. Porém nunca se examinava até que ponto satisfazia o desejo real das mães de criar um filho ou suas necessidades emocionais e sexuais. Assim, ele passou a defender o aborto, quando solicitado, o "direito inquestionável de toda mulher grávida contra a sua vontade de fazer um aborto"[50]. Reich estava defendendo tanto os direitos da criança como os da mãe. Rememorando seus escritos de 1937, Reich observou em 1952 que "as mães não eram levadas em conta. A miséria infantil não era levada em conta. O que contava era um moralismo doentio [da sociedade]"[51]. Em outras palavras, se a sociedade compactuava com a procriação, deveria assumir também parte da responsabilidade pela educação dessas crianças. Que a sociedade exigisse a procriação, mas não estivesse disposta a ajudar tais crianças quando nasciam era uma marca da opressão das mulheres e das

48 W. Reich, This Is Politics!, em M.B. Higgins; P. Schmitz (eds. e trads.), *People in Trouble*, v. 2, p. 99.

49 M. Sharaf, *Fury on Earth*, p. 136.

50 W. Reich, This Is Politics!, em M.B. Higgins; P. Schmitz (eds. e trads.), op. cit., p. 110.

51 Ibidem, p. 109.

1922 • UM AMBULATÓRIO PSICANALÍTICO EM VIENA 143

crianças. Para aliviar a subjugação das mulheres, acreditava Reich, era necessário subverter a estrutura patriarcal da sociedade. Ele colocou em prática o que Engels havia admitido como hipótese[52]. Quais eram as estratégias de aconselhamento sexo-econômico? Histórias dos casos de Reich, escritas entre 1920 e meados da década de 1930 mostram como ele passou de uma interpretação cautelosa para uma postura terapêutica cortês e franca. Sua confiança no seu "ouvido" duplo, terapêutico e político e sua formação inicial com Freud combinaram-se de modo a impregnar a abordagem de Reich de uma profunda consideração pelo sofrimento humano e pelas necessidades básicas e urgentes do eu sexual. As palavras de Reich sobre a necessidade de ignorar a família patriarcal do seu paciente, bem como os esforços para preservar a ordem e o controle, são apresentados a seguir:

Uma mulher de 35 anos, de aparência muito mais jovem [...] era casada há dezoito anos, tinha um filho crescido e vivia com o marido em um casamento aparentemente feliz. Durante os últimos três anos, o marido mantinha um relacionamento com outra mulher. A esposa sabia e o tolerava, entendendo que depois de um casamento tão prolongado, surge um desejo por outra parceira sexual. Já por alguns meses, ela vinha sofrendo de abstinência sexual, mas era orgulhosa demais para induzir o marido a ter relações sexuais com ela. Ela sofria de palpitações, insônia, irritabilidade e depressão crescentes. Havia conhecido outro homem, porém escrúpulos morais a impediam de ter relações sexuais com ele, embora ela considerasse tais escrúpulos absurdos. O marido continuava a se vangloriar da fidelidade da esposa, e ela sabia perfeitamente que ele não estaria disposto a conceder-lhe o direito que ele mesmo havia tomado como algo óbvio. Um caso como esse necessita de uma análise cuidadosa. Manter a abstinência implicava, com certeza, uma doença neurótica. Era impossível impedir o novo relacionamento do marido e reconquistá-lo, por duas razões. Primeiro, ele não permitiria que tal relacionamento fosse perturbado e admitira abertamente que já não tinha desejo sexual pela esposa. Segundo, porque ela mesma não queria mais o marido. Restava apenas o homem que ela amava. A dificuldade que se apresentava era o fato de ela não ser economicamente independente e o marido, se soubesse da relação dela com outro homem, começaria imediatamente um processo de divórcio. Discuti todas essas possibilidades com a mulher e disse-lhe para pensar a respeito. Depois de algumas semanas, soube que ela havia decidido manter relações sexuais com seu amigo sem que o marido soubesse. Seus sintomas neuróticos de estagnação desapareceram em pouco tempo.

52 Cf. F. Engels, *A Origem da Família, da Propriedade Privada e do Estado.*

144 A SOCIEDADE DESPERTA: 1918-1922

Ela tinha conseguido tomar aquela decisão graças à minha tentativa bem-sucedida de dissipar seus escrúpulos morais.[53]

Um homem grande que parecia desarrumado e elegante ao mesmo tempo, Reich possuía um estilo rabugento que conseguia provocar quem quer que com ele falasse. Mas ele obviamente também era dotado de uma empatia incrível, e sua experiência nas clínicas o alertaram para as necessidades especiais dos adolescentes. Nem o seu trabalho no ambulatório nem sua prática privada com adolescentes perturbados haviam-no preparado para a dolorosa situação do "adolescente vienense normal e trabalhador". Depois de dois anos de existência da Sex-Pol, ele disse: "o conflito entre o cientista e o político dentro de mim ficou ainda mais intenso [...] Gradualmente, aprendi a entender, a afirmar e a eliminar a profunda e justificada desconfiança que tem a juventude de tudo que seja relacionado com a autoridade e os adultos"[54]. Por meio da Sex-Pol Reich definiu para si como o serviço social era pessoal e politicamente fortalecedor. Nas áreas clínicas, um dos propósitos de um assistente social era aconselhar os pacientes do momento ou potenciais sobre os custos pessoais da sexualidade reprimida e, nas áreas econômicas, sobre as consequências da opressão. Reich aplicava seu papel de defensor ao pé da letra. Ele argumentava que o trabalho dos jovens de quatorze a vinte anos (como operários, mensageiros ou criados) já os tinha moldado em adultos, assim que lhes ofereceu o serviço social da Sex-Pol, uma mescla de aconselhamento psicanalítico, conselhos marxistas e anticoncepcionais. O seguinte caso, excepcionalmente simples, teve um desenlace satisfatório.

Uma moça de dezesseis anos e um rapaz de dezessete, ambos fortes e bem desenvolvidos, vêm à clínica de higiene sexual, tímidos e apreensivos. Depois de muito encorajamento, o garoto pergunta se é realmente prejudicial ter relações sexuais antes dos vinte anos.

"Por que você acha que isso é prejudicial?"

"É o que diz o nosso líder no grupo dos Falcões Vermelhos, bem como todos os demais que falam sobre temas sexuais."

"Vocês falam dessas coisas no seu grupo?"

"Com certeza. Todos nós sofremos muito, mas ninguém se atreve a falar abertamente. Há pouco, um punhado de rapazes e moças saiu do nosso

---

53 W. Reich, *The Sexual Revolution*, p. 69-70.
54 Idem, This Is Politics!, em M.B. Higgins; P. Schmitz (eds. e trads.), op. cit., p. 111.

1922 • UM AMBULATÓRIO PSICANALÍTICO EM VIENA   145

grupo e formou outro, porque não conseguiam se dar bem com o líder. Ele é um daqueles que continua dizendo que as relações sexuais fazem mal".

"Há quanto tempo vocês se conhecem?"

"Três anos."

"Já tiveram relações sexuais?"

"Não, mas nos amamos muito e temos que nos separar porque sempre ficamos terrivelmente excitados [...] Estamos quase enlouquecendo. O pior é que por causa de nossas funções sempre temos que trabalhar juntos. Nos últimos tempos, ela tem frequentes crises de choro e eu estou começando a ter problemas na escola."

"O que vocês acham que seria a melhor solução?"

"Pensamos em terminar nosso relacionamento, mas isso não funcionaria. Todo o grupo que lideramos desintegrar-se-ia, e depois a mesma coisa se repetiria com outro grupo."

"Vocês praticam esportes?"

"Sim, mas não adianta nada. Quando estamos juntos, só pensamos em uma coisa. Por favor, diga-nos se isso faz mal mesmo."

"Não, não faz mal, mas em geral cria muitas dificuldades com os pais e outras pessoas."

Expliquei-lhes a fisiologia da puberdade e das relações sexuais, os obstáculos sociais, o perigo da gravidez e o uso de anticoncepcionais, e disse-lhes que pensassem sobre tudo isso e voltassem. Duas semanas depois, eu os vi de novo, felizes, gratos e capazes de trabalhar. Eles haviam superado todas as dificuldades internas e externas. Continuei a vê-los ocasionalmente, por um período de dois meses.[55]

Reich registrava em detalhes as modificações no funcionamento sexual de seus próprios pacientes, mas também examinava as transcrições das entrevistas clínicas e as fichas dos casos de mais de duzentos pacientes tratados no ambulatório. Se distúrbios sexuais existem em todas as neuroses (a tese original de Freud) e, na neurose não tratada, resultam em uma crise, os pacientes que melhoram na terapia têm uma vida sexual mais saudável e também mais habilidades de enfrentamento. Para Reich, os processos internos eram inseparáveis do seu contexto ambiental. Ao deixar de lado uma análise excessivamente individualista do sofrimento humano, Reich vinculava a opressão política à neurose e à sexualidade reprimida ou à culpa sexual.

Aonde quer que fosse, Reich ficava tão impressionado com a resiliência das pessoas quanto com sua necessidade de alívio da opressão e de autonomia psicológica, que podia ser alcançado por

55 Idem, *The Sexual Revolution*, p. 68-69.

146 A SOCIEDADE DESPERTA: 1918-1922

meio da assistência psicológica e política combinada. Ele acreditava que a Sex-Pol acabaria por ser entregue às pessoas a quem servia, pois, os trabalhadores logo resolveriam problemas sociais sozinhos e assumiriam a liderança da Sociedade. "Era totalmente possível", escreveu Reich em 1937, "que as próprias pessoas organizassem clínicas infantis para os pobres, ou criassem centros de aconselhamento sexual, ou tomassem várias medidas práticas em relação aos problemas."

Reich concordava com Julius Tandler, diretor do Serviço de Bem-Estar Público, em que a sexualidade e a construção de habitações dignas fossem essenciais e componentes complementares da estabilidade dos trabalhadores e suas famílias. Os dois diferiram, no entanto, na sua compreensão ideológica do tema. A posição do governo, inevitavelmente mais burocrática e tradicionalista (mesmo em uma administração progressista) via a habitação como uma garantia para combater a decadência moral e fomentar a criação de famílias. Reich criticava esse argumento, afirmando que uma moradia melhor se prestaria a uma expressão sexual mais livre e, portanto, psicológica e fisicamente mais saudável. Quatro pessoas compartilhavam um único cômodo no projeto de habitação padronizado para trabalhadores vienenses: essa falta de privacidade, alegava Reich, não se prestava à promiscuidade[56]. Pelo contrário, só reprimia a sexualidade da classe trabalhadora porque suas difíceis condições levavam à indiferença aos outros e ao temor de ser perturbado. Reich se preocupava, em especial, com que as habitações abarrotadas restringissem os jovens e, por exemplo, expusessem perigosamente aqueles que eram forçados a procurar abrigo ao lado das escuras portas de entrada. Ele defendia a expressividade sexual para todos, incluindo os jovens e os solteiros, com uma permissividade que inquietava tanto a esquerda política quanto os psicanalistas.

56 H. Gruber, op. cit., p. 159.

II.

Os Anos Mais Gratificantes: 1923-1932

1923

"Essa ajuda deveria estar disponível para a grande multidão"

Para os analistas mais jovens que trabalhavam no ambulatório desde a sua fundação no ano anterior, o novo Seminário Técnico proporcionava uma espécie de campo de jogo no qual tudo poderia ser dito, diagnósticos criticados e teorias de tratamento discutidas com muito menos cautela que a requerida nas reuniões formais da Sociedade de Viena. No início de 1923, Hermann Nunberg passou a direção do seminário para Eduard Hitschmann. A partir de então e pelos dois anos seguintes, Paul Federn, como secretário do seminário e também diretor-adjunto do ambulatório desde 17 de outubro, registraria todas as semanas as atas do seminário com grande compaixão e flexibilidade intelectual. Nas atas de 1923 e 1924, as ávidas habilidades de raciocínio de Reich emergem de modo poético todo próprio; as teorias de Nunberg se desdobram de forma tão conscienciosa quanto as de um advogado de apelação; e Hug-Helmuth descobre com alegria que a observação sistemática de crianças pode ser integrada no repertório psicanalítico. No início dos anos de 1920, a maioria dos analistas vienenses não conseguira explorar a psique do paciente além dos estádios psicossexuais do desenvolvimento humano de Freud ou de quaisquer memórias que permanecessem acessíveis à consciência na idade adulta. Otto Fenichel, contudo, que viajava

OS ANOS MAIS GRATIFICANTES: 1923-1932

frequentemente entre Berlim e Viena, apresentou aos participantes do seminário um dos mais novos sistemas da policlínica para separar a teoria da técnica psicanalíticas. Ele argumentava que elas deveriam ser separadas porque a teoria enfatiza a pesquisa sobre o inconsciente, e a técnica é mais significativa para a terapia. Uma vez que o exame atento dos próprios impulsos do terapeuta exige formação analítica, particularmente da contratransferência esperada no tocante aos novos terapeutas, a supervisão no ambulatório teria de ser programada com regularidade intransigente.

Uma noite em outubro – as reuniões sempre se realizavam à noite, depois de um dia inteiro de prática – Federn assumiu a direção. Um bom exemplo havia surgido durante a apresentação de um caso de Rudolf Urbantschitsch sobre o tratamento de um operário de fábrica de 21 anos de idade, que sofria de rubor incontrolável e tinha violentos sonhos sangrentos. Urbantschitsch, o mais jovem e um dos poucos católicos da Sociedade Psicanalítica de Viena, "deve [estar] desfrutando demais dos sentimentos de transferência – um erro no qual os iniciantes incorrem com muita facilidade", alertou Federn[1]. Rico e aristocrático, Rudolf von Urbantschitsch era um endocrinologista talentoso que cultivava há longo tempo um interesse pela psicanálise e, à semelhança do falecido Anton von Freund, havia delineado o que Ferenczi descrevia como um "grande plano de fundação", uma clínica e um projeto de pesquisa para homenagear Freud[2]. Aos 28 anos, esse excêntrico médico era ao mesmo tempo um monarquista e amigo da filha do ex-arquiduque Francisco Fernando, bem como um conferencista eficaz que promovia o pensamento psicanalítico em escolas, nas reuniões de trabalhadores e nas associações médicas. Seu planejado centro de consulta teria Freud como diretor médico, o próprio castelo de Weilburg na cidade vizinha de Baden como sede, e o financiamento do Bodencreditanstalt (União de Crédito Nacional). Segundo Ferenczi, Freud e Anna sabiam que o plano de Urbantschitsch era ilusório, mas, não obstante, estavam interessados em melhorar a reputação de sua clínica principal como um centro de

---

1 P. Federn, reunião do Seminário Técnico de 5 dez. 1923, publicada originalmente no *Jahrbuch der Psychoanalyse*. H. Lobner, Discussions on Therapeutic Technique in the Vienna Psycho-Analytic Society (1923–1924), *Sigmund Freud House Bulletin*, v. 2, p. 30.

2 Carta de Ferenczi a Freud, n. 961, de 14 mai. 1924, em E. Falzeder et al. (eds.), *The Correspondence of Sigmund Freud and Sándor Ferenczi*, v. 3, p. 149.

1923 • ESSA AJUDA DEVERIA ESTAR DISPONÍVEL PARA A GRANDE MULTIDÃO 151

pesquisa sério. Em parte por deferência a Hitschmann e em parte devido ao caráter instável de Urbantschitsch, o projeto foi abandonado. Mesmo assim, Urbantschitsch continuou a tratar pacientes no ambulatório. Em uma discussão posterior sobre a regra de abstinência – que tratava se, quando e como a masturbação deveria ser proibida durante a análise – ele se uniu aos participantes do seminário em sua luta para padronizar a técnica sem sacrificar a espontaneidade na sessão. A própria explicação de Freud em 1919 sobre a regra de abstinência tinha sido bastante flexível. Analistas como Franz Alexander observaram mais tarde que Freud era invariavelmente menos rígido e ortodoxo em sua técnica do que a maioria de seus seguidores[3]. Hitschmann, por exemplo, começara se apegando ao "padrão" de Freud, porém em 1923, como se pôde ver nessa reunião, ele estava ansioso para definir princípios esquemáticos ideais e muito mais rígidos, regras de procedimento e proibições. Ele ajudou o grupo a elaborar registros precisos dos pacientes, a articular perfis diagnósticos estatísticos, e a permanecer dentro de um formato específico de redação e apresentação do estudo de um caso analítico. A partir de então cada analista parecia criar um estilo terapêutico pessoal. Federn se voltou para questões de transferência; Jokl queria que o analista ouvisse o paciente por cinco meses sem intervir; e Reich afirmava categoricamente que nenhuma atividade, masturbação ou outra, deveria ser proibida por mais que parecesse excessiva ao analista. Se é que algo acontece, dizia Reich, o terapeuta deve converter essa atividade no foco central do tratamento. Reich estava obviamente desenvolvendo o tema clínico para seu artigo sobre a genitalidade, que apresentou três semanas depois em uma reunião formal da Sociedade.

Em seu livro de 1933, *Charakteranalyse* (Análise do Caráter) – talvez sua mais aceita (se não significativa) contribuição para a psicanálise clássica –, Reich desenvolveu um modelo para reflexão por meio das reações caracterológicas de um paciente ao tratamento. O episódio, como a masturbação, era em si menos importante do que a reação psicológica inconsciente do paciente a ela, bem como a do analista. Mesmo em 1933, quando Reich parecia ter mais inimigos do que amigos, todos concordaram, no entanto, que esse trabalho técnico sério da década de 1920 deu

---

3   F. Alexander, Recollections of Bergasse 19, *Psychoanalytic Quarterly*, v. 9, p. 203.

início a uma expansão revolucionária da psicologia do ego. Antes de começar o estudo de um novo caso, dizia Reich, o analista deveria decidir se iria explorar a neurose de caráter (personalidade) do paciente ou a neurose de seu sintoma (lavar as mãos). A diferença é crítica. Na perspectiva mecanicista do sintoma, um estudo detalhado da lavagem excessiva das mãos de um paciente, por exemplo, implica um diagnóstico de transtorno obsessivo-compulsivo. A análise do caráter e não dos sintomas dessa pessoa poderá expor uma pobre organização mental e um nível de ansiedade facilmente oprimido pelo mundo exterior. Reich sugeria que tanto a análise do caráter quanto a análise do sintoma poderiam ser combinadas caso se entendesse que o sintoma, nesse caso, a lavagem excessiva das mãos, é na verdade a tentativa inconsciente do paciente de obter um certo controle sobre seu ambiente hostil. Reich chamou isso de "couraça de caráter". O sintoma poderia estar facilmente enraizado em estressores ambientais, tais como pobreza crônica, ou num trauma de infância. Obviamente, o método vitalista de Freud atraía Reich por várias razões. Os psicanalistas (mais do que os psiquiatras) pareciam respeitar a capacidade aparentemente inata de autorregulação dos seres humanos e a psicanálise encorajava o médico a abordar problemas humanos fora do asséptico laboratório médico. Quando Reich descreveu minuciosamente pela primeira vez seu conceito do "caráter impulsivo" do indivíduo, um estudo dos ladrões e valentões no ambulatório, ele estava antecipando seu estudo muito mais amplo de 1933 sobre a personalidade humana e a saúde psicológica. Da mesma forma, a energia de Reich e sua ânsia para sondar o material clínico transformou um exercício acadêmico pouco auspicioso, o Seminário Técnico, em um laboratório prático para o desenvolvimento da teoria psicanalítica em 1923 e 1924. O seminário foi um dos centros mais provocativos e estimulantes para a formação de novos analistas.

Richard Sterba, ao recordar-se de seus dias de formação, explicava:

> Uma noite em dezembro de 1923, fui ao ambulatório perguntar sobre como eu poderia me tornar um analista. Fui recebido por um médico idoso cujo nome era Eduard Hitschmann [...] Comecei minha análise no início da primavera de 1924. Como não tinha dinheiro [...] não fui cobrado pela minha análise. No entanto, esperava-se que, no futuro, eu assumisse o

1923 • ESSA AJUDA DEVERIA ESTAR DISPONÍVEL PARA A GRANDE MULTIDÃO   153

tratamento de alguns pacientes ambulatoriais gratuitamente ou mediante uma contribuição mínima a ser paga ao ambulatório.[4]

Sterba estava longe de ser o único candidato a receber essa cortesia: Grete Lehner Bibring, Willi Hoffer e Wilhelm Reich – na verdade, quase todos os que trabalhavam em psicanálise no ambulatório ou em outro lugar – eram analisados de graça[5]. "Em Viena, por exemplo, onde quase todas as análises didáticas são realizadas gratuitamente", escreveu Freud a seu amigo Franz Alexander em Berlim, "temo que renunciar a qualquer escolha *preliminar* (de candidatos) nos ameaçaria com um excesso de trabalho."[6] A avaliação da personalidade individual de um candidato é inevitavelmente subjetiva, concordavam os analistas, porém seguir exigências formais ou oficiais (o que o administrativo Eitingon presumivelmente preferiria) é apenas um pobre substituto das entrevistas individuais. O candidato compreenderia o sentido de oferecer tratamento na clínica gratuita, por exemplo? Aceitar serviços gratuitos para si também é significativo e indica uma postura psicológica aberta e não defensiva. "Cada analista didata em Viena era obrigado a formar gratuitamente dois candidatos", explicava Else Pappenheim. "Isso não era incomum em Viena", observou ela anos depois, "ainda que fosse surpreendente para os americanos que eu nunca tivesse pagado pela minha análise."[7] Seu relato confirmava as recordações de Grete Bibring e de Helene Deutsch, de que a maioria dos candidatos analíticos de fato recebera análise de formação gratuita[8]. O fato de que mesmo analistas não austríacos deveriam ter esse privilégio em troca pelo seu trabalho no ambulatório converteu-se em um tipo surpreendente de política não escrita, outra dimensão da responsabilidade social psicanalítica. É verdade, Freud, Ferenczi e muitos outros podiam contar com altos honorários americanos pagos em dólares para a sua sobrevivência econômica depois da Primeira Guerra Mundial. O novo código tributário da Viena Vermelha estruturara uma redistribuição de fundos dos proprietários mais ricos

---

4   R. Sterba, *Reminiscences of a Viennese Psychoanalyst*, p. 24, 27.
5   R. Stewart, entrevista à autora.
6   Carta de Sigmund Freud a Franz Alexander, de 13 maio 1928, apud E. Jones, *The Life and Work of Sigmund Freud*, v. 3, p. 447-448.
7   E. Pappenheim, entrevista com a autora, 2 nov. 1995.
8   Ibidem.

OS ANOS MAIS GRATIFICANTES: 1923-1932

para os locatários de apartamentos, e os psicanalistas americanos eram obviamente ricos[9]. Mas, em geral, a formação de todos os analistas pressupunha honorários insignificantes ou inexistentes, de modo que a análise gratuita e o tratamento gratuito eram dois lados da mesma moeda política.

O mesmo podia ser dito acerca de Berlim. No prefácio de Freud ao primeiro relatório anual da policlínica, em 1923, ele escreveu que "as clínicas parecem ser uma necessidade social sobretudo em nossos tempos, quando os estratos intelectuais da população que são em particular propensos à neurose, estão afundando inevitavelmente na pobreza". Defrontando-se com um número crescente de professores desempregados e jovens burgueses, homens e mulheres, em busca de tratamento, os sete membros da equipe da policlínica trabalhavam em tempo integral, em uma combinação diária de 25 a 28 horas em tarefas administrativas – sem contar as horas de tratamento. Em 1923, os membros da Sociedade de Berlim admitiram que o orçamento estimado por Eitingon de aproximadamente 275.000 marcos (US$ 66.100), quase o dobro do ano anterior, seria difícil de cumprir devido à inflação e a uma moeda enfraquecida. Era necessário, como propôs Felix Boehm em janeiro, estabelecer uma regra pela qual os membros dariam uma contribuição regular para um fundo destinado a sustentar a clínica[10]. No mês seguinte, um comitê de seis membros anunciou como a Sociedade poderia (e deveria) financiar a policlínica como um centro de tratamento e de formação psicanalíticos. A contribuição mensal de um psicanalista seria fixada em 4% da receita total do membro oriundo da prática analítica (ou seja, o rendimento de um dia no mês) ou menos para analistas com rendimentos temporariamente reduzidos ou com despesas de trabalho aumentadas. O dinheiro seria cobrado na segunda reunião a cada mês e a arrecadação supervisionada por um comitê de três membros. Os membros estrangeiros pagariam a metade, trimestralmente[11]. Chegavam doações ocasionais de

9 A Sociedade Psicanalítica de Nova York recém havia redigido uma minuta de sua proposta para a Clínica Psicanalítica de Nova York, e concordara em solicitar autorização do Estado. A licença foi negada pelo Conselho de Organizações Beneficentes de Nova York.

10 Report of the Berlin Psycho-Analytical Society, *International Journal of Psychoanalysis*, v. 4, p. 510.

11 Ibidem, p. 511.

1923 • ESSA AJUDA DEVERIA ESTAR DISPONÍVEL PARA A GRANDE MULTIDÃO 155

amigos e simpatizantes. "Nossa policlínica recebeu da *Fräulein* van der Linden, que está aqui com Ophuijsen, a doação de 100 florins, que equivalem agora a 330.000 marcos, o que é útil mesmo nos tempos atuais", escreveu Abraham a Freud[12]. O dinheiro seria usado para aumentar o número de consultórios e reformar as antigas dependências em salas de aula para o instituto. Enquanto isso, o programa de palestras públicas e artigos introdutórios da policlínica florescia e tinha a dupla vantagem de divulgar a clínica e de angariar fundos. Os primeiros cursos foram ministrados na elegante sala de conferências da policlínica, repleta de livros. Ali, Sachs e Radó lecionavam e Melanie Klein organizou um curso sobre sexualidade infantil específico para professores de jardim de infância. No final de 1923, as aulas "já não podiam mais ser ministradas nas limitadas acomodações da policlínica", pois o público havia dobrado em número, de quarenta para oitenta ou noventa participantes. Eles se mudaram para uma "sala de aula muito agradável no Zentralinstitut für Erziehung und Unterricht" (Instituto Central de Educação e Ensino) do outro lado da rua da policlínica[13].

Helene Deutsch (figura 20), de visita a Berlim como analista e candidata em fase avançada de formação, descobriu que a cidade reavivara a sua consciência social. Ela escreveu ao marido, o psicanalista Felix Deutsch:

Em algum lugar do mundo há necessidade e fome, em algum lugar se derrama sangue inocente, em algum lugar juntam-se nuvens de ressentimento e protesto [...] Em que medida estão fermentando, o quanto sofrem as pessoas, como as ondas da agitação social são imponentes – isso é história – o indivíduo permanece onde quer.[14]

De todos os analistas do círculo que se reunía na Berggasse, 19, Helene Deutsch havia sido escolhida por Freud para ir a Berlim estudar as inovações clínicas de Karl Abraham. No ano seguinte, ela aproveitaria sua experiência na policlínica para ajudar Hitschmann com o ambulatório e dar início ao programa de educação

---

12 Carta de Abraham a Freud, de 07 jan. 1923, em E. Falzeder (ed.), *The Complete Correspondence of Sigmund Freud and Karl Abraham*, p. 464.
13 Cartas de Abraham a Freud, de 16 out. e 26 nov. 1923, em E. Falzeder (ed.), op. cit., p. 473, 476.
14 P. Roazen, *Helene Deutsch: A Psychoanalyst's Life*, p. 223.

FIG. 20. *Helene Deutsch (Coleções Especiais, Biblioteca A.A. Brill, Sociedade e Instituto Psicanalíticos de Nova York).*

formal em Viena. Como Freud explicou a Abraham, ela iria "criar um novo Comitê de Formação e organizar o ensino de Ψ, seguindo de perto o modelo de Berlim"[15]. Deutsch de fato configurou o Instituto de Viena segundo o de Berlim e o que em outras mãos poderia ter competido com a clínica (a primeira organização) por atenção, nas suas foi um aliado progressista.

O entendimento de Ernst Simmel da política era tal que ele sempre considerava as mulheres iguais aos homens, pares na luta de classes. Por que então deveria uma mulher grávida ser humilhada pelos médicos simplesmente por ser pobre? Em instituições médicas públicas, ele relatava, ela é forçada a "expor o seu momento mais difícil para centenas de estudantes e espectadores distantes". Ele comparava a vulnerabilidade de uma mulher no parto com a do paciente analítico. O paciente deveria ser o único foco de atenção de um único médico, em um aposento, durante uma hora inteira, sem levar em consideração a sua capacidade de pagar. Ademais, a qualidade do tratamento gratuito deveria ser idêntica à qualidade do tratamento particular pago. A ideia de que a confidencialidade do paciente e a classe social andam de mãos dadas não era novidade: pacientes ricos compravam uma forma de privacidade médica da qual os pacientes pobres estavam excluídos. O desafio na policlínica, contudo, não era tanto o de garantir que os pacientes mais pobres recebessem atenção privada, mas que o cuidado individual em si pudesse ser justificado ideologicamente. Em outras palavras, como Simmel argumentaria em *Der Sozialistische Aerzte* (O Médico Socialista), de 1925, o paradigma do paciente individual / médico individual é

---

15 Carta de Freud a Abraham, de 28 nov. 1924, em E. Falzeder (ed.), op. cit., p. 524.

1923 ● ESSA AJUDA DEVERIA ESTAR DISPONÍVEL PARA A GRANDE MULTIDÃO 157

o selo da medicina burguesa. Em contraste, o paradigma da medicina socialista é o grupo (equipes médicas / unidades de pacientes) e é impossível viabilizá-lo sem uma reorganização estrutural de todo o sistema de saúde. Julius Tandler tentava fazer exatamente isso em Viena. Tanto Tandler quanto Simmel compartilhavam um compromisso com a igualdade e ambos criticavam a medicina burguesa, porém Simmel estava preso em uma contradição, pois queria privilégios burgueses para seus pacientes. Ele esperava que a "natureza fundamentalmente igualitária da psicanálise" transformasse esse dilema da prática que, no final, mesmo psicanalistas radicais como R.D. Laing não conseguiram resolver. Simmel insistia em que a equipe clínica não pudesse escolher seus pacientes com base em "considerações éticas ou estéticas". Eitingon relutava diante do risco de personalizar em excesso as relações com o paciente, repreendendo Therese Benedek por saudar e dar a mão aos pacientes (um costume normal de Freud), mas vacilou quando ela respondeu: "Se eu não o fizesse, não seria eu mesma e isso não seria bom para o meu paciente."[16] Os pacientes indigentes, contudo, eram tratados com mais respeito e justiça na policlínica do que em outros lugares, enfatizavam Simmel e Eitingon, pretendendo garantir que esse senso de justiça social governava todas as suas políticas. Eles ficavam chocados quando instituições de ensino mais elegantes, e até mesmo o Charité, filtravam "pacientes que pagavam altos honorários", mas compeliam o "proletariado e os doentes segurados [a] servir de material para a instrução médica"[17].

Para Simmel, palavras como *proletariado, exploração* ou *igualitarismo* estavam carregadas de uma conotação política particular. Dentro de uma sociedade humana presa em uma grande luta de classes, pensava Simmel, a classe "proletária" era oprimida por sua falta de acesso a recursos materiais mantidos pelas classes altas. Ainda mais opressivo, o acesso limitado a recursos não materiais, como a educação e o *insight* pessoal, impedia o desenvolvimento da capacidade rousseauniana natural do indivíduo de se autorregular. Privar os pobres do uso da psicanálise – o verdadeiro instrumento de libertação que os ricos usavam para seu

---

16   J. Fleming, A Tribute to Therese Benedek, arquivos do Instituto de Psicanálise de Chicago, 1977.

17   Prática padrão no século XIX e, muitos alegariam, ainda atualmente.

158 OS ANOS MAIS GRATIFICANTES: 1923-1932

aprimoramento pessoal – era outra dimensão da opressão de classe. Ademais, ao expor insensivelmente a doença humana para o benefício (ainda que um benefício de ensino) de treinar médicos dava aos profissionais médicos intrusivos poder e vantagem injustos sobre o paciente: Simmel denominava isso de "exploração". Para ele, a fim de que as pessoas pobres superassem tal opressão, elas deveriam exercitar sua inteligência inata e desenvolver *insight*. A psicanálise promovia o *insight* (e um *insight* consciente promovia a responsabilidade pessoal), porque eliminava alguns dos obstáculos psicológicos do inconsciente individual. Assim como Freud alegava "que as neuroses ameaçam a saúde pública não menos que a tuberculose", Simmel conjecturava que os serviços públicos de saúde mental, incluindo a psicanálise, compensariam o dano causado aos indivíduos pela opressão social. Convencidos da natureza duplamente "igualitária" da psicanálise, Freud e Simmel tinham fé suficiente em sua teoria para expô-la à prática em sua clínica. Mais tarde, Max Horkheimer, o influente filósofo marxista que dirigiria o Instituto de Pesquisa Social de Frankfurt, durante seu período mais fértil, compreendeu isso muito bem. "A crença de Freud em Simmel como um dos poucos que o entendiam e como um verdadeiro irmão de armas nunca mudou", recordava Horkheimer[18]. Horkheimer supervisionou o surgimento da Teoria Crítica, o trabalho pelo qual a Escola de Frankfurt é mais conhecida, e recrutava sociólogos, filósofos, psicanalistas e críticos culturais talentosos para articular uma crítica da sociedade moderna com fundamento empírico.

Quando Freud elogiava Eitingon por propiciar igualdade de acesso ao tratamento "à grande multidão que é pobre demais para pagar um analista por seu trabalho", ele já havia determinado para si a diferença entre a caridade paternalista e as formas menos estigmatizantes de assistência direta organizada[19]. A assistência nada mais era do que um imperativo humano em 1923, embora a classe média de Viena, professores e cientistas como ele próprio, escritores e artistas e comerciantes, dificilmente fossem um grupo político descontente. E para muitos que não eram qualificados para algum

18 M. Horkheimer, Ernst Simmel and Freudian Philosophy, *International Journal of Psychoanalysis*, v. 29, p. 113.

19 S. Freud, Preface to Max Eitingon's Report on the Berlin Psycho-Analytic Policlinic, SE, v. 19, p. 285.

1923 • ESSA AJUDA DEVERIA ESTAR DISPONÍVEL PARA A GRANDE MULTIDÃO   159

tipo de assistência social dos sociais-democratas, nem haviam se recuperado sozinhos das privações do pós-guerra, a perspectiva de indigência parecia inevitável. Tocou a várias entidades filantrópicas americanas ajudar a classe média vienense. O American Relief Administration (ARA), o Commonwealth Fund e a Fundação Rockefeller, que já subsidiavam programas para as crianças da cidade, fizeram uma campanha de emergência na Áustria. "Estamos alimentando atualmente 13.540 cozinhas de classe média; 3.334 lares de classe média; 675 professores e 3.708 estudantes, ou um total de 21.257", relatou Gardner Richardson de Viena a Barry C. Smith, diretor geral do Commonwealth Fund. "Nenhum membro da classe média comprovadamente desamparado será recusado."[20] No entanto, dos 168.000 pedidos de alimentos recebidos, apenas 36.305 puderam ser atendidos. Antes que mais dinheiro chegasse de Nova York, os funcionários da ARA na Elisabethstrasse, 9 tiveram que recusar inclusive pedidos urgentes de medicamentos e equipamentos médicos, pagamento de aluguel atrasado e passagens de trem para reunir famílias ou enviar parentes doentes aos sanatórios. Smith e Edward Harkness remeteram uma doação especial de US$ 1.000 (cerca de 73 milhões de coroas) para ajuda de emergência, uma quantia de significante poder aquisitivo dentro da Áustria ainda que pouco menos no câmbio em dólares. Os pequenos cheques eram distribuídos pela associação das *Fürsorgerinnen* vienenses e destinados à compra de sapatos, roupa de cama ou para resgatar os bens penhorados pela família. A sra. F., uma típica solicitante de ajuda da classe média, morava no nono distrito de Viena, na Glasergasse, 18. Essa instruída viúva de 55 anos de idade, que não recebia nenhuma pensão, auferia sua única renda de 200.000 coroas ($ 3.00) por mês da sublocação de um quarto do seu apartamento de dois cômodos. Ela recebia dois pacotes de comida se o seu dinheiro tivesse que ser usado para comprar roupas ou utensílios domésticos. Em junho, três distribuições adicionais de dinheiro foram destinadas para a classe média. O Middle Class Relief Department (Departamento de Assistência à Classe Média) do ARA distribuiu US$100 (aproximadamente 7.000.000 coroas) para menos pessoas e em quantidades

20   Carta de G. Richardson a B.C. Smith, 11 dez. 1922, caixa 24, pasta 206, série R.G. Barry Smith 2, subsérie 4, Commonwealth Fund Collection, arquivos da Fundação Rockefeller.

maiores do que as que haviam sido dadas às *Fürsorgerinnen*. Outros US$100 foram destinados à ajuda para a classe média nas províncias austríacas. O refeitório dos professores na Universidade de Innsbruck recebeu US$ 200 para se mudar a outro local e comprar utensílios de cozinha, pratos e talheres[21]. Esse redirecionamento de fundos para as classes médias, aparentemente distante dos pobres e das classes trabalhadoras, na verdade não era tão desconcertante. As políticas econômicas deliberadamente redistributivas dos sociais-democratas atendiam primeiro aos mais vulneráveis. Sua solução para a crise fiscal do pós-guerra, que a longo prazo beneficiou todos os cidadãos vienenses, a curto prazo enfureceu famílias ricas que sentiram que tinham mais a perder. Quando os observadores americanos se queixavam de que "o salário do professor universitário tinha exatamente dobrado entre 1914 e 1920, enquanto o salário do operário aumentara mais de vinte vezes", eles estavam, de fato, corretos. O que eles viam como fonte de aflição, que as "únicas pessoas prósperas em Viena eram da classe trabalhadora", os sociais-democratas viam como validação de sua estratégia econômica[22].

Em 1923, o centro municipal de aconselhamento conjugal de Viena registrou um número recorde de admissões. A instituição do casamento, disse Julius Tandler em seu discurso sobre "Política de Casamento e População", confere às crianças os benefícios da "seleção planejada e a educação no âmbito da segurança legal e material". O bem-estar, portanto, deveria garantir as "condições ideais para a educação", a fim de assegurar que a família continuasse sendo a unidade básica da sociedade[23]. O tom de Tandler era o de um defensor do bem-estar, de postura pró-familiar clássica. Ele falava sobre os benefícios patrocinados pelo Estado como se não fossem originais, uma segurança rotineira. Das três abordagens diferentes que essa assistência poderia assumir ele explicava, a cidade poderia enviar às famílias pagamentos emergenciais em dinheiro ou alojá-las em edifícios do governo ou simplesmente oferecer-lhes uma contínua, embora mínima, renda garantida.

---

21 Ibidem, 4 jun. 1923.
22 History of the Rockefeller Foundation, v. 14, p. 3426-3427, arquivos da Fundação Rockefeller.
23 J. Tandler, Ehe und Bevölkerungspolitik (Vienna, Leipzig, 1924), p. 15, em R. Sieder, Housing Policy, Social Welfare, and Family Life in Red Vienna, *Oral History*, v. 13, n. 2, p. 42.

1923 ● ESSA AJUDA DEVERIA ESTAR DISPONÍVEL PARA A GRANDE MULTIDÃO 161

O efeito importante, independentemente da fórmula real, era proteger as crianças dentro do núcleo de sua família biológica sempre que possível. Como social-democrata, Tandler acreditava que o governo era igualmente responsável pela manutenção das crianças em famílias que funcionavam bem, protegendo-as quando isso não acontecia. A concepção de que uma criança, por si só, possuía o direito social a um ambiente familiar seguro era bastante revolucionária. Os direitos das crianças certamente antecederam o governo da Viena Vermelha, e na década de 1920, as políticas centradas na criança eram debatidas em ambos os lados do Atlântico. Naquele momento, a comunidade de Viena, tal como Tandler a descrevia, reivindicava o direito explícito de intervir na vida de uma família se se julgasse que uma criança corria o risco de sofrer danos significativos. Os cristãos-sociais no Conselho Municipal reagiram com veemência, acusando Tandler de corromper o caráter sagrado da maternidade e afastar as crianças de suas famílias – aproximando-as do socialismo. Em uma disputa evocativa de praticamente todas as controvérsias sobre direitos das crianças, seguiu-se uma batalha de pressupostos ideológicos sobre o papel da família, o propósito do governo e a relação entre ambos. Tandler, é claro, pensava que o sucesso da Viena Vermelha no pós-guerra provara, de uma vez por todas, que o bem-estar simplesmente ajudava as crianças a permanecerem com suas mães e protegia as famílias das oscilações econômicas.

De todas as instituições que fortaleciam e afiançavam a estabilidade das famílias da classe trabalhadora vienense, os *Gemeindebauten*, literalmente "edifícios comunitários", simbolizavam durabilidade, eficiência e companheirismo. A construção de múltiplas unidades de habitação dentro da cidade, de muitos andares, havia sido sancionada por Karl Seitz, o novo prefeito de Viena. Como parte de um novo paradigma cultural que valorizava as necessidades econômicas e estéticas da população urbana, o Partido Social-Democrata transformou a cidade em um laboratório para a nova arquitetura. Adolf Loos havia abandonado o projeto em 1922, terminando efetivamente a construção de casas geminadas ajardinadas. Um retorno à habitação unifamiliar individualizada não era socialmente viável nem fiscalmente vantajoso. Os aumentos de impostos haviam tornado a especulação imobiliária menos atraente para os investidores privados. Em vez disso, o governo

OS ANOS MAIS GRATIFICANTES: 1923-1932

respondeu ao agravamento da falta de moradias com um dos programas urbanos mais extensos na história da construção de moradias municipais. Um novo edifício como o Fuchsenfeldhof acomodava 212 apartamentos, uma grande loja cooperativa e várias lojas menores, uma creche, uma lavanderia central a vapor, e banheiros comunitários localizados no interior de um grande pátio fechado. Mais uma vez a equipe de Hugo Breitner, Robert Danneberg, e Julius Tandler foi encarregada de supervisionar a administração bancária, legal e socio-médica do programa municipal de construção. Breitner reintroduziu o imposto sobre a construção em fevereiro, aplicado aos grandes proprietários de terras e de negócios e a locatários de apartamentos caros (apenas 0,5% das habitações disponíveis) e levantou quase a metade dos fundos necessários[24]. Mais de quatro mil moradias haviam sido construídas desde 1919. A decisão de fevereiro do Conselho da cidade, de edificar mais mil moradias naquele ano, foi em breve seguida pelo trabalho de construção de outras 25 mil unidades, tão funcionais e esteticamente progressistas como o primeiro grupo. Segundo o programa, deveriam ser construídos cinco mil apartamentos anuais durante os cinco anos seguintes. O controle dos aluguéis mantinha os pagamentos mensais em cerca de 3,5% da renda dos locatários, incluindo serviços públicos. A partir de 1923, o programa de construção foi gerido conjuntamente pelos Departamentos de Obras Públicas, de Habitação Pública e de Saúde e Bem-Estar Públicos da cidade, que também planejou a localização de instalações para os cuidados com a saúde, como os centros de vacinação contra doenças venéreas, creches (figura 21), clínicas, bibliotecas e outros serviços para crianças e famílias em cada bloco habitacional.

"Ar e luz solar para nossos filhos [...] Contemplei Seitz como se estivesse contemplando Deus, e ele dizia aquelas palavras de pé, diante de mim. Ele fez com que aqueles apartamentos do Conselho parecessem tão bons que eu só conseguia pensar, meu Deus, como gostaria de tem um", lembrou *Frau* Anna Müller, uma inquilina dos *Gemeindebauten* com seu marido, um trabalhador de metais e seu filho pequeno. O discurso eleitoral do prefeito não era apenas propaganda[25]. Os apartamentos padronizados eram em

24 R. Sieder, op. cit., p. 36.
25 Anna Müller, entrevista n. 18, em R. Sieder, op. cit., p. 38.

FIG. 21. *Creche comunitária, Viena (foto da autora).*

geral pequenos, pouco mais de 37 m², incluindo um banheiro privado, ou 46 m² com um dormitório extra. Ao contrário do típico apartamento escuro e estreito do pré-guerra, essas pequenas e iluminadas moradias tinham amplas janelas que permitiam luz solar direta, ventilação adequada, eletricidade, gás e água corrente. Cozinhas integradas, cuidadosamente pesquisadas e projetadas por Margarete Lihotzky, que mediam precisamente 193 cm por 216 cm, incluindo pia e balcão, para máxima economia de passos e movimentos. Lihotzky, uma arquiteta austríaca que havia colaborado com Adolf Loos de 1921 a 1925, projetou a famosa Cozinha de Frankfurt, notável por seu funcionalismo e atração estética. "Estudos intensivos", escreveria ela mais tarde sobre sua parceria com Loos e com o cientista social Otto Neurath, "em particular dos dias de trabalho, nos levaram a concluir que a cada tarefa correspondia uma instalação de um determinado tipo que seria a melhor, a mais simples e a menos cansativa."[26] Quando Lihotzky e Joseph Frank se uniram aos designers da Wiener Werkstätte, como Joseph Hoffman, a fim de criar um mobiliário acessível e esteticamente funcional, eles pretendiam ser tão práticos e radicalmente diferentes dos estofados tradicionais vienenses como os *Gemeindebauten* eram com relação ao palácio de Schönbrunn[27]. Baixos aluguéis e proteção contra o despejo reforçavam a vida familiar e estabilizaram a população da cidade. Um sistema de pontuação avaliava o direito à habitação, de modo que jovens casais com filhos, especialmente trabalhadores que tinham vivido em edifícios superlotados ou com pais ou sogros, tinham prioridade na lista de

26 M. Schütte-Lihotzky, Vienne-Francfort, *Austriaca*, n. 12, p. 129.
27 E. Blau, *The Architecture of Red Vienna*, p. 189.

espera para novas moradias. Dado que as amplas instalações comunitárias aliviavam as mulheres do triplo ônus do trabalho, dos serviços domésticos e da creche, as feministas dentro do Partido Social-Democrata se aliaram a Otto Bauer em seu apoio ideológico aos edifícios de apartamentos. Essa taylorização racionalizada em tempo-e-movimento do trabalho doméstico pode ser criticada como uma mera redomesticação da dona de casa austríaca, porém os planejadores sociais-democratas como Lihotzky argumentavam em contrário, que essa coordenação reduzia o tédio do trabalho doméstico, deixava às mulheres mais tempo livre para a atividade política, sendo, pois, libertadora. Outras críticas à centralização urbana promovida pela elite trabalhista governante sugerem que a habitação planejada enfraquecia a motivação política e contribuía para um aburguesamento plácido, quando as classes trabalhadoras, os funcionários de colarinho branco de baixo nível e os operários vivem todos nos mesmos edifícios de apartamentos e compartilham abundantes instalações comunitárias. No entanto, a reacomodação de pelo menos 10% da população do pós-guerra, já esgotada por doença, pobreza e em risco de colapso econômico, superou a fidelidade às ideias políticas. À posição social mais elevada da classe trabalhadora vienense se acrescentaram uma autossuficiência econômica, um novo nível de respeitabilidade e, como Breitner e Tandler pretendiam, uma economia novamente estimulada.

1924

"A honra provém do Partido Social-Democrata"

Em 1924, cada vez menos cidadãos da Viena Vermelha acreditavam que a psicanálise fosse uma ciência arcana ou uma enteada dependente da medicina psiquiátrica. Depois da guerra, o interesse do público pela psicanálise "na verdade se propagou mais rápido que a corporação conservadora, a profissão médica", escreveu Paul Federn, e os pacientes pediam informações psicanalíticas, encaminhamentos e conselhos de seus próprios médicos em todas as áreas de especialização[1]. A tarefa de assegurar uma popularidade ainda maior da psicanálise recaiu, no entanto, sobre Siegfried Bernfeld, que organizou um Propaganda-Komitee (comitê de propaganda) para esse fim. "Sua fascinante personalidade, seu senso comum aguçado e seus poderes de oratória", escreveu Freud a Jones sobre Bernfeld, estavam feitos para uma liderança particularmente imaginativa de um grupo da sociedade vienense que precisava de muito pouco para montar uma campanha pública criativa na cidade[2]. Eles patrocinavam palestras em centros culturais como o Ärzte-Kurse, um programa de educação continuada

---

1   E. Federn et al., *Thirty-Five Years with Freud*, *Journal of the History of the Behavioral Sciences*, v. 8, Special Monograph Supplements 1, p. 24-25.

2   Carta de Freud a Jones, n. 469, de 13 dez. 1925, em R. Andrew Paskauskas (ed.), *The Complete Correspondence of Sigmund Freud and Ernest Jones*, p. 586.

para médicos, a Internationale Hochschulkurse (escola de estudos internacionais) da universidade e a Sociedade Acadêmica de Psicologia Médica. Havia também cursos na Sociedade Médica Americana de Viena, o *Volksbildungshaus* "Urania" (um projeto educativo popular), o *Volkshochschulen* (cursos de educação para adultos) e uma série de associações para a educação das mulheres e dos trabalhadores. Felix Deutsch, Josef Karl e Paul Schilder lecionavam na própria universidade. A cada poucos meses, August Aichhorn, então diretor de educação do Departamento Juvenil Estatal, discutia a aplicação da teoria psicanalítica com diretores de várias instituições de cuidados infantis, escolas e clínicas. Esses eventos psicanalíticos eram cobertos com mais frequência pela imprensa, e a ligação pública entre o nome de Freud e os sociais-democratas no governo aumentava com força. Os sociais-democratas vienenses honraram esse vínculo e decidiram recompensar Freud em seu sexagésimo oitavo aniversário com uma homenagem cívica de alto nível, conferindo-lhe o título de Cidadão de Viena[3].

A distinção especial que os líderes municipais ofereceram a Freud tinha a ver com o Partido Social-Democrata – especificamente com a complementaridade entre a psicanálise e a ideologia de governo do partido. Freud ficou bastante satisfeito. "Esse reconhecimento provém dos sociais-democratas que agora dominam o Conselho Municipal", escreveu ele a Abraham no início de maio de 1924[4]. "Fui informado que ao meio-dia do dia seis", continuou, "o professor Tandler, representando o burgomestre, e o dr. Friedjung, pediatra e membro do Conselho, que é um dos nossos, me farão uma visita solene." Freud foi agraciado com o *status* de *Bürger der Stadt Wien* (cidadão honorário da cidade de Viena) por ocasião do seu aniversário. Seu amigo Josef Friedjung, em sua capacidade dupla de membro da Sociedade Psicanalítica de Viena e de conselheiro distrital socialista, especializado no bem-estar infantil, juntou-se a Julius Tandler, Karl Richter e ao prefeito na cerimônia. Além de uma felicitação formal sobre "a excelência de sua contribuição à ciência médica", os políticos elogiaram os

---

3   Em uma explicação sucinta da evasiva de Ernest Jones acerca desse acontecimento na sua biografia de Freud, Federn disse que Jones "prestava pouca atenção ao clima político e social de Viena e, posto que ele mesmo era politicamente um conservador, pouco se importava com os sociais-democratas".

4   Carta de Freud a Abraham, de 04 maio 1924, em E. Falzeder (ed.), *The Complete Correspondence of Sigmund Freud and Karl Abraham*, p. 381.

1924 • A HONRA PROVÉM DO PARTIDO SOCIAL-DEMOCRATA   167

esforços humanitários de Freud e sua capacidade de direcionar os benfeitores estrangeiros para as causas sociais de Viena, especialmente aquelas relativas às crianças indigentes. Pelo menos dessa vez, a recompensa foi resultado de idealismo autêntico. "A honra provém do Partido Social-Democrata", escreveu ele ao filho Oliver, assim como fizera com Abraham, porém acrescentou nessa carta que "o *Jornal do Trabalhador* está me homenagendo em um belo artigo"[5]. Na verdade, o artigo no *Arbeiter-Zeitung* era mais lisonjeiro ainda. O jornal social-democrata escreveu: "Cabe a nós, socialistas, dever e gratidão especiais pelos novos rumos que ele abriu para a educação das crianças e das massas."[6] Na verdade, Freud estava taciturnamente preocupado com a ideia de que aquele sexagésimo oitavo aniversário fosse o último, e os elogios recentes tinham um caráter recorrente – talvez, ele escreveu, o governo da cidade apressou a homenagem sabendo que esse seria seu último aniversário. Não obstante, Freud gostava do seu relacionamento com a administração do bem-estar social da Viena Vermelha. Para sermos mais precisos, durante os últimos seis anos Otto Bauer havia supervisionado a reconstrução da cidade e Freud sentia-se honrado por sua contribuição aos novos sistemas educacionais e psicológicos. Em 1930, quando a mesma medalha seria concedida a Alfred Adler, cuja psicologia individual era apoiada pelos dirigentes do Partido Social-Democrata, como Carl Furtmueller, o papel desempenhado pela psicanálise na comunidade expandiu-se ainda mais.

A psicanálise se tornara tão popular em Viena que os políticos do Rathaus entregaram um canteiro de obras local de propriedade da cidade, situado na parte baixa da Berggasse, a rua em que Freud morava, para abrigar esforços psicanalíticos futuros. O novo edifício no número 7, próximo da Escola de Medicina e do transporte urbano, reuniria a Sociedade, o Ambulatorium e o Instituto de Formação sob o mesmo teto. Mas o futuro edifício vinha desacompanhado de fundos para construção, e os planos para um estabelecimento psicanalítico centralizado foram

5   Carta de Freud a Oliver e Henny Freud, de 07 mai. 1924, Sigmund Freud Papers, Collections of the Manuscript Division, U.S. Library of Congress; ver também E. Falzeder et al. (eds.), *The Correspondence of Sigmund Freud and Sándor Ferenczi*, v. 3, p. 152, nota 1.
6   E. Federn et al., op. cit., p. 26.

postos de lado pelo menos até 1936. Nesse meio tempo, a questão espinhosa das análises leigas vinha à tona reiteradamente. Julius Wagner-Jauregg havia reunido de novo a conservadora Sociedade dos Médicos para examinar as credenciais de Theodor Reik, que praticava a análise por força de sua bolsa de estudos acadêmica e da formação psicanalítica com Freud. O desafio arrastaria Freud para uma briga política no ano seguinte, levando-o a escrever *Die Frage der Laienanalyse* (A Questão da Análise Leiga) em 1927. Mais genericamente, contudo, à medida que os programas da Viena Vermelha prosperaram nos oito anos seguintes e foram se estabilizando, os psicanalistas desempenharam as múltiplas funções clínicas e educacionais do ambulatório com surpreendente equanimidade, tendo em conta a situação política.

Wilhelm Reich, naquele momento diretor assistente do ambulatório, considerava seu trabalho com os pacientes mutuamente gratificante. A clínica permitia a Reich promover seus interesses sociais, tratando dos problemas emocionais dos pobres e de grupos desfavorecidos como trabalhadores, agricultores, estudantes e outros que recebiam salários muito baixos para pagar por um tratamento privado. Como analista, ele introduziu no ambulatório um cunho político. Ele estava convencido de que "pobreza material e falta de oportunidades exacerbavam o sofrimento emocional e os sintomas neuróticos de pessoas pobres"[7]. Uma vez que os distúrbios sexuais, a educação das crianças e os problemas familiares eram inseparáveis do contexto mais amplo de opressão econômica, Reich acabaria ampliando o escopo da psicanálise adicionando clínicas de aconselhamento sexual gratuitas aos esforços de difusão já em andamento[8]. No ambulatório, porém, Reich deliberadamente procurava tratar pacientes difíceis que haviam sido diagnosticados como "psicopatas", ainda que fossem considerados moralmente maus e não "doentes". Com frequência antissociais, eles manifestavam tendências destrutivas (com relação a si mesmos ou aos outros), sob forma de criminalidade, vícios, explosões violentas de raiva ou tentativas de suicídio.

---

7   W. Reich, Politicizing the Sexual Problem of Youth (1932), em L. Baxandall (ed.), *Sex-Pol: Essays 1929-1934*.

8   Idem, This Is Politics! (1937), em M.B. Higgins; P. Schmitz (eds. e trads.), *People in Trouble*, v. 2.

1924 ● A HONRA PROVÉM DO PARTIDO SOCIAL-DEMOCRATA

Reich acreditava que psicanálise iria libertá-los da raiva e permitir que uma motivação mais socialmente produtiva, ou uma energia, emergisse naturalmente.

Com apenas 22 anos de idade e recém graduado na Escola de Medicina, Wilhelm Reich assumiu a posição de primeiro assistente de Eduard Hitschmann no ambulatório em 1924. Nos seis anos seguintes, os dois homens, em muitos aspectos de caráter oposto, trabalhariam juntos como codiretores da clínica. Ao que parece, Reich tinha o privilégio de fazer visitas ilimitadas a Freud que, perplexo, observava o cavalo-de-batalha de Reich, sua obstinada convicção de que a neurose, seja individual ou social, está enraizada na sexualidade[9]. No entanto, ele era genuinamente bem visto pelos analistas e em especial apreciado por seu modo imaginativo e carismático de dirigir o Seminário Técnico. Reich realizava essas reuniões semanalmente, no início no ambulatório e, de 1925 a 1930, quando se mudou para Berlim, no Instituto da Sociedade Psicanalítica de Viena[10]. As primeiras comunicações de Reich apresentadas no seminário, nas quais ele persistia em seus primeiros esboços teóricos de uma nova terapia baseada na estrutura do caráter individual, surpreenderam não só pelo conteúdo, mas também por sua estrutura. Ele dizia que a psicanálise deveria se basear em um exame cuidadoso de seletos traços inconscientes de caráter, mais tarde chamados de defesas do ego, que impedem a aceitação do indivíduo do seu eu natural na sociedade. Else Pappenheim, mais amiga de Annie Reich do que de Wilhelm, lembrava-se da posterior fama do "seu livro sobre a análise do caráter, que todos nós liamos. Fazia parte do currículo. Ele era muito respeitado em Viena na época"[11]. Reich reivindicava uma nova abordagem para a análise do caráter individual. No devido tempo, ele concebeu o formato das apresentações detalhadas de casos individuais, formato esse que ainda persiste como o método padrão para resumir sistematicamente e discutir questões terapêuticas em contextos clínicos. Embora tenham remanescido meras 27 páginas das atas manuscritas durante os relatórios de casos do seminário, a vívida troca de ideias entre os analistas e suas críticas imaginativas deixam

9 I.O. Reich, *Wilhelm Reich: A Personal Biography*, p. 13.
10 G. Bibring [Bibring-Lehner], Seminar for the Discussion of Therapeutic Technique, *International Journal of Psychoanalysis*, v. 13, p. 259.
11 E. Pappenheim, entrevista à autora.

claro a razão de essas sessões terem sido uma das atividades mais valiosas da Sociedade[12]. Os analistas se reuniam na sala de conferências desprovidas de janelas do ambulatório e, pelo menos nas discussões de 9 de janeiro, 6 de fevereiro, 5 de março, 7 de maio e 1º de outubro de 1924, apoiaram um os esforços do outro para tratar todos aqueles que haviam solicitado tratamento clínico – sem considerar os honorários. Quando Reich entrava na sala de conferências depois de um dia inteiro na clínica, sua aparente juventude se desvanecia. Ele irradiava uma energia eletrizante toda própria; seus olhos fundos, o cabelo ondulado e a testa alta do intelectual alemão rebelde, mal comedidos pelos maneirismos militares de um oficial do exército prussiano. Sob sua liderança, os analistas desenvolveriam não só protocolos clínicos inovadores, mas também atenderiam aos aspectos mais mundanos da administração de uma clínica. Eles formalizaram a equipe, os registros e os requisitos estatísticos da clínica tanto para uso interno quanto para escrutínio público. Como uma Sociedade filial, os vienenses enviariam esses relatórios para que a IPA os publicasse e distribuísse.

Os relatórios das atividades das Sociedades afiliadas da IPA, publicados pelo *Zeitschrift*, passaram a ser publicados, a partir de 1920, pelo *International Journal of Psychoanalysis* (*IJP*). Grupos locais em todo o mundo encaminhavam aos editores do *IJP* as atas de suas reuniões científicas e administrativas. Os relatórios mais completos vinham de Berlim, onde os talentos administrativos combinados de Eitingon e Fenichel produziram um conjunto invejável de tabelas estatísticas detalhadas. Não querendo vir em segundo lugar, porém cético quanto ao efeito desumanizador desse sistema, Reich sugeriu um modelo alternativo para o resumo das estatísticas do ambulatório. Os relatórios de Viena, ele dizia, não retratariam apenas os trabalhos do passado e do presente. Em vez disso, seriam retratos narrativos intercalados com números, descrições diagnósticas e anotações dos casos de pacientes que haviam tido alta. Reich e Jokl organizariam estudos de acompanhamento e convocariam antigos pacientes, reestabelecendo o contato com eles, conforme necessário. Uma redação cuidadosa dos planos de tratamento (por exemplo, designar que um analisando estava "livre de sintoma" em vez de "curado") constituía um exercício

---

12 H. Lobner, Discussions on Therapeutic Technique in the Vienna Psycho-Analytic Society (1923–1924), *Sigmund Freud House Bulletin* , v. 2, n. 2, p. 30.

1924 • A HONRA PROVÉM DO PARTIDO SOCIAL-DEMOCRATA   171

crítico de relações públicas, sobretudo dado o imperativo de confidencialidade e a relação do ambulatório com os serviços sociais públicos. Os pacientes potenciais deveriam se sentir bem-vindos e os antigos pacientes, que haviam interrompido ou terminado sua análise prematuramente (ou para quem havia sido planejada uma análise fracionada) deveriam se sentir confortáveis o suficiente para retomar o tratamento.

As crenças de Reich não eram incomuns entre os psicanalistas da época. A clínica na Pelikangasse, 18 tampouco era o único ambulatório psicanalítico. O que Hitschmann chamava de "concorrência não autorizada" vinha em geral de clínicas formadas pelos habituais rivais e ex-seguidores de Freud como Alfred Adler e Wilhelm Stekel, um pacifista que havia abandonado o círculo de Freud antes mesmo da guerra. Um exemplo característico foi o anúncio de 24 de outubro publicado em um jornal vienense local, o *Wiener Sonn-und Montags-Zeitung* (Jornal Vienense de Domingo e Segunda-Feira), bem acima da seção de meteorologia.

A Sociedade de Médicos Analíticos Independentes, sob a liderança dos drs. Anton Mikreigler, Wilhelm Stekel e Fritz Wittels, abriu uma clínica ambulatorial para tornar possível o tratamento analítico dos pobres e necessitados. Procure-nos em relação a: distúrbios sexuais, dos nervos, epilepsia e transtornos do espírito. Aberta de terça a sexta-feiras, das 18h00 às 19h00, 8º distrito, Langegasse, 72.[13]

Frente a uma aparente investida de novas práticas psicológicas nas clínicas da cidade, alguns entrincheirados membros mais velhos da Faculdade de Medicina no Allgemeines Krankenhaus, no quinto distrito de Viena, tentaram retaliar. Dessa vez, ao contrário de seus esforços anteriores para bloquear o acesso ao ambulatório por motivos profissionais, eles se concentraram sobre o "problema" causado pelo grande número de estudantes estrangeiros na universidade. "Os velhos professores não foram mudados pela guerra e [são] ainda ditadores, não abertos à nova psicologia", escreveu o dr. Eversole a Richard Pearce, da Fundação Rockefeller, "enquanto um corpo docente mais jovem está fazendo um imenso

---

13 Recorte de periódico sem catalogação, Archiv des Psychoanalytischen Ambulatoriums Wien, arquivos do Freud Museum, Londres.

e estimulante trabalho."[14] Ao que parece, esses "velhos professores" estavam cobrando honorários muito altos dos estrangeiros, em parte simplesmente para garantir a sobrevivência financeira de seus departamentos (Freud havia feito o mesmo). Muitos, porém, não compreendiam a natureza do progresso médico e, ao impingir as regras da prática tradicional, impediam a expansão de novas ideias na medicina austríaca. Do ponto de vista americano de Eversole, a Fundação deveria conceder bolsas de estudo aos jovens médicos austríacos que estudavam no exterior. Segundo Grete Lehner Bibring, amiga de Reich da Escola de Medicina, que recém terminara sua residência, a psiquiatria e a neurologia tradicionais da clínica de Wagner-Jauregg ainda eram pedagogicamente valiosas. O enfoque de tratamento orgânico-biológico de Jauregg era com frequência útil como um complemento à prática psicanalítica, afirmava Bibring, porém seu conservadorismo acadêmico era angustiante. E Helene Deutsch (que havia completado ali sua rotação médica durante a guerra) advertiu que tratar homens e mulheres analfabetos daquela maneira resultava somente em sua submissão cega. Deutsch queria trabalhar com "os pacientes sem esperança, aqueles que haviam trancado dentro de si toda a sua vida emocional, incapazes de dar amor ou de aceitá-lo". Ela lembrava como "eles jaziam em suas camas, imóveis e mudos, como se estivessem mortos, até que depois de um período de "observação" eram julgados pouco promissores para posterior pesquisa, recebiam o sinistro diagnóstico de 'estupor' e eram enviados a instituições para incuráveis". Os colegas de Deutsch, mais velhos e tradicionais – e todos eles homens – estavam convencidos de que ela estava perdendo tempo. Deutsch, contudo, perseverou e aprendeu "que se pode penetrar a parede mais espessa do narcisismo mórbido caso se disponha de um forte desejo de ajudar e da correspondente capacidade de afeto"[15]. A mensagem não passou despercebida à imprensa vienense e, em pouco tempo, histórias sobre o sofrimento humano e a ajuda psicanalítica começaram a aparecer nos jornais populares locais.

---

14 Carta de Eversole a Pearce, Conditions in Austria, de 09 jul. 1924, série 705, subsérie A, RG 1.1, arquivos da Fundação Rockefeller.

15 H. Deutsch, *Confrontations with Myself*, p. 111-112.

1924 • A HONRA PROVÉM DO PARTIDO SOCIAL-DEMOCRATA   173

Entre os mais ousados desses periódicos, um dos mais abertos à psicanálise era uma revista de notícias vienense chamada *Bettauers Wochenschrift* (O Semanário de Bettauer). Em meados de 1923, o *Wochenschrift* publicou uma série de artigos imbuídos de entusiasmo sobre os benefícios da psicanálise que a clínica oferecia. "A publicidade espontânea da terapia psicanalítica", recordava-se Richard Sterba, "trouxe um fluxo de pacientes ao ambulatório."[16] Sterba pode ter subestimado o impacto da revista, já que mais de 350 homens e mulheres se inscreveram apenas em 1924. Os romances, as peças teatrais e os periódicos de Hugo Bettauer como *Er und Sie: Zeitschrift für Lebenskultur und Erotik* (Ele e Ela: Uma Revista Sobre Estilo de Vida e Erotismo), o *Wochenschrift* (Semanário) e o *Der Bettauer Almanach für 1925* (Almanaque), que popularizavam a psicanálise, enviaram mais pessoas ao ambulatório em busca de ajuda do que os terapeutas tinham tempo para tratar. Esses periódicos de ampla distribuição discutiam a sexualidade de forma aberta, reivindicavam a emancipação sexual irrestrita e recomendavam a psicoterapia psicanalítica para pessoas com dificuldades sexuais. Referências a Havelock Ellis, Magnus Hirschfeld, Wilhelm Stekel e, claro, a Freud eram habituais nos artigos do *Er und Sie*. Os jornalistas optaram por comentar cinco temas morais centrais, os mesmos escolhidos por Wilhelm Reich: a hipocrisia do Estado, os direitos dos homossexuais e o direito ao aborto, um padrão duplo para as mulheres, a falta de moradia e a distinção entre sexualidade natural e pornográfica. Em novembro de 1924, a nova coluna de cartas dos leitores, "Probleme des Lebens" (Problemas da Vida) deu aos jovens, às mulheres e aos adolescentes a oportunidade de expressar suas inquietações familiares. Palavras como *pulsão, impulso, sublimação, inconsciente, complexo* e *instinto* logo apareceram na coluna semanal regular escrita por um *Nervenärzte* (psiquiatra), juntamente com sua recomendação direta de procurar ajuda psicanalítica se as palavras descrevessem o estado de ânimo do leitor; leitores preocupados afluíam ao centro de tratamento na Pelikangasse. Esses jornais diários de baixo custo, de doze a dezesseis páginas, mesclavam fofocas, entretenimento e sátira política com colunas sérias sobre educação sexual, contos curtos, anúncios pessoais e um fórum clínico sobre comportamento normal e "anormal".

Solitário: Você tem 29 anos de idade, é inteligente, educado, tem um bom trabalho e anseia por um alguém que compartilhe com você tristezas e alegrias [...] Esse é, sem dúvida, um caso que requer tratamento psicanalítico. Consulte o Ambulatorium psicanalítico, Viena, Nono Distrito, Pelikangasse, 18. Horário de atendimento: das 18h00 às 19h00 horas.[17]

---

16 R. Sterba, *Reminiscences of a Viennese Psychoanalyst*, p. 32.
17 B. Noveck, Hugo Bettauer and the Political Culture of the First Republic, *Contemporary Austrian Studies*, v. 3, p. 145.

OS ANOS MAIS GRATIFICANTES: 1923-1932

Os jornais tendiam a ser claramente feministas: condenavam a opressão das mulheres e apoiavam sua causa em tons firmes e sugestivos do trabalho de Reich. "Pode-se observar diariamente o espetáculo grotesco dos pais que permitem que sua filha trabalhe oito horas por dia em um escritório, mas a impedem de viver sua própria vida. Ela tem que ganhar dinheiro, trabalhar para homens e cuidar de si mesma."[18] Os leitores que iam ao ambulatório para tratamento psicanalítico, embora talvez não fossem sofisticados nem psicologicamente informados, eram fortalecidos pelo apoio ativo de Bettauer, a possibilidade de obter uma melhor vida pessoal e familiar no pós-guerra e, particularmente entre mulheres e jovens, um novo sentido de cidadania.

Enquanto o populista Hugo Bettauer lamentava a hipocrisia sexual e anunciava a psicanálise como libertação da repressão social, o escritor elitista Karl Kraus também criticava as leis sexuais repressivas da burguesia, porém ridicularizava notoriamente a psicanálise ao descrevê-la como "a doença mental da qual ela própria se considera a cura"[19]. Sua célebre revista satírica *Die Fackel* (A Tocha) publicava as próprias críticas independentes de Kraus dos clichês e sensacionalismos da imprensa geral, porém, em uma contradição interna patente, defendia a igualdade entre os sexos, a libertação das mulheres, e geralmente o mesmo programa social de Bettauer. A psicanálise representava uma linha divisória. O que estava em discussão era menos a teoria da psicanálise do que a viabilidade de realmente causar mudança individual e social. Bettauer, que encaminhava de bom grado seus leitores da classe trabalhadora ao ambulatório, via a psicanálise como um serviço genuíno que aliviaria o sofrimento individual de seres humanos depressivos e sobrecarregados e, por conseguinte, melhoraria a vida de toda a sua família e o sistema social. Kraus, por admissão própria, desprezava a ideia de mudança individual, mas não conseguiu entender o efeito democratizante da transformação pessoal no contexto social e econômico mais amplo. Assim, ele acusava Freud de culpar as vítimas por sua própria situação aflitiva, enquanto Bettauer elogiava Freud pelo inverso, por aliviar o indivíduo da autoculpa. A discordância entre eles simboliza a discussão entre os partidários e os antagonistas de Freud, ainda

18 Ibidem, p. 147.
19 K. Kraus, *Half-Truths and One and a Half Truths*, p. 77.

em voga nos dias de hoje. Quaisquer que fossem os confrontos intelectuais que inflamavam o *café society* de Viena, na década de 1920 os psicanalistas acreditavam na tarefa de ajudar trabalhadores, estudantes, criadas e mordomos, oficiais do exército e desempregados a lidar com a miséria pessoal.

Alguns dos relatos são incrivelmente tristes. Uma jovem anoréxica de dezesseis anos está apaixonada. Sua perda de apetite é total, e ela perde peso com uma rapidez que resseca e provoca queda de cabelo. O ambulatório deveria providenciar análise individual ou tratá-la junto com o namorado? August Aichhorn era conhecido por intervir ativamente nessas situações com adolescentes no seu grupo terapêutico em St. Andrä. A gravidade da condição da moça parecia uma emergência, então Hitschmann concordou em ver os dois jovens juntos, de acordo com o enfoque de Reich. Contudo – sempre é preciso perguntar: o "aconselhamento de casais" é realmente análise? Outro jovem de dezesseis anos sofre ataques de *Wanderlust* (desejo incontrolável de viajar, de seguir rumo ao desconhecido). Talvez ele "anseie por morrer em um local ensolarado e distante, oposto ao estreito útero" ou talvez esteja fugindo de um lar abusivo. As tendências exibicionistas desse adolescente são realmente sinais de esquizofrenia? Sim, porque o jovem tivera uma sistemática e delirante imagem de seu corpo já aos quatro anos de idade. Ele provavelmente recebera alta cedo demais e teria se beneficiado de uma psicoterapia de longo prazo no ambulatório, pois a análise clássica era, afinal, possível após a puberdade. Cada caso era discutido dessa forma por pelo menos trinta minutos, em reuniões clínicas realizadas a cada duas semanas às 20h30, em uma sala no subsolo, ostensivamente despojada de sua funcionalidade médica, mas que, na verdade, ainda servia de entrada de emergência para pacientes que sofriam ataques cardíacos.

Talvez Hitschmann se assemelhasse a um pastor alemão de cabelos brancos e bigode espesso, mas ele tinha um grande senso de humor que lhe permitia acalmar seus colegas mais pretensiosos[20]. Certa vez, interrompera uma discussão acalorada sobre eritrofobia e esquizofrenia com uma piada: "O analista deve perguntar, ao exalar seu último alento: 'O que vem à sua mente sobre

---

20 E. Pappenheim, entrevista à autora.

isso?'"[21] O gracejo de Hitschmann, registrado nas atas clínicas, do qual Helene Deutsch e outros analistas se lembrariam por muito tempo, trouxe um bem-vindo alívio ao grupo de médicos intensa e austeramente disciplinados. Ele e Reich com certeza ficavam desconcertados pelo uso insensível que Federn fazia do termo *diagnóstico diferencial*, termo descritivo emprestado da psiquiatria acadêmica para explorar como uma série de sintomas pode causar uma única doença. Enquanto Reich era combativo, Hitschmann parodiava o psicanalista distante, científico, mais preocupado com a técnica do que em aliviar a miséria humana.

Reich gostava muito desses debates clínicos. Mesmo na década de 1920, alguns dos colegas de Freud foram tentados a praticar a psicanálise ao longo das linhas de um protocolo idealizado e rigidamente "ortodoxo". Na verdade, a maioria dos analistas, especialmente Freud, fez uso praticamente de quase todas as variações de flexibilidade clínica. A disputa sobre o que constitui uma duração adequada de tratamento ressurgiu em cada clínica e em quase todas as séries de anotações clínicas. Em Berlim, a terapia breve foi finalmente considerada uma técnica curativa oficial chamada de análise "fracionada". Em Viena, os médicos indagavam se "deveriam se esforçar para alcançar sucessos rápidos, a fim de encurtar a duração do tratamento". Federn questionava a sabedoria de liberar pacientes a seu próprio pedido. Mas, afinal das contas, como ninguém nunca estava livre de sintomas, ele concordou com que a interrupção da análise pudesse ser um atalho viável no tratamento do problema. O tratamento demorado era igualmente discutível. Para dar um exemplo, Reich acusou Hoffer de manter um paciente de treze anos de idade em tratamento por demasiado tempo porque se sentia como um principiante a quem fora de repente entregue um caso difícil. O garoto havia sido encaminhado ao ambulatório devido a "problemas educacionais", mas na realidade tinha ridicularizado e insultado os judeus e era membro de uma ala antissemita dos escoteiros, cujo líder chamava a psicanálise de "imundície judaica". Durante a apresentação do caso, Reich instou Hoffer a consultar diretamente Hitschmann, enquanto Federn e Felix Deutsch perguntavam a si próprios, objetiva e imparcialmente, se era o *acting-out* de um

21 H. Lobner, op. cit.

1924 • A HONRA PROVÉM DO PARTIDO SOCIAL-DEMOCRATA

complexo de castração agressivo, sem saber que o jovem era circuncidado. O que emerge dessa longa disputa sobre a imagem do corpo, a repressão sexual e o trauma do nascimento entre quatro homens que eram eles próprios judeus é uma capacidade estranha – talvez ingênua – de se distanciar do perigoso antissemitismo e se concentrar na cura de um menino com problemas escolares. O distanciamento pressupunha, é claro, uma perfeita confiança entre colegas e no sistema ambulatorial que estavam criando.

O sistema de relatórios do ambulatório exigia que os analistas, independentemente de sua posição na hierarquia da clínica, enviassem a Reich resumos escritos semanais. Ele acreditava que relatórios orais resultavam em irrelevâncias e desorganização. Enquanto os relatórios escritos eram cuidadosamente examinados por analistas veteranos, os informes orais, como perspectiva de candidatos em formação menos experientes, eram apresentados uma vez a cada três meses no seminário e pelo menos mensalmente ao supervisor. De qualquer forma, se a distribuição de relatórios escritos colocava a confidencialidade do paciente em dúvida, o caráter pouco discreto dos relatos orais apenas aumentava a probabilidade de causar grandes turbulências. Por conseguinte, foi instituído um registro para identificar os pacientes apenas por números pré-designados. Interrupções de análises, redução ou ampliação do número de sessões e dificuldades clínicas eram documentadas por escrito. Indicações de perigo como sinais suicidas ou homicidas, ou ominosas alucinações auditivas ou visuais, bem como grandes modificações no tratamento, eram relatadas de imediato. Tais regras se faziam necessárias porque pessoas com transtornos mentais de todo tipo estavam em tratamento no ambulatório. Mas com toda essa supervisão e responsabilidade ritualizadas, o que aconteceria com a troca espontânea de ideias, a essência gratificante da interação entre colegas de equipe? Para salvaguardar a natureza científica do seminário, um período para debater questões de técnica foi formalmente reservado para o final de cada apresentação de caso. Sem essas discussões, o ambulatório teria parecido burocrático demais, apenas mais uma das agências de bem-estar social de Tandler.

Ninguém pode dizer agora quantos tipos de pessoas com tendências políticas marginais ou clandestinas eram tratadas no

178   OS ANOS MAIS GRATIFICANTES: 1923-1932

ambulatório, mas os analistas tinham que tomar precauções no tocante a lapsos de confidencialidade em todos os momentos. Mesmo quando o perigo começou a cercar a clínica no início da década de 1930, os analistas mantiveram essa regra. Confidencialidade significava que a tendência política de um paciente era protegida do divã à sala de conferências. É claro que esse nível de confiança era possível porque analisandos e analistas, em grande parte, compartilhavam as mesmas convicções de esquerda. A maioria acreditava, diria Helene Deutsch mais tarde, que a mudança social era inevitável e "o socialismo não era um rótulo [mas] [...] algo perfeitamente respeitável"[22]. Falsificadores de salvo-condutos, espiões industriais provenientes da Rússia, talvez inclusive incipientes nazistas, estavam em tratamento e, portanto, para Grete Bibring ou Richard Sterba, o desejo de um paciente de se afiliar a um partido político não entrava em conflito com sua psicanálise em curso[23]. Sterba havia abandonado seu trabalho no hospital por uma posição semelhante de psiquiatra residente no ambulatório. O novo emprego implicava uma perda de renda, porém Wilhelm Reich sugeriu a possibilidade de que Sterba recebesse honorários de pacientes privados para compensar a redução salarial. Isso se comprovou difícil. Na qualidade de psiquiatra interno, Sterba conduzia cinco análises de pacientes do ambulatório por semana. Ainda assim, ele aproveitou a oportunidade e abriu mão de luxos na emoção de se dedicar à sua vocação. Na desconfortável iluminação das salas de exame da *Herzstation*, Sterba estava livre para adotar uma personalidade única aos profissionais de saúde mental – pai e filho, consolador e consciência, guardião dos segredos sexuais e protetor da inteligência dos sonhos.

Como era previsível, o estresse que lhe causava a relação com o Estado na gestão do ambulatório ofuscava o sentimento de realização pessoal de Hitschmann. Por um lado, ele estava satisfeito que "nossa colaboração sempre tem sido muito harmoniosa e o espírito de humanidade e a conscienciosidade de tratar nossos pacientes pobres sempre foram eminentemente defendidos". Por outro lado, ele se irritava diante da percepção de que o ambulatório

---

22 S. Gifford, Interview with Helene Deutsch, arquivos da Sociedade Psicanalítica de Boston, p. 6.
23 Idem, Interview with Grete Bibring, arquivos da Sociedade Psicanalítica de Boston, p. 16.

1924 ● A HONRA PROVÉM DO PARTIDO SOCIAL-DEMOCRATA 179

estivesse sujeito a diferentes – e possivelmente mais opressivos – tipos de padrões regulatórios e exigências cívicas que a Policlínica de Berlim. Ele era diferente de outras clínicas municipais por aceitar apenas fundos privados por todo o tempo que assumia casos encaminhados pelas agências governamentais[24]. Os analistas vienenses tinham que lidar com uma miríade de casos recebidos das autoridades municipais de bem-estar, dos tribunais, da clínica psiquiátrica de Wagner-Jauregg, de associações de seguro de saúde e do Centro de Aconselhamento Matrimonial. "Aqui em Viena", relatou Hitschmann, "estávamos sujeitos à mais rígida necessidade de aceitar apenas pacientes *comprovadamente desprovidos de recursos*, de modo que por muitos anos eles em nada contribuíram financeiramente para as nossas despesas."

Uma vez que os "salários da equipe médica e os honorários dos médicos que trabalhavam meio período impunham demandas muito pesadas […] além das despesas de manutenção", como Hitschmann relatou, a angariação de fundos não podia mais se limitar a doações espontâneas, porém imprevisíveis. Em discussões sobre a administração da clínica durante as reuniões de organização, como a realizada em 7 de maio de 1924, Hitschmann, Helene Deutsch, Otto Isakower e Dorian Feigenbaum concordaram que os assuntos financeiros do ambulatório tinham que ser sistematizados. Decidiu-se que uma taxa de 4% seria cobrada de todos os membros da Sociedade para ajudar a arcar com os custos do ambulatório, o mesmo que os berlinenses haviam feito em sua própria clínica[25]. Isso aumentou o dinheiro em caixa para pagar salários, alugar o mobiliário e editar as publicações. Em 1924, a estratégia relativa aos recursos financeiros, juntamente com outras entradas ocasionais de dinheiro de analistas entusiastas, havia estabilizado a situação fiscal do ambulatório, finalmente permitindo o custeio dos salários. Membros da Sociedade que haviam decidido não tratar pacientes gratuitamente se viram, de acordo com a regra do "um quinto", contribuindo para pagar os salários de um número crescente de assistentes e estagiários do ambulatório. Reich inclusive começou a solicitar habitualmente pequenos pagamentos mensais de pacientes não indigentes, que poderiam ajudar na administração das despesas. Muitos anos depois, Wilhelm Reich se lembrou

24 E. Pappenheim, Politik und psychoanalyse in Wien vor 1938, *Psyche*, v. 43, n. 2.
25 "4% de taxa", apud H. Lobner, op. cit.

180 OS ANOS MAIS GRATIFICANTES: 1923-1932

de como seus vigorosos empenhos para recolher as taxas de 4% de seus colegas analistas provocaram expressões de prazer por parte de Freud no início dos anos de 1920.

É óbvio que o ambulatório não era mais imune à política interna do que à externa. Durante o VIII Congresso Psicanalítico Internacional realizado em Salzburgo em abril daquele ano, Siegfried Bernfeld pediu a Ferenczi que considerasse a opção de se mudar de Budapeste para Viena e assumir a clínica, posto que Hitschmann era tão do desagrado de seus colegas da Sociedade. A Hitschmann, ele disse, faltava iniciativa pessoal e capacidade para motivar os analistas mais jovens. Freud endossou o convite, oferecendo a Ferenczi sua "total simpatia e o maior interesse" pela transferência, seduzindo-o com elaborados incentivos. "Se eu fosse onipotente", escreveu Freud, "transladaria você sem mais delongas." Freud se ofereceu para encaminhar a Ferenczi todos os seus pacientes estrangeiros, nomeá-lo para substituir Otto Rank como seu sucessor, e inclusive procurar para ele um local de residência[26]. Mas tanto Freud como Bernfeld tiveram de admitir que Hitschmann estava muito envolvido com o ambulatório. Acusações de ineficiência eram dificilmente críveis, pois ele estava, naquele momento, negociando com a esposa de um rico banqueiro aposentado o investimento em um novo edifício para a clínica, no qual haveria também um apartamento para o diretor residente. Freud, por conseguinte, encontrou-se com a sra. Kraus naquele mês de julho e em várias ocasiões ao longo do ano para resolver os detalhes da pretendida clínica, incluindo seu futuro diretor. O projeto de construção, no entanto, nunca deu certo. Conforme Freud escreveu a Abraham, "a perspectiva de ter uma casa para uma clínica ambulatorial evaporou-se. A rica senhora que queria construí-la agora age como se estivesse ofendida e está retrocedendo"[27]. Não obstante os múltiplos incentivos, da honra de ser escolhido e de sua devoção pessoal à causa, Ferenczi finalmente decidiu abrir mão da oferta de Viena, porque um desafio ainda maior – a América – avistava-se no horizonte.

Para Sándor Ferenczi, a ideia de criar um ambulatório psicanalítico na América, "para o qual o dinheiro está supostamente

---

26 Carta de Freud a Ferenczi, n. 963, de 28 maio 1924, em E. Falzeder et al. (eds.), op. cit., v. 3, p. 153. Ver também P. Grosskurth, *The Secret Ring*, p. 158.

27 Carta de Freud a Abraham, de 17 out. 1924, em E. Falzeder (ed.), op. cit., p. 518.

1924 • A HONRA PROVÉM DO PARTIDO SOCIAL-DEMOCRATA 181

disponível [...] por dois a três anos" era irresistível[28]. Além de um crescente número de convites profissionais para ministrar palestras e dar consultas, essa proposta específica veio de Caroline Newton, uma figura controversa em ambos os lados do Atlântico. Ferenczi não aceitou nem recusou, contando primeiro a Freud sobre a oferta como, de fato, Newton havia solicitado[29]. Em Nova York, Newton se encontrava então no epicentro da crescente disputa internacional sobre a exigência de um título de médico credenciado para que pudesse participar de forma legítima do movimento psicanalítico. A discussão sobre a análise leiga refletia num microcosmo as diferenças entre os psicanalistas americanos e os europeus que, embora menos abertamente sanguinários que os Montecchios e os Capuletos, mantinham opiniões intransigentes uns sobre os outros. Para Freud e os europeus, a psicanálise era, acima de tudo, um esforço humanista melhor praticado por candidatos bem analisados, independentemente de suas credenciais acadêmicas. Para Abraham Brill, chefe titular do movimento americano, a psicanálise era uma ciência médica a ser protegida dos intrusos por médicos credenciados pela Associação Médica Americana. Assim, quando Caroline Newton, uma assistente social analisada primeiro por Freud em 1921 e mais recentemente por Rank, tentou abrir um consultório na cidade, a Associação Psicanalítica de Nova York reagiu com indignação, expulsando-a de suas reuniões por violar seus limites médicos privilegiados[30]. O alvoroço resultante levou Brill a promover cláusulas de afiliação ainda mais restritivas para que Newton, já membro da Sociedade vienense, pudesse abrir uma clínica gratuita como o ambulatório em Nova York. Nada poderia ser mais antiamericano do que a combinação de serviço social, análise leiga, formação europeia e provisão para pessoas pobres do tipo de tratamento de saúde mental até então reservado aos ricos. O projeto da clínica fracassou, porém Ferenczi persistiu em seus planos de visitar a América, o que intensificou a predileção de Freud por comentários ultrajantes. "É uma sociedade totalmente desprovida de liberdade, que realmente só conhece a

---

28 Carta de Ferenczi a Freud, n. 962, de 25 maio 1924, em E. Falzeder et al. (eds.), op. cit., v. 3, p. 152.

29 Carta de Ferenczi a Rank, de 25 maio 1924, caixa 3, série 1, subsérie 2, Otto Rank Papers, Universidade Columbia.

30 P. Gay, *Freud: A Life for Our Time*, p. 498-499; Sandór Ferenczi, carta n. 1005, de 15 mar. 1925, ao comitê, nota 6, em E. Falzeder et al. (eds.), op. cit., v. 3, p. 208.

caça ao dólar", escreveu ele em 1921, chamando os Estados Unidos de "Dolaria" e desafiando os americanos a dar início ao tipo de clínicas vistas na Berlim de Weimar ou na Viena Vermelha[31].

Em Berlim, na verdade, a atenção dispensada pela policlínica ao paciente era distinta. Josephine Dellisch, paciente da policlínica, era uma professora desempregada que, como muitos, tinha uma postura ambivalente no que diz respeito à sua análise. Ela realmente carecia do dinheiro para pagar ou sua angústia financeira era uma forma de resistência ao prosseguimento da análise? Suas razões eram "meros pretextos: a escola em crise; sem dinheiro para viver em Berlim & sem amigos para ajudá-la – ela não pode encarar um cargo temporário como governanta nem dar aulas", escreveu Alix Strachey a James, futuro tradutor das obras de Freud para o inglês, em suas cartas enviadas de Berlim. Eitingon simplesmente não permitiria que as finanças se interpusessem entre ela e o tratamento. Ele "disse duas vezes, de modo muito enfático, que o dinheiro 'estava *ali*', restando apenas a questão de como conseguir que aquela lunática o aceitasse"[32]. Em outras palavras, para Eitingon, pessoas como Dellisch tinham direito ao tratamento, independentemente da sua capacidade de pagar. Ele, como Freud e outros sociais-democratas, acreditava que o pagamento e o não pagamento eram problemas clínicos mais significativos para o terapeuta do que para o paciente; a eliminação por completo dos honorários poderia libertar analisandos para explorar e resolver obstáculos no trabalho e na vida pessoal. É claro que, a fim de manter esse nível de neutralidade, a necessidade de angariar fundos para a manutenção da policlínica era interminável. Primeiro, o comitê administrativo verificou como os vienenses equilibravam despesas de aluguel, salários de funcionários e subsídios aos pacientes. Em seguida, decidiu-se buscar doações externas, embora as taxas e as subscrições voluntárias dos membros da Sociedade continuassem em 1924, como em 1923[33]. Os novos membros viam isso de forma bastante clara. O *Mitgliedskarte* (cartão de afiliação; figura 22) renovado de Therese Benedek na Sociedade Psicanalítica

31 Carta de Freud a Ferenczi, n. 863, de 06 fev. 1921, em E. Falzeder et al. (eds.), op. cit., v. 3, p. 46.

32 Carta de Alix a James Strachey, Sábado à Tarde, 06 dez. 1924, em P. Meisel; W. Kendrick (eds.), *Bloomsbury/Freud*, p. 138-139.

33 Report of the Berlin Psycho-Analytical Society, *International Journal of Psychoanalysis*, v. 5, p. 118.

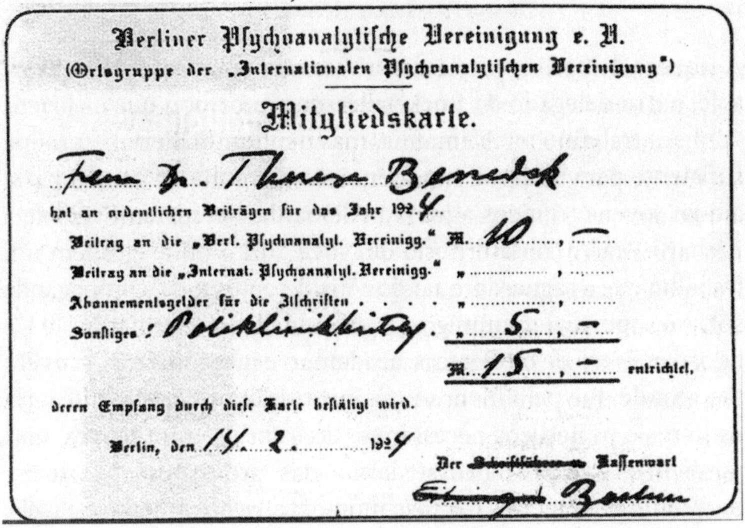
Berliner Psychoanalytische Vereinigung e. V.
(Ortsgruppe der „Internationalen Psychoanalytischen Vereinigung")

Mitgliedskarte.

Frau Dr. Therese Benedek

hat an ordentlichen Beiträgen für das Jahr 1924

Beitrag an die „Berl. Psychoanalyt. Vereinigg." M. 10,—

Beitrag an die „Internat. Psychoanalyt. Vereinigg." „ ...., ...

Abonnementsgelder für die Zeitschriften . . . . . „ ...., ...

Sonstiges: Poliklinikbeitrag. „ 5,—

M. 15,— entrichtet,

deren Empfang durch diese Karte bestätigt wird.

Berlin, den 14. 2. 1924

Der ~~Schriftführer u.~~ Kassenwart

~~Eitingon~~ Boehm

FIG. 22. *O cartão de afiliação de Benedek na Sociedade Psicanalítica de Berlim, no qual consta a taxa adicional para a Policlínica (Thomas Benedek).*

de Berlim de 1924 identifica suas contribuições de maneira muito específica. Além da taxa de dez marcos cobrada por ser ela membro da Sociedade, a secretaria registrou em manuscrito uma taxa de cinco marcos, cobrada estritamente para a policlínica. Como previsível, os cinco marcos dificilmente compensariam os honorários não pagos pelos pacientes da clínica.

A difícil situação financeira e psicológica de Dellisch como professora desempregada era cada vez mais comum na Alemanha em meados da década de 1920. À semelhança dos aflitos segmentos da classe média austríaca, professores universitários empobrecidos na Alemanha atraíram a atenção filantrópica da Fundação Rockefeller. De um estudo confidencial encomendado por Raymond Fosdick, do Laura Spelman Rockefeller Memorial sobre os "trabalhadores intelectuais" do país, depreendeu-se que a situação era menos grave na Áustria. Cerca de duzentos cientistas médicos já estavam recebendo assistência sob forma de estipêndios, literatura científica, animais para experiências e materiais de laboratório. De resto, "não encontro nenhuma situação crítica que exija ação imediata", relatou Guy Stanton Ford de Berlim[34].

34 Carta de Ford a Ruml, de 23 fev. 1924, caixa 52, pasta 558, RG 3.6, LSRM (Laura Spelman Rockefeller Memorial) Collection, arquivos da Fundação Rockefeller.

A riqueza de Berlim em relação a Viena foi notada por H.O. Eversole, outro delegado da Rockefeller, que informou que os jovens "tinham trabalho na Alemanha, mas nenhum material ou roupa suficiente para viajar. É uma sensação estranha de minha parte ajudar jovens técnicos a irem à Alemanha", escreveu Eversole a Richard Pearce, no escritório de Nova York, "onde eles têm um trabalho que os aguarda, quando consideramos toda a propaganda sobre o suposto desemprego e as dificuldades na Alemanha!"[35] De fato, o número de bibliotecas, academias e institutos especiais era tão grande que pelo menos uma instituição provavelmente teria os livros e periódicos necessários. Os salários eram baixos, mas também os preços e o padrão de vida das "profissões intelectuais" pareciam, pelo menos naquele momento, relativamente estáveis.

Para os berlinenses no início de 1924, a prática da psicanálise ainda era vanguardista, um pouco mais culturalmente sofisticada e talvez menos clandestina do que em Viena. Quando "o velho amigo Fenichel apareceu", escreveu Alix Strachey, ele havia "emigrado de Viena já um ou dois anos antes para obter um pouco mais de polimento do seu cérebro. Uma boa ideia"[36]. E Helene Deutsch escreveu ao marido Felix, que em Berlim "não há pânico, nem barricadas, nem fome", não obstante as iminentes eleições e alguns dos aspectos mais duros da vida cotidiana, como a inflação e as ameaças perpétuas de despejo por parte dos proprietários em favor dos americanos[37]. Alix, sempre uma observadora cáustica, porém astuta, concordava em essência com Helene acerca da atmosfera de Berlim. "A maioria das pessoas parece apática" diante do desfile de caminhões envoltos em bandeiras nacionalistas alemãs negras-brancas-vermelhas e dos jovens patriotas, escreveu ela a James, de sua mesa favorita no Café Romanisches[38]. A vida social festiva dos analistas da policlínica se desenrolava nesses cafés e nas salas de concerto, em viagens de fim de semana ao campo, nos cinemas e espetáculos de cabaré e nos apartamentos um do outro. Fenichel, Bornstein e Wilhelm e Annie Reich gostavam de fazer

35 Carta de Eversole a Pearce, Conditions in Austria, de 09 jul. 1924, série 707, subsérie A, RG 1.1, arquivos da Fundação Rockefeller.
36 Carta de Alix a James Strachey, 22 out. 1924, em P. Meisel; W. Kendrick (eds.), op. cit., p. 94.
37 P. Roazen, *Helene Deutsch: A Psychonalyst's Life*, p. 223.
38 Carta de Alix a James Strachey, Domingo, 07 dez. 1924, em P. Meisel; W. Kendrick (eds.), op. cit., p. 141.

1924 • A HONRA PROVÉM DO PARTIDO SOCIAL-DEMOCRATA

piqueniques nos bosques perto do lago Marditzer e de discutir o que estavam fazendo na psicanálise, enquanto Fenichel, que levava consigo uma máquina de escrever portátil, permanecia acomodado entre em seus manuscritos. Junto com Radó e Alexander, eles se reuniam na casa de Melanie Klein ou dos Abrahams para longos saraus. Os Eitingons realizavam encontros para o chá da tarde, organizavam um salão literário e estavam envolvidos em encontros sociais de emigrados culturais da diáspora russa dos anos de 1920[39]. Alix, que não era nada alheia ao refinamento, ficou fascinada com a casa vitoriana de Max e Mirra Eitingon em Grünewald. "Suspeito que o homem tenha bom gosto", escreveu ela a James. "Ou talvez sua esposa. Foi divino inclinar-se para trás e observar fileiras e fileiras de estantes cheias de livros, móveis bem arrumados e tapetes grossos."[40] Em um quente fim de semana de outubro, Simmel levou um grupo a Wurtzburgo para ver os afrescos *trompe l'oeil* de Tiepolo no Palácio Episcopal e beber vinho da região do Meno em um *Ratskeller*[41] local especialmente escolhido. Hans Lampl, Radó, Alexander, Jan van Emden, Josine Müller e Hanns Sachs exploraram a adorável cidade sobre a colina, de casas antigas e um rio serpenteante. Os mesmos amigos desfrutaram da sucessão semanal de danças e bailes em Berlim, a *Feuerreiter*, performances de dança na Akademie der Künste (Academia de Artes) e um ocasional baile à fantasia clandestino – Simmel disfarçou-se certa vez de vigia noturno berlinense – no inverno. Melanie Klein adorava os bailes e sempre usava chapéus maravilhosos. A famosa decadência dourada de Berlim na década de 1920, os cabarés sensuais, as pistas de dança dos travestis, os bares e parques de diversões, cercavam os psicanalistas e os atraíam com facilidade. "Não há nenhuma cidade no mundo tão agitada como Berlim", escreveu o diplomata britânico e biógrafo Harold Nicolson. Casado com Vita Sackville-West, do grupo de Bloomsbury em

---

39 A história da relação da família de Max Eitingon com Naum (ou Leonid) Eitingon (ou Ettingon), um oficial de alto escalão na época de Stálin e responsável por vários assassinatos, inclusive contratando o filho de sua amante para matar Trótski na Cidade do México, é dúbia, se bem que persistente. As evidências históricas não são claras no que concerne ao alegado envolvimento de Max em conspirações políticas, naquela época ou em Israel, depois de 1933.

40 Carta de Alix a James Strachey, Quinta-Feira, 11 dez. 1924, em P. Meisel; W. Kendrick (eds.), op. cit., p. 144.

41 Literalmente, "porão do Conselho". Em países de língua alemã, denota uma taverna localizada no porão da sede da Prefeitura ou próximo dela. (N. da T.)

Londres, Nicolson não era alheio à psicanálise ou à sua invasão na sociedade de vanguarda de Berlim. "Às três horas da madrugada, o povo de Berlim irá acender outro charuto e, revigorado, retomará discussões sobre Proust ou Rilke, ou o novo código penal, ou sobre se a timidez provem do narcisismo."[42]

Sándor Radó e Franz Alexander, *bons vivants* dedicados, acompanhavam ocasionalmente essas discussões enfumaçadas, mas outros analistas da policlínica tais como Ernst Simmel pareciam ter prazer em discutir teoria dia e noite. Simmel estava atraído em especial pelos círculos políticos de esquerda. No instituto, ele se alistou de imediato quando Otto Fenichel convocou a primeira reunião do Seminário de Crianças. Praticamente idêntico em estilo e estrutura ao seminário de sexologia em Viena, esse era um grupo de estudos semiformal que se reunia a cada poucas semanas em casas particulares para explorar temas que não constavam no currículo institucional. Fenichel logo argumentou em favor de um um foco político mais sério e seus amigos, que se juntariam a ele dez anos mais tarde, em um último esforço para defender o marxismo na psicanálise, pareceram concordar. Erich Fromm, Annie e Wilhelm Reich, Edith Jacobson, Francis Deri, Bertha Bornstein, Kate Friedländer, Alexander Mette, Barbara Lantos e outros se reuniram 168 vezes em grupos de 5 a 25 pessoas, de novembro de 1924 até pelo menos 1933[43].

Em 1924, Simmel começara a se interessar cada vez mais pelos empenhos interdisciplinares de um grupo de intelectuais muito original, conhecido desde 1930 como a Escola de Frankfurt, que tinha aberto a sua própria academia em 1923 para explorar a teoria social e psicológica em profundidade e sem transigências. Os membros mais filosóficos (Theodor W. Adorno, Max Horkheimer e Herbert Marcuse) e o crítico cultural Walter Benjamin não se afiliariam aos pesquisadores por pelo menos mais cinco anos. Os psicanalistas, entretanto, liderados por Simmel, já estavam intrigados com os debates acadêmicos da Escola de Frankfurt, que muitas vezes coincidiam com suas próprias abordagens teóricas. Erich Fromm se juntaria à escola junto com Karl

---

42 H. Nicolson, The Charm of Berlin, em A. Kaes; M. Jay; E. Dimendberg, *The Weimar Republic Sourcebook*, p. 425-426.

43 R. Jacoby, *The Repression of Psychoanalysis*, p. 67 ; ver também L.M. Hermanns, Conditions et limites, *Revue internationale d'histoire de la psychanalyse*, n. 1, p. 81.

Landauer, fundador do Instituto Psicanalítico de Frankfurt em 1929. A essa altura, Landauer já havia formado o Grupo de Estudos Psicanalíticos de Frankfurt com Fromm e sua esposa Frieda Fromm-Reichmann, Heinrich Meng e Clara Happel. Assim como os analistas diagnosticavam patologias individuais, os cientistas sociais diagnosticavam as patologias maiores da sociedade ocidental. Enquanto os analistas esquadrinhavam e interpretavam o mundo inconsciente do indivíduo, a Escola de Frankfurt analisava motivações sociopolíticas e desenvolveu a Teoria Crítica, sua própria metodologia dialética marxista. Mais claramente articulada no início da década de 1930 por Max Horkheimer, a Teoria Crítica analisava facetas da cultura e da sociedade industriais, com uma ênfase cultural específica na reciprocidade dos fatores políticos e econômicos. Com seus psicanalistas afiliados criticando Freud e seus filósofos criticando Marx, ambos de esquerda, o grupo de Frankfurt fez uma tentativa de integração teórica das duas concepções do mundo humano, perenemente irreconciliáveis. Essa síntese otimista foi uma das tentativas mais arrojadas da Escola de Frankfurt de romper com a cautela acadêmica tradicional e os clichês intelectuais. Com o tempo, o Ministério da Educação autorizou a construção de uma futura sede que abrigaria o Instituto de Pesquisa Social na avenida Victoria, 17 em Frankfurt. Era um edifício de pedra de cinco andares com pequenas janelas e poucos adornos, arquitetonicamente sóbrio, porém famoso por hospedar Erich Fromm e o Instituto Psicanalítico de Frankfurt. Até ser forçosamente banida pelos nazistas, a Escola de Frankfurt investigou os problemas mais perturbadores da época, além das trivialidades próprias da afiliação partidária, e promoveu um diálogo criticamente rigoroso entre a psicanálise e a teoria marxista.

Dada a oposição anterior em Viena a um programa de formação oficial de qualquer maneira parecido com o da Sociedade de Berlim, quanto menos com a Escola de Frankfurt, Helene Deutsch ficou surpresa ao encontrar uma nova opinião sobre os cursos psicanalíticos quando retornou de Berlim depois de um ano. Deutsch estava satisfeita e mobilizou seus colegas vienenses em torno da ideia de ligar seu programa de formação ao ambulatório. "Acabei sendo uma boa organizadora", ela se recordava a partir de seu trabalho comunitário com mulheres durante sua juventude[44]. Ao mesmo tempo, John Rickman convocou membros da Sociedade britânica para rever seus próprios planos para uma clínica e um programa de formação em Londres. Ao passo que pouco resultou daquela discussão (o projeto da clínica de Londres estava progredindo, embora com lentidão), Deutsch tinha por meta uma inauguração em Viena para o outono de 1924. Ela imaginava um instituto e uma clínica conjuntos, onde o Seminário Técnico atenderia às necessidades dos alunos em formação psicanalítica e os analistas com experiência ministrariam cursos mais avançados. Deutsch obteve êxito e o Instituto de Formação teve início em outubro, com uma única grande diferença do sistema de Berlim: em Viena, a clínica e o instituto estavam legalmente separados. Do ponto de vista estratégico, o que parecia uma concessão às organizações médicas locais e às autoridades do governo foi realmente um triunfo: permitiu que os analistas formassem, por exemplo, educadores que haviam sido excluídos da clínica devido à insistência do governo em manter uma equipe unicamente médica. O instituto viu-se rapidamente inundado de solicitantes de trabalho. Alguns vinham da Alemanha para escapar da "rígida disciplina" de Berlim, apenas para depois recuar por terem subestimado o novo programa em Viena[45]. Foram selecionados quatro candidatos para formação completa que logo se uniram aos oito que tinham finalizado suas análises pessoais e iniciado o trabalho clínico supervisionado por Hitschmann no ambulatório.

44 H. Deutsch, op. cit., p. 91.
45 Ver os comentários de Deutsch em seu relatório, *Journal of Psychoanalysis*, v. 7, p. 138-139.

1925

"Uma calorosa simpatia pelo destino desses desafortunados"

"Suponho que, a longo prazo, o sucesso da clínica significaria um encorajamento geral da Ψ", escreveu James Strachey de Londres à sua esposa Alix, ainda em Berlim, "e com o tempo acabaria por nos beneficiar pessoalmente."[1] John Rickman anunciou na reunião geral da IPA em 1925 que a Sociedade britânica havia fundado seu instituto, organizado uma série de palestras, montado uma pequena biblioteca psicanalítica e esperava em breve abrir uma clínica para pacientes externos[2]. Qualquer analista londrino interessado em contribuir para o empenho da criação de um ambulatório era solicitado a entrar em contato com o recém-formado Comitê Clínico. Em janeiro tentaram decidir "quem daria quanto tempo para trabalhar ali" e o que seria uma distribuição justa de tempo. Rickman ofereceu uma ou duas horas por dia e Edward Glover e Douglas Bryan ofereceram uma hora cada. Em resposta, de acordo com James Strachey, Jones expressou seu desdém habitual. "Bem", ele bufou, "tenho certeza de que é extremamente generoso

---

1 Carta de James a Alix Strachey, Sábado à Tarde, 24 jan. 1925, em P. Meisel; W. Kendrick (eds.), *Bloomsbury/Freud*, p. 187.

2 J. Rickman, Report of the British Psychoanalytic Society to the General Meeting of the Ninth Psychoanalytic Congress, *International Journal of Psychoanalysis*, v. 7, p. 136.

de todos vocês oferecer tanto do seu tempo. Quanto a mim, não poderei dar mais de duas horas por semana."[3] Parte do sucesso de Jones devia-se a que, a menos quando confrontado por outros analistas, ele mantinha uma postura bastante neutra e permitia que eventos, como a futura chegada de Melanie Klein a Londres, se desenvolvessem sem a sua participação, como de fato ocorreu. Jones abstivera-se de expressar qualquer comentário quando, em uma reunião da Sociedade britânica realizada poucas semanas antes da chegada de Klein, Strachey leu um resumo (enviado por Alix) do último – e até hoje mais controverso – artigo de Melanie Klein sobre a análise de crianças. Klein deixava claro que o tratamento psicanalítico, "no sentido estrito da palavra, era aplicável mesmo a crianças muito pequenas, embora uma técnica especial fosse necessária"[4]. Pode-se presumir que ela estivesse se referindo à interpretação da transferência, à atenção aos sonhos e à sexualidade inconsciente e agressão. À primeira vista, o raciocínio parecia claro e conciso. Quando o tratamento psicanalítico é aplicado a crianças, pelo menos em teoria, não difere muito do trabalho padrão com adultos. Em termos práticos, contudo, o argumento era extraordinário: sugeria que os psicanalistas poderiam efetivamente expandir o uso de sua técnica e atingir populações cada vez mais mal atendidas sem, por exemplo, dessexualizar seu enfoque, como fizera Adler. A postura clínica de Klein e de seus partidários iria, em 1939, deparar-se com um violento desacordo de Anna Freud, que defendia uma abordagem mais de apoio e menos intrusiva na análise de crianças. Como sua antecessora Hermine Hug-Hellmuth, Anna acreditava que a técnica analítica clássica era inadequada a crianças antes da puberdade. Em 1925, no entanto, a maioria dos analistas de Londres ficou animada com o enfoque de Melanie Klein. Conforme observado por James Glover, tornar consciente o reprimido nunca é prejudicial, independentemente do estádio de desenvolvimento do paciente[5]. É claro que esses pontos de vista sobre a análise profunda de crianças precisavam ser validados por dados coletados em primeira mão, não por mais teoria e, felizmente, a clínica londrina poderia tornar isso possível.

---

3   Carta de James a Alix Strachey, Sábado à Tarde, 24 jan. 1925, em P. Meisel; W. Kendrick (eds.), op. cit., p. 187.

4   Atas da reunião de 07 jan. 1925, arquivos da Sociedade Psicanalítica Britânica.

5   Ibidem.

Nesse meio tempo, os preparativos para as palestras de Klein em Londres estavam em andamento e inclusive Karen Horney aceitou compartilhar a apresentação de um artigo do seminário com sua polêmica colega. A disputa teórica do grupo era meramente acadêmica já que, ao contrário de Berlim, não eram amigos. Alix Strachey, companheira e tradutora de Klein sabia disso muito bem e implorou, seis meses depois, "Por que, oh, por que, não existe uma policlínica na Inglaterra?"[6]

Enquanto isso, a própria policlínica, cinco anos depois de sua abertura, enfrentava um ano desafiador. Abraham adoeceu; sua morte, no Natal de 1925, lançaria uma sombra brutal sobre equipe e pacientes. Max Eitingon teve que assumir a instituição por completo. Ele era um homem organizado, poderoso professor, e havia se juntado a Simmel na busca das obrigações sociais da psicanálise, pretendendo romper as barreiras de classe de Berlim e tornar a psicanálise disponível para todos os que precisassem de tratamento. Paradoxalmente, ele era muito rico e generoso: as filhas de Karen Horney o apelidavam de *der Rosenmax* (o Max das rosas) porque ele trazia rosas sempre que visitava a família[7]. Nem todos os psicanalistas simpatizavam com sua política ou estavam convencidos do seu encanto pessoal. Max tinha uma "considerável cultura e interesse enciclopédico", dizia Sándor Radó, mas era "totalmente inibido e desprovido de qualquer traço de originalidade ou imaginação científica"[8]. Sim, Eitingon tinha "pagado cada níquel gasto" na Potsdamerstrasse e depois assumiu as despesas para as futuras instalações, maiores e mais sofisticadas, da clínica na Wichmannstrasse, 10. No círculo interno surgiram as famosas disputas entre os psicanalistas rivais, que competiam pelo *status* de seguidor mais dedicado a Freud. Freud, ao que parece, sempre tomava o partido de Max, enquanto Radó, Jones e mesmo Ferenczi não tinham uma boa opinião acerca de seu colega. É verdade que, na atmosfera econômica inflacionária do pós-guerra, Freud procurava receita, em sua busca infinita para aliviar o empobrecimento crônico do movimento psicanalítico. Seu apego a Max, entretanto, era real e

---

6　Carta de Alix a James Strachey, Sábado, 16 maio 1925, em P. Meisel; W. Kendrick (eds.), op. cit., p. 267.

7　S. Quinn, *A Mind of Her Own*, p. 199.

8　B. Swerdloff, entrevista com S. Radó, em "History of the Psychoanalytic Movement", Oral History Collection, Bibliotecas da Universidade Columbia, New York, p. 84.

a história da sua *entente cordiale*, como escreveria mais tarde em 1931, nascera muito mais de genuíno afeto e crenças políticas do que ganância cínica. "Com sua maneira tranquila e irresistível", Freud saudou Eitingon em seu quinquagésimo aniversário, "não havia tarefa, por mais difícil e ingrata, que você não tivesse assumido [...] e levado a bom termo."[9]

A tarefa de aumentar a capacidade da policlínica tornara-se premente e ambos, Eitingon e Freud, compreenderam a necessidade de incorporar a ela psicanalistas dotados de consciência social. Felizmente, Siegfried Bernfeld, figura proeminente no movimento educativo progressista de Viena, concordou em mudar-se para Berlim. "O dr. Bernfeld deve ser levado em consideração, um homem de primeira linha, um brilhante professor, mas que mantém distância do patológico", recomendara Freud já em 1920[10]. O "patológico", é claro, significava a psicopatologia individual e a figura de linguagem usada por Freud revelava uma notável consciência da possível oposição da esquerda ao tratamento clínico individual. O Partido Comunista de Berlim, em particular, criticava a psicanálise por atribuir responsabilidade ao indivíduo pelo sucesso ou pelo fracasso pessoal, às expensas da luta de classes. Em maio, a imprensa berlinense de grande divulgação retomou seus ataques à psicanálise[11]. Freud sugeriu que Bernfeld tinha o cuidado de não culpar as pessoas em análise por sua própria condição psicológica e, em vez disso, pôs em foco as condições sociais estressantes que provocavam a ansiedade do paciente. Parte do cenário político complexo que persuadiu Freud a enviar Bernfeld para Berlim foi a popularidade crescente da Associação dos Médicos Socialistas de Ernst Simmel, que incluía a saúde mental no seu programa de promoção da saúde pública. Novas publicações como *O Médico Socialista* tornaram praticamente impossível ignorar que os psicanalistas eram reconhecidos entre os ativistas de esquerda da Medicina. Agora, se um crítico acusasse os analistas de favorecer os ricos, eles poderiam citar Simmel: "Desde que a sociedade dos médicos socialistas foi fundada há doze anos, esperávamos reunir todos os médicos que acreditavam na ideia socialista.

---

9 K. Brecht et al. (eds.), *Here Life Goes On in a Most Peculiar Way*, p. 152.
10 M. Molnar (ed. e trad.), *The Diary of Sigmund Freud*, p. 81.
11 Report of the Berlin Psycho-Analytical Society, *International Journal of Psychoanalysis*, v. 6, p. 523.

FIG. 23. *Siegfried Bernfeld (Coleções Especiais, Biblioteca A.A. Brill, Sociedade e Instituto Psicanalíticos de Nova York).*

Hoje, nossa organização está consolidada."[12] Em 1925, além do periódico, o Sindicato dos Médicos Socialistas patrocinou palestras públicas sobre leis de higiene social, convidou Alfred Adler a falar da psicologia individual, e trouxe Julius Tandler de Viena para falar sobre "Medicina e Socialismo". Eles esperavam que Tandler os ajudasse a alcançar seu objetivo principal, uma reorganização estrutural global do atendimento médico urbano. Os grupos de estudo do sindicato reivindicavam a legalização de uma jornada de trabalho de oito horas (juntamente com suas implicações para a saúde e seu significado cultural); da saúde e da segurança do trabalhador; da licença maternidade para grávidas e lactantes; das leis de trabalho infantil e da medicina socializada. Eles lutavam pelo controle da natalidade e contra a criminalização do aborto. Suas ações denotavam, em geral, uma visão otimista da possibilidade de democratizar a medicina e a sociedade. Albert Einstein, já membro ativo do Sindicato dos Médicos Socialistas, juntou-se à artista Käthe Kollwitz a fim de angariar fundos de ajuda para "Esposas e Filhos Carentes de Prisioneiros Políticos". Como peça-chave no esforço de Freud para impulsionar a policlínica, Siegfried Bernfeld (figura 23) era um ativista reconhecido que concordava com a orientação psicanalítica de Simmel, poderia trabalhar com Melanie Klein e assumir o trabalho com as crianças que Hermine Hug-Hellmuth havia interrompido. A educação na primeira infância, psicanaliticamente fundamentada, em especial de crianças desfavorecidas, tinha orientado muito do trabalho de Bernfeld, que recém publicara *Sisyphos oder die Grenzen der Erziehung* (Sísifo, ou os Limites da Educação), uma defesa das reformas radicais da educação

---

12 E. Simmel, Der Sozialistische Arzt, *Mitteilungsblatt des "Vereins sozialistischer Ärzte"*, n. 1.

194   OS ANOS MAIS GRATIFICANTES: 1923-1932

tradicional baseadas em uma transformação igualmente radical da sociedade. Bernfeld entendia também que a clínica deveria crescer e que o instituto de formação era crítico para essa expansão. A relação entre a clínica e o programa de formação era, por necessidade, íntima em Berlim e distante em Viena. Clarence Oberndorf, visitando de Nova York, ficou realmente impressionado com a complexa organização, o financiamento e as políticas relativas ao pessoal da Policlínica de Berlim e, em Viena, do Ambulatorium[13].

Independente do instituto de formação, o ambulatório havia se convertido em uma pequena unidade de tratamento autônoma, mas próspera, à qual três centros clínicos estavam vinculados: o centro de orientação educacional, o departamento para o tratamento de psicoses e o Seminário Técnico. Como era inevitável, o ambulatório se transformou em um fórum para o debate público acerca dos serviços sociais. Embora a clínica afirmasse sua independência financeira do governo, as agências municipais de bem-estar social encaminhavam com liberalidade clientes necessitados para a comunidade psicanalítica. As associações de seguro de saúde da Viena Vemelha, os juízes de direito e os tribunais de menores, os conselheiros para relações mães-filhos, o Centro de Aconselhamento Matrimonial, e mesmo o grande hospital Am Steinhof passaram a enviar seus pacientes para tratamento ou avaliação. Outros pacientes de todo tipo vinham do campo ou dos subúrbios da cidade, não obstante a grande separação política entre a Viena social-democrata, naquele momento realmente um pequeno Estado autossuficiente, e o restante da Áustria, muito mais conservador. Não é de surpreender que, com o tempo, inclusive o sempre diplomático Hitschmann se sentisse explorado pelas manobras dissimuladas do Departamento de Saúde que, por um lado, conferia legitimidade oficial à clínica encaminhando a ela pacientes, enquanto, por outro lado, beneficiava-se do seu *status* de clínica gratuita e, ao mesmo tempo, não cobria os honorários dos pacientes. Ressurgia a disputa perene sobre se se deveria continuar separando saúde mental e física ou uni-las. Barry Smith, cujo Commonwealth Fund estava então assumindo as despesas de alguns dos maiores programas de saúde infantil da cidade,

13   Report of the Berlin Psycho-Analytical Society, *International Journal of Psychoanalysis*, v. 7, p. 293.

1925 • UMA CALOROSA SIMPATIA PELO DESTINO DESSES DESAFORTUNADOS   195

acreditava que elas deveriam ser separadas. Ele se queixava de que "o trabalho médico deve incluir o cuidado pré-natal, infantil, pré-escolar, escolar e odontológico [...] Tem sido dada mais atenção a questões sociais tais como delinquência, dependência, filhos ilegítimos [...] e alívio do que à saúde"[14]. Alan Gregg, colega de Smith na Fundação Rockefeller, concordava com que os subsídios americanos devessem ser limitados a programas explicitamente médicos e científicos. Os serviços sociais poderiam ser financiados, porém não nas mesmas condições. Gregg também reconhecia que Julius Tandler acreditava o contrário, pois, na qualidade de administrador dos programas de saúde infantil da Viena Vermelha, ele via essa diferenciação como falsa e contraproducente. Tandler, no entanto, era um diplomata habilidoso que mantinha o fluxo dos dólares americanos aos serviços para crianças em Viena, sem sacrificar sua marca pessoal de integração dos cuidados à saúde e do serviço social.

A parceria singular entre Tandler e os psicanalistas se manteve sólida, mesmo em face do *establishment* psiquiátrico de Wagner--Jauregg. Como presidente da poderosa Sociedade dos Médicos, Wagner-Jauregg desaprovava qualquer possível violação do seu domínio pelos analistas e, talvez de forma inteligente, suscitava reiteradamente a problemática questão da análise leiga. Aquele ano não foi uma exceção e Theodor Reik era o alvo específico. Em março, a imponente coligação de médicos emitiu outro regulamento, proibindo que profissionais não médicos se incorporassem à clínica, ameaçando fechar o ambulatório em caso de descumprimento de suas instruções, seus estatutos e regulamentos. Uma vez mais, Freud se sentiu compelido a interceder e, em uma de suas longas e elegantemente sarcásticas cartas pediu a Tandler que protegesse Reik. A hostilidade dos magistrados em relação à psicanálise foi inegavelmente instigada pela Sociedade dos Médicos, observou Freud, em detrimento de pacientes e pesquisadores. As credenciais de Reik como analista eram impecáveis e as restrições que os médicos procuravam impor sobre ele eram malevolentes. "Devo abster-me de encaminhar um paciente com dor no pé a um ortopedista, ou devo prescrever analgésicos e eletricidade, só porque fiz o diagnóstico médico de pés chatos?"

14 Carta de Smith a Scoville, de 16 jan. 1925, caixa 1, pasta 7, série 6, R.G., Austria Program, Commonwealth Fund Collection, arquivos da Fundação Rockefeller.

A disputa se intensificou. Os procedimentos legais contra Reik se ampliaram, levando a um julgamento em grande escala, com ambos Tandler e Freud servindo de testemunhas, para examinar a aplicação da psicanálise à educação e à orientação infantis. Finalmente, uma vez que ambos os lados ficaram sem munição, a pequena e resistente clínica levou adiante os "ideais de serviço público" de Hitschmann com permissão do Estado, sempre "sujeita à revogação".

Como sempre, a lista de espera dos pacientes no ambulatório era imensa. Wilhelm Reich, que não carecia tanto de espírito prático quanto seus acusadores mais tarde o retratariam, chegou inclusive a pedir pequenas contribuições mensais para despesas administrativas dos pacientes "não de todo desprovidos de recursos"[15]. Evidentemente, muitas pessoas eram rejeitadas ou nem sequer avaliadas para consultas. Casos urgentes podiam esperar meses antes de serem tratados, se chegavam a sê-lo. Contudo, pelo menos tão logo a eficiente reorganização tripartite da clínica entrou em vigor, clientes em potencial puderam ser selecionados por idade e para os serviços apropriados, segundo o diagnóstico. Infelizmente o diagnóstico psicanalítico nunca era tão preciso como seus praticantes (e oponentes) desejariam; a divertida história de Helene Deutsch revela essa disparidade muito bem. Seu consultório estava localizado na Wollzeilgasse, a cerca de meia hora de caminhada do Ambulatorium na Pelikangasse. "É estranho que, o que na minha opinião seja um caso inofensivo de histeria [em Pelikangasse]" – brincava Hitschmann sobre o diagnóstico inconsistente dos pacientes do ambulatório – "frequentemente se transforme em um caso de esquizofrenia ao chegar à Wollzeilgasse!"[16]

No Centro de Orientação Infantil, o mais movimentado dos três departamentos da clínica, até seis analistas atendiam semanalmente de 10 a 25 pacientes, crianças ou adolescentes, depois do período escolar e ao anoitecer. De 40 a 70 crianças por ano viajavam diariamente de bonde ou de ônibus para o tratamento analítico, uma sessão de uma hora, mantida pelo menos por cinco dias consecutivos, durante dois a três meses. Esse plano era adequado tanto ao cronograma diário das crianças como ao arranjo

---

15 E. Hitschmann, A Ten Years' Report of the Vienna Psycho-Analytic Clinic, *International Journal of Psychoanalysis*, v. 13, p. 249.
16 H. Deutsch, *Confrontations with Myself*, p. 155.

da clínica de compartilhar o espaço com a *Herzstation*. A psicanálise, porém, nem sempre era o tratamento escolhido para crianças deprimidas e, às vezes o profissional que avaliava a admissão aconselhava a família a adotar um enfoque menos intensivo. Um dia por semana era reservado para outras avaliações e consultas. Uma criança ansiosa que se destacava em atividades esportivas, mas alegava odiar a leitura, podia ser ajudada mais por uma mudança de ambiente após o período escolar do que pela psicoterapia. Uma mudança de escola ou um esclarecimento ao professor podia ser uma opção para a criança fóbica ou obsessiva. E os adolescentes, que muitas vezes iam à clínica em pares para aconselhamento sobre sexo ou opções de trabalho, constituíam um público disposto para as consultas noturnas com Wilhelm Reich, então profundamente envolvido em questões de sexualidade adolescente. Professores e pais eram vitais para o processo; os analistas do ambulatório em grande parte endossavam a crença de Anna Freud de que a repressão da sexualidade exercida pela sociedade sobre a criança e "o temor da imoralidade" interfeririam na compaixão do adulto pela criança. Em sua crítica mal-e-mal velada dos praticantes adlerianos sobre a construção dessexualizada do caráter para os quais a "análise infantil pode [ser] alguma forma especial de orientação educacional", Anna Freud assinalava como a ansiedade de pais e professores privava a criança da ajuda disponível[17]. A partir daí ela desenvolveu certas diretrizes adicionais baseadas na família para lidar com crianças perturbadas, não tão normativas como a terapia familiar, mas que envolviam claramente os pais na avaliação das dificuldades de seus filhos. No ambiente amigável, se bem que caótico, do Centro de Orientação Infantil, Editha Sterba (que recentemente assumira o centro depois de Flora Kraus e da falecida Hermine Hug-Hellmuth) adotou a abordagem de apoio de Anna Freud. Anna Freud e Willi Hoffer estavam tão familiarizados com as necessidades das famílias pobres e trabalhadoras de Viena quanto com as intervenções de Tandler. Eles haviam discutido com os pais a educação dos filhos nos centros educativos dos trabalhadores e eram conhecidos em todos os distritos escolares e de bem-estar de Viena. Quando as assistentes sociais e as assistentes de bem-estar do distrito (que participavam dessas

---

17   A. Freud, Indications for Child Analysis (1945), em A. Freud., *The Writings of Anna Freud*, v. 4, p. 5.

discussões) visitaram os lares das famílias locais, descobriram que elas haviam passado a considerar a análise da criança com bastante boa-vontade.

O ano de 1925 havia começado bem no Ambulatorium. A pequena equipe estava muito confiante com a inauguração do instituto de formação e sua primeira turma de quinze alunos. Helene Deutsch era a diretora, Siegfried Bernfeld o diretor assistente temporário, já que iria se mudar para Berlim, e Anna Freud, a secretária[18]. O árduo curso de quatro períodos de estudo foi configurado segundo o programa de Berlim e o corpo docente formado por Federn, Hitschmann, Nunberg e Reich. Era deliberadamente rigoroso e difícil, exigindo do candidato um sério compromisso de tempo, se não de dinheiro. Quando alguns candidatos indolentes vinham da Alemanha para escapar das expectativas supostamente maiores do Instituto de Berlim, Hitschmann rapidamente denunciava seu oportunismo e os reenviava para casa. O primeiro ano de estudos exigia análise pessoal, teoria clínica ministrada em aulas e seminários, apresentações de casos e pesquisas em bibliotecas. O trabalho clínico supervisionado, um requisito do segundo ano, era melhor (embora não necessariamente) realizado com pacientes do ambulatório, que funcionava como a clínica de pacientes externos da Sociedade[19]. Os alunos eram autorizados a se especializarem no trabalho psicanalítico com adultos na clínica regular, com jovens no Centro de Orientação Infantil ou com pessoas mais gravemente perturbadas no centro de tratamento ambulatorial especial, que não alcançaria seu nível mais alto de capacidade e serviços até 1929. Para Freud, talvez não fosse "um programa muito vasto", mas para Edith Jackson, pediatra visitante de Boston, cujas cartas posteriores mostram uma determinação impressionante de assistir ao seminário cinco noites por semana, o ritmo era exaustivo. Análise diária, supervisão diária com Sterba e Walder, horas de atendimento a pacientes e aulas de linguagem, eram motivos suficientes para cochilar em uma das palestras de Anna Freud[20].

18 First Quarterly Report of the Vienna Psycho-Analytical Society, *International Journal of Psychoanalysis*, v. 6, p. 528.
19 Ver os pontos de vista de Eitingon em Preliminary Discussion of the Question of Analytical Training, *International Journal of Psychoanalysis*, v. 7, p. 123.
20 Carta de Jackson a Irmarita Putnam, de 22 abr. 1932, caixa 5, pasta 102, série 3, Edith Banfield Jackson Papers, Biblioteca Schlesinger, Radcliffe Center for Advanced Study, Universidade de Harvard.

1925 • UMA CALOROSA SIMPATIA PELO DESTINO DESSES DESAFORTUNADOS

O Seminário Técnico de Reich e Bibring propiciava aos analistas do ambulatório um fórum clínico ou de supervisão de pares contínuo. No meio do ano, Reich foi nomeado primeiro médico titular da clínica, homenageado por toda a Sociedade e recebeu como presente de Freud um grande retrato de si mesmo, talvez a única lembrança de Viena que Reich realmente valorizou, exibindo-o mais tarde em seu estúdio no Maine, pelo menos durante a década de 1940.

A influência de Freud nos círculos acadêmicos de Viena (exceto talvez nos mais conservadores) foi reforçada, então, como hoje, pela aparente pressão para tomar partido: de alguma forma, todos estavam elogiando ou zombando da psicanálise, provando-a ou refutando-a, negando seu valor científico ou afirmando sua fundamentação positivista. Certos acadêmicos positivistas tentavam literalmente quantificar a *Massenpsychologie und Ich-Analyse* (Psicologia de Grupo e a Análise do Ego) e traduzi-la para uma linguagem de confiabilidade empírica, para o seminário de estatística social de Otto Neurath[21]. Ao mesmo tempo, Marie Jahoda, que trabalhava então com Neurath para desenvolver o Museu de Assuntos Sociais e Econômicos dos sociais-democratas e Paul Lazarsfeld, pioneiro cientista social, consideravam que esses esforços não eram nem absurdos nem fúteis, porém bastante alegres. Lazarsfeld, amigo de infância de Siegfried Bernfeld no movimento juvenil, que naquele momento lecionava matemática no *Gymnasium*, participava das influentes palestras dos Bühlers na universidade e das aulas de psicologia cognitiva de Jean Piaget no instituto. A partir desse "empório" de teorias na psicologia surgiu uma nova mescla conceitual descrita pelos contemporâneos como a junção quádrupla de dados quantitativos, dados qualitativos, análise de dados sociológicos e análise de dados psicológicos. Rastreável às suas raízes na Viena Vermelha, na qual os opostos poderiam coexistir, essa singular metodologia de pesquisa austríaca permitia a análise sistemática de experiências subjetivas elaboradas sem abandonar sua complexidade natural.

Os dados estatísticos publicados pelo ambulatório para aquele ano foram um exemplo característico[22]. Os homens superaram em

---

21 M. Jahoda, *The Emergence of Social Psychology in Vienna*, p. 346.
22 E. Hitschmann, Report of the Out-Patient Clinic of the Vienna Psycho-Analytical Society, *International Journal of Psychoanalysis*, v. 7, p. 137-138.

número as mulheres como solicitantes de tratamento psicanalítico pela primeira vez, e mais homens do que mulheres seguiram sendo pacientes durante o ano. Esse padrão de gênero não era algo estranho: mais homens que mulheres estavam em tratamento, de acordo com relatórios das clínicas psicanalíticas em toda a Europa e, evidentemente, também na prática privada. Dos 43 casos registrados de Sigmund Freud entre 1907 e 1939, 27 eram homens e 16 eram mulheres[23]. E já em 1914, Karl Abraham havia escrito a Freud acerca dos usuários da psicanálise. "Minha experiência é que no momento existe apenas um tipo de paciente que procura tratamento: homens solteiros com dinheiro herdado."[24] Durante todo o ano de 1925 os resumos de admissão do ambulatório mostram que mais de 300 possíveis pacientes foram registrados, dos quais 182 (60%) eram do sexo masculino e 122 (40%) do sexo feminino[25]. Esses números não podem ser interpretados como meros incidentes isolados de inversão de papéis, porque os mesmos padrões de gênero eram vistos em cada um dos relatórios anuais da clínica publicados antes e depois daquele ano. Com toda a probabilidade, Marie Jahoda e Otto Neurath, contemporâneos de Hitschmann, teriam ficado encantados com esses números descritivos, semelhantes a um censo, que eles chamavam de "contabilidade social", um estilo estatístico "antimetafísico" amplamente utilizado na época para elucidar aspectos de política social[26]. No contexto da política da Viena Vermelha, de prover serviços sociais neutros do ponto de vista de gênero, o fato de que, mesmo antes de serem aceitos para o tratamento, 60% das pessoas que desejavam serviços de saúde mental fossem homens e 40% mulheres, não era de todo incomum.

O significado de que os homens faziam uso do tratamento psicanalítico oferecido no ambulatório com mais frequência do que as mulheres é destacado por três interessantes grupos estatísticos, nos quais os pacientes são categorizados por ocupação, diagnóstico e duração do tratamento. Primeiro, na classificação

---

23 D.J. Lynn; G.E. Vaillant, Anonymity, Neutrality, and Confidentiality in the Actual Methods of Sigmund Freud, *American Journal of Psychiatry*, v. 155, n. 2, p. 165.

24 Carta de Abraham a Freud, de 28 out. 1914, em Ernst Falzeder (ed.), *The Complete Correspondence of Sigmund Freud and Karl Abraham*, p. 284.

25 E. Hitschmann, Report of the Out-Patient Clinic of the Vienna Psycho-Analytical Society, *International Journal of Psychoanalysis*, v. 7, p. 137.

26 M. Jahoda, op. cit., p. 344.

1925 • UMA CALOROSA SIMPATIA PELO DESTINO DESSES DESAFORTUNADOS   201

dos pacientes por ocupação, 77 são designados como "oficiais", o que significa que mais de 26% dos analisandos potenciais eram empregados assalariados que possuíam um certo nível de respeito e responsabilidade dentro de suas organizações. Em segundo lugar, enquanto a categoria de "dona de casa e pessoas sem ocupação" chegava a 22%, a categoria de "trabalhadores" incluía apenas 20%. O termo *trabalhador* é sem dúvida uma designação masculina mais explícita que *oficial*. Esses números por si só indicam que os homens constituíam pelo menos a metade do grupo de solicitantes. Quando são adicionadas as categorias de "profissões independentes (12%); estudantes universitários (9%); professores (3%); soldados; criados; e crianças em idade escolar"; o número total de homens é maior ainda. De mais a mais, o que dá aos homens a vantagem real nesse quadro estatístico é o terceiro grupo de números, os diagnósticos psicanalíticos anotados na admissão. "Impotência" (12%) era a queixa psicológica mais frequente registrada nas consultas naquele ano, três vezes mais do que "frigidez". Há duas vezes mais diagnósticos de "impotência" do que de "histeria", talvez o diagnóstico clínico associado com mais frequência a mulheres. "Onanismo" é diagnosticado com a mesma frequência que "psicopatia" (depressão delirante).

Para os contemporâneos dos psicanalistas do ambulatório, então, a vantagem numérica dos homens sobre as mulheres em três áreas principais – número, ocupação e diagnóstico dos solicitantes – não implicava supremacia masculina. É difícil compreender que os homens iam ao tratamento no ambulatório sem que lhes importasse o estigma de feminização tendenciosa e de culpa hoje associado à psicanálise. Várias explicações podem ser oferecidas, porém a mais plausível é a política de acesso geral ao tratamento. Nos cinco anos precedentes, as políticas de saúde e bem-estar da Viena Vermelha haviam assegurado que, como Freud dissera em 1918, "o pobre deve ter tanto direito à assistência para a sua mente quanto dispõe agora do auxílio oferecido pela cirurgia a fim de salvar a sua vida". Os planejadores urbanos da Viena Vermelha tinham a intenção de facilitar a vida das mulheres proletárias (com dispositivos domésticos para economizar trabalho e cuidados comunitários das crianças) e dos homens (com apoio familiar no local, incluindo os centros de aconselhamento conjugal). É verdade que as políticas maternalistas de Tandler e a rede de clínicas centradas na criança eram voltadas ao pronto acesso das mães aos provedores de saúde mental. Mas as clínicas foram construídas na estrutura socioespacial geral dos *Gemeindebauten* e, portanto, os antigos espaços privados das salas de tratamento agora se transformavam em áreas comunitárias. Como os serviços de saúde mental estavam incluídos no conjunto de serviços sociais, os homens poderiam encarar o tratamento (para a impotência, por exemplo) como uma forma de apoio à família. A popularidade era outro fator. A psicanálise era amplamente discutida nos jornais em voga, que os homens liam nos cafés que frequentavam. De eruditos como Karl Kraus a poetas extremamente populares como Rilke, a proeminência da psicanálise na mídia impressa foi muito além dos periódicos locais dos sociais-democratas. Finalmente, uma terceira consideração era a recente guerra e a experiência dos soldados com o tratamento psicanalítico das neuroses de guerra, das quais um dos efeitos mais preponderantes era a impotência. "'Quase todos' os pacientes neurológicos hospitalizados em Budapeste após a Primeira Guerra Mundial queixavam-se de 'dano completo, ou pelo menos, de certa deficiência, da libido e da potência sexual.'"[27] A impotência minava por completo a identidade masculina, enfraquecia os papéis tradicionais de gênero do homem como marido e pai, e o privava da liberação biopsicológica advinda do sexo. Na cultura de democracia e abertura emergentes da Viena Vermelha, a sexualidade e a psicanálise eram elementos constituintes de uma vida melhor.

As histórias divertidas de Helene Schur, quando estudante de Medicina em Viena, trazem à luz a batalha de uma "nova mulher", cujas escolhas pessoais relativas à saúde física e psicológica eram ao mesmo tempo sancionadas pelo Estado e condenadas pela tradição:

> Você só tinha que ir a um médico [que] diria que você estava doente e precisava de um aborto. Se você pudesse dizer que tinha TB, então muito alastrada na Áustria, ou qualquer outro *lungenspitzen catarrh*, o médico dizia que você poderia fazer um aborto. Uma mulher veio me consultar dizendo que queria fazer um aborto.
>
> Eu disse: "Você tem febre?"
>
> Ela respondeu "Não".

---

27   Sandór Ferenczi, apud B. Shephard, *A War of Nerves*, p. 148, 425 (ver nota 18).

"Você tosse?"

"Não."

"Você transpira à noite?"

"Não."

Então fui até o chefe e perguntei: "O que devo fazer?"

Ele retrucou: "Diga a ela para ir para casa, conversar com seu amigo e voltar amanhã."

No dia seguinte, ela retorna e eu pergunto:

"Você tosse?"

"Terrivelmente."

"Você tem febre?"

"O tempo todo."

"Você transpira à noite?"

"O tempo todo."

Ela conseguiu o aborto. Era fácil assim. *Não* havia nenhuma carga moral envolvida.

Talvez menos conhecida do que sua contraparte weimariana (para quem o aborto ainda era proibido), a "nova mulher" vienense representava um eleitorado educado e politicamente consciente, além de um foco significativo para os esforços de renovação do governo. Habitação, parques públicos e um sistema sanitário urbano melhor: a qualidade de vida na Viena Vermelha melhorava em quase todos os aspectos. A relativa estabilidade econômica finalmente chegara a Viena e à Áustria como um todo, junto com uma democratização frágil, se bem que de longo alcance, do sistema político. O acesso livre e bastante desestigmatizado aos serviços sociais e de saúde incentivava a criação e a manutenção de famílias. Na dinâmica organização do Escritório de Bem-Estar Público de Julius Tandler, os serviços sociais representavam o filtro através do qual o governo traduzia na prática suas políticas de família, higiene e educação. Os programas giravam, em grande parte, em torno da ideia da "boa família", uma família patriarcal organizada na qual o pai era o provedor do sustento e a mãe cuidava dos filhos. Uma espécie de versão feminina, de ombros largos, do trabalhador heroico, serena na sua capacidade de erguer e proteger uma braçada de crianças, a boa mãe (a Maternidade em si mesma) era exibida por toda parte em esculturas públicas. Revistas populares semanais, por outro lado, apresentavam a imagem da "nova mulher" esperta, a cidadã eleitora, para quem a cozinha racional havia sido medida, companheira do marido e amiga dos filhos. Desde 1920, periódicos como o *Wochenschrift* de Bettauer haviam ajudado as mulheres a analisar por si mesmas a contradição entre a parceria reprodutiva monogâmica e a liberdade sexual de que os homens estavam desfrutando. Cartazes, panfletos e folhetos coloridos, distribuídos nas clínicas, apresentavam fotografias e histórias de escritores revisionistas que suplicavam às mulheres para que mudassem os papéis tradicionais de gênero e promovessem uma imagem da *garçonne* (menino-menina) segura de si, de cabelo curto, trajando roupas largas e funcionais e sapatos cômodos[28]. Obviamente, a inconsistência entre essas duas imagens contraditórias da feminilidade era inescapável, e o conflito se desenvolvia exaustivamente nos grandes e nos pequenos episódios da cultura política vienense. Não há nenhum indicador mais dramático dessa contradição que a experiência de jovens mulheres que, em outubro, irromperam em aplausos no tribunal quando o escritor ativista Hugo Bettauer foi absolvido das acusações de ofensa à moral pública – e, mais tarde, lamentaram em frente à Langegasse 7, onde ele foi assassinado por um ex-nazista, Otto Rothstock[29]. Na qualidade de jovens mães e, por essa razão, usuárias dos serviços familiares, essas mesmas mulheres se viram presas numa espécie de cabo-de-guerra entre linhas ideológicas que contrapunham a "assistente social como agente arrogante do controle social" à "assistente social como agente bem informada de um governo assistencial". Poderia o governo genuinamente equilibrar sua obrigação de proteger cidadãos vulneráveis, como as crianças, com a necessidade de privacidade e autonomia das famílias? As mães em geral pensavam que sim, porém apenas o acesso mais amplo aos serviços sociais (nos quais todos, de professores a atores, passando por filhos de garçons desempregados, pudessem socializar na sala de espera de uma clínica psicanalítica ou de um centro de desintoxicação) provaria isso. Essa era, é claro, a missão do ambulatório, porém toda a história da Viena Vermelha foi notável pela sucessão de iniciativas terapêuticas comunitárias semelhantes. Para Helen Schur, ainda à margem da psicanálise, a Viena Vermelha era uma época em que "você fazia algo para pessoas que não tinham dinheiro. O dinheiro não

---

28 Ver ilustração em H. Gruber, *Red Vienna*, p. 149.
29 B. Noveck, Hugo Bettauer and the Political Culture of the First Republic, *Contemporary Austrian Studies*, v. 3, p. 147.

desempenhava um papel tão importante. Ninguém era realmente rico, mas as pessoas se importavam mais com seus semelhantes".

Quando Paul Lazarsfeld abrigou o Instituto de Psicologia Social (Wirtschaftpsychologische Forschungstelle) dentro do Instituto Psicológico de Karl e Charlotte Bühler, a Universidade de Viena finalmente reconheceu seu potencial para a moderna coleta de dados nas ciências sociais[30]. Ativista, curioso e amigo de políticos intelectuais como Otto Bauer e Käthe Leichter, Lazarsfeld e seus colaboradores procuravam vincular seus resultados sobre políticas sociais às necessidades dos trabalhadores. Patrocinador de uma avalanche de pesquisas inigualável até o advento do Departamento de Pesquisa Social Aplicada da Universidade de Columbia na década de 1940, o Instituto de Psicologia Social produziu estudos sobre os empregados domésticos, trabalhadores em domicílio, adolescentes que haviam abandonado a escola e, mais significativamente, para a Viena Vermelha, o famoso estudo *Marienthal* sobre adultos desempregados. Havia clínicas gratuitas, programas de extensão comunitária, centros para mães e filhos, centros de aconselhamento matrimonial, de aconselhamento sobre aborto e serviços escolares para crianças e adolescentes.

A própria clínica de orientação infantil de Alfred Adler foi uma das iniciativas mais bem-sucedidas da cidade em termos de tratamento e pesquisa. No final de 1925, o Conselho Municipal vienense propôs o estabelecimento dessas clínicas de orientação infantil em cada um dos distritos da cidade. O modelo terapêutico da psicologia individual, assinatura de Adler, seria aplicado em creches locais, escolas primárias e no serviço de bem-estar social. O número de escritórios autônomos de orientação educacional cresceu para 22, e havia inclusive 28 centros de psicoterapia gratuita na cidade. A maior parte dos psicólogos que dirigia essas clínicas já era membro ou filiado à Sociedade de Psicologia Individual de Adler e ali trabalhava sem remuneração. Seja na clínica que ele supervisionava, em palestras na universidade ou nas aulas noturnas ministradas no *Volkshochschule* vienense (centro de educação de adultos), essa oportunidade de se formar na metodologia da pessoa-na-comunidade com o próprio Adler atraiu dezenas de médicos, professores, assistentes sociais e estudantes do mundo

---

30   M. Jahoda, op. cit., p. 347.

todo. Professores das escolas primárias de Viena levavam seus alunos problemáticos, junto com os pais, diretamente às sessões de treinamento e os entrevistavam, apresentando os casos para discussão e consulta de especialistas diante de um público participativo. Entre os jovens estagiários mais conscienciosos de Adler estava Lydia Sicher, que desenvolveu uma clínica de consulta externa para adultos e crianças. À semelhança do serviço que seu colega Emil Mattauschek organizaria em 1930 na Clínica de Psiquiatria e Neurologia no Hospital Geral de Viena, a equipe de Sicher compartilhava as dependências para reuniões e as salas de tratamento com outro ambulatório terapêutico, a clínica Mariahilfer.

Quando *Verwahrloste Jugend* (Juventude Abandonada), obra pequena, porém seminal de August Aichhorn sobre o tratamento da delinquência de adolescentes foi publicada com um prefácio de Freud, a alegação recorrente de que Freud era alheio ao mundo político perdeu outra dose de credibilidade. O pequeno e vibrante livro de Aichhorn se baseou em exemplos de casos de adolescentes das residências para grupos que ele havia supervisionado: Ober-Hollabrunn, de 1918 a 1920 e St. Andrä, de 1920 a 1922. Como modelo completamente psicanalítico para tratar de adolescentes perturbados (muitos dos quais também eram pobres ou sem família), o tratado teórico propunha uma abordagem dupla, de terapia orientada ao *insight* e de responsabilidade comunitária para remediar as consequências da privação de direitos sociais. Em seu elogioso prefácio, Freud escreveu: "A atitude de Aichhorn com relação aos seus pupilos tinha sua origem em uma calorosa simpatia pelo destino desses desafortunados", e aplaudiu o "grande valor social" dos ensinamentos e do trabalho social de Aichhorn com crianças[31]. Muito mais tarde, Anna Freud reiteraria o elogio de seu pai e observaria em particular que os esforços de Aichhorn confirmavam que "todo desenvolvimento individual, quer seja em linhas sociais ou antissociais, era resultado da interação entre fatores inatos e ambientais"[32]. Não era essa a primeira vez que Freud declarava seu apoio a um projeto com uma missão política subjacente, nem mesmo a uma análise de classe do comportamento criminoso. Franz Alexander, cujas teorias psicanalíticas

---

31 S. Freud, Preface to Aichhorn's "Wayward Youth", *SE*, v. 19, p. 273.
32 A. Freud, August Aichhorn: July 1878-October 17, 1949, *The Writings of Anna Freud*, v. 4, p. 629.

na criminologia eram amplamente lidas pelos psicoterapeutas de Chicago que tratavam membros de gangues adolescentes, ria das alegações de que Freud negligenciava os fatores sociológicos. Os psicanalistas social-democratas simplesmente não acreditavam que a psicologia forense por si só resolvesse os crimes. Alexander se lembrava de seus dias de estudante no seminário mensal de Freud, quando ilustrou os motivos inconscientes da delinquência com o caso de um fã de carros obcecado, que fazia longos passeios de táxi, muito além de suas possibilidades econômicas como garçom, e inevitavelmente acabava na prisão. Ao que Freud respondeu:

Não vejo como esse caso pode esclarecer o problema essencial da criminalidade. Se o seu paciente tivesse sido filho de um milionário, poderia ter se tornado um recordista e, como tal, um herói nacional. Apenas por causa de sua posição social e porque era um pobre garçom, ele não pôde expressar sua compulsão ou *hobby* de forma legal.[33]

---

33 F. Alexander, Recollections of Bergasse 19, *Psychoanalytic Quarterly*, v. 9, n. 2, p. 199.

1926

"Embora ausente da abertura da clínica, estou com vocês em tudo"

Durante os primeiros anos das clínicas gratuitas, os psicanalistas em vários países seguiram uma sequência bem organizada, uma "ordem lógica", diria Ernest Jones, constituindo primeiro uma Sociedade local, em seguida, publicando um periódico clínico e, finalmente, organizando um instituto de formação. Depois de 1920 um quarto componente foi adicionado, a clínica de atendimento externo. As Sociedades de Berlim e de Viena tinham a sua e agora também a teria a britânica. "As principais notícias de Londres são boas", dissera Jones a Freud antes do Natal de 1925, "um antigo paciente meu doou duas mil libras para [...] começar uma clínica no início do Ano Novo."[1] Jones tinha razões para estar animado. Essa enorme doação financeira de Pryns Hopkins, um industrial americano chamado pela Sociedade britânica de seu próprio "Doador Honorário", permitiu que os analistas abrissem sua nova clínica "com o objetivo de disponibilizar o tratamento psicanalítico ambulatorial a pacientes das classes mais pobres"[2]. Freud ficou encantado. Sem perder a oportunidade de atacar os

1 Carta de Jones a Freud, n. 471, de 18 dez. 1925, em R.A. Paskauskas (ed.), *The Complete Correspondence of Sigmund Freud and Ernest Jones*, p. 588.
2 E. Jones, The London Clinic of Psychoanalysis Decennial Report, *Psychoanalytic Review*, v. 27, n. 1, p. 105.

Estados Unidos, ele elogiou Jones pelas "boas notícias [...] eu sempre disse que a América é útil apenas para dar dinheiro. Agora, pelo menos, cumpriu essa função [...] Estou feliz que isso tenha acontecido com relação a Londres [...] Meus melhores votos para a prosperidade do seu instituto!"[3] Eitingon também enviou um telegrama de felicitações da Sociedade de Berlim.

A Clínica de Psicanálise de Londres foi oficialmente inaugurada no septuagésimo aniversário de Freud, dia 6 de maio de 1926. Às oito horas da manhã, John Rickman saudou o primeiro paciente nas novas instalações alugadas na Gloucester Place, 36, no centro da cidade, a oeste de Londres (figura 24). Outros pacientes, no entanto, foram postergados até o outono seguinte. No início, os analistas ocupavam apenas uma parte da casa geminada de Gloucester Place e sublocavam os dois andares superiores. A construção do edifício frustrou suas tentativas de oferecer um cronograma clínico diário e, finalmente, eles admitiram que as reformas necessárias adiariam até setembro as suas expectativas de um funcionamento clínico completo. Jones, não obstante, ficava cada vez mais impaciente à medida que o dia de abertura se aproximava e escrevia às pressas, nota após nota, mal contendo seu entusiasmo em antecipação à terça-feira, 24 de setembro. Ao longo de seus vinte anos de amizade, Freud, que afirmava detestar cerimônias, havia percebido o quanto Jones as amava, de modo que celebrou seu triunfo com cortesia impecável: "Embora ausente da abertura da Clínica amanhã, estou com vocês em tudo e sinto a importância desse dia."[4] A Sociedade britânica delegou formalmente a responsabilidade pela clínica a um conselho de administradores. Ernest Jones, na qualidade de diretor da clínica e do instituto, cumprimentou os simpatizantes, enquanto Edward Glover assumiu o cargo de diretor assistente e os drs. Douglas Bryan, Estelle Cole, David Eder, William Inman, John Rickman, Robert M. Rigall e William Stoddart completaram a equipe. Sylvia Payne e Marjorie Brierley, as duas únicas mulheres da equipe veterana, interromperam seus trabalhos profissionais para assumir responsabilidades "domésticas", supervisionar os cuidados do edifício, a equipe de manutenção e limpeza e distribuir as salas de

---

3 Carta de Freud a Jones, n. 473, de 21 dez. 1925, em R. Andrew Paskauskas (ed.), op. cit., p. 589.

4 Carta de Freud a Jones, n. 491, de 27 set. 1926, em R.A. Paskauskas (ed.), op. cit., p. 606.

FIG 24. *A Clínica de Psicanálise de Londres em Gloucester Place (foto de Claudine Rausch).*

tratamento. Warburton Brown, Marjorie Franklin, Lionel Penrose e Adrian Stephen foram nomeados assistentes clínicos autorizados a conduzir psicanálise sob supervisão. Jones estava particularmente satisfeito por ele e Glover terem organizado o controle das análises, porque agora a clínica estaria legitimamente vinculada ao instituto[5].

Mais tarde, em novembro, no último ano de sua busca por um lar permanente para si e suas ideias, Melanie Klein chegou a Londres, e sua mudança não poderia ter ocorrido em melhor momento. A clínica de Londres recém começara a funcionar e Klein estava idealmente preparada para contribuir ao seu sucesso. De alguma forma, sua decisão de aceitar o convite de Jones para se juntar à Sociedade britânica tinha um quê de pesar, ao qual Klein acrescentou um pouco de provocação. "Dizem que Simmel fez um pronunciamento positivo sobre o meu trabalho e suas perspectivas para o futuro", escreveu ela em sua carta de aceitação, "e expressou a esperança de que eu retorne de Londres a Berlim com energias renovadas."[6] Não obstante, Klein se afeiçoou bastante à atmosfera de Londres e ali permaneceu, tão polêmica como sempre, até o fim da vida. Depois de mais de seis anos de disputas em Berlim no tocante à sua análise de crianças, Klein podia agora esclarecer suas "ideias relacionadas com a educação" e baseá-las em "anotações da análise de uma criança de cinco anos", com muito menos temor da má vontade de seus colegas[7]. Melanie Klein era muito cuidadosa com suas anotações e atenta aos mínimos detalhes das

---

5 Atas do Comitê de Educação, de 3 nov. 1926, arquivos da Sociedade Psicanalítica Britânica.
6 Carta de Klein a Jones, de 24 out. 1926, caixa 2, pasta A-12, série PP/KLE, Contemporary Medical Archives Center, Wellcome Institute for the History of Medicine.
7 Atas da reunião do Conselho, de 17 nov. 1926, arquivos da Sociedade Psicanalítica Britânica.

palavras e dos desenhos de seus pequenos pacientes. Seu trabalho em Londres com Alan, Julia, George e Richard constituiu o núcleo de sua obra *Darstellung einer Kinderanalyse* (Narrativa da Análise de Uma Criança). Como seus colegas democráticos em Berlim e Viena, Klein tratava gratuitamente pelo menos um paciente por dia ou prestava um serviço equivalente à clínica. Ela anotava esses compromissos em agendas de bolso, minúsculas como joias, de tamanho idêntico todos os anos, de 1923 a 1946, com capas de couro marrom tão desgastado que parecia negro, indistinguíveis uma da outra, exceto pelo ano estampado em ouro. Muitos de seus pacientes eram crianças para cuja ludoterapia ela encomendava brinquedos de madeira pintada de um fornecedor especial na Alemanha. Os honorários das crianças eram anotados, no alemão abreviado de Klein, mesclado às vezes com um toque de húngaro, com particular referência às contas por ela mantidas (até 1926) para a policlínica. "Eu estou em débito com a Polik. por 26 marcos, 6 k. para setembro", ela rabiscou em 31 de outubro de 1924[8]. Klein escrevia com uma caneta-tinteiro clássica de tinta preta, porém sua caligrafia era irregular e muitas vezes desleixada. Alguns dias ela registrava suas contas em horas de serviço devidas à clínica. "Para a semana [de maio] 24–31", anotou em 3 de junho, "sou responsável por 14 horas, 20" (figura 25). O mesmo sistema de dever clínico era aplicado agora que Klein estava em Londres. Ela também reconhecia que, como nas suas outras clínicas, os candidatos que não podiam se dar ao luxo de pagar por sua análise didática eram considerados pelos didatas como "pacientes da clínica", em lugar da responsabilidade já costumeira pelos pacientes externos. Ao todo, a equipe da clínica tratava aproximadamente 25 pacientes por dia. Como nas outras clínicas, homens e mulheres de todas as idades e ocupações tinham que aguardar na fila para as consultas iniciais. Os pacientes em potencial que ali chegavam a conselho de médicos ou familiares, esperavam pelas entrevistas de admissão semanais realizadas alternadamente por Jones e Glover às 17h30 das terças-feiras. Cem consultas foram oferecidas na clínica nos primeiros nove meses, sem dúvida um número espantoso e, de modo surpreendente, quase todos os entrevistados se tornaram casos analíticos, muitos dos quais permaneceram em tratamento

---

8   M. Klein, *Diary,* 1924, caixa 2, pasta A-20, série PP/KLE, Contemporary Medical Archives Center, Wellcome Institute for the History of Medicine.

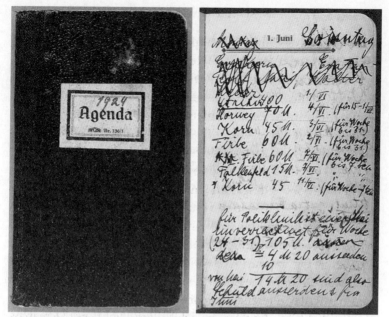

FIG. 25. *Agenda de Melanie Klein para 1924 e uma página de anotações mostrando seus rendimentos, horas de tratamento dos pacientes e taxas para a Policlínica (Wellcome Library, Londres).*

por muito mais tempo que os seis meses iniciais. A clínica de Londres nunca divulgava seus serviços ao grande público, nem sequer publicou anúncios nos jornais locais durante seus primeiros dez anos, porém ainda assim as solicitações excediam a capacidade da equipe a tal ponto que havia uma lista de espera de dois anos.

A fim de evitar uma demanda potencialmente avassaladora, os analistas de Londres elaboraram um projeto para a lista de espera antes que o primeiro ano terminasse. O tratamento na clínica era isento de custos desde o início e permanece assim até hoje. A lista de espera foi dividida em três rubricas: casos urgentes, casos particularmente adequados para estudantes e os perenes casos restantes. Como o empreendimento todo girava em torno do processo de admissão, Jones e Glover se viram logo obrigados a estabelecer três categorias adicionais de pacientes. O escopo de um entrevistador de admissão era muito amplo: ouvir as queixas de um neurótico de modo tão imparcial quanto o discurso floreado do psicótico, mas sobretudo as lamentações de pessoas em geral bem-equilibradas, oprimidas por uma ampla variedade de crises cotidianas. Assim, a primeira das novas categorias, "conselhos *in situ*", classificava principalmente pais e filhos em crises escolares repentinas; detenções por pequenos delitos com uma clara sobreposição como cleptomania, ou talvez violência doméstica. A segunda categoria, "consulta com o médico habitual do paciente", tinha a ver com queixas de cefaleia, asma, epilepsia, narcolepsia, distúrbios digestivos e outras investigações ocasionais sobre sonambulismo e tiques. Finalmente, o terceiro grupo de pacientes, aqueles cujos problemas poderiam ser melhor atendidos em outra instituição médica, incluía doenças cardíacas, dependência de drogas e esquizofrenia severa. A equipe, que se reunia trimestralmente, estava satisfeita com os resultados terapêuticos e estimava modestamente que alguns pacientes haviam sido curados e vários outros "muito beneficiados"[9].

Em Viena, Grete Lehner Bibring e Eduard Kronold haviam se unido a Reich e a Hitschmann, e os quatro constituíam agora a equipe profissional da clínica analítica em pleno funcionamento e com força total. Richard Sterba se juntou a eles oficialmente depois de apresentar seu trabalho de iniciação "Über latente negative Übertragung" (Sobre a Transferência Negativa Latente), que Reich considerou muito impressionante, em uma das reuniões noturnas da Sociedade nas quartas-feiras. Este artigo outorgou a Sterba plena adesão à Sociedade, mas, ao admiti-lo, o ambulatório também conseguiu um membro excepcionalmente leal que preservaria a integridade da clínica até ela ser obrigada a fechar, em 1938. Ainda assim, a equipe estava de imediato mais preocupada com a necessidade de selecionar na entrevista inicial cada paciente em perspectiva, crianças, adolescentes e adultos, admitindo-o ao tratamento psicanalítico o mais rápido possível. O maior número de crianças tratadas na história do Ambulatorium diz respeito aos anos de 1926 e 1927. Inclusive crianças menores de 10 anos (e idosos de 61 a 70 anos) foram vistos e contabilizados, embora representassem apenas uma pequena fração da população total de pacientes do ambulatório. Como de hábito, foram tratados mais meninos do que meninas, com cerca de sete meninos e cinco meninas regularmente contabilizados. Os analistas estavam pouco preparados, no que tange à sua experiência clínica, para assumir casos de crianças, "os pequenos pacientes do gueto", como dizia a americana Helen Ross, e a maioria dos analistas, salvo Hermine Hug-Helmuth e

9 Reports, *International Journal of Psychoanalysis*, v. 9, p. 147.

Anna Freud, eram principiantes[10]. Jenny Waelder-Hall, pediatra do hospital Kaiser Franz-Josef por cinco anos e meio, que já analisava adultos na *Herzstation*, assumiu ali seu primeiro caso infantil, um menino inicialmente entrevistado por Anna Freud. Felizmente o hospital ficava próximo e embora suas responsabilidades médicas não se coadunassem com as estranhas horas vespertinas da clínica, Waelder-Hall optou por iniciar a análise no dia seguinte. Anton, um tímido menino de nove anos de idade, tinha terrores noturnos tão profundos que afetavam seriamente seu desempenho escolar e terminaram por estorvar todas as rotinas familiares. Imagens recorrentes de violentas cenas de brigas entre seus pais interferiam no seu sono. Ele era assombrado pela imagem mental agonizante de uma tentativa frustrada de resgatar a mãe quando tinha três anos, frustrada quando ele de repente caiu – disseram-lhe depois –, feriu-se gravemente e toda a família acabou indo para a delegacia[11]. Excluído dos jogos com seus companheiros, Anton desenvolveu uma vida de fantasia animada por amigos diurnos invisíveis e inimigos noturnos. O delicado dilema clínico apresentado por esse caso – como aliviar uma criança dessas mesmas fantasias inconscientes que permitiam sua sobrevivência consciente durante o dia – deixava patente para os analistas infantis a necessidade de supervisão e orientação clínicas.

O conceito de um seminário de técnica psicanalítica, na época o método padrão de Reich e de Bibring para discutir casos de pacientes adultos, foi transferido à análise infantil com facilidade. Dado que Anna Freud era a escolha natural para liderar o novo seminário semanal de supervisão, as noites de segunda-feira foram escolhidas e Edith Buxbaum, Editha Sterba, August Aichhorn, Grete Lehner Bibring, Marianne Rie Kris, Annie Reich, Anny Angel-Katan, Dorothy Burlingham e Willi Hoffer se incorporaram ao projeto "Sobre a Técnica da Análise de Crianças". Jenny Waelder-Hall se recordava que "muitas pessoas ouviram falar sobre o nosso seminário e começaram a participar, e as reuniões estavam sempre lotadas [...] Kris, Waelder, todos os que tinham um paciente e inclusive os que não tinham, costumavam

---

10 Interview with Helen Ross, por Faye Sawyier, série de vídeo *Portraits in Psychoanalysis*, Gitelson Film Library, Instituto de Psicanálise de Chicago.

11 J. Waelder-Hall, Structure of a Case of Pavor Nocturnus, *Bulletin of the Philadelphia Association for Psychoanalysis*, v. 20, p. 267.

216 OS ANOS MAIS GRATIFICANTES: 1923-1932

vir."[12] Para Dorothy Burlingham, o seminário foi uma de suas primeiras apresentações oficiais à vida dos psicanalistas vienenses. Futura companheira de Anna Freud por toda a vida, Dorothy era a filha triste e rica de Louis Comfort Tiffany e trouxera há pouco seus quatro filhos para Viena. Como seu interesse pela psicanálise cresceu além da sua necessidade de alívio pessoal, ela começou a participar do seminário. Ela se recordava que a maioria das reuniões se realizava no ambulatório, na "sala de conferências esfumaçada da *Herzstation* no distrito da Universidade [...] um centro de pesquisa cardiológica durante o dia e a sede psicanalítica a partir do entardecer"[13]. Em 1926, o espaço nesse "quartel-general", contudo, era tão concorrido que os administradores do hospital ameaçaram, uma vez mais, desalojar a clínica. No devido tempo, o ambulatório e o instituto foram autorizados a permanecer ali, enquanto as reuniões da Sociedade passaram a ser realizadas em outro local, a poucas quadras de distância. Anna Freud ministrava seus próprios seminários em um conjunto separado de salas na Berggasse. A janela do pátio de sua sala de espera ficava em frente à do pai, porém Freud nunca se juntou ao grupo pois, segundo Jenny Waelder-Hall, "ele sabia que, se estivesse presente, nenhum de nós teria conseguido trabalhar"[14]. Desafiado pelo número crescente de pacientes infantis encaminhados pelos professores e em dívida de gratidão para com a missão do ambulatório, o seminário original se expandiu com velocidade e teve que ser reorganizado em três cursos separados, mais fáceis de serem administrados. A gama de casos apresentados no seminário técnico sobre análise infantil refletia o censo das famílias trabalhadoras de Viena, do caso de Annie Reich sobre uma prostituta infantil fugitiva à tentativa de Dorothy Burlingham de envolver uma mãe iletrada, que trabalhava como zeladora e encarregada da limpeza de um edifício, na educação sexual de sua filha de oito anos. À parte sua preocupação comum pelo bem público, os analistas não estavam nada preparados para os tipos de casos que surgiam em seu trabalho na clínica. A menina de oito anos era um exemplo perfeito da sua ingenuidade. Waelder-Hall lembrava-se, da conferência

12 S. Gifford, Interview with Jenny Waelder-Hall, arquivos da Sociedade Psicanalítica de Boston, p. 6-7.
13 Dorothy Burlingham, em M.J. Burlingham, *The Last Tiffany*, p. 177.
14 S. Gifford, op. cit., p. 5.

de casos, que quando Dorothy aconselhou a mãe a discutir sexo com a filha e explicar-lhe "por que é útil e não é perigoso", ela se descontrolou, protestando que fotos desagradáveis podiam ser adequadas para os filhos imaginativos do analista, mas que ela limpava uma casa cheia de solteiros e quem sabe o que sua filhinha faria! A pequena paciente fugiu do ambulatório e os analistas se deram conta rapidamente de que tinham que adquirir toda uma variedade de novas habilidades para trabalhar com famílias, professores, orientadores educacionais e assistentes sociais. Não é de admirar que o aconselhamento infantil dessexualizado de Adler tivesse tal sucesso entre os sociais-democratas. O curso de Adler sobre pedagogia psicanalítica florescia precisamente porque mitigava o desconforto que suscitavam normalmente (então como agora) ideias de sexualidade, agressão e fantasia infantis nos professores de crianças pequenas. August Aichhorn, também membro do seminário, era menos crítico no tocante à agressão infantil e suas respostas empáticas para crianças problemáticas faziam dele um professor vivaz. Aichhorn conduzia uma subdivisão do seminário sobre adolescência e delinquência na sua própria pequena clínica, no porão da Pelikangasse, 18.

Pelo fato de serem tão pobres, adolescentes indigentes e da classe operária eram, em geral, os últimos pacientes a serem atendidos pelos orientadores municipais, embora, como Aichhorn e Reich bem sabiam, sua aflição sinalizava mais do que apenas um intervalo problemático no caminho para a vida adulta. Mesmo pais capazes ficavam preocupados quando seus adolescentes falavam sobre a inevitável angústia do crescimento, um tormento pessoal que parecia mergulhar toda a vida familiar no sofrimento. Aichhorn e Adler, por outro lado, estavam fascinados pela depressão dos adolescentes e, agora que suas abordagens terapêuticas eram mais conhecidas, outros terapeutas começaram a se basear em seus métodos. Assim, o professor Schroeder, do instituto de neurologia da Universidade de Leipzig, decidiu abrir uma clínica para adolescentes em novembro. Para dar início ao novo centro policlínico e de observação para jovens infratores, Schroeder primeiro convenceu as autoridades do hospital a reservar uma grande sala para visitantes e várias salas menores para tratamento. Agregou posteriormente uma série de palestras nas tardes de domingo, nas quais psiquiatras locais discorriam sobre seu trabalho no centro de observação adjacente. Havia, é claro, outras instalações perto de Leipzig para meninas e meninos, mas nenhuma oferecia tratamento para traumas ou situações edipianas complexas. A clínica de Schroeder se fundamentava nos métodos que Aichhorn havia publicado um ano antes, em *Verwahrloste Jugend* (Juventude Abandonada), e nos relatórios de Bernfeld sobre o *Kinderheim* Baumgarten[15]. Os terapeutas de Leipzig se identificavam com a psicanálise e muitos, com toda a probabilidade, eram candidatos na Policlínica de Berlim. Quando Teresa Benedek, que viajava amiúde entre Berlim e Leipzig, assumiu a direção do grupo de estudo local em outubro, ela esperava que Erich Fromm e Frieda Fromm-Reichmann, ambos de Heidelberg, psicanalistas de orientação sociológica, se juntassem ao seu grupo ou à recém-formada subseção de Frankfurt da Sociedade de Berlim. Também a imprensa estava ciente da atividade dentro do movimento psicanalítico. Na manchete do *Leipziger Volkszeitung* de 13 de outubro de 1926, um editor compilou citações lisonjeiras sobre Freud por ocasião de seu aniversário. "Existe na psicanálise um aspecto sociológico", dizia o jornal, "que é solidário com o progresso social."[16] No final, a pequena Sociedade de Frankfurt, que contava com Clara Happel e Karl Landauer, passou a ser historicamente mais importante do que Leipzig, em grande parte porque tinha se afiliado ao eminente Instituto de Pesquisa Social.

Em ocasiões especiais como seu septuagésimo aniversário naquele ano, Freud ajudou no financiamento do ambulatório e destinou a maior parte dos 30.000 marcos, cerca de US$4.200, arrecadados por seus colegas em um Fundo Jubileu Psicanalítico para a manutenção da clínica de Viena (figura 26). Freud estava muito satisfeito com esse fundo, obtido em grande parte pelos seus discípulos e por seu colega húngaro Sándor Ferenczi em lugar dos presentes, e distribuiu as quantias confiando que tinha sido "fiel às intenções dos doadores"[17]. Deixando de lado seu típico

---

15 *Leipziger Volkszeitung*, domingo, 25 nov. 1926, pasta Psychoanalysis & Socialism, 1926-29-1937, contêiner 7, Siegfried Bernfeld Papers, Collections of the Manuscript Division, U.S. Library of Congress.

16 *Leipziger Volkszeitung*, quarta-feira, 13 out. 1926, Die Entwicklung der Psychoanalyse, Collections of the Manuscript Division, U.S. Library of Congress.

17 Carta de Freud aos seus colegas, de 20 maio 1926, arquivos do Freud Museum (Viena), e carta n. 1059, em E. Falzeder et al. (eds.), *The Correspondence of Sigmund Freud and Sándor Ferenczi*, v. 3, p. 257.

FIG. 26. *Circular de Sigmund Freud, alocando fundos para o Ambulatorium de Viena (arquivos da Fundação Sigmund Freud, Viena).*

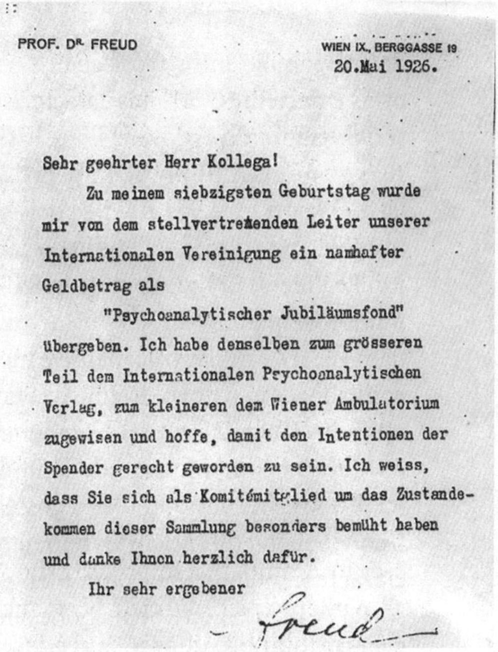

PROF. DR. FREUD

WIEN IX, BERGGASSE 19
20. Mai 1926.

Sehr geehrter Herr Kollega!

Zu meinem siebzigsten Geburtstag wurde mir von dem stellvertretenden Leiter unserer Internationalen Vereinigung ein namhafter Geldbetrag als "Psychoanalytischer Jubiläumsfond" übergeben. Ich habe denselben zum grösseren Teil dem Internationalen Psychoanalytischen Verlag, zum kleineren dem Wiener Ambulatorium zugewisen und hoffe, damit den Intentionen der Spender gerecht geworden zu sein. Ich weiss, dass Sie sich als Komitémitglied um das Zustandekommen dieser Sammlung besonders bemüht haben und danke Ihnen herzlich dafür.

Ihr sehr ergebener

Freud

irritante humor de aniversário, Freud agradeceu a colaboradores como Marie Bonaparte, cuja magnífica fortuna iria sobreviver até mesmo à crise econômica de 1929. Freud a provocou com sua mais nova insígnia social-democrata, o diploma que certificava sua cidadania honorária de Viena (enquanto sutilmente a instava a financiar uma clínica em Paris). O impulso de Freud de apoiar o ambulatório não foi meramente um ato de caridade. As políticas econômicas redistributivas dos responsáveis financeiros da Viena Vermelha, Robert Danneberg e Hugo Breitner, haviam se consolidado e fundos excedentes eram invariavelmente repassados a instituições de bem-estar social, para o que o *status* independente de Viena era também muito útil. "A ausência de bairros pobres, as ruas limpas, os parques bem cuidados [...] os novos apartamentos dos trabalhadores e um bom número de escolas muito interessantes para crianças e adultos" impressionaram uma jovem candidata psicanalítica americana chamada Muriel Gardiner[18].

Muriel Gardiner se tornaria uma das combatentes antifascistas mais sutis e ferrenhas da época. No verão de 1934, quando os fascistas abatiam as pessoas a tiro nas esquinas, Gardiner se converteria em uma extraordinária salvadora clandestina e, depois, de volta aos Estados Unidos, em protetora do social-democrata Otto Bauer até a morte dele. Em meados dos anos de 1920, entretanto, ela ainda era estudante na Escola de Medicina e participava dos seminários psicanalíticos. Suas memórias de vida em ambos os lados da psicanálise têm o efeito de introduzir o leitor atual aos modos cômodos

18   M. Gardiner, *Code Name "Mary"*, p. 35.

de intercâmbio entre os psicanalistas vienenses e inclusive entre analistas e pacientes. "Muitas características da análise naquela época seriam agora desaprovadas nos Estados Unidos", escreveu ela em suas memórias de 1983. Gardiner nasceu em 1901 em uma rica família do Meio-Oeste. Ela era uma bolsista Henry Durant em Wellesley, militante na política socialista no campus e fundadora do Intercollegiate Liberal League com amigos de Radcliffe e Harvard. Em 1922, mudou-se para a Europa, primeiro para graduar-se em Oxford e depois para estudar psicanálise e medicina em Viena. Sua chegada coincidiu com o novo sistema de bem-estar social de Tandler, e seu interesse em aplicar o conhecimento psicanalítico na educação se coadunava com a missão do ambulatório. Na época, os analistas "expressavam suas opiniões e gostos de forma mais aberta e com frequência os discutiam livremente com os pacientes", observou ela, acrescentando que eram "menos exigentes em evitar o contato social"[19]. Bruno Bettelheim, por exemplo, conheceu seu futuro analista Richard Sterba num entorno social público, e resolveu muito abertamente assuntos práticos, como a hora da consulta diária e os honorários[20]. Para Bettelheim, assim como para outros analisandos, as entrevistas preliminares com seus futuros analistas eram encorajadas, mesmo habituais e, em geral, consistiam em experiências amigáveis. O contato inicial era, com frequência, uma introdução por Anna Freud e Paul Federn à atmosfera de camaradagem especialmente intensa entre os analistas leigos. Erik Erikson, embora via de regra ambivalente acerca de sua análise com Anna Freud, lembrava-se que, durante as sessões, ela tricotava uma pequena manta para o filho dele, recém-nascido. As interações sociais relaxantes entre analista e paciente também tinham implicações políticas. Muriel Gardiner sentia que podia revelar com liberdade suas atividades clandestinas para sua analista Ruth Brunswick, não só por causa do respeitado imperativo da confidencialidade do paciente, mas também porque, dizia ela, "eu sabia que ela compartilhava meus pontos de vista"[21]. O mais notável é que o próprio estudo de casos de Freud era impressionante pela sua displicente desatenção às suas próprias recomendações técnicas nos âmbitos do anonimato (não revelar reações pessoais), da neutralidade (não dar diretrizes) e da

19 Ibidem, p. 36.
20 B. Bettelheim, *Freud's Vienna and Other Essays*, p. 29.
21 M. Gardiner, op. cit., p. 81.

confidencialidade (não compartilhar informações do paciente com terceiros). Ele dava um aperto de mão aos seus pacientes no início e no final de cada sessão e, em quase todas as áreas, desviava-se consistentemente de suas próprias instruções publicadas em 1913. Cada um dos casos de Freud registrados entre 1907 e 1939 revela, no mínimo, sua tendência de instar pacientes a que adotassem medidas concretas específicas em suas vidas e também seu prazer em conversar, brincar e até mesmo fofocar com eles. Grande parte dessa atitude continua sendo clinicamente controversa e, em termos da curiosidade e da experimentação de Freud talvez tenham levado a acusações muitas vezes justificadas de impropriedade. Contudo, essa mesma atitude também evidenciava a preocupação manifesta de Freud por seus pacientes e sua sociabilidade. Ainda mais cedo em sua vida, em 1905, quando a renda de Freud mal cobria as despesas de sua própria família, ele ajudou Bruno Goetz, um jovem poeta suíço com problemas visuais e fortes dores de cabeça. Freud leu seus poemas com admiração, fez algumas perguntas e depois disse:

"Bem, meu aluno Goetz, eu não vou analisar você. Você pode ser muito feliz com seus complexos. No que diz respeito à sua visão, vou lhe dar uma receita." Ele se sentou à mesa e escreveu. Enquanto isso, me perguntou:

"Disseram-me que você quase não tem dinheiro e vive na pobreza. É correto?"

Eu disse a ele que meu pai recebia um salário muito pequeno como professor, que eu tinha quatro irmãos e irmãs menores e sobrevivia dando aulas particulares e vendendo artigos para jornais.

"Sim", ele disse. "O rigor para consigo mesmo às vezes pode ser bom, mas não se deve ir longe demais. Quando foi que você comeu um bife pela última vez?"

"Acho que há quatro semanas".

"É o que eu pensava", disse ele e levantou-se. "Aqui está sua receita". Acrescentou mais alguns conselhos, e então disse, com timidez: "Espero que você não se importe, mas eu sou um médico consagrado e você é um jovem estudante. Por favor, aceite este envelope e deixe-me fazer desta vez o papel do seu pai. Um pequeno honorário pela alegria que você me proporcionou com seus poemas e a história da sua juventude. Vamos nos ver novamente. *Auf Wiedersehn!*"

Imagine! Quando cheguei no meu quarto e abri o envelope, encontrei 200 *Kronen*. Fiquei tão comovido que comecei a chorar.[22]

---

22 B. Goetz, Some Memories of Sigmund Freud, em H.M. Ruitenbeek (ed.), *Freud as We Knew Him.*

"Em suas opiniões políticas privadas você pode ser um bolchevique", escreveu Ernest Jones a Freud naquele ano, "mas você não ajudaria a difundir a Ψ se anunciasse isso em público."[23] Jones, como sempre tão deferente quanto impulsivo, dava à correspondência entre eles um matiz particularmente emocional. Aqui, ele explode com sua própria descoberta da natureza política do pensamento de Freud. O porta-voz da psicanálise divulga exatamente aquilo pelo qual critica Freud, mas não repudia isso. Ele entende o fascínio de Freud pela mudança e está dividido entre a lealdade ao homem e a lealdade à "causa" psicanalítica.

A causa em si era muito mais focada politicamente do que Jones entendia. Em 1926, os planos da IPA para uma rede de institutos de formação e clínicas gratuitas, propostos em Budapeste em setembro de 1918, estavam muito avançados. A aliança entre o socialismo e a psicanálise foi selada em Berlim quando Ernst Simmel foi simultaneamente premiado com as presidências da Associação dos Médicos Socialistas e da Sociedade Psicanalítica Alemã (ou DPG). Em seguida, Siegfried Bernfeld e Otto Fenichel, dois dos membros politicamente mais dinâmicos do movimento, incorporaram-se oficialmente à policlínica depois de mudar de Viena para Berlim. Em julho, Bernfeld resumiu sua posição de esquerda em um relatório abrangente apresentado ao Sindicato dos Médicos Socialistas. O discurso, chamado "Sobre o Socialismo e a Psicanálise", foi ouvido por Barbara Lantos, Fenichel e a maioria dos membros dos Seminários de Crianças, sendo publicado em uma edição de *O Médico Socialista*, o periódico do Sindicato dos Médicos Socialistas[24]. O ensaio de Bernfeld defendia a tese de que a psicanálise poderia ter um genuíno significado para o proletariado apenas se fosse colocada em prática na luta de classes. Numa época na qual tanto o socialismo como a psicanálise tinham como objetivo contribuir para a saúde da nação, a medicina continuava a florescer nas mãos privadas da burguesia. Tão logo a prática médica fosse completamente reestruturada e redirecionada às classes trabalhadoras, a psicanálise a seguiria. Talvez a psicanálise ainda não beneficiasse o público em geral tanto quanto individualmente, porém explicava alguns fenômenos (como conflitos familiares ou dinâmica de grupo), algo que a

---

23 Carta de Jones a Freud, n. 476, de 25 fev. 1926, em R.A. Paskauskas (ed.), op. cit., p. 592.

24 Com comentários de Ernst Simmel, *Der Sozialistische Arzt*, v. 2, 1926.

ciência social não podia fazer. Logicamente, os *insights* da psicanálise poderiam ser postos em prática na luta de classes, com o objetivo de manter a saúde psicológica individual. Para os membros da Associação dos Médicos Socialistas como Heinrich Meng, Margarete Stegmann, Angel Garma e o psicanalista-político vienense Josef Friedjung, a declaração de Bernfeld foi a expressão mais clara até hoje do argumento de que as duas correntes da psicanálise (a teoria e a prática) exercem influência igualmente poderosa. Em outras palavras, teoria e prática juntas causavam um impacto político que nenhum elemento por si só poderia produzir. Do ponto de vista de alguns membros e candidatos mais jovens da DPG, o grupo também conhecido como os Seminários de Crianças, Bernfeld falava o seu idioma. A partir de 1924, quando os Seminários de Crianças foram realizados pela primeira vez, até outubro de 1933, quando todos foram desmantelados à força, o grupo realizou 168 reuniões nas casas de seus membros[25]. A maioria das reuniões era dedicada, naturalmente, à psicanálise e à política. Bernfeld, contudo, podia explicar a natureza exata de um vínculo entre a psicanálise e o materialismo dialético que mesmo Fenichel e Reich, que haviam visitado a União Soviética em viagens de estudo para esse propósito, não foram capazes de fazer.

O enorme desafio de se manter como líder de uma organização com quatro vertentes de grande porte que mudava rapidamente – a IPA, a Sociedade de Berlim, a Verlag e a policlínica – recaiu sobre Max Eitingon, dadas suas habilidades administrativas magistrais. "É muito reconfortante para mim saber que a direção das várias organizações permanece nas mãos de Eitingon", respondeu Ferenczi à nota igualmente tranquilizadora de Freud sobre o destino da policlínica após a morte de Abraham[26]. Em 12 de janeiro foi realizado um ato em memória de Abraham, o fundador e primeiro presidente da Sociedade de Berlim. Depois de discursos dignificantes de Eitingon, Sachs e Radó, o retrato de Abraham foi colocado em exposição permanente na sala de conferências da clínica[27]. Ferenczi encorajou seus *Liebe Freunde* (amigos queridos),

---

25 K. Brecht et al. (eds.), *Here Life Goes On in a Most Peculiar Way*, p. 40.
26 Carta de Ferenczi a Freud, n. 1045, de 14 jan. 1926, em E. Falzeder et al. (eds.), *The Correspondence of Sigmund Freud and Sándor Ferenczi*, v. 3, p. 244.
27 M. Eitingon, Memorial Meeting for Karl Abraham, Report of the Berlin Psycho-Analytical Society, *International Journal of Psychoanalysis*, v. 7, p. 287.

confiante de que os talentos conjuntos de Eitingon e Simmel encontrariam a solução certa para os problemas administrativos deixados pela morte de Abraham[28]. Eitingon rapidamente nomeou uma presidência composta por Simmel, Radó e Horney até que eleições pudessem ser agendadas. Loewenstein partiu para Paris e Alfred Gross, seu substituto, mudou-se para o sanatório Schloss Tegel, o programa de internação de Simmel, para ser substituído pelo dr. Witt. Até aquele momento, a equipe da policlínica consistia dos diretores, sete assistentes remunerados, dez candidatos veteranos e cerca de quinze membros da Sociedade Psicanalítica. Cada um dedicava quatro horas diárias aos pacientes da clínica, que tratavam na policlínica ou em seus consultórios particulares. Quatro assistentes adicionais, não remunerados, ofereciam cada qual, voluntariamente, as mesmas quatro horas semanais de tratamento na clínica. O número quatro parecia ser uma espécie de padrão, já que cada paciente visitava regularmente a clínica por quatro horas semanais.

O tratamento individual pode ser abreviado ou acelerado? A hora analítica é de 60 ou 45 minutos, ou pode variar? Quantos dias por semana são necessários para uma análise eficaz? Quantos meses deve durar uma análise para estar completa? É melhor que tais decisões sejam tomadas pelo paciente ou pelo terapeuta? À semelhança dos debates epistolares entre Freud e Ferenczi, essas controvérsias morais e práticas eram discutidas pela equipe da policlínica com frequência, se bem que de forma inconclusiva. Embora Freud tivesse previsto em 1918 que os analistas "teriam que misturar algumas ligas com o ouro puro da análise" tão logo o tratamento gratuito se tornasse difundido, a equipe da policlínica não encontrava um substituto adequado para o método analítico e condenava como metaforicamente "inútil [...] o cobre da sugestão direta". Eles se recusavam a implementar *a priori* limites de tempo no tratamento, independentemente do diagnóstico. E enquanto experimentavam extensivamente os parâmetros concretos do tratamento, sua única definição do curso da análise era "o processo criado por Freud". Para justificar a duração do tratamento, Eitingon fazia referência ao discurso de Budapeste e comparava a psicoterapia de longo prazo das neuroses

---

28 Sándor Ferenczi, carta circular a *Liebe Freunde*, de 31 jan. 1926, documento n. CFC/F01/77, arquivos da Sociedade Psicanalítica Britânica.

ao tratamento de outras doenças crônicas como a tuberculose: "quanto mais profundo e completo o sucesso, maior é a duração do tratamento"[29]. O tratamento ativo era uma inovação, uma extensão da psicanálise, talvez, mas não a substituía. Embora Eitingon zombasse do tratamento abreviado como uma daquelas "intervenções engenhosas e forçadas" que nada conseguem, pois se desviam da trajetória da patologia real, ele pedia aos analistas que investigassem esquemas fracionados, isto é, limitados no tempo ou intermitentes[30]. "Ele gostava de experimentar interrupções", recordava Franz Alexander, "e a expressão 'análise fracionada' era usada com frequência."[31] Um homem um tanto contraditório e de "caráter muito encantador", na opinião de Alix Strachey, Eitington considerava que a duração do tratamento era determinada pelo paciente ou, se isso não fosse possível, por uma decisão mútua do terapeuta e do paciente. Ele gostava de desenvolver vantajosos programas *fraktionäre* planejados para pacientes como Josephine Dellisch, a empobrecida professora suíça que se tornara amiga de Anna Freud. "Um mês no Natal, três semanas na Páscoa etc. para se adequar ao seu calendário escolar – a começar em dezembro", registrou Alix[32]. A equipe da policlínica tinha como objetivo encontrar soluções flexíveis para os dilemas clínicos práticos e, na década de 1920, a duração da hora clínica e do tratamento estava sujeita a tanto debate, ou mais, como atualmente. O ideal eram sessões diárias, mas como muitos dos pacientes trabalhavam, a análise três vezes por semana era mais difundida. Em 1926, o esquema de três horas semanais de tratamento foi considerado adequado e mantido como prática padrão em Berlim. Dez anos mais tarde, como fundador do novo Instituto de Psicanálise de Chicago, que ele configurou segundo sua experiência em Berlim, Alexander ainda insistia na flexibilidade, alegando que o tratamento deveria ser ajustado ao paciente e não o inverso. Ele dizia que, ainda que isso significasse reduzir a experiência analítica, "é vantajoso às vezes mudar a intensidade da terapia alternando

29 Report, *International Journal of Psychoanalysis*, v. 9, p. 148.
30 Ibidem, p. 148-149.
31 F. Alexander, Psychoanalytic Training in the Past, the Present and the Future: A Historical View, apresentado à Associação de Candidatos do Instituto de Psicanálise de Chicago, 26 out. 1951, arquivos do Instituto de Psicanálise de Chicago.
32 Carta de Alix a James Strachey, de 03 dez. 1924, em P. Meisel; W. Kendrick (eds.), *Bloombury/Freud*, p. 134.

a frequência das entrevistas ou por meio da interrupção temporária do tratamento"[33].

Quanto tempo deveria durar uma sessão analítica? Se o tratamento é uma parte do cotidiano da vida, uma hora como qualquer outra hora de trabalho, então talvez uma sessão de trinta minutos seja uma unidade de tempo tão natural quanto a de sessenta. Sessenta minutos tinha sido a duração padrão de uma sessão até a década de 1920, quando Karl Abraham e a equipe da policlínica suscitaram o assunto como mais uma das questões polêmicas. Eitingon escreveu que, de início, os analistas pretendiam "sistematicamente e em todos os casos reduzir a duração da sessão analítica de uma hora para meia hora", devido ao cronograma abarrotado de trabalho e de família de seus pacientes. Em vez disso, a sessão de cada paciente era definida individualmente, numa faixa que variava de 45 a 60 minutos. O fator decisivo era a receptividade do paciente à "disciplina" – talvez outro termo para denotar motivação. Por um lado, para alguém que aceita o talento natural rousseauniano da humanidade de se autorregular, a afirmação de Eitingon segundo a qual "apesar de suas neuroses [...] não é raro encontrar [pessoas autodisciplinadas] na Alemanha prussiana entre os funcionários públicos e outras pessoas" era sarcástica, na melhor das hipóteses. A "disciplina" é uma motivação interna natural do ser humano para a saúde? Ou é uma resposta a uma motivação externa, como um programa fracionado? O que faria mais sentido do ponto de vista clínico? Como diriam seus colegas da Escola de Frankfurt, a resposta estava na dialética. Uma entrevista analítica, ou sessão, poderia durar de 45 a 60 minutos completos uma vez que, pelo menos em teoria, apenas um equilíbrio entre a avaliação clínica do profissional e a disciplina do paciente levaria a um esquema apropriado. No entanto, de acordo com Alexander, as experiências iniciais de Eitingon com sessões de meia hora se mostraram "insatisfatórias" e o que se converteria na hora analítica padrão de cinquenta minutos foi instituída como norma oficial. Os pacientes eram atendidos três a quatro vezes por semana, ou mais, sem nenhum limite de tempo predeterminado para o fim da análise. A policlínica ficava aberta diariamente das

---

33 Entrevista de Franz Alexander para Francesca Alexander, The Man Who Brought Freud Here, *Chicago*, out. 1956, p. 27.

8h00 às 20h00. Cerca de trezentas horas analíticas (completas) eram destinadas semanalmente aos pacientes clínicos.

A possibilidade de modificar a duração da hora clínica também atraía os vienenses. Em particular, a equipe do posterior e experimental Departamento de Casos Limítrofes e Psicoses do Ambulatorium considerava que a hora analítica completa de sessenta minutos produzia no paciente uma insuportável agitação. A redução da sessão em apenas um quarto de hora, ou quinze minutos, parecia conter a ansiedade do indivíduo e em geral produzir uma entrevista mais produtiva. Contudo, seriam necessários pelo menos mais vinte anos para que o período de tempo abreviado, a hora de cinquenta minutos, entrasse na corrente principal da cultura psicanalítica. Após a Segunda Guerra Mundial, o psicanalista francês Sacha Nacht reintroduziu na clínica da Sociedade Psicanalítica de Paris a sessão mais curta de 45 minutos e o programa de tratamento de três vezes por semana para profissionais que assim o desejassem[34].

Uma vez que a hora clínica estava sob tal escrutínio, a duração de um ciclo completo de tratamento também foi examinada. Quanto tempo deveria durar a psicanálise? Com que rigor o analista e o paciente deveriam manter a agenda diária? Sándor Ferenczi havia explorado a teoria clínica por trás da "análise fracionada", o programa baseado em intervalos, agora considerado o precursor do atual tratamento "psicoterapia breve operacionalizada" e Eitingon o havia aplicado[35]. Ao mesmo tempo, Ernst Simmel reintroduziu experimentos com o tratamento de duas a três sessões que ele havia iniciado durante a guerra. Retomada mais tarde em Viena, a análise fracionada não era interminável e poderia ser interrompida ou dividida em segmentos ditados pela vida do paciente. Uma gravidez, uma resistência à mudança clínica, o recrutamento militar, eram apenas algumas das indicações para interromper legitimamente o curso do tratamento. Ao contrário de outras ações terapêuticas, um "fracionamento" deliberado assinalava o fim do tratamento ou simplesmente um hiato durante o qual os pacientes iriam colocar em prática (talvez pressagiando a

---

34 Comentário de Alain de Mijolla durante a reunião de julho de 2000 da International Association for the History of Psychoanalysis, Versalhes, França.

35 C. Tosone, Sándor Ferenczi: Forerunner of Modern Short-Term Psychotherapy, *Journal of Analytic Social Work*, v. 4, n. 3, p. 23-41.

228 OS ANOS MAIS GRATIFICANTES: 1923-1932

teoria do desenvolvimento de Margaret Mahler) as opções obtidas a partir dos novos *insights* e, em seguida, retornariam – ou não – por sua própria escolha. Os analistas e seus pacientes poderiam fixar uma data mutuamente aceitável para a "terminação", o planejado final do tratamento. O método da análise fracionada era, é claro, também estatisticamente satisfatório porque permitia que os analistas documentassem e contabilizassem uma espécie de "índice de sucesso": uma análise completada seria considerada bem-sucedida, enquanto as análises mais ambíguas eram meramente fracionadas – não que tivessem falhado.

Gratificar as fantasias paternas dos pacientes – para depois induzi-los a abrir mão delas? Esse tipo de pergunta característica da liberdade de pensamento poderia ser conjecturada e mesmo posta em prática pelos experimentadores da policlínica. A independência dos analistas da policlínica com respeito ao interesse financeiro pelo paciente oferecia a ambas as partes, até então desconhecidas, liberdades clínicas. De uma forma reminiscente dos esforços de Ferenczi relativos à "análise mútua", tanto o analista quanto o paciente poderiam avaliar se as transferências haviam mudado de acordo com o estado do paciente e fazer uso da sua liberdade para experimentar essas novas formas de tratamento. Como dizia Eitingon, "na prática privada [isso] jamais poderia ser feito, porque apenas raramente a vida permite uma performance tão cara".

1927

"É de valor especial na promoção [da psicanálise] o estabelecimento de institutos e clínicas de tratamento ambulatorial"

o dia 30 de janeiro de 1927 constituiu um momento decisivo para Wilhelm Reich, bem como para a esquerda política da Áustria: um terrorista de direita atirou aleatoriamente em uma multidão de sociais-democratas em Schattendorf, uma pequena aldeia próxima da fronteira húngara. O que enfureceu em particular os trabalhadores e os liberais foi o fato de os autores acusados serem rapidamente absolvidos em 14 de julho. À semelhança das facções paramilitares da Alemanha, os cristãos-sociais conservadores da Áustria eram afiliados a grupos militaristas autônomos. As forças reacionárias austríacas haviam organizado suas próprias facções paramilitares independentes, o grupo protofascista *Heimwehr* (Guardiães da Pátria), para tais ocasiões. O conservador Partido Cristão-Social tinha sido derrotado mais uma vez em Viena e, embora mantivesse a liderança nacional, havia perdido a cidade, e sua cultura cosmopolita – tão importante para os austríacos quanto o poder político – ficou nas mãos dos sociais-democratas. Na verdade, Viena permaneceu aliada aos sociais-democratas até o fim dos anos de 1920. O final da década foi, entretanto, marcado por uma luta intensificada entre dois partidos políticos profundamente diferentes entre si, os liberais urbanos e seculares da Viena Vermelha e o partido governante da Áustria, cujo eleitorado católico rural ainda era leal à monarquia. Inclusive dentro do sistema judiciário vienense, juízes conservadores impunham penas de prisão mais leves aos promovedores de violência da extrema direita, uma política que gerava tensão crescente entre os trabalhadores e os funcionários do partido.

"Abaixo toda a política!", comandava Reich, "Vamos às demandas práticas da vida!" Protestos irromperam em Viena no dia seguinte em resposta à libertação dos soldados do *Heimwehr*. A manifestação espetacular, que se movia rapidamente pela rua em frente ao consultório de Reich, interrompeu a sua sessão analítica matinal e, juntos, ele e seu paciente, decidiram finalizá-la. Os trabalhadores haviam atacado e ocupado o centro da cidade, enquanto a polícia preparava suas armas. Ao amanhecer, a polícia lançou um ataque armado contra os trabalhadores e Reich testemunhou o massacre e o famoso incêndio no qual o Palácio da Justiça foi reduzido a cinzas. A imagem da multidão e da polícia atirando nos trabalhadores mostrou a Reich

naquele dia, com clareza, que o indivíduo socialmente reprimido é totalmente diferente, do ponto de vista psicológico, da forma em que a rígida sociologia do antagonismo de classes o descreve ou de como gostaria que ele fosse [...] Descobri, em suma, que a vida real das massas trabalhadoras é vivida em um nível completamente distinto daquele que enfurece o tumulto de políticos e a política partidária[1].

As manifestações eram necessárias, porém, infelizmente, inúteis. Se os comícios se tornassem violentos após cada provocação, o movimento dos trabalhadores nada mais seria que um ajuntamento de pobres insatisfeitos e desorganizados, que mudavam incessantemente de uma causa a outra. As pessoas tinham que ser alcançadas em um verdadeiro nível pessoal para evitar a reconstrução de barreiras de classe artificiais entre os organizadores do partido e os manifestantes. Em paralelo à análise profunda que liberta o indivíduo da opressão interna e permite o fluxo natural da energia, uma campanha plenamente mobilizada pela esquerda iria libertar as pessoas comuns da opressão externa e daria lugar a uma harmonia social natural. À semelhança de seus colegas

---

1 W. Reich, This Is Politics!, em M.B. Higgins; P. Schmitz (eds. e trads.), *People in Trouble*, v. 2.

da época, Reich pretendia fazer as duas coisas ao mesmo tempo, aplicando a psicanálise ao mundo interior e a social-democracia ao exterior. Entre suas primeiras etapas de planejamento em 1927 e seu desaparecimento em 1934, a Sex-Pol implementara serviços psicológicos e servira de ponte ao vínculo teórico de Reich entre a sexualidade humana e as atividades políticas organizadas. Ele chamou essa teoria de "sexo-economia", o que significava que o comportamento humano e a sociedade seriam naturalmente saudáveis e autorregulados se as pessoas pudessem ser libertadas da repressão cultural. Como já observado, a prática sexo-econômica, que pressupunha aconselhamento, difusão e reforma, era mencionada como serviço social. Naquele dia de fevereiro, no entanto, as formas conciliatórias da social-democracia mostraram-se inadequadas, e Reich se juntou ao grupo médico do Arbeiterhilfe, uma afiliada do Partido Comunista Austríaco.

Em 1917, um ano antes de ouvir o discurso de Freud sobre a promoção das clínicas gratuitas, Ernst Simmel já havia solicitado a autorização do governo para uma instituição de pesquisa psicanalítica, que incluiria um sanatório e uma clínica gratuita. Ele acreditava que o tratamento psicanalítico de pacientes internados deveria se estender a pessoas incapazes, por várias razões, de fazer uso da clínica ambulatorial da cidade. Para Simmel, diretor de um hospital de campo na Primeira Guerra Mundial para neuroses de guerra, de 1916 a 1920, o discurso de Freud de 1918 em Budapeste apenas confirmava a ideia de que o cuidado a ser dispensado a pacientes hospitalizados também fazia parte das obrigações sociais da psicanálise. Sua meta para um sanatório psicanalítico antecedeu, portanto, a Policlínica de Berlim. Na verdade, todas as ideias clínicas e políticas combinadas de Simmel estavam resumidas no projeto do sanatório. Durante oito anos ele havia angariado fundos para expandir a experiência da policlínica e, finalmente, em abril de 1927, conseguiu apoio financeiro suficiente para custear as despesas do seu equivalente hospitalar. O ministro alemão de Saúde e Educação prometeu enviar camas e médicos estatais que ali fariam sua formação. Os membros da policlínica e do círculo dos médicos socialistas tinham a crença inabalável que o sanatório lograria um sucesso tão grande quanto a clínica. Embora nunca tenha alcançado prosperidade, o sanatório Schloss Tegel de Ernst Simmel sobreviveu por cerca de cinco anos como um núcleo de

OS ANOS MAIS GRATIFICANTES: 1923-1932

iniciativas clínicas originais. O sanatório também servia pessoalmente a Freud como um retiro excepcionalmente tranquilo em um pequeno castelo restaurado nos limites de Berlim.

Em alguns aspectos, o sanatório Schloss Tegel evocava a vida suburbana arborizada da Áustria anterior à guerra (figura 27). "Fica a meia hora de carro do centro da cidade, porém é bonito e tranquilo, situado em um parque a poucos minutos do lago Tegel", disse Freud a Ernest Jones."[2] No dia 1º de abril, Freud parabenizou Simmel pela abertura do Tegel: "Desejo-lhe agora aquilo de que você precisará acima de tudo, um pouco de sorte."[3] O sanatório Tegel abriu oficialmente em 11 de abril para o tratamento residencial de pessoas indigentes profundamente perturbadas. O arquiteto Ernst Freud, que aceitou com prazer a incumbência de projetar e reformar o interior da centenária instituição de saúde, também emprestou ao projeto suas habilidades organizacionais. "Ele não só nos proporcionou alojamento adequado", escreveu Simmel a Freud, "mas também me auxiliou muito com conselhos em assuntos de negócios. Sempre que um perigo ameaçava o desenvolvimento de todo o projeto, ele nos dava ajuda prática."[4] Ernst converteu o edifício de dois andares, usado antes também como sanatório, de seus 50 quartos grandes e pequenos que podiam acomodar 74 pacientes, em um ambiente mais simplificado e funcional destinado a 25-30 pacientes. Posto que se tratava de um edifício vitoriano escuro e antiquado, Ernst decidiu que uma grande nova entrada de arco duplo com plantas e cadeiras de vime abriria o espaço e agradaria a pacientes e funcionários. Como o seu trabalho visava promover um ambiente terapêutico, várias salas grandes foram despojadas de sua ornamentação e convertidas em banhos comunitários e refeitórios, reminiscentes dos *Gemeindebauten* vienenses de seu antigo mentor, Adolf Loos. Luminárias brancas de estilo Bauhaus foram penduradas no teto para distribuir a luz de modo uniforme sobre as mesas de jantar dos pacientes e da equipe (os dois grupos compartilhavam as refeições comunitárias). Os corredores foram desobstruídos de modo que os quartos se abrissem diretamente

2   Carta de Freud a Jones, de 11 out. 1928, em R.A. Paskauskas (ed.), *The Complete Correspondence of Sigmund Freud and Ernest Jones*, p. 649.

3   Carta de Freud a Simmel, de 11 abr. 1927, em F. Deri; D. Brunswick, Freud's Letters to Ernst Simmel, *Journal of the American Psychoanalytic Association*, v. 12, n. 1, p. 102.

4   Carta de Simmel a Freud, de 01 abr. 1927, em F. Deri; D. Brunswick, op. cit., p. 101.

FIG. 27. *Entrada do parque Schloss Tegel, Berlim (foto da autora).*

para eles, e uma grande área nos fundos foi adaptada para a instalação de uma banheira redonda para hidroterapia. A mobília era simples e ousada, característica dos projetos de Ernst, com grandes poltronas estofadas, mesas redondas e as onipresentes estantes de madeira.

Para psicanalistas arrojados, o apelo do Tegel residia na sua nova variedade de pacientes, com seu comportamento frequentemente turbulento. À medida que os problemas surgiam, os dois médicos-chefes, drs. Nussbrecher e Ludwig Jekels – ambos de Viena – supervisionavam a equipe de assistentes médicos e enfermeiros analiticamente formados. A equipe clínica era estelar: Moishe Wulff, Edith Wiegert-Vowinckel, Irene Haenel-Guttman, Rudolf Bilz, Karl Maria Herald, Helmut Kaiser, Alfred Gross, Frances Deri e Ludwig Fries, com Eva Rosenfeld, amiga de Anna Freud, como administradora da instituição. Muitos eram sociais-democratas convictos e vários, em particular Frances Deri e Edith Wiegert, mais tarde se juntariam a Otto Fenichel em um projeto ambicioso para a fusão da prática psicanalítica e da teoria marxista. Outros, politicamente mais próximos de Simmel, antecipavam, com entusiasmo, uma época em que poderiam começar a tratar pacientes a partir de uma perspectiva marxista séria, que eles imaginavam como uma combinação de análise pessoal orientada ao *insight* e organização comunitária. No sanatório Tegel, eram designados no máximo oito pacientes para cada analista. Apenas pacientes com organicidade severa eram reenviados às unidades psiquiátricas dos hospitais maiores de Berlim. Felizmente, o dono de um pequeno *asylum* psiquiátrico privado localizado a poucos minutos do Schloss Tegel concordou em acolher pacientes psicóticos (no início, apenas do sexo feminino) até que o novo sanatório pudesse acomodá-los. Eles seriam tratados psicanaliticamente por Simmel ou por sua equipe. A população mentalmente doente destinada a Schloss

234 OS ANOS MAIS GRATIFICANTES: 1923-1932

Tegel era sobretudo encaminhada pelos médicos de Berlim e sofria de vícios e de problemas graves de caráter ou transtornos de personalidade. De outra forma, todos eles facilmente teriam terminado em prisões ou asilos, vítimas de curas estranhas como privação de alimento ou eletrochoque, quando não morte por suicídio ou perambulação sem esperanças de um médico a outro.

O primeiro paciente foi uma mulher pequena, ansiosa ao extremo, para quem a doença, a cirurgia, a morte, o enterro e o luto eram tabus tão grandes que ela se sentia incessantemente compelida a fazer um ritual de lavagem. A pedido de Freud, seu marido a acompanhou ao sanatório porque a obsessão dela ia além do escopo do tratamento ambulatorial não intensivo. Outra mulher triste estava incapacitada pelas pernas deformadas pela elefantíase: ela não conseguira ficar de pé nos últimos dois anos porque, segundo ela, todo o mobiliário horizontal era tabu e a perseguia (literal e metaforicamente) para mantê-la acordada e obrigada a se lavar, suportando noite após noite de tormento. Não só os pacientes sofriam terrivelmente, mas também seus familiares, por medo de infecção fóbica, da dor ou da ruína causada pela cleptomania de um cônjuge ou das apostas trágicas de um pai. Com base nos conceitos de terapia familiar mais tarde elaborados por Salvador Minuchin e Nathan Ackerman, Simmel percebeu que alguns membros da família se sentiam coagidos a dar atenção em casa a cada sintoma do paciente, talvez, por exemplo, envolvendo-se na interminável preocupação de uma filha anoréxica com a ingestão de alimentos. Nesse caso, o sofrimento da filha só estava retratando a neurose coletiva do sistema familiar. Simmel, portanto, postulava que afastar a pessoa sintomática de seus irmãos ou pais, ou cônjuge, por mais alarmante que pudesse parecer, permitiria ao paciente alguma liberdade para se recuperar por conta própria. Por acaso a nova comunidade terapêutica não replicava simplesmente os vários sintomas de ansiedade, depressão e rituais obsessivos? Não impunha a pessoas já frágeis, "hipocondríacos filosofando à mesa sobre a qualidade de seu muco nasal e pessoas em depressão proclamando diariamente, em tons audíveis, seu desejo de morte?"[5] Os críticos argumentavam que tal ambiente protegido era na verdade prejudicial à recuperação

---

5   E. Simmel, Psycho-Analytic Treatment in a Sanatorium, *International Journal of Psycho-Analysis*, v. 10, n. 4, p. 74.

porque estimulava a dependência e, portanto, privava inevitavelmente os pacientes da oportunidade de confrontar a realidade. "Não se pode, contudo, tirar de um homem aquilo a que ele mesmo renunciou voluntariamente: a vida no presente real", dizia Simmel aos críticos que buscavam defeitos. E como a existência psíquica perturbada do paciente é só uma pseudorrealidade, oferecer-lhes uma *nova* realidade dificilmente é uma privação. A nova realidade é agradavelmente neutra e nela há "médicos dispostos a ajudar; atendentes gentis, homens e mulheres; boa comida; salas artísticas; e um belo entorno campestre"[6]. Por um tempo, a ausência de preocupações financeiras é libertadora tanto para o médico como para o paciente pois, numa clínica gratuita, nenhum deles pode negociar a saúde por dinheiro. O tratamento começa devagar, talvez durante caminhadas no parque com o analista, até que todo o universo da clínica, equipe e pacientes, converte-se em uma família fantasma recriada, grãos para o moinho analítico e, em última instância, uma forma de verossimilitude duradoura.

O sanatório Tegel dificilmente poderia deixar que um paciente desmoronasse por completo e a equipe tomava todas as medidas para evitá-lo. Os médicos, as enfermeiras e o pessoal interno da casa se reuniam cedo todas as manhãs para discutir os casos em torno de uma mesa de carvalho na sala de consultas. Os analistas revisavam o que havia acontecido durante as sessões dos pacientes e a sra. Bruenitzer, a governanta do sanatório, compartilhava suas observações acerca de qualquer novo comportamento observado à noite ou durante o dia. Como evitar um caso de amor, prevenir um suicídio, uma pseudocura, uma intoxicação não alcoólica bastante surpreendente em um dipsomaníaco em recuperação? Diante dos insaciáveis desejos mórbidos desse último paciente durante a desintoxicação, Simmel concordou em dobrar e triplicar suas porções de comida e se absteve de repreender o paciente quando ele cortou os ramos de uma árvore e, em seguida, quebrou um jogo de café. Uma enfermeira especial foi designada só para ele, bem como sessões analíticas dia e noite, ao menor sinal de violência ou ansiedade, efeitos da abstinência. Tendo assim recriado um ambiente de intimidade entre mãe e filho durante a alimentação, "a fase infantil desapareceu espontaneamente" e o

6   Ibidem, p. 78.

tratamento progrediu[7]. Em geral, no entanto, Simmel exigia que os pacientes se conformassem a padrões de civilidade aceitos fora do sanatório, que retornassem à família ou ao trabalho paulatinamente, à medida que o tratamento progredia, e se tornassem contribuintes conscientes de sua inusual comunidade weimariana.

O sanatório Schloss Tegel demorou oito anos para ser construído e mal durou cinco. Os empenhos de Simmel para criar uma comunidade de cura que integrasse pacientes e psicanalistas nunca realmente diminuíram. Ele desenvolveu algumas teorias audaciosas e extraordinárias em Schloss Tegel, entre as quais a terapia familiar e a ideia de neurose complementar (codependência). Reintroduziu ideias terapêuticas como o tratamento psicanalítico de curta duração, que provinha de sua carreira anterior na direção de um hospital de campanha para soldados em estado de choque. A técnica de Simmel combinava, dizia ele, "hipnose analítico-catártica com discussão analítica e interpretação de sonhos [...] resultando na libertação dos sintomas em duas ou três sessões"[8]. Mas para que seu projeto se concretizasse seria necessária uma capacidade para angariar fundos tão grande quanto o seu talento clínico. Lembrando-se do esforço de dois anos de pressão política de Hitschmann para garantir que o governo aprovasse o ambulatório, Freud, que finalmente interveio em nome de Simmel como o fizera no processo de Viena, continuou a encorajá-lo. "Eu invejo a sua paciência, que lhe permite estar disposto a continuar na luta contra essa gente pouco confiável [o Ministério da Saúde do governo alemão]. [...] O princípio deveria ser sempre não fazer concessões àqueles que nada têm para dar, mas que tudo têm a ganhar de nós."[9]

Entrementes, em Viena, Freud tinha novas razões para apoiar projetos psicanalíticos inovadores. Por um lado, sua filha Anna tinha embarcado em um empreendimento psicanalítico próprio: uma pequena nova escola chamada Escola Heitzing devido à sua localização nos subúrbios arborizados de Viena, implementava um experimento em educação na primeira infância elaborado por

7 Ibidem, p. 86.
8 E. Simmel, Erstes Korreferat, em *Zur Psychoanalyse der Kriegsneurosen* (1918), apud D. Kaufmann, Science as Cultural Practice, *Journal of Contemporary History*, v. 34, n. 1, p. 140.
9 Carta de Freud a Simmel, de 01 jul. 1927, em F. Deri; D. Brunswick, op. cit., p. 102-103.

Anna Freud e sua companheira Dorothy Burlingham, juntamente com sua íntima amiga Eva Rosenfeld. Rosenfeld era uma mulher de ossatura larga, cabelos castanhos empilhados no alto, longos braços cujos gestos podiam arrebatar uma criança caída no chão ou carregar uma caixa de nabos até o carro. Originalmente uma parente berlinense dos Freud, Eva se mudara para Viena quinze anos antes para se casar e se encontrava agora na dolorosa situação de sobreviver à perda de três de seus quatro filhos. Quando sua filha mais velha Mädi morreu em um acidente no ano de 1924, Eva começou a cogitar a criação de um monumento comemorativo que fosse mais útil socialmente e mais poderoso que um santuário típico. Sua vida estava repleta de psicanálise e ensino e os Freud eram seus grandes amigos. Com a morte de Mädi ainda dolorosamente recente, Eva recorreu à sua própria experiência anterior de ensino no Zellerhaus, um orfanato para meninas em Berlim, e começou a construir uma escola progressista em memória da filha. "As jovens alunas para quem minha casa iria oferecer uma espécie de estação de pesquisa" em seu caminho para se transformarem na "nova mulher", disse Eva, viveriam e aprenderiam "um modelo de administração do lar e da jardinagem"[10]. Eva também pensava que o componente psicanalítico era essencial para o crescimento e o desenvolvimento e trouxe Anna Freud, a quem fora apresentada por um amigo em comum, o psicanalista Siegfried Bernfeld. Em 1925, Dorothy Burlingham se juntou ao círculo de modo permanente.

Quando Erik Erikson, então um jovem artista alemão chamado Erik Homburger, chegou a Viena naquela primavera a convite de seu amigo Peter Blos para trabalhar em um novo jardim de infância, Anna Freud e o círculo freudiano mais amplo o acolheram e "lhe deram a oportunidade do trabalho de toda a sua vida"[11]. Nos anos que passou em Heitzing até o fechamento da escola em 1932, Erikson, Blos e seus colegas tiveram meses de tentativa e erro para aprender o que realmente educava as crianças e o que simplesmente atraía seu senso de jogo. Erik estava disposto a colocar crianças e adultos em um mesmo plano (uma reciprocidade que Anna Freud considerava indulgente demais) e usar um currículo

10 Memórias de Eva Rosenfeld, não publicadas, citadas no ensaio biográfico de Victor Roos, em P. Heller, *Anna Freud's Letters to Eva Rosenfeld*, p. 27.
11 L.J. Friedman, *Identity's Architect*, p. 60.

como o de Dewey, segundo o qual a educação se baseava em projetos comunitários da classe inteira. As crianças que progrediam em independência e autossuficiência nos projetos seriam aquelas que, segundo o famoso trabalho futuro de Erikson, já possuíam um melhor senso de identidade pessoal. Era relativamente fácil ter uma missão educativa progressista em um agradável distrito de classe média como Heitzing, perto de um parque, um local ideal para a pequena escola particular instalada num pequeno terreno nos fundos da grande casa suburbana dos Rosenfeld na Wattmanngasse. Tecnicamente, o projeto Heitzing era uma escola particular comunitária para crianças e pré-adolescentes. Algumas das crianças residentes eram, no entanto, crianças acolhidas (*Haustöchter*), na realidade, tuteladas do Estado. Os alunos variavam: ali estudaram juntos Kyra Nijinsky, a filha do bailarino, e Vera von Freund-Toszeghi, neta do falecido patrono húngaro da psicanálise Anton von Freund; crianças de rua abandonadas e perturbadas; o filho de Ernst Simmel; e os quatro filhos de Dorothy. Burlingham construiu, mobiliou e equipou a escola de quatro cômodos, de dois andares, projetada por Erikson, enquanto Rosenfeld contribuiu com suas habilidades administrativas, bem como com a música e o almoço diário nos cinco anos seguintes. O currículo da pequena escola foi organizado segundo princípios psicanalíticos seletos, incluindo sonhos, símbolos e as influências do inconsciente nas relações humanas. Erikson ensinava arte, alemão e humanidades. Peter Blos, diretor da escola, ensinava geografia e ciências e Joan Serson (que se casaria com Erik em 1930) ensinava dança. Marie Briehl, futura analista infantil, e Dorothy Burlingham lecionavam inglês. August Aichhorn vinha à tarde para discussões livres com as crianças, uma forma *ad hoc* de terapia de grupo. O ambiente protegido, com poucas regras e grande projetos especiais, podia parecer caótico ou libertador para as crianças, porém, até o final de sua atividade, a pesquisa produzida pela escola configurou grande parte do emergente campo da análise infantil, influenciando de modo significativo o ensino na primeira infância.

Em seus artigos de 1927, "Quatro Conferências sobre a Psicanálise com Crianças" e em seus seminários na Sociedade de Viena e no *Kinderhaus* local para crianças menores de seis anos das famílias da classe trabalhadora, Anna Freud diferenciava seu enfoque terapêutico de apoio do foco intenso de Melanie Klein no inconsciente infantil. Quase dois terços dos alunos de Heitzing estavam em análise com Anna como pacientes e objetos de estudo (assim também os filhos dos colegas analistas), de modo que sua autoridade clínica era totalmente difundida. August Aichhorn exercia uma influência diferente, às vezes mais questionável, em Heitzing. Na qualidade de funcionário do governo, ele tinha autoridade jurisdicional para intervir se uma criança fosse prejudicada por um membro da família. Anna era simplesmente uma cidadã privada, com enorme influência moral, mas pouco controle real e cuja visão do mundo social mais amplo, na época, era restrita. Ela não podia perturbar a recíproca devoção ao pai e também sofria de timidez, produto do seu desempenho exclusivo dentro do âmbito analítico individual – uma limitação não compartilhada por seu pai. Anna e Dorothy tinham adotado uma vida mais simples, numa casa de campo com jardins e hortas e flores sazonais e um estilo austríaco de vestimenta, com saias estampadas longas e largas e blusas brancas plissadas. Em 1927, esse estilo rústico em uma mulher vienense talvez falasse de uma fidelidade austríaca, de um conservadorismo espontâneo que ressurgiria em alguns aspectos da sua vida posterior. Em Heitzing e em sua vida pública, no entanto, Anna admirava abertamente o trabalho terapêutico de Aichhorn com delinquentes juvenis, assim como a defesa de Bernfeld das reformas escolares e encorajava os líderes da Viena Vermelha a que promovessem centros especiais de orientação para crianças. Ela inclusive alimentava seus pacientes infantis famintos durante as sessões analíticas. Erik Erikson relata a história contada por Martha Freud que, ao ver a empregada Paula Fichtl levar um prato de comida para Anna no consultório, disse: "Um assunto caro, a análise de crianças!"[12] Muitos dos pacientes de Anna eram particulares, porém alguns eram crianças acolhidas pelo Estado. Curiosamente, elas eram com frequência objeto da pesquisa de Erikson sobre o desenvolvimento infantil. Erikson, que sabia pouco de psicologia antes de começar a trabalhar em Heitzing, percebeu que as crianças de famílias pobres "revelavam mais dados na análise que as crianças cujos pais podiam pagar pelo tratamento". Muitos anos depois de deixar Viena, ele desenvolveu um ambicioso metadiagrama para a identidade e o

---

12   E. Erikson, Anna Freud: Reflections (1983), em *A Way of Looking at Things – Seleted Papers from 1930-1980*, p. 73.

240 OS ANOS MAIS GRATIFICANTES: 1923-1932

ciclo de vida, seus famosos oito estádios da vida que se entrelaçam intimamente com as dimensões psicológica e social da experiência humana. No esquema de Erikson, a resolução bem-sucedida de "crises" psicossociais epigenéticas depende da capacidade de se adaptar à cultura ocidental dominante e se separar da família, conseguindo autonomia e produzindo resultados, e de envelhecer com dignidade com a sensação de realização pessoal na sua sociedade. Paradoxalmente, sua pesquisa enfocava precisamente os indivíduos mais alienados da cultura hegemônica.

Em 20 de abril, o nome de Sigmund Freud foi publicado, junto com o de Alfred Adler, na lista formal do *Arbeiter-Zeitung* dos 38 cidadãos proeminentes da Viena Vermelha, elogiando-os por suas realizações sociais e culturais[13]. Foi um momento crucial na contínua expansão do movimento psicanalítico, quando as clínicas irmãs de Berlim e de Viena se desafiavam com regularidade no tocante ao domínio na inovação clínica e teórica. "Um sentimento de comunidade", advertiu Freud seus amigos em disputa, com ares de um pai exasperado, "permitiria que vocês se unissem[...] nos seus empenhos", em torno do trabalho a ser feito no x Congresso Psicanalítico Internacional, ao qual ele não pôde comparecer[14]. Berlim gabava-se de suas amplas instalações, enquanto Viena se vangloriava da presença de Freud. Em Stuttgart, o jornal *Stuttgart Tagblatt* publicou um longo artigo sobre a psicanálise como tema da "semana pedagógica da cidade". O jornal anunciava palestras de Bernfeld e Landauer e conclamava educadores, monitores e médicos da cidade a "eliminar" a neurose[15]. Com o tempo, nem Berlim e nem Viena sustentariam o movimento em face das ameaças fascistas e nazistas. Naquele momento, entretanto, pelo menos em Viena, a primeira parceria entre os analistas e as instituições de bem-estar social de Tandler protegia um pouco o campo da psicanálise de crianças e adolescentes.

A necessidade renovada de clínicas gratuitas não passou despercebida pelos analistas e, como em breve leriam nos estatutos mais recentes da IPA, "é de valor especial na promoção

13 W. Huber, *Psychoanalyse in Osterreich Seit 1933*, p. 27.
14 S. Freud, telegrama de 02 set. 1927, na reunião administrativa do x Congresso, *International Journal of Psychoanalysis*, v. 9, p. 141.
15 *Stuttgart Tagblatt*, 1927, recorte na pasta Psychoanalysis & Socialism, 1926-29-1937, contêiner 7, Siegfried Bernfeld Papers, Collections of the Manuscript Division, U.S. Library of Congress.

[da psicanálise] o estabelecimento de institutos e clínicas de tratamento ambulatorial"[16]. A surpresa não foi o fato de os relatórios clínicos se tornarem itens da ordem do dia regular de todas as reuniões semestrais da IPA a partir de 1927, mas de que eles haviam sido julgados menos importantes antes disso. Hitschmann se apressou a abrilhantar seu primeiro relatório do ambulatório de 1927 com a passagem crucial do discurso de Freud de 1918 em Budapeste, que "o pobre deveria ter [o] direito à assistência para a sua mente". A principal preocupação de Hitschmann era como tornar pública a necessidade urgente que o ambulatório tinha de novas dependências, ao mesmo tempo que informava seus leitores acerca do *status* legal aprimorado da clínica, sem abandonar o sentido de luta contínua. Hitschmann e Federn haviam se encontrado com Tandler em janeiro para discutir a cruciante falta de espaço da clínica e para rogar ao governo que financiasse os novos escritórios. Ao mesmo tempo, Josef Friedjung, membro veterano do Conselho Municipal, reunira-se com o prefeito Seitz e enviara petições aos funcionários municipais. A alegação era que, nos últimos cinco anos, milhares de pacientes – a maior parte dos quais funcionários de escritório, lojistas e funcionários do governo – tinham encontrado no ambulatório assistência e uma sensação de bem-estar indispensável para os indigentes[17]. O ambulatório era, no momento, um dos maiores provedores de tratamento de saúde mental de Viena (depois da clínica ambulatorial de Wagner-Jauregg) e estava desenvolvendo novos serviços, como a clínica infantil, tão rápido quanto possível. Sempre monitorados pelo Departamento de Saúde Pública, os analistas vienenses haviam pagado voluntariamente e por conta própria o aluguel, a luz e a calefação (e doado do seu tempo). Enquanto isso, os médicos municipais, as associações de seguro de saúde, os conselheiros matrimoniais, os postos de tratamento de alcoolismo e os dispensários de alimentos encaminhavam um número cada vez maior de pacientes. Hitschmann ainda fazia parte da equipe médica do Hospital Geral e era leal à "grande comunidade clínica no coração de Viena",

16 Statutes of the International Psycho-Analytical Association, *International Journal of Psychoanalysis*, v. 9, p. 156.
17 E. Hitschmann, documento de jan. 1927, em Archiv des Psychoanalytischen Ambulatoriums Wien, arquivos do Freud Museum, Londres.

OS ANOS MAIS GRATIFICANTES: 1923-1932

como disse seu colega Josef Friedjung[18]. Acima de tudo, afirmava Hitschmann, os analistas simplesmente procuravam promover os objetivos humanitários da psicanálise, mas as cinco pequenas salas da *Herzstation*, à sombra do hospital, eram extremamente inadequadas para essa missão. Ainda assim, a tentativa de Hitschmann não teve sucesso e o governo da cidade, como nos anos de 1920 a 1922, recusou-se a atender aos pedidos dos analistas. Em vez disso, a cidade gastava centenas de milhares de dólares comprando o máximo possível de bens imóveis e desenvolvendo uma extraordinária expansão de habitações para trabalhadores, em última análise, a assinatura imponente da Viena Vermelha.

Erbaut von der Gemeinde Wien in der Jahren 19...: até hoje cada conjunto de edifícios que data do período da Viena Vermelha preserva com orgulho em sua fachada as palavras "Construídos pela Comunidade de Viena nos anos de 19..." Agrupadas e repetidas em centenas de edifícios por toda a cidade, essas assinaturas em negrito revelam as preocupações do discurso sociopolítico da época. Com efeito, lemas para o impacto duradouro da relação fundida entre cidadão e Estado, as palavras voltam nossa atenção para a interdependência da vida privada e da cultura pública, um efeito similar que as clínicas psicanalíticas gratuitas também produzem. Em seu núcleo, uma dialética fascinante entre arquitetura e ciência social formava a base sobre a qual os planificadores social-democratas da cidade criaram para os cidadãos vienenses um sentido identificável de espaço, atenderam às necessidades sociais de famílias com crianças e promoveram o potencial do trabalhador individual em um Estado democrático. "Grandes edifícios de moradias, tão audaciosos do ponto de vista arquitetônico quanto econômico, proclamam sua origem em destacadas letras vermelhas", informava um comunicado de admiração do Commonwealth Fund[19]. A segunda grande onda de construção de moradias municipais começou naquele mês de maio e resultou em um total de 63 mil novas habitações acessíveis aos trabalhadores da cidade de Viena. No seu auge, o projeto empregaria mais de duzentos arquitetos e engenheiros, muitos dos quais haviam estudado na escola de Otto Wagner. Influenciados pelo novo *design* de

---

18 P. Federn, Sixtieth Birthday of Eduard Hitschmann: July 28, 1931, *International Journal of Psychoanalysis*, v. 13, p. 263-264.

19 W.J. French; G. Smith, *The Commonwealth Fund Activities in Austria*, p. 103.

FIG. 28. *Pátio interno de uma habitação comunitária vienense (foto da autora).*

moradias na Alemanha e no Ocidente, os apartamentos recentes eram individualmente mais espaçosos do que os *Gemeindebauten* originais e organizados em imensas estruturas com centenas de habitações espalhadas por vários quarteirões da cidade. As *Mittelstandswohnungen* (habitações da classe média) características mediam cerca de confortáveis 60 m² e a cozinha era separada da sala de jantar. Os edifícios eram recuados em relação à rua, construídos em torno de grandes parques semifechados e acessados por uma entrada comum monumental. Eram virtualmente aldeias autônomas e a vida cotidiana nessas moradias de "superblocos" de até mil apartamentos girava em torno de uma economia própria. Grandes cooperativas, dezenas de lojas de produtos e oficinas (*ateliers*), salas de reunião, uma biblioteca e grandes instalações automatizadas de lavanderia e de banho fomentavam o estilo de vida comunitário. Nos clubes de banho ao ar livre, homens como o habilidoso trabalhador em metal Karl Potenski se encontrariam com suas famílias. "Fui direto da fábrica para o clube de banho, onde encontrei minha esposa e nosso filho", ele se recordava. "O Kongressbad ficava aberto até às 22h00. Nosso filho cresceu na areia daquele clube. Nós jogávamos tênis de mesa, que chamávamos de pingue-pongue. Foi a época mais feliz da nossa vida."[20] Os imensos pátios internos (figura 28) zuniam com crianças correndo em direção aos campos de jogo para esportes extraescolares,

---

20 Interview n. 6, em R. Sieder, Housing Policy, Social Welfare and Family Life in "Red Vienna", *Oral History*, v. 13, n. 2, p. 41.

as mães conversavam nos bancos, havia *playgrounds*, trilhas, banheiros públicos, fraldários e leiterias. Os serviços sociais e as facilidades e conveniências públicas variavam de clínicas de tuberculose, talvez alguns jardins de infância e instalações de cuidados a jovens, piscinas para crianças e piscinas para adultos, até o escritório do seguro de saúde dos trabalhadores e a farmácia. De lá os assistentes sociais, às vezes temidos e às vezes bem-vindos, espalhavam-se pelos edifícios para visitar as famílias em seus lares. Em 1927, muitos distribuíram os notórios enxovais de bebê.

Quando Julius Tandler conseguiu que o Conselho Municipal o autorizasse a distribuir enxovais de bebê para todos os recém-nascidos, sem relação com a necessidade familiar, foi acusado com veemência de favorecer a máquina de propaganda socialista. As roupas de bebê eram atrativamente embaladas em caixas de presente vermelhas. *Maternidade*, uma escultura de mãe e filho, de Anton Hanak, estava retratada na frente, e os pacotes eram ainda ornamentados com os característicos tipos de letra da Wiener Werkstätte. Uma lista dos 34 centros de consulta materno-infantis de Viena estava impressa no interior[21]. O fato de não se levar em conta a necessidade dos destinatários ao distribuir os enxovais enfureceu em particular a oposição, que era contrária a qualquer sugestão de direito cívico, ou seja, de que mulheres com filhos tinham direito a essa ajuda pelo simples fato de serem cidadãs de Viena e independentemente do seu status econômico. Os cristãos-sociais pensavam que, quando muito, as roupas deveriam ser dadas apenas a famílias carentes. Tandler argumentava que os enxovais gratuitos eram educativos, sanitários e tinham um "efeito benéfico no estado anímico das jovens mães"[22]. Os princípios psicanalíticos haviam atingido o Estado do bem-estar social e Tandler exortava os assistentes sociais municipais (a maioria dos quais treinada por Aichhorn), os funcionários de bem-estar distritais e as *Fürsorgerinnen* dos postos locais de saúde para que os pacotes fossem distribuídos durante as suas visitas às famílias.

Pelo menos treze mil enxovais municipais foram entregues só naquele ano por assistentes sociais nas visitas domiciliares. Os assistentes sociais sem dúvida avaliavam também o ambiente

---

21 H. Gruber, *Red Vienna*, p. 69.

22 H. Paradeiser, Ausschnitte aus dem System der Wiener Jugendfürsorge, em *Blätter für das Wohlfahrweser*, v. 28, n. 271, p. 76, apud R. Sieder, op. cit., p. 43.

físico e psicológico da casa e encaminhavam crianças ou adolescentes à *Kinderübernahmestelle* (Centro de Observação Infantil), se necessário. A simples menção de um visitante domiciliar poderia evocar o sentimento de um ataque surpresa, da polícia da moralidade patrulhando bairros pobres para procurar e remover crianças de pais cujo único crime era a pobreza. Na verdade, a visita era muito mais benigna. Famílias pobres poderiam receber roupas extras e cupons de comida e a lista de espera para uma habitação, encurtada. O mais importante, porém, é que poderiam ser ajudadas crianças negligenciadas que dormiam com suas roupas e seus sapatos em camas "indescritíveis, imundas, realmente terríveis" ou uma criança "espancada e cheia de hematomas". Tantas famílias receberam auxílio que o número de incidentes relatados diminuiu 8% em um ano, de 3.324 em 1926 para 3.089 em 1927. Felizmente, os números falam mais alto que a retórica: crianças removidas de casa por causa de "moral ameaçada" constituíam apenas 2% do total. Razões muito mais significativas para a transferência de crianças a cuidados não familiares incluíam "pais hospitalizados" (30%); pobreza / desemprego (14%); falta de moradia (16%); negligência (7%); e delinquência (8%)[23]. Por trás do assistente social que fazia essa avaliação estava o poder da nova profissão médica do Estado e a responsabilidade da saúde pública organizada entre os médicos. Médicos e dentistas de escolas, especialistas em tuberculose, conselheiros e orientadores se espalhavam por centenas de postos de saúde infantil, nos edifícios comunitários e nas casas de família. De fato, Tandler finalmente conseguira fazer com que o governo respondesse diretamente às necessidades de saúde física e mental das crianças dependentes.

Nos Estados Unidos de meados da década de 1920, o progresso feito pela psicanálise era ambíguo: sua popularidade nos círculos médicos oficiais também era sua ruína, pensava Ferenczi e levava "à tendência de satisfazer-se com um conhecimento superficial" da psicanálise[24]. Ferenczi relatou em uma reunião da Sociedade britânica que a recente onda de interesse o preocupava porque os valores conservadores americanos de individualismo e autossuficiência,

---

23 Ver as tabelas estatísticas de "Reasons for Admission of Children to the Municipal Child Observation Centre", em R. Sieder, op. cit., p. 43.
24 Report of the British Psychoanalytic Society, Second Quarter, 1927, *International Journal of Psychoanalysis*, v. 8, n. 2, p. 558-559.

e a relutância geral em ser pessoalmente analisado, estavam em desacordo com a psicanálise tal como os europeus a conheciam. Ele tinha ministrado duas séries de palestras na Universidade de Columbia e na Nova Escola de Pesquisa Social. O medo exacerbado dos médicos, da invasão dos praticantes leigos de Nova York, fez com que Ferenczi separasse seus cursos em dois, um destinado ao público médico e outro para os demais ouvintes. Sem que Freud lhe agradecesse, Ferenczi havia perseverado em um programa incrivelmente árduo de ensino e formação, apaziguando os americanos com seminários extras e fazendo pressão política constante para conseguir novos subsídios e fundos. A impiedosa zombaria de Freud da "Dolaria" e a visão tanto desconfiada como desanimadora dos húngaros pareciam indevidamente severas. Um jornalista havia solicitado um discurso sobre a psicanálise para um documentário. "Eu concordaria só se eles me dessem dinheiro suficiente para montar uma policlínica em Budapeste", escreveu Ferenczi a Freud[25]. No entanto, na ausência de Ferenczi, Imre Hermann havia convocado a Sociedade húngara com vigor renovado em Budapeste. Tão logo Ferenczi retornou em outubro, pôde informar Freud que esperava "em não muito tempo encontrar uma casa e um lar para uma clínica ambulatorial" e que a Sociedade de Budapeste estava concentrada nos planos administrativos para assentar os fundamentos da clínica[26].

---

25 Carta de Ferenczi a Freud, n. 1090, de 26 fev. 1927, em E. Falzeder et al. (eds.), *The Correspondence of Sigmund Freud and Sándor Ferenczi*, v. 3, p. 301.

26 Carta de Ferenczi a Freud, n. 1108, de 02 out. 1927, em E. Falzeder et al. (eds.), op. cit., v. 3, p. 325.

1928

Freud "sabia perfeitamente como eram as coisas no mundo. Mas, antes que pudesse lidar com o que havia fora, ele precisava primeiro lidar com o que havia dentro"

Em 1928, Wilhelm Reich, intensamente absorvido na política ativista, mas ainda trabalhando todo dia no ambulatório, introduziu uma visão dos serviços sociais livre das amarras do estigma e da ideologia. Reich decidiu levar a psicanálise em uma direção traçada pelo serviço social, uma profissão bem estabelecida por si só no fim dos anos de 1920 e, como observado anteriormente, usava-se o termo *serviço social* como sinônimo de *serviço sociológico*. "Retomando uma conversa com Freud", recordava Reich, "expliquei-lhe meus planos e pedi sua opinião. Seriam abertos centros de aconselhamento sexual em grande escala [...] planejados para atender ao público em geral. Freud deu seu apoio sincero. Ele sabia tão pouco quanto eu aonde isso levaria."[1] De fato, sob o nome de Sex-Pol, Reich realizou seu projeto de disponibilizar os serviços sociais diretamente aos usuários sem esperar que eles fossem qualificados como aptos a recebê-los ou agendassem consultas de acordo com um formato burocrático pré-estabelecido. Em Viena e seus subúrbios, as clínicas gratuitas da Sex-Pol de Reich ofereciam à comunidade municipal mais ampla alguns

---

1   W. Reich, The Living Productive Power, em M.B. Higgins; P. Schmitz (eds. e trads.), *People in Trouble*, v. 2, p. 74.

248 OS ANOS MAIS GRATIFICANTES: 1923-1932

serviços médicos e educacionais excepcionalmente incomuns e uma forma abreviada de psicanálise. "Aconselhamento gratuito sobre problemas sexuais, a criação e a educação dos filhos e higiene mental em geral para todos aqueles que buscam aconselhamento" estavam disponíveis[2]. A confiável equipe de divulgação de Reich, que incluía sua velha colega da Escola de Medicina Lia Laszky, dedicou toda a sua energia para uma viagem de três ou quatro dias pelas feiras itinerantes, em uma camioneta equipada com suprimentos para o cuidado da saúde. No que diz respeito à saúde mental, eles tentavam estabelecer cantos de privacidade, inclusive no interior da própria camioneta. Adotando como lema de sua organização "uma sexualidade livre em uma sociedade igualitária", a equipe da Sex-Pol oferecia valiosa educação personalizada de saúde[3]. Em uma escala maior, seus esforços de difusão promoveram a conscientização da possibilidade de realizar reformas sexuais de longo alcance que, acreditava Reich, deveriam acompanhar a mudança social. O aconselhamento da Sex-Pol, uma extensão da psicanálise de Reich e um componente de sua marca singular de "serviço social", era dialético e bilateral: entender profundamente que os indivíduos viviam de forma simbiótica no interior de seu ambiente geral e eram um produto do mesmo e, ainda assim, abordar a experiência singular de cada pessoa nesse ambiente.

Na mesma época em que Reich abria suas clínicas de serviço social, Freud comentou que assistentes sociais de formação analítica se tornariam um dia uma poderosa força na prevenção e no tratamento de doenças mentais. Com metáforas sugestivas tanto de uma grande conquista quanto de um tributo a Julius Tandler, Freud imaginou uma associação de serviço social (financiada por um americano rico) forte o suficiente a fim de "mobilizar um grupo especial para dar combate às neuroses oriundas da nossa civilização". Este "novo tipo de Exército de Salvação [ajudaria onde] [...] nossa civilização impõe sobre nós uma pressão quase insuportável"[4]. Reich se via literalmente apressado para realizar essa salvação e explicou seus planos a Freud, não obstante o aumento da tensão em seu relacionamento. Ao que parece, Freud mais do

---

2   Idem, This is Politics!, em M.B. Higgins; P. Schmitz (eds. e trads.), op. cit., p. 111.
3   S. Gardner; G.S. Stevens, *Red Vienna and the Golden Age of Psychology*, p. 72.
4   S. Freud, The Question of Lay Analysis: On Beginning the Treatment, *SE*, v. 20, p. 249-250.

1928 ● FREUD "SABIA PERFEITAMENTE COMO ERAM AS COISAS NO MUNDO. MAS ..." 249

que encorajou Reich a avançar com esse trabalho comunitário: "'Vá em frente, vá em frente' [...] Discuti os detalhes e ele estava entusiasmado."[5] Reich e Freud eram ideólogos que tinham o propósito de criar uma nova forma de terapia clínica com objetivos sociais melhorados. Sua fusão sistemática das políticas progressistas e da teoria psicanalítica da pulsão havia funcionado até aquele momento: podia ser comprovada na Policlínica e no Ambulatorium. As clínicas Sex-Pol levaram esse conceito ainda mais além e, nos anos seguintes, em Viena e Berlim, Reich construiu seu sistema de prevenção e enfatizou um modelo de tratamento integrado da pessoa-no-ambiente, duas das práticas do estandarte do serviço social profissional moderno.

Reich afirmava que, até o final da década de 1920, era "algo novo combater as neuroses por meio da prevenção, mais que com o tratamento" e a ideia-chave, que os indivíduos fossem realmente inseparáveis de seus ambientes sociais mais amplos, era intrigante. Para ser genuinamente eficaz, portanto, um analista que rastreia evidências do trauma inicial de um paciente (por exemplo, a privação) também deve confrontar as pressões sociais (a raiz da privação, a pobreza) que criaram o problema individual. Nesse aspecto, as clínicas Sex-Pol "integraram os problemas das neuroses, dos distúrbios sexuais e dos conflitos cotidianos para aliviar a miséria" que, segundo Reich, derivava de "condições sociais enraizadas na ordem social burguesa". Em outras palavras, o analista deve ser um ativista social para ser competente. Porém, inclusive o ativismo social, tão significativo na gama de tarefas do analista como o era a terapia individual, deve ficar em segundo lugar em relação ao campo sempre ignorado da prevenção. Reich pensava que os analistas deveriam, na verdade, atacar os problemas sociais mesmo antes de sua ocorrência, e o projeto da Sex-Pol, que agora ocupava mais e mais de seu tempo, estava profundamente vinculado a essa iniciativa. O trabalho preventivo da Sex-Pol se estendia da terapia clínica individual à literatura impressa que circulava amplamente, em especial entre os trabalhadores, a palestras populares que visavam "fornecer informações sobre a higiene sexual e as causas e possíveis remédios para as dificuldades emocionais". Reich pretendia dotar os indivíduos da confiança necessária para

5 Cf. K.R. Eissler, The Interview [com Wilhelm Reich], em M. Higgins; C.M. Raphael (eds.), Prefácio, *Reich Speaks of Freud*.

OS ANOS MAIS GRATIFICANTES: 1923-1932

superar as restrições sociais repressivas, quer seja dentro de si mesmos quer seja no mundo em geral. Ele enfatizou a importância de ajudar adolescentes e jovens adultos a lidar, em seus próprios termos, com sua sexualidade emergente e a validar suas experiências e sentimentos como normais. Reich defendia a sanção pública da sexualidade saudável do adolescente; de uma ampla disponibilidade de contraceptivos; dos abortos, sem levar em conta estado civil ou idade; e dos direitos das mulheres à independência econômica. Isso, ele postulava, impediria que as neuroses emergissem mais tarde, durante a idade adulta.

Reich enfatizava reiteradamente até que ponto Freud era consciente do impacto do meio ambiente sobre os indivíduos. Como explicou mais tarde, Freud "via toda a questão social [...] Ele sabia perfeitamente como eram as coisas no mundo. Mas, antes que pudesse lidar com o que havia fora, ele precisava primeiro lidar com o que havia dentro. Ele estava muito feliz que alguém que o conhecesse de modo tão íntimo tivesse saído para tentar fazer algo a respeito". Para tal finalidade, Reich planejou expandir a Sex-Pol e abrir mais clínicas nos anos seguintes. Ele já tinha aberto seis, a maioria na periferia de Viena. Os centros incluíam aconselhamento individual e de casais, educação sexual, conselhos sobre controle de natalidade e consultórios ginecológicos equipados com diafragmas e literatura sobre parentalidade eficaz. As salas de espera estavam cheias de panfletos e textos clássicos de psicanálise. E, claro, eles tinham amplas salas de palestras onde os pacientes em potencial poderiam ouvir Reich discorrer sobre culpa sexual, repressão social e libertação pessoal.

Reich dedicava cada vez mais tempo aos centros da Sex-Pol, o que preocupava Freud. Quão bem Reich estaria administrando as múltiplas demandas de sua prática privada, os centros de aconselhamento sexual, a direção do Seminário Técnico e a codireção do Ambulatorium, tudo ao mesmo tempo? Freud suspeitava, corretamente, que o entusiasmo de Reich pelo ambulatório estava diminuindo. Agora em seu sexto ano de funcionamento autônomo, o ambulatório estava tão sobrecarregado de pacientes encaminhados que os psicanalistas haviam começado a recusar inclusive casos urgentes. A equipe, composta por um médico em tempo integral, bem como de um médico iniciante em período integral e dois médicos juniores em meio período, estava tratando quarenta a cinquenta pessoas por dia. Eram muitas as crianças. A essa altura, todas as escolas primárias e secundárias em Viena estavam associadas com uma clínica, pois onze clínicas de orientação infantil locais haviam sido abertas sob a direção de Alfred Adler. Alunos e professores se beneficiavam igualmente, visto que as crianças em idade escolar tinham acesso aos serviços psicológicos enquanto seus professores participavam dos fóruns técnicos gratuitos sobre psicologia individual ou dos seminários gratuitos sobre psicanálise baseados no trabalho de Hoffer e Bernfeld. Nos postos de saúde locais, mulheres grávidas e novas mães assistiam às palestras bastante populares oferecidas por especialistas vienenses sobre cuidado pré-natal e desenvolvimento na primeira infância. Cursos mais formais, reforçados por demonstrações e instruções no tocante à manutenção de registros, eram destinados a grupos mais especializados, como enfermeiras, assistentes sociais e *Fürsorgerinnen*. Só em 1928, os graduados desses cursos examinaram, aproximadamente quatro vezes, mais de 3.000 crianças registradas nos postos de saúde, enquanto 6.515 crianças de todas as idades foram visitadas em casa pelo menos duas vezes[6]. As *Fürsorgerinnen* designadas para os postos de saúde locais encaminhavam com regularidade crianças problemáticas, com ou sem os pais, para avaliação em uma clínica de saúde mental como o ambulatório. Em teoria, as *Fürsorgerinnen* deveriam fornecer às clínicas avaliações psicológicas, mas, na prática, a maioria dos analistas que via as crianças na entrevista de admissão tinha que começar seus exames do zero. Nem todos os analistas do ambulatório estavam satisfeitos com esses pacientes adicionais. De vez em quando, inclusive os jornais locais zombavam do que parecia um caótico excesso de serviços de saúde mental, cada instituição competindo para captar doentes, ainda que lamentasse o fluxo intenso de pacientes. Uma notável dose de humor mordaz, da mão de um colunista que, obviamente, adorava mesclar metáforas, veio do próprio jornal dos sociais-democratas, o *Die Stunde*.

Sigmund Freud, Alfred Adler e Karl Marx – como esses nomes soam juntos? Não estariam eles misturando chocolate literário com alho econômico?
No ano passado, os psicólogos adeptos da Psicologia Individual, sob a liderança de Alfred Adler, tentaram nos persuadir de que sua busca da

---

6   W.J. French; G. Smith, *The Commonwealth Fund Activities in Austria*, p. 107.

252 OS ANOS MAIS GRATIFICANTES: 1923-1932

alma poderia se encaixar na teoria social-democrata como um novo canteiro de grama em um relvado grande e um pouco descuidado. Bem, agora o psicanalista dr. Bernfeld afirma que a teoria freudiana é a mediadora autêntica entre a psicologia e o progresso social. É certo que os psicólogos individuais [de Adler], com seus conceitos mumificados de Incentivo, Senso de Inferioridade e necessidade de Validação, são uma seita pequeno-burguesa que só pode embelezar o mundo burguês com gravuras antigas de paisagens [...] [Em contraste] Sigmund Freud, uma das poucas pessoas brilhantes de hoje, e seus seguidores imediatos [isto é, Bernfeld] até agora se abstiveram de deixar a marca de suas teorias [...] Não seriam o marxismo e a psicanálise tão marxistas quanto a Psicologia Individual, ela mesma um ramo separado da psicanálise? Um pesquisador da alma acusa o outro de não ser revolucionário o suficiente. De fato, de Karl Marx a Sigmund Freud e Alfred Adler, isso é simplesmente a evolução do materialismo histórico ao materialismo histérico.[7]

Era um exercício requintado de marxismo da década de 1920: quem é mais revolucionário, Freud ou Adler? Freud e Bernfeld jamais haviam dito em público que sua teoria fosse especificamente marxista, disse o *Die Stunde*, assim que, na realidade, é mais marxista do que os adlerianos pequeno-burgueses. Os adlerianos têm todos os ornamentos da social-democracia, porém sua psicologia individual (o alho) é, na verdade, perfurada pelo romantismo burguês. Bernfeld corre o risco de cometer o mesmo erro. Em contraste, Freud, o (o chocolate) racionalista, que nunca competiu pelo título de marxista, demonstrou ser uma forma mais pura de social-democracia na prática.

Em uma variação própria de um educador sobre a "proporção do marxismo", o jornal vienense *Der Tag* fez uma reportagem sobre as palestras de enorme sucesso de Bernfeld, patrocinadas pelos Professores da Juventude Socialista. O controverso grupo liderara uma forte campanha de reforma escolar baseada exclusivamente nas mais modernas teorias pedagógico-psicológicas e convidara Bernfeld a discutir sobre se "o Marxismo correspondia melhor à Psicanálise ou à Psicologia Individual". Eles alegavam que mesmo a influência de Adler na reforma escolar podia ser própria da velha guarda. Bernfeld explorou de bom grado a relação entre o marxismo e as psicologias de Freud e Adler, porém

---

7   *Die Stunde*, 16 set. 1928, pasta Psychoanalysis & Socialism, 1926-29-1937, contêiner 7, Siegfried Bernfeld Papers, Collections of the Manuscript Division, U.S. Library of Congress.

1928 • FREUD "SABIA PERFEITAMENTE COMO ERAM AS COISAS NO MUNDO. MAS..." 253

sua parcialidade em favor de Freud era óbvia e benquista pelos sociais-democratas. O repórter do *Der Tag* citou:

O marxismo é uma ciência e só pode harmonizar com a educação psicológica que avança cientificamente. A psicanálise de Freud oferece esse enfoque científico. Ela se origina – como Marx e Engels – do amor e da fome como os impulsos humanos fundamentais. Investiga a influência do meio ambiente nas pulsões básicas do indivíduo.[8]

O "espirituoso e mordaz" Bernfeld aludiu a outras teorias como "a psicologia das massas e a memória racial", presumivelmente uma referência cautelosa às ligações entre Jung e a crescente presença fascista e os conceitos de "sentimento comunitário" e "encorajamento" que haviam levado Adler a se separar de Freud. Tal como lhe haviam pedido, Bernfeld conseguiu apresentar aos Professores da Juventude Socialista uma série de proposições inspiradas por Freud, porém fundamentadas no marxismo. Foi uma resposta fácil para uma questão complexa.

Quem quer que tivesse ouvido o discurso de abertura de Sándor Radó na inauguração do novo instituto teria ficado impressionado com sua afirmação de que os psicanalistas de Berlim conduziam "110 análises gratuitas todos os dias", sem incluir as análises didáticas[9]. Nas novas dependências, disse Radó, os doze analistas didatas da policlínica e quarenta candidatos levavam a cabo essa enorme e incrível prática pública. Obviamente, o aumento da demanda pelo tratamento psicanalítico não se limitava a Viena. Além disso, o espaço de trabalho na Potsdamerstrasse tinha sido estendido ao máximo por anos. Uma vez mais, Eitingon fez uso de sua riqueza para ajudar a policlínica a enfrentar uma crise: ele assumiu as despesas da mudança para as novas e maiores dependências na Wichmannstrasse, 10, o novo local mencionado com tanto orgulho por Radó no seu discurso em Frankfurt. Otto Fenichel já havia compilado dados estatísticos suficientes para apoiar esse investimento. Das 721 análises realizadas na policlínica de fevereiro de 1922 a janeiro de 1930 (o ano em que o relatório seria publicado), 363 tratamentos foram concluídos com sucesso; 117 ainda

8 *Der Tag*, 14 set. 1928, recorte, pasta Professional File – Europe: 1858-1942, contêiner 5, Siegfried Bernfeld Papers, Collections of the Manuscript Division, U.S. Library of Congress.

9 K. Brecht et al., *Here Life Goes On in a Most Peculiar Way*, p. 57.

estavam ativos; e 241 foram considerados fracionados, de alguma forma interrompidos. Das 363 análises concluídas (por cura ou outro tipo de encerramento), 70 pacientes foram tratados por seis meses; 108 por um ano inteiro; 74 por 1,5 ano; 51 por 2 anos; 29 por 2,5 anos; 15 por 3 anos; e 16 foram analisados por mais de 3 anos. Fenichel era inclusive capaz de indicar graficamente o crescimento da popularidade da policlínica ao longo dos anos: das 117 análises ativas, ou casos ainda atuais em 1930, 2 tinham começado em 1922; mais 2 em 1924; 4 em 1925; 9 em 1926; 17 em 1927; 40 em 1928; e agora 43 em 1929.

As novas instalações ampliadas da policlínica berlinense compreendiam seis pequenas suítes dispostas ao longo de um apartamento com balcões. Com vistas frondosas de suas janelas de sacada, havia espaçosas e bem iluminadas novas salas de consulta, conferências e reuniões e uma sala aprimorada de admissão / exames para os médicos psicanalistas atendentes. A sala de admissão e consulta dos médicos era repleta de estantes de livros com clássicas portas de vidro. O espaço restante era ocupado por uma mesa quadrada com quatro cadeiras de madeira combinadas, além de um sofá analítico estofado (com travesseiro) e uma poltrona posicionada atrás dele. A luz penetrava pela grande janela frontal, enquanto lâmpadas de vidro ornamentado iluminavam, de forma pouco harmoniosa, as entradas dos pacientes. Retratos de Freud, às vezes quatro por sala, foram arranjados ao acaso junto com fotografias insípidas de outros analistas. Na nova sala de conferências, várias dúzias de imponentes cadeiras de madeira, com encosto alto, rodeavam uma mesa de seminário imensa. Essa seção do seminário era separada da área maior da sala de conferências por dois conjuntos de portas francesas com leves cortinas, realçada por uma lareira coberta por um manto, estantes sem portas, tapetes tecidos e o retrato onipresente de Freud supervisionando as dependências. Em consonância com a simplicidade do sentido decorativo de Ernst Freud, grossas cortinas de linho protegiam um grupo de salas de reunião que davam de frente para a rua (figura 29). Somente cinco anos depois, as mesmas cortinas assumiriam um significado sinistro quando os membros "fizeram um grande esforço para fechá-las" durante uma discussão sobre arianização e, tal como Felix Boehm relatou mais tarde, inclusive remover o nome de Simmel da placa da porta, para não "prejudicar o nosso

FIG. 29. *Sala de reuniões da Sociedade e Instituto de Berlim (Biblioteca da Sociedade e Insituto Psicanalíticos de Boston).*

instituto"[10]. Com o tempo, todo o edifício foi entregue ao governo de Hitler e renomeado Instituto Alemão de Pesquisa Psicológica e Psicoterapia (Deutsche Institut für Psychologische Forschung und Psychotherapie) ou simplesmente o Instituto Göring, em homenagem ao seu novo diretor, Matthias Heinrich Göring. Mesmo em 1928, Göring já estava envolvido com a Allgemeine Ärztliche Gesellschaft für Psychotherapie (Sociedade Médica Geral de Psicoterapia), um grupo de profissionais de saúde mental liderado por Ernst Kretschmer até 1933 – e por Carl Jung depois de 1933. Mas o instituto de Berlim ia bem naquele momento, na verdade prosperava, em sua nova localização na Wichmanstrasse.

Erich Fromm foi o orador principal na série inaugural de palestras que celebraram a abertura da clínica na Wichmanstrasse em 1928. Ele era o primeiro convidado acadêmico a ser assim homenageado. Em visita de Heidelberg, Fromm falou em duas ocasiões sobre a psicanálise de "pessoas da classe média-baixa", uma na reunião da Sociedade em março e outra no seminário de formação de Radó. Um homem magro, de cabelo escuro espesso bem penteado e uma testa alta e autoritária, Fromm adotou uma postura relaxada pouco habitual para um acadêmico. Ele havia recém se casado com a psicanalista urbana Frieda Reichmann. Nos últimos anos, Frieda

---

10 F. Boehm, Report of August 21, 1934, em K. Brecht et al., op. cit., p. 118.

havia surpreendido a comunidade médica de Heidelberg com a criação de um sanatório psicanalítico privado. Os diretores externos de sua clínica, um círculo de intelectuais que se reunia periodicamente na casa dela para discutir literatura e teoria, incluía Karl Landauer, Leo Lowenthal e Max Horkheimer, do instituto de Frankfurt. Desde o início, o grupo antecipou que uma clínica de pacientes externos, similar à de Berlim, seria alojada física e intelectualmente dentro do emergente Instituto de Pesquisa Social de Frankfurt. Para Fromm e seus colegas, portanto, a ideia de formular um tratamento psicanalítico especificamente em torno das necessidades dos trabalhadores de Frankfurt não era apenas plausível, mas prática e necessária. Coincidentemente, as palestras de Fromm em Berlim representaram uma intrépida tentativa de abordar o binômio psicanálise e religião, aparentemente incongruente, dentro do contexto da justiça social. Muitos anos depois, já distante de seus colegas progressistas de Frankfurt, Fromm tentaria desenvolver uma psico-história em *Sigmund Freud: Seine Persönlichkeit und seine Wirkung* (A Missão de Freud: Uma Análise de Sua Personalidade e Influência), em que ele essencialmente acusava seu mentor de não conseguir a fusão desses mesmos três elementos (religião, psicanálise e sociedade). "O objetivo de Freud era fundar um movimento para a libertação ética do homem", escreveu, "uma nova religião secular e científica para uma elite que deveria guiar a humanidade."[11] Fromm afirmava que Freud havia cometido um erro fatal ao permanecer "cego diante do inconsciente social", enquanto ele – Fromm – entendia que o homem e a sociedade eram inseparáveis. É claro que na policlínica, na década de 1920, Fromm havia lançado uma campanha pessoal, e muito mais acuradamente freudiana, para ressituar o contexto social em torno da psicanálise. Nessa causa, juntaram-se a ele Theodor Reik, que partira de Viena para Berlim em outubro, e Ernst Simmel, que desfrutava do equilíbrio entre a teoria sociológica e a prática psicanalítica e reforçou essa simetria com observação de casos na clínica. Ao contrário de Fromm, Simmel fez com que a medicina social parecesse inevitável. Na declaração sobre a dinâmica missão feita na Associação dos Médicos Socialistas, Simmel afirmou que seu grupo procurava

---

11 E. Fromm, *Sigmund Freud's Mission*, p. 105.

1928 ⊕ FREUD "SABIA PERFEITAMENTE COMO ERAM AS COISAS NO MUNDO. MAS ..." 257

examinar todas as questões da saúde pública e os benefícios relevantes às leis e ao governo do Estado e da comunidade. A Sociedade também busca esclarecer médicos não socialistas, a expandir o reconhecimento do movimento operário socialista e suas metas, e a promover entre os próprios membros do partido uma melhor compreensão da medicina e da sociedade socialista[12].

A mudança da policlínica para a Wichmannstrasse foi saudada como um sinal de que o Instituto Psicanalítico de Berlim havia se tornado, mais uma vez, o epicentro da psicanálise. O dr. L. Pierce Clark foi um dos muitos americanos talentosos, com frequência da Nova Inglaterra e de Chicago, que lhe escreveu para verificar o "custo aproximado de um curso de formação para se tornar um analista no Instituto Psicanalítico de Berlim"[13]. Eitingon respondeu no seu bom inglês e na sua mescla característica de diplomacia e implacabilidade. A taxa para uma análise didática de seis a doze meses varia "de US$ 10 a US$ 5 por aula, dependendo dos recursos do candidato. Mas", acrescentou ele, "alguns colegas muito experientes não são proibidos – e permita-me citar a mim mesmo como exemplo – de cobrar mais por cada aula de acordo com seu padrão de vida"[14]. A mensagem da policlínica era coerente: ninguém seria privado de formação ou tratamento por falta de dinheiro, porém os analistas não sacrificariam a oportunidade de ganhar a vida ou de apoiar sua clínica. Essas indagações já haviam se convertido em um padrão, e a estratégia da policlínica de ampliar o seu campo de ação atingiu, em 1928, algumas das figuras surpreendentemente originais há muito atraídas pela psicanálise.

Tenho pouco mais de quarenta anos de idade, gozo de esplêndida saúde, sou um controlador ferroviário por profissão, e tenho como hobby escrever ficção para revistas e estudar Psicologia Social e Anormal. Não gostaria de viajar para tão longe a fim de estudar Psicanálise, mas parece que ninguém neste país está interessado em ser curado de suas enfermidades por outra pessoa que não seja o doutor em medicina.[15]

12 E. Simmel; E. Fabian, *Der Sozialistische Arzt*, v. 4, n. 3.
13 Carta de Clark a Eitingon, de 10 out. 1928, arquivos da Policlínica de Berlim, Koblenz.
14 Carta de Eitingon a Clark, de 14 out. 1928, documento n. CEC/F02/77, arquivos da Sociedade Psicanalítica Britânica.
15 Carta de Carter a Eitingon, de 09 jun. 1928, arquivos da Policlínica de Berlim, Koblenz.

258 OS ANOS MAIS GRATIFICANTES: 1923-1932

Assim escreveu o sr. Claude B. Carter, de Columbus, Ohio, cujo encontro inicial com o dr. William Alanson White em Washington D.C. resultou em seu contato com Eitingon. John Dollard, do Instituto de Relações Humanas da Universidade de Yale agradeceu a Eitingon pela formação em Berlim e escreveu que "o 'Instituto' é uma instituição de primeira e um excelente exemplo"[16]. Para psiquiatras e psicólogos de renome nos Estados Unidos, a policlínica em geral representava uma versão talvez mais liberal de formação psicanalítica que a disponível em Viena. Mas à medida que a comunidade médica de Nova York colocava constantemente a psicanálise ao alcance da elite da prática privada, a divisão do trabalho entre os profissionais de saúde mental americanos tornou-se cada vez mais aparente.

Dos três principais grupos que ofereciam psicoterapia e psicanálise, os assistentes sociais profissionais (mais que psiquiatras e psicólogos) foram os que aderiram mais de perto ao enfoque da policlínica referente à saúde mental urbana. Nos relatos de assistentes sociais como Margaret Powers há ligações históricas interessantes entre as clínicas psicanalíticas gratuitas na Europa e o serviço social americano tal como ensinado e praticado atualmente. A jovem Margaret Powers era "uma pessoa de inteligência e equilíbrio excepcionais", escreveu Mary Jarrett em sua carta de 1928, na qual recomendava a assistente social para formação em Berlim[17]. Jarrett, a resoluta fundadora do serviço social psiquiátrico e diretora associada da Escola de Serviço Social da Faculdade Smith, acreditava que oferecer à sociedade ativistas altamente qualificados iria revigorar o minguante compromisso americano com a saúde mental pública. Curiosamente, Max Eitingon e Mary Jarrett haviam partido da mesma posição ideológica. Em 1918, "A Escola de Formação do Serviço Social Psiquiátrico era um curso de emergência durante a guerra [...] A atenção pública à higiene mental, estimulada pelo interesse geral nas neuroses de guerra [...] está começando a criar uma demanda maciça de assistentes sociais psiquiátricos", informava o relatório anual de 1920 da Escola de Serviço Social da Faculdade Smith. Jarrett inclusive contratou professores conhecidos por suas conexões com as clínicas de Berlim

16 Carta de Dollard a Eitingon, n. d., arquivos da Policlínica de Berlim, Koblenz.

17 Carta de M.C. Jarrett aos membros do Comitê de Formação, de 23 mar. 1928, arquivos da Policlínica de Berlim, Koblenz.

1928 • FREUD "SABIA PERFEITAMENTE COMO ERAM AS COISAS NO MUNDO. MAS ..." 259

e de Viena. A prestigiosa faculdade incluía no seu corpo docente Bernard Glueck, um psicanalista de Nova York abertamente interessado em tratar pessoas com doenças psiquiátricas. Em 1928, Glueck escreveu a Eitingon: "Tenho estado muito ocupado nos últimos meses na organização de um hospital para distúrbios nervosos e mentais, no qual espero poder usar métodos psicanalíticos com pacientes que não são totalmente adequados para a prática de consultório." Da mesma forma, William Alanson White, que elevou St. Elizabeth à categoria um grande hospital psiquiátrico em Washington D.C., enquanto defendia a prevenção de longo alcance das doenças mentais, era um palestrante na área de serviço social da Smith. Em suas viagens oficiais à Europa, White ficara impressionado com a grande mudança na percepção geral da neurose de guerra, assim como nos sistemas tanto dos estabelecimentos militares quanto psiquiátricos. Na verdade, mesmo antes da guerra ele e Pearce Bailey tinham defendido "o reconhecimento da doença mental como uma possível forma de lesão resultante das operações de guerra". Depois que White visitou o Charité de Berlim, ele retornou aos EUA firmemente convencido de que todos os soldados, dos recém-recrutados aos veteranos que já sofrem de "deficiências mentais causadas pelo serviço militar", deveriam ser examinados por profissionais de saúde mental[18]. Surpreso com essa impressionante evidência do impacto da guerra na psicologia humana, Abraham Brill, fundador da Sociedade Psicanalítica de Nova York e Adolf Meyer, da Johns Hopkins, em Baltimore, concordaram em se incorporar ao corpo docente rotativo da Escola de Serviço Social da Faculdade Smith. Margaret Powers era uma estudante em sua turma de graduação de 1918.

Quando de sua chegada à policlínica em 1928, Powers já havia adquirido ampla experiência em psiquiatria e como assistente de bem-estar infantil na Associação Auxiliar de Beneficência Estatal, uma das Sociedades da Organização de Caridade (SOC). Exercendo a função impopular de investigadora dos lares das famílias candidatas à adoção, ela, no entanto, concentrou-se nas preocupações das crianças que permaneciam sob tutela até a sua adoção legal. Ela não gostava do tom moral de superioridade de alguns de seus colegas, que os distanciava das famílias pobres, em

18 W.A. White, *The Autobiography of a Purpose*, p. 106, 198.

grande parte famílias de imigrantes, do Lower East Side de Nova York, seus clientes. Ela tampouco pecava pela ingenuidade de acreditar que houvesse alguma virtude na pobreza, e se as crianças eram espancadas, passavam fome ou eram prostituídas pelos pais, tinham direito a famílias alternativas – e melhores. Powers foi para Berlim porque o modelo da policlínica era especialmente adequado às necessidades de saúde mental das famílias urbanas de sua Nova York natal. Uma conferencista popular no âmbito do serviço social psiquiátrico, ela criou o primeiro Departamento de Serviço Social profissional na divisão de psiquiatria do Hospital Universitário de Cornell. Também instituiu estágios clínicos em Cornell para estudantes de pós-graduação nas escolas de serviço social da Faculdade Smith e da Faculdade de Nova York (futura Universidade de Columbia). De quinhentos a seiscentos pacientes, e com frequência também suas famílias, eram auxiliados anualmente pelo seu Departamento de Serviço Social. Mesmo Stanley P. Davies, agente da Associação Auxiliar de Beneficência Estatal, habitualmente pouco comprometido, desfrutava da habilidade de Margaret Powers de definir "os mais altos padrões de estudos de casos [que] [...] serviram de modelo para o desenvolvimento de departamentos semelhantes em outros lugares"[19]. Powers importou a Nova York a crença dos berlinenses na psicoterapia individual, na qualificação ao tratamento com base no diagnóstico e não na possibilidade de pagar por ele e técnicas especiais para trabalhar com crianças. Sua deliberada introdução do *ethos* weimariano nas clínicas privadas e públicas americanas, por conseguinte, mudou a educação profissional do serviço social. Inclusive os renomados serviços de saúde mental urbana na Ilha de Ward, em Nova York e em todo o nordeste foram influenciados pelo que Erik Erikson chamaria de "paradigma psicossocial". Atualmente, o serviço social americano tende a seguir em muitos aspectos o modelo de Berlim de psicanálise urbana, enquanto a psicanálise americana permanece, em geral, aliada ao modelo de higiene mental mais funcionalista.

---

19 Carta de S. Davies, de 12 mar. 1928, endereçada aos membros do Comitê de Formação, arquivos da Policlínica de Berlim, Koblenz.

1929

"O mesmo grupo de pacientes que precisa de nosso tratamento carece de recursos"

"Os centros ficaram imediatamente tão superlotados", disse Reich sobre a Sex-Pol, "que qualquer dúvida sobre a importância do meu trabalho de pronto desapareceu."[1] Tão logo os jornais de Viena anunciaram que as novas clínicas de higiene sexual para trabalhadores e empregados tinham sido abertas, o projeto decolou. Em janeiro de 1929, Reich decidiu expandir a rede de clínicas comunitárias gratuitas da Sex-Pol e adicionar a psicoterapia individual de longo prazo ao breve contato das missões de assistência aos necessitados. As clínicas ganharam amplo encorajamento dos potenciais pacientes que, por algum motivo, não iam a terapeutas privados ou a outros centros de consulta em Viena, nem sequer ao ambulatório, no qual Reich ainda era diretor adjunto. De seu escritório no quarto andar de um dos edifícios ornamentados em estuque de Viena, equidistante do Ambulatorium e do Allgemeine Krankenhaus, Reich coordenava as atividades da rede. Até aquele momento, seis clínicas tinham sido abertas em diferentes distritos de Viena, cada qual dirigida por um médico. Três obstetras e um advogado se ofereceram para ficarem prontos para

---

1   W. Reich, This Is Politics!, em M.B. Higgins; P. Schmitz (eds. e trads.), *People in Trouble*, v. 2, p. 108.

262 OS ANOS MAIS GRATIFICANTES: 1923-1932

atender. Reich, que mais desfrutava de sua posição como diretor científico sem perder popularidade como analista, teve que programar uma segunda hora de consulta diária, pois pelo menos dez pessoas de cada vez esperavam para vê-lo durante sua hora reservada ao aconselhamento. Mesmo assim, consultas diagnósticas conscienciosas duravam cerca de meia hora por pessoa, e muitos dos futuros pacientes necessitavam de assistência considerável[2]. Os quatro colegas psicanalistas da Sociedade de Viena que se uniram a Reich – provavelmente Annie Reich e Grete Lehner Bibring, junto com Siegfried Bernfeld e Otto Fenichel, em suas viagens de retorno de Berlim – estavam igualmente sobrecarregados. Sua falta de tempo se tornou particularmente aguda quando começaram as palestras de divulgação, e Reich ficava impaciente e exigente. Ele ainda pensava nos seus colegas psicanalistas como colaboradores na luta pela libertação humana, porém estava preocupado com que seu comprometimento vacilasse sob pressão. Por conseguinte, tranquilizou seus colegas vienenses reafirmando que seu ativismo e apoio contínuo ainda eram efetivos.

De todo modo, a imagem profissional de Reich era bem menos conhecida pela maioria dos americanos que estava em Viena para a sua formação psicanalítica. Eles suspeitavam da afiliação de Reich ao Partido Comunista. Um jovem candidato estrangeiro advertiu O. Spurgeon English, um nova yorkino então em análise com Reich, que o comunismo era perigosamente contaminador. "Quando voltei aos Estados Unidos, em decorrência do contato [com Reich], não consegui obter um cargo em nenhuma universidade americana."[3] Certa noite, quando English aceitou o conselho do amigo e pediu a Reich que lhe explicasse como suas atividades políticas afetavam a psicanálise, Reich sugeriu a ele que falasse com Helene Deutsch, na qualidade de diretora do instituto. Reich estava inquieto em deixar sua reputação nas mãos de uma única analista, especialmente desde que ele e Deutsch haviam discutido sobre questões práticas no Seminário Técnico. Deutsch, contudo, manifestou sua "total confiança" em Reich e disse a English que "jamais vira nenhuma evidência de que suas [de Reich] tendências políticas perturbassem sua habilidade como

2 M. Sharaf, *Fury on Earth*, p. 133.
3 O.S. English, Some Recollections of a Psychoanalysis with Wilhelm Reich, *Journal of the American Academy of Psychoanalysis*, v. 5, n. 2, p. 240.

analista[4]. Talvez Deutsch estivesse sendo generosa ou ela simplesmente concordava com as opiniões de Reich. Naquele momento, algumas das mais afrontosas "travessuras" de Reich haviam levado a que mesmo o *Arbeiter-Zeitung*, em geral solidário, denunciasse suas "manobras contraproducentes"[5]. O jornal acusava Reich de haver tentado – sem êxito – instalar uma célula comunista em Ottakring, um bairro de classe trabalhadora, e de fazer mau uso do nome do Partido Social-Democrata.

Não que Reich tivesse abandonado sua crença na união da psicanálise e da política de esquerda. Ele alertava que a luta pela libertação humana só poderia ser mantida se "as descobertas e formulações da psicanálise não se diluam e não percam gradualmente seu significado, sem que os apologistas percebam o que está acontecendo". Sua própria Associação Alemã Para uma Política Sexual Proletária (Sex-Pol) seria desafiada por essa crise. Em seus ensaios escritos entre 1929 e 1931 Reich ainda enfatizava que "o estudo apropriado da psicanálise é a vida psicológica do homem na sociedade". Suas análises de classe inseriam a sexualidade dos trabalhadores em uma cultura burguesa dominante. O empobrecimento da sexualidade do trabalhador era uma forma de subjugação causada por condições de vida forçadas, especialmente prejudiciais aos jovens, cuja energia não podia – e não devia – ser simplesmente sublimada em eventos esportivos. Depois de uma peregrinação de dois meses a Moscou em 1930 (onde suas palestras não conseguiram conquistar o público local da Academia Comunista), Reich estava ainda mais convencido da necessidade de uma revolução sexual universal. Ele afirmou que "a história da psicanálise na sociedade burguesa está relacionada com a atitude da burguesia frente à repressão sexual, ou, em outras palavras, à supressão da repressão sexual"[6]. Finalmente, perguntava com franqueza se "a burguesia [poderia] viver lado a lado com a psicanálise por tempo indefinido sem causar danos a si mesma". Se a psicanálise e a sociedade burguesa se unissem para tornar o atendimento psicológico genuinamente acessível à

4 Ibidem.
5 *Arbeiter-Zeitung*, 15 dez. 1929, recorte na pasta Psychoanalysis & Socialism, 1926-29-1937, contêiner 7, Siegfried Bernfeld Papers, Collections of the Manuscript Division, U, S. Library of Congress.
6 Cf. W. Reich, Dialectical Materialism and Psychoanalysis (1929), em L. Baxandall (ed.), *Sex-Pol: Essays 1929–1934*.

comunidade, o resultado poderia se assemelhar às suas próprias clínicas gratuitas.

Reich instou seus parceiros psicanalistas a manter uma comunicação cada vez mais franca e íntima com as pessoas que eles tratavam em nível micro, individual. Ao mesmo tempo, propôs que um "curso prático em economia social" ou sociologia acadêmica iria beneficiá-los em um nível macro. Uma reforma social sólida nasceria dessa forma de serviço social combinado com a psicanálise. Cada vez mais impaciente com os planejadores acadêmicos da cidade e com a "sociologia oficial que ainda compila estatísticas mortas", Reich via o serviço social como uma aplicação mais direta e significativa das ciências sociais do que a pesquisa experimental. A pesquisa nas ciências sociais por si só era abstrata demais e um exercício bastante inútil, com poucas qualidades publicamente redentoras, exceto talvez em suas aplicações práticas. Os sociólogos aprenderiam muito mais sobre as realidades puras da vida humana "não nos seus escritórios da universidade, mas junto ao leito dos enfermos da sociedade, nas ruas, nos bairros pobres, entre os desempregados e os indigentes". Como era típico de seus pronunciamentos sobre a contínua deterioração da condição humana, Reich exigia "praticidade" mesmo de uma disciplina acadêmica e prescrevia pelo menos seis anos de experiência pragmática como "assistentes sociais" para sociólogos, "assim como os médicos ganham sua [profissão] depois de seis anos de trabalho árduo em laboratórios e clínicas". Nesse âmbito do serviço social, Reich seguiu e depois ampliou o pensamento político de Freud. Reich acreditava que, assim como a análise liberta o indivíduo da opressão interior e libera o fluxo das energias naturais, a esquerda política libertaria os oprimidos e liberaria sua equanimidade social inata e autorregulada. Por coincidência, Reich insistia em seus empenhos para ampliar a Sex-Pol ao mesmo tempo em que seu colega ativista Ernst Simmel estava renovando sua campanha de captação de fundos para outra instituição controversa (apoiada por Freud), o centro de internação Schloss Tegel.

"O mesmo grupo de pacientes que precisa do nosso tratamento carece de recursos, justamente por causa de sua psiconeurose. Recebo com frequência cartas de viciados em morfina e cocaína e de alcoólatras, implorando por tratamento que, na maioria das vezes, não posso lhes dar, ou posso fazê-lo apenas com sacrifício pessoal", apelou Simmel ao ministro de Estado Becker[7]. Do ponto de vista clínico, o sanatório havia proporcionado aos indigentes um entorno totalmente terapêutico, cujo "objetivo [era] produzir em nossos pacientes um senso de responsabilidade por si mesmos"[8]. Becker, o então *Kultur Minister*, o ministro prussiano de arte, ciência e educação, professara ser receptivo ao trabalho de Freud e se sentia honrado por sua presença anual no Berlim-Tegel. No entanto, concordariam Becker e seus importantes funcionários com um futuro financiamento do sanatório? Freud, que considerava o centro Tegel muito benéfico para si e, de modo mais geral, para a psicanálise, decidiu visitar Becker e explicar-lhe pessoalmente a situação financeira do hospital. Em um encontro especial com o ministro, o pessoal do Tegel e Simmel, Freud repetiu o conceito e o tom, quase literalmente, do desafio final de seu discurso em Budapeste. Simmel lembrava-se de ele ter dito: "É difícil apoiar essa obra somente com recursos privados e seu futuro depende de o senhor, por exemplo, *Herr Minister*, nos ajudar a apoiar semelhante trabalho."[9] Em última análise Freud considerava que, como os representantes do Estado possuíam considerável poder, independentemente do regime na época, e que por definição permaneceriam impassíveis diante da situação aflitiva das pessoas comuns, os analistas tinham a responsabilidade de fornecer ao seu governo princípios orientadores. E como a crise financeira do hospital só parecia piorar, a resposta de Freud foi declarar a urgência não só de preservar a instituição, mas também de aprimorá-la com programas de pesquisa e formação. Na verdade, Simmel tinha planejado ampliar as dependências do Schloss Tegel, naquele momento uma instituição semifechada, e desenvolver uma unidade para pessoas com psicoses graves. Mas, como muitos desses estabelecimentos, o sanatório se encontrava em um confronto de três vias: as preocupações humanitárias e experimentais dos psicanalistas; a psiquiatria do *establishment*; e os imperativos de mercado dos proprietários de terras. A família Von Heinz, proprietária do vizinho Schloss Humboldt, havia se esquivado em

---

7   K. Brecht et al., *Here Life Goes On in a Most Peculiar Way*, p. 152.
8   E. Simmel, Psycho-Analytic Treatment in a Sanatorium, *International Journal of Psycho-Analysis*, v. 10, n. 4, p. 81.
9   Idem, The Psychoanalytic Sanatorium and the Psychoanalytic Movement, *Bulletin of the Menninger Clinic*, v. 1, p. 142.

grande parte de qualquer obra de caridade e logo se opôs à perspectiva de que o valor da sua propriedade diminuísse, algo muito mais aterrorizante do que pacientes psiquiátricos perambulando com liberdade. "Como a maioria das pessoas desgosta da ideia de se estabelecer perto de uma instituição para doentes mentais", escreveu o proprietário a Simmel, "cuja natureza e propósito não poderiam ser ocultados, minhas terras perderiam o seu valor de forma lamentável."[10] O governo concordou. Não obstante as declarações individuais de Becker em apoio ao projeto de Simmel, o governo alemão concluiu, juntamente com o proprietário, que tal instituição prejudicaria o investimento e a especulação imobiliários. Entrementes, o dr. Gustav von Bergmann, diretor de medicina do Charité de Berlim, expressou um parecer negativo, em essência paralelo ao veredicto de Julius Wagner-Jauregg sobre o Ambulatorium em Viena. "Não é a desconfiança do corpo docente que é crucial", disse ele ao lançar seu voto contra o sanatório Tegel, "mas a convicção de que a cosmovisão psicanalítica é tão unilateral quanto a puramente somática [...] O princípio da clínica psicanalítica como um programa – tal como o vejo – não pode ser endossado", mesmo que a psicanálise tenha êxito quando combinada com terapias médicas[11]. Com ou sem a unidade de pacientes internos, o suporte estatal foi negado.

Um grupo novo e mais jovem de seguidores se uniu à causa de Simmel e começou a reconstruir a base financeira da clínica com uma série de programas de arrecadação de fundos. Marie Bonaparte empreendeu uma campanha para conseguir uma doação, semelhante à cruzada concomitante de Eitingon para resgatar a Verlag, a fim de salvar o centro Tegel. Ela visitara sanatório e, como disse Freud, "ficou muito interessada na instituição e decidiu por si mesma que não deveria ficar em péssima situação financeira"[12]. O psicanalista francês René Laforgue sugeriu que os membros da IPA comprassem ações, mesmo que em pequena quantidade, da empresa. Mas então a boa-fé dos benfeitores da IPA, como Pryns Hopkins, estava sendo perigosamente posta à

10 K. Brecht et al., op. cit., p. 55.
11 U. Schultz; L.M. Hermanns, Das Sanatorium Schloss Tegel Ernst Simmels, *Psychotherapie. Psychosomatik. Medizinische Psychologie*, v. 37, n. 2, p. 61.
12 Carta de Freud a Simmel, de 05 set. 1929, em F. Deri; D. Brunswick, Freud's Letters to Ernst Simmel, *Journal of the American Psychoanalytic Association*, v. 12, n. 1, p. 105.

prova. Em março, tão logo Hopkins "doou £1000 para a clínica de Londres, a princesa [Marie Bonaparte] já pedia dinheiro para salvar o sanatório de Simmel"[13]. Freud enviou sua própria carta de apelo ao mundo e aumentou sua contribuição anual, mas a perspectiva de obter ajuda contínua permanecia tênue. Ainda assim, Anna, que vivera em Tegel por algumas semanas enquanto seu pai se recuperava de uma cirurgia oncológica, seguia sendo otimista em relação ao futuro do sanatório. Escrevendo de Tegel, ela disse à amiga Eva Rosenfeld que a paz e a confusão diminuíam simultaneamente durante a análise. Em contraste, a verdadeira calma do campo propiciava tranquilidade suficiente para ajudar a mente a se recuperar do estresse da cidade. "Tegel é [...] uma ilha de segurança em meio ao trânsito da cidade [...] ideal e mais bonita do que nunca." A pedido de Anna, Eva também iniciaria um período de análise gratuita com Freud quando ele retornasse a Viena. Enquanto isso, as perspectivas de sobrevivência do Tegel melhoraram. "O dr. Simmel está com boa disposição e cheio de esperança", relatou Anna[14]. Duas semanas depois ela escreveu a Eva sobre o plano de Laforgue. "Estamos tentando fundar a Tegel Incorporated, porém faltam algumas pessoas ricas que possam comprar ações. Espero que sejamos bem-sucedidos."[15] O apelo foi deselegante e muito ineficaz, inclusive entre os analistas de Londres, que tinham avaliado as ações em 25 libras esterlinas cada[16].

Anna Freud não perdeu tempo em Tegel. Ela ministrava um seminário no Instituto de Berlim e outro curso de três dias sobre análise de crianças em Tegel. Em geral, ela estava genuinamente satisfeita por alguns dos analistas de Berlim, incluindo Melitta Schmideberg (filha de Melanie Klein), Jenö Harnik e Carl Müller-Braunschweig terem se encontrado com ela em Tegel – eles até alugaram um carro para uma viagem ao campo em outubro, mas Anna ainda se sentia como uma estranha entre eles e preferia seu grupo de Viena. Na disputa em curso entre berlinenses e vienenses sobre qualquer coisa, do caráter humano à técnica analítica,

---

13 Carta de Jones a Eitingon, de 09 mar. 1929, documento n. CEC/F01/30, e 15 mar. 1929, documento n. CEC/F01/31, arquivos da Sociedade Psicanalítica Britânica.

14 Carta de Anna Freud a Rosenfeld, de 18 set. 1929, em P. Heller, *Anna Freud's Letters to Eva Rosenfeld*, p. 122.

15 Carta de Anna Freud a Rosenfeld, de 29 set. 1929, em P. Heller, op. cit., p. 125.

16 Atas da reunião do Conselho de 15 jan. 1930, FSA/4, arquivos da Sociedade Psicanalítica Britânica.

passando pelo prazer estético, Anna captou em seguida a tendência weimariana a preferir o "utilizável e útil" em contraste à inclinação vienense pelo "fácil e prazeroso". Pessoalmente, porém, ela desprezava o que chamava de eficientes "ideais, as casas, os móveis antigos, as comodidades" dos berlinenses em favor de uma vida mais rural, simples e talvez mais comunitária[17].

A mais nova clínica para pacientes externos foi programada para ser aberta em Frankfurt com certa emoção particular, devido à sua associação com o Instituto Marxista de Pesquisa Social (Institut für Sozialforschung). Mantendo-se atualizados acerca da expansão constante das Sociedades analíticas locais, os colegas de Simmel e seus amigos de longa data Karl Landauer e Heinrich Meng, da Sociedade Psicanalítica do Sudoeste da Alemanha, fundaram seu instituto psicanalítico e sua clínica associada em Frankfurt, em fevereiro de 1929[18]. Em uma manobra ousada e perspicaz, Landauer decidiu abrigar a clínica nas dependências de seu parceiro intelectual, o Instituto de Pesquisa Social de Max Horkheimer. Agora, como "instituto convidado" do Instituto de Pesquisa Social, a Sociedade Psicanalítica de Frankfurt tornou-se, de forma indireta, o primeiro grupo psicanalítico com reputação suficiente para ser conectado a uma universidade. A Universidade de Frankfurt, que o teólogo socialista Paul Tillich (encarregado da cátedra de filosofia no ano anterior) chamava de "a mais moderna e liberal das universidades" no final da década de 1920, foi um lugar próprio para esta associação[19]. A fim de celebrar a aliança de sua clínica com os cientistas sociais de Frankfurt, Landauer convidou todos os seus colegas internacionais da IPA a participar de uma série de palestras inaugurais. Eles ficaram encantados. Ernest Jones ficou tão satisfeito que anunciou aos colegas da Sociedade britânica o convite de Landauer para "a abertura de uma clínica psicanalítica em Frankfurt" e sentiu-se tentado a viajar de Londres para lá[20]. A lista de ilustres palestrantes de Berlim atraiu a atenção da mídia local e as ideias dos psicanalistas receberam críticas geralmente positivas na imprensa de Frankfurt. O *Frankfurter Zeitung*, em

---

17 Carta de Anna Freud a Rosenfeld, de 14 out. 1929, em P. Heller, op. cit., p. 129.

18 Report of the Frankfurt Psychoanalytic Institute, *International Journal of Psychoanalysis*, v. 11, p. 246-147.

19 Apud R. Wiggershaus, *The Frankfurt School*, p. 34.

20 Atas da Reunião Ordinária de 20 fev. 1929, arquivos da Sociedade Psicanalítica Britânica.

particular, dedicou uma edição inteira do seu suplemento "Für Hochschule und Jugend" (Para as Instituições de Ensino Superior e a Juventude) à nova série de palestras no Instituto de Pesquisa Social, das quais participaram médicos, estudantes e professores. Em 16 de fevereiro, Sándor Radó, Heinrich Meng e Erich Fromm proferiram um discurso inaugural como um prelúdio dos próximos programas do instituto.

O discurso proferido por Erich Fromm, então chefe do Departamento de Psicologia Social do Institut für Sozialforschung e conferencista no instituto de psicanálise, nas cerimônias de abertura foi arrebatador porque ele, como seus colegas de Frankfurt, havia pesquisado uma compreensão externa e interna unificadas da humanidade. O *Frankfurter Zeitung* relatou que "o dr. Erich Fromm (Heidelberg) falou da possibilidade de aplicar a psicanálise à sociologia, pois, por um lado, a sociologia se ocupa dos seres humanos e não da mente das massas enquanto, por outro lado, os seres humanos existem, como a análise sempre reconheceu, apenas como criaturas sociais"[21].

Os repórteres resumiram bem o seu ensaio. Na palestra de Fromm intitulada "A Aplicação da Psicanálise à Sociologia e aos Estudos Religiosos", publicada simultaneamente na revista pedagógica do analista, ele propunha que, desde o início, a psicanálise havia entendido que "não existe tal coisa como o '*homo psychologicus*'". O autêntico desafio está em compreender "o condicionamento recíproco de homem e sociedade" e que as relações sociais não são opostas, e sim paralelas, às relações objetais[22]. Os cursos de Fromm no instituto, como era inevitável, apresentavam duas posições aparentemente antitéticas, porém a diferença entre sociologia e psicologia era na realidade apenas metodológica, uma questão de forma e não de conteúdo. Como todos os analistas professores, Fromm enfatizou que seu material didático era baseado em dados da clínica. Karl Landauer garantia que, se os analistas pudessem comparar observações e investigar as histórias dos casos dos pacientes da clínica, as probabilidades de êxito dos psicoterapeutas seriam determinadas pelo conhecimento objetivo e empírico e não pela chamada compreensão intuitiva. Em seu discurso de abertura Radó assinalou que essa abordagem já existia

21 K. Brecht et al., op. cit., p. 57.
22 Ibidem, p. 60.

em Berlim, onde mais de cem "análises gratuitas são realizadas todos os dias", excluídas as análises didáticas, pelos doze profissionais da policlínica. Frankfurt, na qualidade de segunda instituição psicanalítica na Alemanha, tinha, naquele momento, a oportunidade de atender às necessidades de tratamento da população, bem como às necessidades dos psicanalistas de obter os dados clínicos.

Os analistas de Frankfurt se depararam com uma interessante situação. Por um lado, eles tinham muito pouco espaço para um local de tratamento completo até o ano seguinte e poucos professores para constituir um corpo docente de formação. Por outro lado, sua impressionante afiliação ao Institut für Sozialforschung fazia deles um centro coletivo de informação psicanalítica e o corpo docente recebia inúmeros pedidos de palestras públicas, apresentações em centros educativos comunitários e cursos de formação profissional continuada para advogados, assistentes sociais, professores, psicólogos e médicos. O discurso de Bernfeld em Frankfurt sobre "Socialismo e Educação" foi a primeira de uma série de quatro palestras inaugurais. Para Bernfeld, a educação burguesa convencional exige conformismo e favorece uma espécie de doutrinação nas normas sociais. Em contraste, os socialistas acreditam que a educação é um processo de aprendizagem de si mesmo e dos outros por meio de uma luta pessoal (daí a psicanálise) e o desenvolvimento de consciência de grupo[23]. Anna Freud falou também sobre pedagogia e Paul Federn e Hanns Sachs deram mais duas palestras abertas sobre o significado da análise na sociologia, na medicina e nas ciências mentais. Entre si eles brigavam. Anna Freud se queixava a Eitingon de que "Bernfeld tirava conclusões erradas de uma observação correta. Sendo assim, pode-se poupar o trabalho da terapia"[24]. Eles também tentavam aparar as arestas. "Que coração cálido você tem, meu caro", exclamou Jones em um arroubo de reconciliação amistosa com Eitingon[25]. Publicamente, entretanto, eles permaneciam uma vanguarda unida pela psicanálise. O grupo de Frankfurt centralizou sua assessoria educacional

---

23 *Der Volkslehrer*, 07 jul. 1929, recorte na pasta Psychoanalysis & Socialism, 1926-29-1937, contêiner 7, Siegfried Bernfeld Papers, Coolections of the Manuscript Division, U.S. Library of Congress.

24 Carta de Anna Freud a Eitingon, de 17 abr. 1928, em P. Heller, Introdução, op. cit., p. 80.

25 Carta de Jones a Eitingon, de 05 jan. 1929, documento n. cec/F01/20, arquivos da Sociedade Psicanalítica Britânica.

tal qual haviam feito seus colegas do Ambulatorium em Viena, e acrescentou uma coligação de pesquisa composta de psicanalistas e médicos internistas para ensinar às suas profissões aliadas como aplicar a técnica psicanalítica. A constante mescla de sociologia com as teorias econômica e psicanalítica nas discussões, conferências, pesquisas e tratamentos clínicos produziu uma comunidade intelectual excepcionalmente vibrante. "Havia contatos pessoais e frutíferos do ponto de vista acadêmico entre nossos professores e o teólogo Paul Tillich", lembrava-se Heinrich Meng. Tillich, em "um dos seus tópicos de discussão [...] insistiu que o jovem Marx enfatizava o humanismo como o âmago do socialismo"[26]. No apogeu do instituto, muitos de seus líderes concentravam seus estudos na natureza e nas raízes do fascismo e, em particular, na ascensão do nacional-socialismo. Infelizmente, essa busca intelectual foi premonitória de modo alarmante e, como o poder nazista aumentava diariamente, suas discussões eram estéreis ou motivo de exílio. Quatro anos depois, a opção inevitável seria o exílio.

No clima de enfraquecimento econômico da Europa, também afetada pela Grande Depressão, Ernest Jones tinha pouca opção a não ser apelar à lealdade dos membros da Sociedade britânica a fim de manter o trabalho da clínica londrina. No final de outubro, Jones propôs, como medida de redução de custos, dissolver as barreiras formais entre os quatro componentes da Sociedade. Era uma decisão lógica, uma vez que o mesmo grupo nuclear de membros dirigia o instituto, editava a revista, presidia as reuniões da Sociedade e oferecia-se como voluntário na clínica. De mais a mais, alguns funcionários da Sociedade, apegando-se aos seus títulos, faziam deles uso para melhorar as relações com grupos acadêmicos e médicos de renome. Ao escrever a Max Eitingon, Jones descartava a preocupação de seu amigo sobre a viabilidade da clínica em Londres, lembrando-o de que Sylvia Payne, como a nova "secretária de negócios", cuidava de toda a correspondência da Sociedade, do instituto e da clínica, enquanto Edward Glover coordenava pesquisas e programas públicos[27]. Para o pessoal não médico, esses contatos institucionais eram sinais de legitimidade particularmente importantes. Contudo, a situação presente exigia

---

26 Autobiografia de Heinrich Meng, apud R. Wiggershaus, op. cit., p. 55.
27 Carta de Jones a Eitingon, de 18 nov. 1929, documento n. CEC/F01/41, arquivos da Sociedade Psicanalítica Britânica.

mais eficiência que prestígio, e todos os membros da Sociedade britânica foram nomeados unilateralmente assistentes clínicos. Toda a equipe tratava um paciente por dia nas dependências de Gloucester Place ou, como nas outras Sociedades, oferecia a alternativa equivalente de serviço ou dinheiro para o instituto[28]. Jones desfrutava dos planos em andamento para realizar a fusão da Sociedade, do instituto e da clínica em uma única unidade e, em cartas praticamente idênticas enviadas a Freud e a Eitingon, descreveu como ele iria "consolidar a nova profissão da psicanálise"[29]. O elemento mais original do projeto – Jones o chamou de "revolucionário" – consistia em situar os analistas leigos da clínica no mesmo nível da equipe regular. Assim como em Berlim e Viena, em diferentes épocas, os novos conhecimentos clínicos eram discutidos na Sociedade, porém implementados apenas na clínica.

Enquanto outros analistas formulavam teorias sobre o desenvolvimento infantil ou adulto, Erik Erikson concebeu um caminho longitudinal através da vida humana e estabeleceu os marcadores para uma transição equilibrada da infância à velhice. Energético e cortês, Erikson era um jovem atraente. Tinha olhos azuis surpreendentes, uma mandíbula quadrada e o comportamento atento de um médico inato. No estilo tradicional do intelectual alemão, ele mantinha um bigode aparado e penteava para trás o cabelo loiro e ondulado. Os estádios psicossociais de Erikson (em oposição aos estádios psicossexuais de Freud), agora lendários, foram concebidos ao trabalhar com adolescentes no ambulatório e baseados em suas experiências ali. Seu trabalho com adolescentes era supervisionado por August Aichhorn, enquanto Helene Deutsch e Eduard Bibring supervisionavam o tratamento de seu primeiro paciente adulto. Erikson explicaria mais tarde que havia decidido seguir sua formação analítica com Anna Freud tão logo se convenceu, durante seu trabalho com crianças em Heitzing, de que a psicanálise era compatível com a arte e tinha um forte

---

28 Report of the British Psychoanalytic Society, Fourth Quarter, 1929, *International Journal of Psychoanalysis*, v. 11, p. 119; ver também atas de 02 out. 1929 do Conselho da Sociedade Psicanalítica Britânica, arquivos da Sociedade Psicanalítica Britânica.

29 Carta de Jones a Freud, n. 546, de 14 out. 1929, em R.A. Paskausas (ed.), *The Complete Correspondence of Sigmund Freud and Ernest Jones*, p. 665; ver também carta de Jones a Eitingon, de 18 out. 1929, documento n. CEC/F01/40, arquivos da Sociedade Psicanalítica Britânica.

componente visual. Mesmo hoje, os oito estádios de Erikson são essencialmente uma representação visual do desenvolvimento psicológico humano. Os "estádios" são traçados em diagonal em vez de verticalmente para mostrar que a sequência dos estádios – cada um dos quais registra a resolução apropriada da luta de um indivíduo entre o seu eu interior e as demandas ambientais ou culturais externas – está "presente no início da vida e se mantém sempre presente"[30]. Seu modelo propõe que cada estádio é suscetível a uma resolução saudável e outra não saudável, marcadamente "Identidade versus Difusão" na adolescência, e assume que essa resolução esteja em conformidade com certas normas culturais como a autonomia, o individualismo e a realização pessoal. No entanto, apesar de toda a sua ênfase no aspecto "social" do desenvolvimento e a construção da identidade individual (o plano de fundo autobiográfico é visível aqui), a força da teoria de Erikson, na verdade, está nas ferramentas que oferece ao terapeuta para ajudar os indivíduos a explorar seu mundo interior.

Anna Freud dirigia três seminários no ambulatório na época e ministrava cada um desses cursos semanalmente desde 1926. Quase todos os notáveis psicanalistas de Viena participavam de seu *Kinderseminar* informal[31] para jovens analistas da clínica; do seu seminário pedagógico semanal sobre técnicas psicanalíticas e educacionais combinadas (em grande parte extraídas do seu trabalho na Escola Heitzing); ou do seu Seminário Técnico sobre análise de crianças no instituto de formação da Sociedade. Em sua infatigável busca por explicações sobre o distúrbio psicológico na infância, Anna convidou especialistas em cada etapa do ciclo vital para fazer apresentações aos analistas veteranos, sentados em torno de uma mesa enquanto os analistas principiantes sentavam-se atrás deles ou ficavam de pé. Aichhorn, por exemplo, ensinava psicologia do adolescente e delinquência juvenil. Em outro seminário Willi Hoffer fez uma apresentação completa dos comportamentos, sonhos e fantasias de um menino que analisava. Reich conduziu um programa semelhante no qual analisava casos de adolescentes e adultos.

Heinz Hartmann, que mais tarde pregaria a ortodoxia psicanalítica sob o disfarce da "psicologia do ego", recém retornara a

---

30 L.J. Friedman, *Identity's Architect*, p. 221.
31 Não confundir com o grupo de Berlim, que leva o mesmo nome, mas que desempenha uma função diferente.

Viena depois de vários anos na bem menos convencional Policlínica de Berlim. Hartmann e seu colega Paul Schilder fomentaram um enfoque duplo, ou sintético, psicanalítico e biológico das doenças mentais e queriam testá-lo no tratamento de distúrbios psiquiátricos. Não obstante a onipresente atração da poderosa Clínica Psiquiátrica-Neurológica de Wagner-Jauregg, onde ambos haviam se formado segundo o modelo de tratamento patológico-anatômico, os dois psiquiatras elaboraram os planos para um novo departamento experimental no ambulatório. Projetado especificamente para tratar adultos com sintomas borderline e psicóticos, a nova seção foi um marco nas melhoradas relações entre os psicanalistas e os quadros médicos da psiquiatria nativa vienense. Cerca de quinze anos antes, durante e logo após o fim da Primeira Guerra Mundial, o enfoque psiquiátrico, no caso de adultos com diagnósticos psicológicos severos, havia mudado de acusações de fingimento dos sintomas para um tratamento mais amável de um distúrbio denominado neurose de guerra. A psicanálise triunfara como forma de tratamento preferida em quase todos os círculos médicos, à exceção dos mais conservadores e ganhara notável popularidade, inclusive na medicina militar. Presumivelmente, o mesmo poderia acontecer agora com outros distúrbios. Infelizmente, tão logo Schilder inaugurou a clínica especial no Ambulatorium em março, com planos para um experimento sistemático relacionado com a psicoterapia de psicoses, ele recebeu uma oferta de emprego de Adolf Meyer e partiu para os Estados Unidos. Eduard Bibring, amigo de Schilder, assumiu a direção da nova clínica em setembro. Bibring também era um psiquiatra de formação hospitalar (figura 30), porém, mais importante, tinha sido parte daquele grupo animado de estudantes de anatomia de Tandler que, numa tarde em 1920, visitaram Freud e se converteram em seus mais novos protegidos. Essa mesma energia caracterizava a administração de Bibring da nova clínica, uma iniciativa confiante de acordo com as políticas da Viena Vermelha, porém muito de vanguarda no seu tempo. Mesmo visitantes dos Estados Unidos podiam se dar conta disso. "A república de onze anos da Áustria", observou William French, do Commonwealth Fund, "construiu um sistema de [...] atendimento que é personalizado, flexível e cada vez mais eficiente."[32]

---

32 W.J. French; G. Smith, *The Commonwealth Fund Activities in Austria*, p. 1.

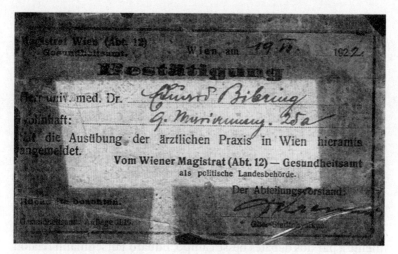

FIG. 30. Licença de Eduard Bibring para o exercício da Medicina, emitida em 1922 (arquivos da Sociedade e Instituto Psicanalíticos de Boston).

Se Bibring não tivesse aperfeiçoado o mais recente programa terapêutico do Ambulatorium, o Departamento de Casos Borderline e Psicoses, o modelo de tratamento psicanalítico de Hartmann e Schilder para pessoas com esquizofrenia não teria atraído Ruth Brunswick, que se juntou a eles em 1930. Contando com a experiência de Brunswick no tratamento de depressões graves e sua compaixão única pelas pessoas marginalizadas pela doença mental, o trabalho na clínica tomou uma direção ainda mais progressista. A avaliação profunda padronizada de adultos neuróticos foi eliminada em favor de um questionário de avaliação mais curta. Perguntava-se ao paciente se ele ouvia vozes ou tinha visões ou alucinações. A fim de evitar parcialidade, uma equipe de médicos estudava as respostas do paciente e, em seguida, escolhia um dos três possíveis locais de tratamento. Primeiro, os pacientes que precisavam de um questionário adicional para confirmar a presença de sua doença mental eram enviados à seção regular para adultos. Uma distinção tinha que ser feita entre, por exemplo, as alucinações orgânicas do esquizofrênico e a alucinose alcoólica dos indivíduos severamente deprimidos e automedicados. Para que os pacientes fossem qualificados ao tratamento na seção psiquiátrica, seus sintomas psicóticos ou borderline não podiam ser descartados, ficando, pois, dependentes de um escrutínio intensivo e, desse modo, eles permaneciam sob observação e eram tratados de acordo. Segundo, àqueles que necessitavam de um plano de tratamento individualizado adequado à sua categoria diagnóstica eram oferecidas formas de psicoterapia de menos pureza psicanalítica. Alguém com um frágil controle da realidade dificilmente toleraria a ansiedade gerada por um regime de uma hora diária de associação livre. E, tecnicamente, a psicanálise poderia ser modificada: a hora completa podia ser encurtada para 45 minutos, a frequência reduzida de cinco a três vezes por semana, e talvez o divã substituído por uma cadeira. Em terceiro lugar, os analistas assumiram a posição sumamente contestável de permitir que a equipe oferecesse a psicanálise clássica de maneira mais seletiva para casos borderline ou a pessoas com psicose incipiente. Naturalmente a par dos debates nesse campo, Eduard Hitschmann relatou que quase setenta casos de esquizofrenia haviam sido tratados em dez anos. Inclusive a clínica psiquiátrica do hospital municipal, domínio de Wagner-Jauregg, encaminhava pacientes. O mesmo fazia os tribunais: a pena de encarceramento de infratores que concordassem em administrar seu comportamento incontrolável por meio de tratamento psicológico podia ser comutada. Os centros de bem-estar social, os médicos dos bairros e dos sanatórios que acreditavam em um enfoque benigno das doenças mentais, encaminhavam pacientes. É claro que a própria seção de pacientes externos do ambulatório enviava pacientes cuja neurose tendia à psicose. Em retrospectiva, Bibring e seus colegas foram ingênuos ao supor que a esquizofrenia pudesse ser tratada apenas pela análise. Colegas em Berlim, no entanto, discutiam essa abordagem, e em Budapeste Sándor Ferenczi estava experimentando modificações engenhosas, embora controversas, do método que iam muito além de estilo individual.

Sob circunstâncias políticas muito diferentes, Sándor Ferenczi também explorava as opções de instituir uma clínica em Budapeste. Seus colegas em Viena, Berlim e Londres haviam logrado êxito ao assumir a obrigação de atender às necessidades das pessoas pobres e carentes mediante serviços de saúde mental. Os recursos públicos e privados, cronicamente inadequados, de Budapeste resultavam na perda de muitas vidas, concluía Ferenczi em sua polêmica introdução a um relato de caso publicado. Ferenczi divulgou o panfleto "Da Infância de Uma Jovem Proletária" como um sumário clínico e um pedido de compreensão combinados. Nas notas, terríveis e fascinantes, eram registrados os primeiros dez anos de vida de uma jovem de dezenove anos de idade, filha de pai alcoólatra subempregado e mãe desesperada, e se explorava, com extraordinária precisão, a relação entre classe social e miséria humana. Ferenczi não conseguira impedir o suicídio dessa sua paciente precoce, mas publicou seu *Diário* e permitiu que se conhecesse o que Imre Hermann carinhosamente chamava de "palavras subversivas para 1929"[33]. Naquele diário, a jovem escrevera:

Crianças ricas são afortunadas [...] Elas podem aprender muitas coisas e [aprender] é uma forma de entretenimento para elas [...] e quando aprendem algo, ganham chocolate. Sua memória não é sobrecarregada com todas as coisas horríveis das quais não é possível se livrar. O professor as trata com falso respeito. Era assim na nossa escola [...] Eu acredito que muitas crianças pobres aprendem mal ou pouco por motivos semelhantes e não por terem menos talento.[34]

---

33 I. Hermann, Sándor Ferenczi: The Man, *New Hungarian Quarterly*, v. 25, n. 9, 1984, p. 116.

34 S. Ferenczi, Aus der Kindheit eines Proletarmädchen, *Zeitschrift für Psychoanalytische Pädagogik*, ano 3, n. 5/6.

1930

"Análises gratuitas ou de baixo custo [...] [são] pelo menos um pequeno começo"

Já em 1930, a proposta de Freud no que diz respeito ao tratamento gratuito já se havia configurado de forma muito similar à que ele previra uma década antes. Os homens e as mulheres pobres de Viena tinham naquele momento o mesmo direito social ao tratamento da saúde mental quanto à cirurgia; a doença mental era considerada uma ameaça para a saúde pública, similar à da tuberculose; as decisões eram tomadas por comitês, não por indivíduos, a fim de criar instituições para as quais médicos analiticamente treinados seriam designados. Embora as clínicas para pacientes externos tinham sido iniciadas graças à caridade privada, o Estado agora reconhecia o seu valor. Freud não poderia estar mais satisfeito. A Policlínica de Berlim, ele escreveu, ainda "se empenha a fim de tornar nossa terapia acessível ao grande número de pessoas que sofrem por suas neuroses não menos do que os ricos, mas que não estão em condições de arcar com o custo do seu tratamento"[1]. Muitos fatores então convergiam: a nova localização da clínica, seu espaço ampliado e seu apelo a jovens acadêmicos, sua posição política e a reputação de Berlim

---

1   S. Freud, Preface to Ten Years of the Berlim Psycho-Analytic Institute, *SE*, v. 21, p. 257.

como um vibrante epicentro urbano. A clínica, no entanto, também havia padecido das consequências da deterioração econômica mundial, e a repentina e poderosa vitória do Partido Nazista nas mais recentes eleições provocara, obviamente, comoção. Com os nazistas constituindo agora o segundo maior partido político da Alemanha, intensificaram-se as preocupações de Eitingon, Radó e Simmel acerca da sobrevivência da psicanálise em um ambiente hostil. Eles formavam novos analistas, analisavam pacientes por cinco a seis horas cada dia, ministravam novos cursos e, em geral, estavam motivados a promover sua própria versão da democracia. Mesmo a esposa de Freud se viu envolvida na comoção: Martha, que gostava de visitar Eitingon e a esposa dele Mirra em sua casa na Alteinsteinstrasse em Berlim-Dahlem, agora também fazia visitas ao instituto na Wichmannstrasse.

A demanda pela psicanálise para pacientes externos era mais variável do que para pacientes psiquiátricos internados, porém a participação dentro de grupos etários e profissionais predefinidos aumentou ou se manteve constante. Tomando-se o registro demográfico da clínica como um todo, o número de jovens adultos aumentara cinco vezes no período de dez anos, a partir de 1920, assim que em 1930 eles eram os usuários mais frequentes dos serviços clínicos. Eitingon selecionava ele mesmo quase todos os solicitantes, mas, por muitas razões, não podia admitir todos eles na policlínica. Na realidade, apenas metade dos jovens adultos entre 21 e 25 anos que solicitava cuidado realmente recebia tratamento (184 de 372). O grupo demográfico seguinte, aquele dos 26 a 30 anos de idade, apresentava praticamente o mesmo quadro: das 358 consultas, 44%, ou 160, resultavam em tratamento analítico. Inclusive entre os homens e mulheres de meia idade, de 31 a 35 anos, o padrão permanecia o mesmo: o número de consultas (293) era menor que o dobro do número de análises subsequentes (128). Se o meticuloso Fenichel tivesse analisado os dados de Eitingon, teria ficado satisfeito em descobrir que todos os casos atendidos durante a década de 1920 foram registrados nos mínimos detalhes, de crianças menores de cinco anos a adultos de sessenta anos ou mais. Uma imensa diversidade de idade, sexo, ocupação e situação social constituía a base geral dos pacientes da policlínica, porém parecia haver pouca correlação entre a idade dos pacientes e seus diagnósticos. Curiosamente, apesar de evidências contrárias, suposições estereotipadas de que as mulheres burguesas fossem a principal clientela dos psicanalistas porque eram histéricas e podiam custear a atenção, ainda existem na atualidade. Trechos falsos e cativantes são abundantes na literatura. Robert Graves, por exemplo, certa vez escreveu: "Ser encorajado por um médico a falar sobre si mesmo nos mais íntimos detalhes era uma experiência nova e grandiosa, especialmente para mulheres endinheiradas e solitárias que haviam tido 'colapsos nervosos.'"[2] Na verdade, instituições como a policlínica arriscaram sua reputação histórica ao impugnar medidas punitivas tomadas contra grupos marginalizados, entre eles, as mulheres. Os psicanalistas acreditavam que sua teoria permitia que as pessoas trabalhassem produtiva e cooperativamente, com menos restrições internas de uma sociedade repressiva.

A jovem Edith Banfield Jackson, que buscava a mesma liberdade de sua rígida educação na Nova Inglaterra, chegou a Viena em janeiro para ser analisada por Sigmund Freud. Edith Jackson era uma médica rica, inteligente e trabalhadora. Era uma mulher magra, de longos braços e pernas, cabelos castanhos e imperturbáveis olhos verde-azulados. Decorridos alguns anos, Jackson se converteria em um esteio financeiro do movimento psicanalítico e, como Von Freund, Eitingon, Marie Bonaparte e Muriel Gardiner, financiaria programas psicanalíticos, socializaria com os Freud e ajudaria os analistas a escapar dos nazistas. Em 1930, entretanto, Jackson era nova na Europa e mantinha a rotina agradável de uma analisanda estrangeira recém-chegada. Ela tinha aulas diárias de alemão para poder participar dos seminários do instituto e trabalhar com crianças, e aulas de dança para as noites de baile vienenses. Todas as tardes, exceto aos domingos, ela saía do quarto que alugava da mãe de Else Pappenheim e caminhava até o consultório de Freud na Berggasse. Sua sessão analítica, das 17h00 às 18h00, era em inglês. "Trabalhar na presença da mente de Freud é a experiência mais emocionante que jamais tive", escreveu à sua irmã Helen. "Acho a personalidade dele adorável."[3] A análise era difícil e a deixava mal-humorada, porém o sofisticado leque de

---

2 R. Graves, apud B. Shephard, *A War of Nerves*, p. 164.
3 Carta de E. Jackson a H. Jackson, de 01 fev. 1929, caixa 1, pasta 3, série 1, Edith Banfield Jackson Papers, Biblioteca Schlesinger, Radcliffe Center for Advanced Study, Universidade de Harvard.

282 OS ANOS MAIS GRATIFICANTES: 1923-1932

atividades noturnas de Viena a animava com facilidade. Por toda a cidade, palestras, concertos, teatro e ópera começavam às 19h00 ou 19h30. Jackson gostava particularmente de dançar no Artist's Ball, onde milhares de homens e mulheres fantasiados valsavam a noite toda *en masque*. Quanto mais escandalosa era a fantasia, mais alegremente os amigos do *Kinderseminar* fofocavam a respeito da dançarina. A fantasia de cacto verde, com uma flor de cacto de cor vermelha no gorro era sua grande favorita para o Concordia Ball. Mas a fantasia de cogumelo por ela usada no Concordia Ball (ao qual ia acompanhada por outro paciente de Freud) tinha um colete apertado, uma boina branca adorável e uma saia de tule redonda com as bordas levantadas. Enquanto isso, as novas amigas de Jackson, Anna Freud e Dorothy Burlingham, atraíam Edith para a vida do instituto e do ambulatório e para as suas próprias experiências no tratamento da primeira infância. Ernst Simmel, então um especialista em distúrbios psicóticos, convidou Jackson para uma breve visita à sua equipe no Schloss Tegel. Jackson ficou particularmente impressionada com a originalidade do trabalho de Simmel. Ela escreveu:

No sanatório *psicanalítico*[4] há atualmente apenas de 12 a 14 pacientes (a capacidade é para 25). Não sei se temos instituições desse tipo na América, mas espero que as tenhamos. Pois desfrutar dos benefícios de um entorno tão agradável e saudável, com pouca supervisão e poucos regulamentos, é excelente para pessoas que precisam de análise.[5]

Ela conheceu Ruth Mack Brunswick, outra analisanda americana da equipe do Ambulatorium, que infundia no mais novo ramo da clínica, o Departamento de Casos Limítrofes e Psicoses, entusiasmo pelo tratamento de doenças mentais graves. Brunswick mostrou a Edith sua pesquisa sobre a psicose e seu esforço (compartilhado por outros analistas formados por Reich, Schilder e Hartmann) para compreender a doença mental entrevistando pacientes psicóticos ou esquizofrênicos.

Wilhelm Reich é talvez mais conhecido hoje como um experimentador, com relação ao qual as pessoas se sentem um pouco

4 Sublinhado no original.
5 Carta de E. Jackson a H. Jackson, de 11 maio 1930, caixa 1, pasta 3, série 1, Edith Banfield Jackson Papers, Biblioteca Schlesinger, Radcliffe Center for Asvanced Study, Universidade de Harvard.

desconfortáveis devido aos seus experimentos com acumuladores de orgônio e suas máquinas de produzir chuva no início dos anos de 1950, ou como patrono da sexualidade liberada, mistificada por terapeutas radicais da década de 1960. Outros se lembram dele por escrever obras como *Charakteranalyse* (A Análise do Caráter) e liderar organizações como o Ambulatorium e a Sex-Pol. A história de Reich é frequentemente dividida no "bom" Reich psicanalítico e no "mau" Reich que perdeu a cabeça com a política e padeceu de uma esquizofrenia incipiente por volta de 1930. Em setembro de 1930, Wilhelm Reich demitiu-se do Ambulatorium e se mudou de Viena para Berlim[6] com a esposa, a psicanalista Annie Reich, mas ele não perdeu a sanidade mental. Entre 1930 e 1934, o envolvimento de Reich com a psicanálise e a política ativista continuou inabalável e sua reputação, intacta. No início, Berlim satisfez as suas esperanças de um ambiente mais receptivo que Viena. Muitos dos analistas mais jovens também haviam se mudado para Berlim – Otto Fenichel, Erich Fromm, Edith Jacobson, Siegfried Bernfeld e Karen Horney – e estavam de acordo com o vínculo imutável que Reich estabelecia entre a psicanálise e o marxismo. Eles o apelidavam de "o Forjador do Caráter". Reich estava pessoalmente consternado com a indiferença de Freud (ou pior) para com ele e evitava deliberadamente recriar as tensões devidas às divergências nos seus últimos anos em Viena. Reich praticava a análise e ministrava seminários sobre a análise do caráter em sua casa perto da Wichmanstrasse. Proibido provisoriamente de trabalhar como analista didata por causa de sua resoluta terapia analítica do caráter, ele, no entanto, dava palestras na policlínica e ali atendia pacientes. Em pouco tempo, Reich e Otto Fenichel, seu velho amigo dos círculos sociais de Viena, reuniram em torno de si um círculo interno de colegas mais jovens autodenominados analistas dialético-materialistas. Um deles, o analista Alexander Mette, escreveu: "A existência do inconsciente psíquico é um ponto incontroverso da ciência materialista. O reconhecimento disso não modificará seus fundamentos mais do que, por exemplo, a teoria da relatividade."[7] Reich também se incorporou aos Semi-

---

6 Em 1939, quando os nazistas consumiam a Europa tal como um incêndio incontrolável quase uma década mais tarde, Reich comparou a atmosfera social da cidade de Nova York, na qual então vivia, à Berlim de 1930.

7 L.M. Hermanns, Conditions et limites, *Revue internationale d'histoire de la psychanalyse*, n. 1, p. 81.

FIG. 31. *Os analistas do Seminário de Crianças num piquenique, "Autorretrato". De pé* (da esquerda para a direita), *Grete Bibring, Wilhelm Reich, Otto Fenichel, Eduard Bibring* (inclinando-se na direção da máquina fotográfica), *mulher não identificada; sentados* (da esquerda para a direita), *mulher não identificada, Frances Deri, Annie Reich (Coleções Especiais, Biblioteca A.A. Brill Library, Sociedade e Instituto Psicanalíticos de Nova York).*

nários de Crianças (figura 31) que Fenichel havia supervisionado desde 1924. Seus principais participantes, incluindo Fromm, Jacobson, Kate Friedländer, George Gerö e Edith Buxbaum formariam, em 1934, o cerne do último projeto organizacional de Fenichel na Europa, o círculo *Rundbriefe*.

Encorajado, Reich começou a restabelecer sua rede de clínicas de aconselhamento sexual gratuito e mudou a Sex-Pol de Viena a Berlim. Como em Viena no final dos anos de 1920, ele reunia pessoas para conversar sobre educação sexual, dar informações sobre contraceptivos e oferecer psicoterapia breve, individual e para casais. Annie Reich, Fenichel, Edith Jacobson e Käthe Misch, ainda membros da Sociedade Psicanalítica de Berlim, trabalhavam com ele como defensores de reformas sexuais e políticas. Ele ministrou um curso para um grupo de estudantes sobre "O Fiasco da Moralidade Burguesa", ao qual Fenichel deu prosseguimento com uma conferência interessante intitulada "O Temor da

Comunidade". Reich também falou na Associação dos Médicos Socialistas berlinense, grupo liderado por Ernst Simmel, sobre a prevenção de problemas emocionais. Assim como em Viena, Reich se movimentava por uma gama de organizações políticas, porém finalmente decidiu que a expansão da Sex-Pol iria promover ainda mais o que ele chamava de temas "sexo-políticos". Em um discurso para a Liga Mundial pela Reforma Sexual, Reich relatou que os centros de higiene sexual já haviam registrado setecentos solicitantes em dezoito meses[8]. Ele foi um dos poucos psicanalistas a se afiliar ao Partido Comunista Alemão e, talvez inevitavelmente, sua reputação se viu afetada quando os comunistas decidiram endossar sua organização sexo-política. Desde a virada do século, os comunistas tinham criticado a psicanálise por ser individualista demais e ignorar a raiz econômica do sofrimento humano. Contudo, concordavam com Reich em que os programas de saúde pública ignoravam a doença mental ou, pior ainda, prescreviam conselhos de rotina. 70% dos problemas dos trabalhadores eram demasiadamente severos para um aconselhamento breve, dizia Reich, e mesmo tratando os 30% que conseguiam chegar às suas clínicas, era inadequado. Os comunistas, que mais tarde repudiaram Reich, como fez a IPA, decidiram subsidiar a nova Associação Alemã Para uma Política Sexual Proletária. De acordo com sua segunda esposa, Ilse Reich, a Associação atraiu mais de vinte mil membros por meio de uma campanha muito semelhante à popular cruzada de Hugo Bettauer em Viena: melhor moradia para as massas; aborto e homossexualidade legalizados; livre controle da natalidade e da contracepção; educação sexual; creches mantidas pelos empregadores; e seguro saúde para mães e filhos[9].

Na maioria das questões, as crenças políticas de Reich eram as mesmas dos sociais-democratas vienenses, talvez levadas mais para a esquerda, porém fundamentadas igualmente na ideia de construir programas sociais específicos e viáveis, como a habitação e os cuidados da saúde. O relacionamento entre Reich e Freud era intenso, ambivalente e, na década de 1930, combativo. Freud tinha uma missão política, a missão dos sociais-democratas que implementaram a ideia de um Estado redistributivo na Áustria, centralmente planejado, no início dos anos de 1920. Enquanto Freud deixava claro

8   M. Sharaf, *Fury on Earth*, p. 136.
9   P. Reich, *A Book of Dreams*, p. 21.

que a "agitação política e a miséria econômica certamente têm o direito de chamar a atenção das pessoas em primeiro lugar e acima de tudo para si mesmas", conforme escreveu a Ferenczi, ele próprio evitava se envolver abertamente em um movimento político específico[10]. Sua circunspeção para dar apoio imediato ao "ideal comunista", no entanto, não impedia que ele tivesse uma agenda política, desde que "permanecesse um liberal da velha escola", como escreveu a seu amigo Arnold Zweig[11]. Na realidade, a identificação com um movimento outro que não a psicanálise teria embaçado seu programa para a libertação humana. Reich entendia isso. Não obstante todas as críticas que ele fez a Freud e dele recebeu durante toda a vida, Reich falava de Freud com admiração e o excluía de sua condenação geral dos psicanalistas (que, afinal, haviam expulsado Reich de sua própria associação profissional). Antigos amigos como Paul Federn e Otto Fenichel se provaram desleais com o tempo. Ernest Jones o culpou de haver indiretamente enganado seu líder e desviado a psicanálise da prática clínica privada para a arena política mais ampla. "Lamento muito que tantos membros em Berlim e Viena, que haviam boicotado o único Congresso de Pesquisa Sexual científico"[12], escreveu Jones a Eitingon, "estivessem lendo artigos no Congresso de Reforma Sexual, popular e não científico."[13] Mas, à semelhança de muitos dos seguidores de Freud, de Melanie Klein e Ernest Jones em diante, Reich via-se como o defensor solitário do verdadeiro mestre e considerava seus conflitos interpessoais meros obstáculos humanos ao progresso científico da psicanálise. Em 1930, Reich havia adotado uma retórica extravagante que acabaria por alienar alguns dos seus amigos mais próximos, e a Sex-Pol pareceu enveredar por um caminho cada vez mais radical à esquerda. Na realidade, seu trabalho dificilmente diferia do de Simmel em Tegel ou de Eitingon na policlínica, porém ele não conseguiu persuadir os analistas de que representava a vanguarda.

---

10 Carta de Freud a Ferenczi, n. 1199, de 05 nov. 1930, em E. Falzeder et al. (eds.), *The Correspondence of Sigmund Freud and Sándor Ferenczi*, v. 3, p. 402.

11 Carta de Freud a Zweig, de 26 nov. 1930, em E. Freud (ed.), *The Letters of Sigmund Freud and Arnold Zweig*, p. 21.

12 Organizado por Albert Moll em 1926, em associação com o Instituto de Sexologia de Magnus Hirschfeld em Berlim (Institut für Sexualwissenschaft), precursor do Kinsey Institute.

13 Carta de Jones a Eitingon, de 22 jul. 1930, documento n. CEC/F01/48, arquivos da Sociedade Psicanalítica Britânica.

Enquanto isso, em Frankfurt, Erich Fromm e um grupo de elite do instituto psicanalítico local abriram com sucesso uma nova clínica de modelo social-democrata. "Análises gratuitas ou de baixo custo [...] [são] pelo menos um pequeno começo", disse Karl Landauer à Eitingon, ao comentar os planos que ele e Heinrich Meng haviam proposto[14]. A clínica de Frankfurt, o último dos centros de tratamento gratuito para pacientes externos atribuíveis ao discurso de Freud em Budapeste, só duraria dois anos. No entanto, naquele momento, era provida de recursos modestos, porém adequados e capaz de garantir o nível de autoridade acadêmica séria que escapara à atenção de todas as demais clínicas. O filósofo social Max Horkheimer, antigo analisando de Landauer, acabara de ser nomeado professor da Universidade de Frankfurt e, simultaneamente, diretor do Instituto de Pesquisa Social. Landauer estava emocionado. Horkheimer "tem dado seu apoio ativo à psicanálise", disse ele a Eitingon, "e quer estreita colaboração entre o seu instituto e o nosso. Parece-me que nos mudaremos para lá e além disso teremos espaço para um centro de tratamento". Freud também estava satisfeito e enviou cartas de agradecimento a Horkheimer[15]. A clínica, pequena, mas promissora, começou a funcionar e, exceto pela notável conexão com seu anfitrião, o Instituto Marxista de Pesquisa Social, manteve-se bastante modesto. A lista de espera habitual de dez a quinze pacientes começou antes mesmo da abertura da clínica. Com o tempo, os analistas que trabalhavam meio período chegaram a atender cinco pacientes por vez. Os pacientes formavam, nesse caso, um grupo mais homogêneo do que em Berlim ou Viena, pois eram quase exclusivamente intelectuais associados com o instituto-mãe ou com suas afiliadas e sobretudo jovens acadêmicos de vinte a trinta anos de idade. Embora o número de casos fosse diferente – nem agricultores, nem trabalhadores, nem crianças foram tratados em Frankfurt – do ponto de vista estrutural, a clínica era similar às das outras cidades. As sessões clínicas foram programadas para durar 45 minutos. Os diagnósticos eram, desproporcionalmente, masculinos: impotência, esterilidade psicogênica e histeria e, como esperado de um meio ambiente acadêmico, "conflitos existenciais

14 Carta de Landauer a Eitingon, de 15 set. 1930, em K. Brecht et al., *Here Life Goes On in a Most Peculiar Way*, p. 64.
15 M. Jay, *The Dialectical Imagination*, p. 88.

288 OS ANOS MAIS GRATIFICANTES: 1923-1932

não superados, transtornos de personalidade, inibições de trabalho"[16]. É interessante observar que os pacientes podiam transferir
suas análises entre as clínicas de Berlim e Frankfurt. Landauer,
que via as vantagens de compartilhar recursos com as duas clínicas alemãs, pediu conselhos práticos a Eitingon. "Eu gostaria de
lhe perguntar em que termos você nomeia os assistentes no Instituto de Berlim. Refiro-me particularmente ao aspecto financeiro",
escreveu ele, com o implícito entendimento de que a proficiência
de Frankfurt no que tange ao aspecto teórico era irrepreensível.
Erich Fromm, Landauer e Meng atendiam os professores comunitários, cujas escolas primárias e secundárias tinham solicitado
aconselhamento sobre alunos difíceis e adolescentes com problemas de conduta, em parte para educá-los sobre o desenvolvimento
infantil e, em parte, para tratar as próprias neuroses dos professores induzidas pelo estresse. Com Max Horkheimer dirigindo o
instituto de pesquisa e Meng, Fromm-Reichman, e especialmente
Erich Fromm no corpo docente, Landauer podia, mais do que
nunca, fazer uma maior integração entre psicanálise e marxismo.

A carreira de Erich Fromm como psicanalista praticante
começara na Policlínica de Berlim em 1926. Um jovem de pro-
pensão teórica, Fromm sentia-se tão confortável com filósofos
como Horkheimer e Marcuse quanto com seus colegas psicanalistas berlinenses de esquerda, Otto Fenichel e Wilhelm Reich.
Tão logo ele se incorporou ao instituto, no entanto, os escritos
de Fromm passaram a ser cada vez mais críticos em relação a
Freud. À semelhança de Reich, ele valorizava mais o matriarcado
que o patriarcado (enquanto alinhava Freud ao patriarcalismo)
e rejeitava totalmente a configuração edipiana. Nisso ele diferia
de Adorno e de Horkheimer que, segundo Fromm acreditava,
consideravam Freud "mais revolucionário" por insistir na franqueza com relação à sexualidade[17]. Mais tarde, quando Fromm
desligou seu trabalho dos avanços do instituto de Frankfurt na
teoria crítica, Horkheimer escreveu ao seu velho amigo Lowenthal.
"Estamos realmente em dívida para com Freud e seus primeiros colaboradores [...] Mesmo quando não concordamos com
as interpretações de Freud e o uso de [conceitos], consideramos

16 Instituto Psicanalítico de Frankfurt, segundo relatório de atividades, *Internationale Zeitschrift für Psychoanalyse*, p. 276-278, apud K. Brecht et al., op. cit., p. 58.
17 M. Jay, op. cit., p. 101.

sua intenção objetiva profundamente correta." O que Horkheimer admirava sobretudo em Freud era sua insistência férrea em que a psicologia interior individual existe *per se* e está, ao mesmo tempo, enraizada no momento histórico. Para Freud, o eu não é um simples produto do meio ambiente, nem uma personalidade mecanicista pré-formada, mas que evolui em um processo constante de redefinir a relação entre os mundos interior e exterior. Os proponentes da teoria crítica ouviam de bom grado esse enfoque precisamente porque progrediam no exame dos paradoxos e das contradições sociais da vida moderna. Eles acusavam os chamados revisionistas ou neofreudianos, como os pós-berlinenses Erich Fromm e Karen Horney, de diluir o caráter incisivo da teoria freudiana ao dessexualizá-la e impor sobre ela um modelo cultural linear à natureza mutável do desenvolvimento humano. Fenichel e Simmel concordavam, acusando os neofreudianos de conformidade enquanto afirmavam que o freudismo ortodoxo é ainda mais libertador por sua ênfase no inconsciente e na sexualidade e por sua tolerância do irracional. Ao falar na homenagem a Simmel em 1946, Max Horkheimer disse que Freud e Simmel eram "inimigos implacáveis de superestruturas intelectuais, incluídos os esconderijos metafísicos da mente [...] Eles perseguiam a desmitificação radical"[18].

Quando a Sociedade de Berlim reafirmou publicamente que "a obrigação de tratar gratuitamente um caso na policlínica ainda é válido", Barbara Low reintroduziu essa questão ainda polêmica na Sociedade britânica em Londres[19]. Os britânicos provavelmente não seguiriam cegamente a crença de Eitingon de que os membros do instituto tinham uma obrigação real de trabalhar na clínica ou fazer outro trabalho equivalente. Tanto Jones em Londres como Hitschmann em Viena haviam seguido devidamente esse princípio, porém com os recursos minguando e sem uma forte posição política, os britânicos hesitavam antes de assumir novos compromissos. Eles decidiram que a natureza apropriada da colaboração entre o instituto e a clínica só poderia ser arbitrada com dados empíricos. Naquele momento, Jones havia encontrado uma maneira de adiar a decisão. Como os dados devem ser coletados

---

18 M. Horkheimer, Ernst Simmel and Freudian Philosophy, *International Journal of Psychoanalysis*, v. 29, p. 110-111.

19 Reports, *International Journal of Psychoanalysis*, v. 11, p. 518.

290   OS ANOS MAIS GRATIFICANTES: 1923-1932

antes que possam ser analisados, um questionário seria enviado a todos os membros, perguntando exatamente há quanto tempo estavam contribuindo para a clínica. O Conselho só definiria o termo *trabalho equivalente* depois que todas as informações fossem coletadas[20]. Talvez a questão mais espinhosa, referente à política mundial, fosse de grande importância para as suas decisões. Franz Alexander, bom amigo de Jones, por exemplo, estava entre os primeiros analistas a deixar Berlim e partir aos Estados Unidos[21]. Dois anos depois, sob a direção de Alexander, nasceu o Instituto de Psicanálise de Chicago, a primeira Sociedade americana e, até 1948, a única a abrigar uma clínica para pacientes externos.

Em meados de novembro de 1930, a nova geração de autoridades municipais de Budapeste, cujos predecessores tinham alardeado tão avidamente seu compromisso com a psicanálise, decidiram postergar o pedido de licença da Sociedade húngara para abrir a clínica. De modo similar aos seus colegas de Londres, os analistas húngaros lutaram para manter vivas as perspectivas de uma clínica externa gratuita. Ferenczi comentava com seus colegas internacionais que a responsabilidade pela demora era menos dos próprios juízes do que dos professores universitários encarregados de avaliar o projeto[22]. Esses "especialistas" já eram tão hostis à psicanálise quando revisaram os planos que o pedido teve que ser retirado temporariamente. Estava claro, contudo, tal como em Viena de 1920 a 1922, que iniciativas psicanalíticas privadas (ou parcerias público-privadas) teriam mais sorte do que aquelas que buscavam aprovação pública. Margit Dubovitz já tinha criado uma clínica psicanalítica para crianças sob os auspícios da Liga Húngara Para a Proteção das Crianças[23]. O início das atividades dessa clínica, em parte subsidiada pelo governo, foi promissor e causou muito entusiasmo na comunidade psicanalítica. A consultoria psicanalítica dirigida a crianças e pais de

20   Reunião anual da Sociedade Psicanalítica Britânica, 16 jul. 1930, arquivos da Sociedade Psicanalítica Britânica.
21   Em abril, Robert Hutchins, presidente da Universidade de Chicago, e Franklin McLean, diretor das clínicas universitárias, ofereceram a Alexander um cargo de visitante em psiquiatria por um ano, depois de ouvir o seu ensaio sobre "criminalidade" no Segundo Congresso Internacional de Saúde Mental em Washington DC. Alexander buscava o titulo mais polêmico de "professor de psicanálise".
22   Sándor Ferenczi, *Rundbriefe* n. 1201, de 30 nov. 1930, em E. Falzeder et al. (eds.), op. cit., v. 3, p. 404.
23   Reports, *International Journal of Psychoanalysis*, v. 11, p. 354.

todas as classes sociais tinha sido repassada pela Liga Nacional a Ferenczi. Ferenczi alistou Dubovitz e juntos delinearam um sistema variado de serviços sociais: casas seguras para mães e crianças; orfanatos; férias organizadas para deficientes e convalescentes; clínicas para pacientes externos; e uma publicação, o *A Gyermekvedelem Lapja* (Periódico pela Proteção das Crianças)[24]. Já no início de maio, Dubovitz e sua colega Vera von Felszeghy haviam coletado material clínico substancial e estavam prontas para apresentar o relatório de um caso da clínica externa para crianças na reunião mensal da Sociedade de Budapeste.

---

24 Sándor Ferenczi, *post-scriptum* à carta n. 182, de 04 fev. 1930, a Sigmund Freud e nota 5, em E. Falzeder et al. (eds.), op. cit., v. 3, p. 389.

1931

"Na qualidade de conselheiro social-democrata da cidade, o dr. Friedjung tem incentivado nossos interesses como psicanalistas"

Martin Grotjahn já era psiquiatra da equipe do hospital mental do Estado Berlim-Buch e, como escreveu mais tarde, não foi uma exceção à arrogante reputação dos professores universitários quando pediu para ser admitido no Instituto Psicanalítico de Berlim. A escolha de Grotjahn era politicamente significativa. Apesar de sua popularidade em Berlim na década de 1920, o *status* do psicanalista nunca atingira realmente o de médico / psiquiatra, o que significava que quem quer que estivesse inclinado a seguir uma formação psicanalítica corria o risco de prejudicar sua carreira acadêmica. Por outro lado, poucas organizações eram mais estimulantes do que a policlínica dos psicanalistas para um psiquiatra dotado de consciência social, cuja inclinação cívica estava cada vez mais confinada a encontros secretos e jogos codificados. É claro que os analistas tinham suas próprias práticas de exclusão, que alguns críticos chamavam de elitistas. O exaustivo processo de admissão em quatro etapas partes consistia então, como agora, em entrevistas destinadas a avaliar a motivação pessoal, a capacidade de empatia e a equanimidade geral dos candidatos – e filtrar os indivíduos considerados inadequados para tratar outros por causa de sua neurose particular. Grotjahn nunca esqueceu seu processo de admissão. Primeiro houve a entrevista com Max Eitingon, descrito por Grotjahn como "um homem tímido, de baixa estatura, com um leve gaguejo", que depois lhe ofereceu discretamente apoio financeiro[1]. Em seguida veio a entrevista com Karen Horney, diretora adjunta da clínica. Os sete gatos de Horney dormiam no confortável sofá do seu escritório e sua mesa estava tão abarrotada de papéis e manuscritos que Grotjahn achou graça e ao mesmo tempo sentiu a necessidade um pouco travessa de arrumá-la. Horney falou muito pouco. Quando ela saiu, um homem careca e idoso, com uma barba enorme o entrevistou, ao mesmo tempo em que declarava com veemência sua posição antipsiquiátrica. Ele disse que qualquer estudante de teologia ou antropologia viria com a mente mais aberta ao estudo da psicanálise do que um psiquiatra, porém mesmo assim se absteve de desqualificar Grotjahn por completo. As entrevistas culminaram em uma entrada dramática de Wilhelm Reich, que lhe fez algumas perguntas sem sequer se sentar e, em geral, parecia considerar a entrevista como uma tola formalidade. A candidatura de Grotjahn foi aprovada e sua análise didática com Ernst Simmel começou pouco tempo depois.

No centro do relato de Grotjahn sobre sua análise didática subjaz uma surpreendente metáfora da época – o uso do dinheiro vivo. Ernst Simmel tinha a reputação de ser um analista tecnicamente meticuloso no tocante à política radical, mas dotado de escrúpulos tradicionais. Sua sala de espera era digna de atenção pela enorme mesa de carvalho maciço projetada por Ernst Freud e pelo brilhante livro ilustrado de Charlie Chaplin. Agora, no entanto, Simmel insistia que seus honorários fossem pagos em dinheiro. Esse tipo de expediente era inusualmente cínico no caso dele, porém, só recursos de caixa possibilitariam escapar dos nazistas. Sua conduta foi redimida quando, de repente, no quarto mês de análise de Grotjahn, a paz da sessão diária foi perturbada por um telefonema. Um amigo da delegacia de polícia de Alexanderplatz havia se inteirado de uma varredura da Gestapo e alertava Simmel de que a polícia secreta seria em breve enviada à sua casa para uma detenção iminente e uma ameaça de morte. Grotjahn ajudou seu analista a fugir dos nazistas empurrando-o por uma janela que dava para o pátio traseiro. Em contraposição, Felix Boehm, um não judeu que permaneceu no Instituto de Berlim após a sua

---

1 M. Grotjahn, *My Favorite Patient*, p. 31.

arianização em 1933, também exigia dinheiro, do qual sempre tinha falta, aumentou seus honorários e muitas vezes enviava sua criada para buscar o pagamento antes da data do vencimento. Em tempos de retrocesso ou de menor visibilidade do antissemitismo, os analistas haviam resistido cuidadosamente ao impacto de tais tensões sobre a policlínica. Agora, com a presença nazista cada vez mais óbvia nas salas de tratamento, de conferências e nos seminários, o sentido da democracia e da abertura dos analistas estava se desgastando. A economia da Alemanha havia despencado, a violência corria solta pelas ruas e os psicanalistas não estavam mais a salvo (física ou financeiramente) do que qualquer outra pessoa. Numa discussão sobre as deterioradas finanças do instituto, os berlinenses resolveram que, entre outras medidas, os candidatos em formação analítica deveriam fazer uma contribuição mensal ao instituto equivalente aos honorários do analista por uma única sessão. A Sociedade de Berlim decidiu que "os honorários totais dos pacientes da policlínica que podem pagar pela análise serão entregues ao Instituto"[2]. No entanto, quando Barbara Low, em Londres, informou a Sociedade britânica sobre sua visita à Alemanha e as recentes atividades sociológicas e pedagógicas da Sociedade de Berlim, ela enfatizou as atividades públicas dos membros[3].

Fenichel, que confrontava a rejeição crítica de dentro da IPA e a vigilância e a penalidade (ou pior) de fora, "convocou todos os analistas de esquerda em Berlim para uma reunião", na qual discutiriam, citando a famosa pergunta pragmática de Lênin, "sobre o que deveria ser feito"[4]. A IPA procurava ativamente moderar os enfoques esquerdistas de Wilhelm Reich, Otto Fenichel e de seu grupo dos Seminários de Crianças. Fenichel foi destituído do cargo de editor do *Zeitschrift* e o artigo de 1931 de Reich sobre o masoquismo foi rejeitado sem aviso de isenção de responsabilidade. A ofensiva da IPA, contudo, apenas radicalizou a sua posição. O grupo começou a se encontrar, regular embora informalmente, na casa de Reich. Pela primeira vez desde 1919, quando Reich, Fenichel, Lehner e Bibring haviam se reunido depois da

---

2   Fourth Quarter 1931 Report of the German Psycho-Analytical Society, *International Journal of Psychoanalysis*, v. 13, p. 267.

3   Report of the British Psychoanalytic Society, Second Quarter, 1931, *International Journal of Psychoanalysis*, v. 12, p. 511.

4   Otto Fenichel, apud E. Mühlleitner; J. Reichmayr, Otto Fenichel: Historian of the Psychoanalytic Movement, *Psychohistory Review*, v. 26, n. 2, p. 163.

OS ANOS MAIS GRATIFICANTES: 1923-1932

aula de Julius Tandler para discutir temas polêmicos que não constavam do currículo médico convencional de Viena, os dois líderes se viram recriando a estrutura de uma bancada de esquerda. Recém-chegado de uma viagem de estudos à União Soviética, Fenichel ajudou o grupo a integrar as formulações de Reich em uma síntese marxista-freudiana, a planejar réplicas ao crescente conservadorismo político nos periódicos psicanalíticos e a explorar a possibilidade de uma nova organização. Em 1931, os amigos ainda podiam dedicar suas discussões noturnas à investigação da relação entre psicanálise, religião e educação, a fim de tornar claro o impacto perigoso do que Fenichel chamava dubiamente de "pontos de vista analítico-burgueses". Depois de 1933, contudo, o grupo iria assumir uma nova aparência: converteu-se em uma rede informal de psicanalistas no exílio, unificados pela crença na psicanálise como materialismo dialético e ligados pela constância epistolar de Otto Fenichel até 1945.

À medida que a campanha contra a psicanálise (e outros campos do saber moderno) se intensificava na Alemanha e na Áustria, o governo da cidade de Budapeste pareceu redescobrir seu interesse pela clínica gratuita que havia abandonado há mais de uma década. Em 18 de dezembro de 1931, a municipalidade concedeu aos analistas permissão para abrir uma policlínica chamada Allgemeines Ambulatorium für Nerven-und Gemütsskranke (Ambulatório Geral para Pacientes com Doenças Nervosas e Mentais)[5]. Mesmo depois de um ano inteiro de negociações, o Ministério do Bem-Estar Público ainda se sentia obrigado a pacificar o entrincheirado *establishment* psiquiátrico. "Dado que a psicanálise não é uma ciência independente, mas uma parte da psicologia geral e da neuropatologia", dizia o funcionário local de Budapeste, "a Associação [psicanalítica] deve expressar isso no título da policlínica". Segundo o que Ferenczi escreveu a Freud, eles concordaram em denominar a clínica "simplesmente um serviço clínico para doenças nervosas e emocionais em que, entre outras coisas, a psicanálise era praticada"[6]. No final, o mesmo governo que tinha entravado a clínica

5   Fourth Quarter 1931 Report of the Hungarian Psycho-Analytical Society, *International Journal of Psychoanalysis*, v. 13, p. 268.
6   Carta de Ferenczi a Freud, n. 1206, de 31 maio 1931, e cópia da carta a Eitingon na mesma data, em E. Falzeder et al. (eds.), *The Correspondence of Sigmund Freud and Sándor Ferenczi*, v. 3, p. 411.

de modo tão enfático, agora inaugurava sua abertura com um discurso elogioso do honorável dr. Rostagni, funcionário da cidade. Embora o curto programa de abertura fosse talvez mais um gesto de relações públicas do que uma celebração, Ferenczi contou com alegria a história do movimento psicanalítico na Hungria. Bálint delineou o trabalho terapêutico da clínica e Hermann suas funções de formação. O futuro oferecia enormes possibilidades à análise de crianças, dizia Margit Dubovitz, não obstante o recente fechamento da clínica psicanalítica de proteção à criança da Sociedade. Alice Bálint, antiga colega de classe da célebre analista do desenvolvimento infantil Margaret Mahler, ali analisaria as crianças. Istvan Hollós, hábil administrador e clínico, lançou uma luz positiva sobre a relação entre a psicanálise e a psiquiatria. A Sociedade húngara convidou coletivamente o dr. Ferenczi para assumir a direção da clínica, com Michael Bálint como adjunto e os drs. Imre Hermann, Istvan Hollós e Zsigmond Pfeifer dando consultas[7].

Em todos os aspectos, a rua Mészáros, 12 (figura 32) era um local central para uma clínica gratuita em Budapeste. Michael Bálint, Vilma Kovács e sua filha mais velha Alice (que mais tarde se casaria com Michael Bálint) encontraram o espaço em um imponente edifício no cruzamento das ruas Mészáros e Ag. O edifício, com seus clássicos apartamentos e corredores externos em todos os andares, pertencia ao marido de Vilma, o arquiteto Frederic Kovács. No centro desse típico edifício residencial húngaro havia um pátio quadrado pelo qual os pacientes tinham fácil acesso à entrada da clínica no piso térreo. Os filhos da porteira, que costumavam brincar nesse pátio aberto, raras vezes se aventuravam a entrar na clínica que ficava no canto traseiro esquerdo do pátio, mas ocasionalmente a mesma porteira, mancando e levando um dos filhos pela mão, admitia os pacientes pelas grossas portas duplas durante o dia. A Sociedade havia alugado o apartamento de cinco cômodos com seus próprios fundos e o reformado, criando salas de tratamento e uma área de reunião fora do saguão. No vestíbulo relativamente grande, podia-se ver os programas de conferências em folhetos presos à parede direita, ler uma edição da *Gyógyászat* (Terapêutica), a revista editada pela instituição, ou simplesmente escolher uma cadeira das duas fileiras na sala de

---

7   I. Hermann, Report of the Hungarian Psychoanalytic Society, Second Quarter 1931, *International Journal of Psychoanalysis*, v. 12, p. 520-521.

FIG. 32. *Entrada da clínica de Budapeste, na rua Mészáros, 12, apto. n. 5 (Judith Dupont).*

espera. O vestíbulo também funcionava como sala de conferências, e uma cortina poderia ser puxada entre as fileiras de cadeiras, dividindo o espaço de modo que, em um lado, ficavam os pacientes que aguardavam seus analistas e, no outro poderia ser realizada uma reunião administrativa. Uma vez que as salas de tratamento davam para a sala de espera, nenhum esforço era feito para impedir que os pacientes encontrassem outros amigos e analistas, o que produzia o mesmo efeito final de desenvolver um senso de comunidade como na Policlínica de Berlim. O dr. Endre Almásy residia em uma habitação fora da clínica, em troca de um cargo de assistente quase em tempo integral.

Nas mãos de homens e mulheres leigos como Edith Gyömröi, que mais tarde se juntaria ao grupo de ativistas berlinenses de Fenichel, a policlínica de Budapeste se expandiu com rapidez. Os pacientes pagavam muito pouco, talvez cinco *pengö* por sessão ou absolutamente nada, e os analistas trabalhavam de graça. A maioria dos analistas aceitava encaminhamentos das agências de serviço social da sua cidade, porém a pequena e mais privada clínica de Budapeste só aceitava adultos e crianças encaminhados por médicos. Os primeiros pacientes da rua Mészáros foram, na verdade, crianças. Uma garota alta e pálida, de uma família tão pobre que não comia nada além de batatas de manhã, ao meio-dia e à noite, fora levada para a clínica desmaiada, depois de chorar durante dias. Sua irmã mais nova parecia estar bem, preocupada sobretudo com a tristeza da irmã do que com a própria falta de comida. "Tentamos entender por que as duas crianças reagiram à mesma situação de maneira tão diferente", disse Judith Dupont, psicanalista em Paris[8]. A maioria dos analistas explora a motivação individual e apoia o paciente em vários níveis durante esse processo. Em Budapeste, era suficiente ficar na sala de espera para ver a evolução de um novo tipo de psicoterapia. Isso se devia em parte à intensidade da

8   J. Dupont, entrevista à autora.

influência de Ferenczi e em parte do fato de mais crianças do que adultos serem ali tratadas. Os psicanalistas exigiram e obtiveram uma nova agência de proteção à criança, um programa de educação para trabalhadores e um centro de serviço social. Infelizmente, tão logo os membros da Sociedade conseguiram autorização do governo para abrir a clínica (uma conquista sempre importante, mas especialmente significativa quando "a reação antirrevolucionária e católica [estava] no auge de seu poder", como Ferenczi observou a seus colegas, palavras iradas irromperam de forma súbita[9]. A pressão decorrente do trabalho causava disputas entre os membros da equipe inclusive fora da clínica. As autoridades locais que haviam apoiado seus esforços mostravam sinais de dissensão. Alguns dos analistas mais veteranos ridicularizavam a diligência dos médicos jovens, sobretudo das mulheres, e até retiraram seu apoio à clínica. Imre Hermann renunciou ao cargo de secretário. Decorridos alguns dias desde a abertura, os analistas direcionavam um ao outro a raiva que sentiam da comunidade profissional de Budapeste e do Conselho Estadual de Saúde, na qual, como Ferenczi disse a Freud, "todo fórum médico ao qual solicitou-se [apoio] foi rude e desdenhoso"[10]. Surgiram fricções entre Ferenczi e Eitingon e acusações de inveja, alegações de pobreza e demandas de sacrifício eram lançadas entre Berlim e Budapeste. A lealdade, contudo, prevaleceu. Essa lealdade à "causa" e a Freud era necessariamente frágil e às vezes parecia se fragmentar. No entanto, em 1931, os analistas de Budapeste ainda se mantinham fiéis ao desafio que seu líder havia proposto no ambiente mais festivo de 1918.

Freud cultivava essa lealdade sem nenhum constrangimento. Ele havia decidido entreter alguns sociais-democratas vienenses proeminentes e inicialmente convidou Josef Friedjung para comemorar seu sexagésimo aniversário com um chá de domingo na casa dos Freud em outubro. Não mais um membro ativo do Conselho Municipal, Friedjung, no entanto, mantinha seu envolvimento triplo: na psicanálise, na pediatria acadêmica e no bem-estar infantil. O trabalho analítico infantil que ele assumiu no Ambulatorium, combinado com seus esforços para obter o apoio dos legisladores

---

9 Sándor Ferenczi, *Rundbriefe*, 30 nov. 1930, em E. Falzeder et al. (eds.), op. cit., v. 3, p. 403.

10 Carta de Ferenczi a Freud, n. 1206, de 31 maio 1931, em E. Falzeder et al. (eds.), op. cit., v. 3, p. 410.

de Viena, tornavam-no benquisto entre os colegas. Como Hitschmann registrou no *International Journal of Psychoanalysis* (*ijp*), "o interesse do dr. Friedjung em questões sociais e seu amor por seus semelhantes fez com que ele entrasse na política e, na qualidade de conselheiro social-democrata da cidade, ele tem exercido uma influência benéfica nos assuntos municipais e incentivado nossos interesses como psicanalistas"[11]. Friedjung retribuiu os elogios com alegria e, ao contrário de Freud, como defensor do movimento, jamais hesitou em distinguir qualidades políticas particulares responsáveis pela eficácia de seus colegas. Friedjung, Hitschmann e Paul Federn tinham sido amigos desde os tempos de escola e permaneceram fiéis um ao outro em todo o seu envolvimento nos experimentos da social-democracia de Viena. "Sua aliança não era de pouca importância na cidade e todos os três tinham renome nos círculos médicos por sua formação sólida e pelos primeiros sucessos na prática", dizia a nota de Federn no *ijp*, no sexagésimo aniversário de Hitschmann (28 de julho de 1931)[12].

De fato, desde o início da década de 1920, e especialmente desde a sua nomeação conjunta para o comitê de financiamento do bem-estar infantil no Conselho Municipal, Freud e Julius Tandler permaneceram em contato. Eles se encontravam de tempos em tempos, a fim de discutir projetos cívicos como o programa de bem-estar infantil de Bernays e, muito provavelmente, o Ambulatorium. "É assombroso que um homem tão velho tenha essa força vital, essa força sexual", escreveu Tandler sobre Freud. Freud era "sem dúvida uma pessoa que influenciara seu tempo", dizia Tandler, e havia pouca controvérsia sobre o seu papel em Viena. "Ele é uma pessoa que só é responsável por sua própria lei [...] Se não fosse judeu, poderia ser Bismarck."[13] O maior desses elogios era a alusão a Bismarck, o arquiteto do seguro social e, para Tandler, o administrador ideal do bem-estar social. Freud estava impressionado com a campanha em curso dos sociais-democratas para combater o aumento do desemprego mediante a sua polêmica distribuição de enxovais de bebê para famílias desempregadas. Em sua agenda

---

11 E. Hitschmann, Sixtieth Birthday of Josef K. Friedjung: May 6, 1931, *International Journal of Psychoanalysis*, v. 12, p. 260.

12 P. Federn, Sixtieth Birthday of Eduard Hitschmann: July 28, 1931, *International Journal of Psychoanalysis*, v. 13, p. 263–264.

13 M. Mollnar (ed. e trad.), *The Diary of Sigmund Freud, 1929–1939*, p. 284.

1931 • NA QUALIDADE DE CONSELHEIRO SOCIAL-DEMOCRATA DA CIDADE,
O DR. FRIEDJUNG TEM INCENTIVADO NOSSOS INTERESSES COMO PSICANALISTAS   301

pessoal de 29 de novembro, ele observou que sua carta para Julius Tandler tinha sido publicada no *Neue Freie Presse* daquela manhã. A carta propunha uma estratégia de captação de recursos que ele considerava eficiente em seus vários esforços para resgatar projetos psicanalíticos em declínio. A seu ver, as pessoas deveriam ser encorajadas pessoalmente a se comprometerem a contribuir com uma quantia regular que seria cobrada a cada semana. Freud prometeu contribuir com vinte xelins por dia, exceto aos domingos. O editor do *Presse* comentou: "Esperamos encontrar muitas pessoas que tenham o mesmo elevado nível de consciência de suas obrigações sociais como esse erudito internacionalmente conhecido."[14] Na realidade, esse foi o curso de ação característico de Freud em 1931. "Ser pobre não é uma desgraça hoje", escreveu ele a Paul Federn como explicação do seu presente financeiro para o Ambulatorium[15]. Freud tinha aceitado o presente da Sociedade de Viena, um belo busto da autoria do escultor Oscar Nemon, e reconhecia o "sacrifício dos membros em um momento no qual a carga financeira preocupa a todos nós". Disse então que, como não podia reembolsar a Sociedade por seu presente, gostaria de ver os três mil xelins austríacos (cerca de quatrocentos dólares no câmbio oficial, segundo Ernst Federn) "usados em benefício da nossa Clínica e do Instituto de Formação".

As instalações sanitárias públicas de Viena, como os asilos para idosos e as clínicas para tuberculosos, eram brilhantemente administradas por Tandler, porém seu apoio financeiro devia-se mais à América do que à Rathaus. As fundações Rockefeller e Commonwealth estavam, então, particularmente interessadas em ajudar instituições médicas europeias. Sua generosidade, entretanto, se inscrevia em um programa social. Maggie Wales, uma bela mulher de Boston, fora enviada ao exterior pelos Rockefellers a fim de investigar para onde iam exatamente os dólares nas várias cidades austríacas. Por coincidência, ela era amiga de Edith Jackson e em fevereiro as duas velhas conhecidas se encontraram para uma noite de "ópera e café"[16]. Jackson participava na ocasião do

14 Ibidem, p. 113-114.
15 Carta de Freud a Federn, de 01 nov. 1931, em E. Federn et al., *Thirty-Five Years with Freud, Journal of the History of the Behavioral Sciences*, v. 8, Special Monograph Supplements 1, p. 20.
16 Carta de E.B. Jackson a H. Jackson, de 06 fev. 1931, caixa 1, não processada, Edith Banfield Jackson Papers, Biblioteca Schlesinger, Radcliffe Center for Advanced Study, Universidade de Harvard.

seminário de Anna Freud pelo menos quatro noites por semana, das 21h00 às 24h00, e pensou que Maggie poderia estar interessada em acompanhá-la. Na verdade, a psicanálise não se encaixava no programa de Maggie naquele momento, mas ela dificilmente se opunha ao mundo clínico que encantava a amiga. Naquela época, Anna Freud imergia seus alunos na teoria do desenvolvimento infantil. Os seminários de Anna ganhavam vida com exemplos de casos extraídos de sua prática analítica e do projeto da escola Heitzing que ela dirigia com Dorothy Burlingham e sua sócia Eva Rosenfeld. Eva, cuja análise com Freud deu-lhe autoconfiança suficiente para se separar do marido, tinha recentemente deixado Viena para trabalhar com outro membro do círculo psicanalítico, Ernst Simmel. Em agosto ela aceitou o cargo assalariado de administradora do sanatório de Simmel perto de Berlim, em falência perene, e ajudou na sua dissolução em 1932.

Anna queria saber "quem são os pacientes gravemente doentes? Os viciados em morfina ou os melancólicos?" "E como são os médicos?", perguntava a Eva[17]. Por um lado, Anna mergulhou no projeto de Simmel com uma curiosidade aparentemente libidinosa, por outro lado, ela via com perspicácia clínica a miríade de conflitos terapêuticos que poderiam impedir o genuíno cuidado do paciente. Um problema era o próprio risco de esgotamento do analista. "Creio que a coisa mais difícil ao lidar com o tipo de pacientes que você tem em Tegel seja o desengano associado à questão de quanta psicanálise pura e de quanta psicanálise aplicada eles precisam e podem suportar", escreveu ela a Eva. O segundo problema, o risco de uma avaliação imprecisa da capacidade dos pacientes de tolerar a ansiedade provocada pela análise, era ainda mais grave. A aferição do nível de ansiedade de um possível analisando era um fator crítico para determinar o sucesso ou o fracasso do tratamento, e apenas analistas experientes como Ferenczi, Aichhorn e Simmel poderiam ser confiáveis nessa avaliação. Se médicos menos experientes estivessem no comando, preocupava-se Anna, um sintoma como agitação poderia ser mal interpretado como energia, ou o desânimo como simples depressão, em vez de retraimento psicopático. Anna estabelecia uma relação interessante com a análise de crianças ao sugerir que o risco para pessoas psicóticas é agravado

17   Carta de Anna Freud a Rosenfeld, de ago. 1931, em P. Heller, *Anna Freud's Letters to Eva Rosenfeld*, p. 162.

1931 • NA QUALIDADE DE CONSELHEIRO SOCIAL-DEMOCRATA DA CIDADE,
O DR. FRIEDJUNG TEM INCENTIVADO NOSSOS INTERESSES COMO PSICANALISTAS 303

porque, como as crianças, elas não podem se recuperar por conta própria e, ademais, carecem do otimismo natural da criança. Infelizmente, como o orçamento mínimo do Tegel exigia pessoal de baixo custo, a maioria dos pacientes era tratada por jovens analistas inexperientes, possivelmente estagiários, sob a supervisão de Simmel. Teria Simmel tempo para ensinar, analisar e administrar o programa simultaneamente? "Um empreendimento que só pode ser mantido em funcionamento quando as pessoas em seu interior são alimentadas para serem devoradas e aniquiladas por ele", escreveu Anna Freud, fazendo uma analogia dramática entre o sanatório e o conto de fadas para crianças, "não é viável nos dias de hoje. É assim que os dragões eram servidos nos velhos tempos."[18] Poderia Eva sustentar o Tegel apenas com trabalho árduo?

O título de *matron* dado a Eva Rosenfeld era, como ela dizia,

duplo: tratar das crises financeiras provocadas pela quebra do banco Danat, por um lado, e lidar com os terapeutas, pacientes e enfermeiros por outro lado. Essa última questão poderia ter sido possível, ainda que o trabalho exigisse recursos físicos imensos: não havia elevadores, nem qualquer alívio nas intermináveis caminhadas ao longo dos monumnetais corredores – porém a tensão financeira não podia ser suportada[19].

Por todo o tempo em que as despesas diárias fossem cobertas no tocante ao grande número de pacientes, todos ainda estavam esperançosos. O financiamento do sanatório Schloss Tegel valera a pena, porém tinha sido difícil desde o início. Em sua breve vida, Ernst Simmel havia atuado, segundo sua visão clínica, a fim de aplicar a psicanálise "para o alívio desses pacientes cuja gravidade é maior e que até agora têm sido condenados à morte em vida"[20]. E, fiel ao discurso de Freud em Budapeste, o sanatório tinha sido financiado pela caridade privada, graças às doações de grandes empresas vienenses e berlinenses e de membros da Sociedade de Berlim. Freud apoiara a instituição moral e financeiramente. Reiteradas vezes ele pedira aos seus colegas da IPA para "preservar esse instrumento para o nosso movimento e torná-lo disponível para

18 Ibidem, p. 165.
19 Das memórias de Eva Rosenfeld, em P. Heller, op. cit., p. 39.
20 E. Simmel, Psycho-Analytic Treatment in a Sanatorium, *International Journal of Psycho-Analysis*, v. 10, n. 4, p. 89.

trabalhos futuros"[21]. Embora Dorothy Burlingham, Raymond de Saussure, Marie Bonaparte e outros tomassem parte no esforço de arrecadação de fundos, a instituição, que tinha declarado falência no outono de 1929, fechou efetivamente em 1931. Os edifícios da instituição não existem hoje, se bem que o castelo Tegel atual e seus celeiros de tijolos vermelhos permaneçam. E nos últimos anos, o encantador parque inclinado, no qual Anna Freud e seu pai encontraram uma paz que poderiam considerar própria, foi reaberto para que todos possam dele desfrutar em seus passeios cotidianos.

---

21 Carta de Freud a Jones, de 30 set. 1929, em R.A. Paskauskas (ed.), *The Complete Correspondence of Sigmund Freud and Ernest Jones*, p. 664.

1932

"Os solicitantes masculinos de tratamento [eram] regularmente mais numerosos que as mulheres"

Em março de 1932, o Ambulatorium comemorou seu décimo aniversário publicando seu mais extenso relatório até então sobre aqueles a quem foi "dada a oportunidade de se submeter a uma análise gratuitamente"[1]. Alguns dos analistas da maior confiança de Hitschmann já haviam se encontrado para discutir como deveriam ser feitos os registros da clínica, persuadindo-o a seguir o exemplo da Policlínica de Berlim. Decidiu-se que um informe inicial seria publicado no *IJP*, seguido de um resumo impresso a ser editado no formato de um folheto à parte. O relatório pretendia detalhar o quão bem o ambulatório havia levado a cabo a missão declarada por Freud em 1918, mas também assinalava o papel da clínica no marco da Viena Vermelha. O ambulatório tornara-se conhecido, escreveu Hitschmann, como um centro independente no qual agricultores, profissionais liberais, estudantes, trabalhadores e outros que não podiam pagar por sua terapia haviam sido tratados, sem qualquer custo, desde 1922. O relatório também sugeria, como Helene Schur se recordava, que Viena tornara-se "uma cidade muito progressista [e] os postos de saúde eram excelentes" no início dos

---

1 E. Hitschmann, A Ten Years' Report of the Vienna Psycho-Analytic Clinic, *International Journal of Psychoanalysis*, v. 13, p. 255.

anos de 1930, não obstante os primeiros encontros dos analistas com um *establishment* médico hostil. "Os hospitais eram realmente muito bons", dizia ela, "as pessoas que trabalhavam tinham seguros; quem não tinha dinheiro era tratado gratuitamente."[2] Mesmo no âmbito político mais amplo, os sociais-democratas mantinham uma margem de segurança de 59% dos votos austríacos. Pela primeira vez, no entanto, os nacionais-socialistas (o Partido Nazista) participaram das eleições municipais e obtiveram pouco mais de 17% dos votos, sendo que os 20% restantes foram para os antiquados cristãos-sociais[3]. De todo modo, vários psicanalistas que também eram representantes social-democratas (como Friedjung e Federn) conseguiram permanecer no poder não obstante a eleição do conservador Engelbert Dollfuss como chanceler. Hitschmann e Sterba queriam agora complementar seu relatório anterior de 1925 sobre a eficácia da saúde pública do ambulatório, argumentando que novos dados e novas interpretações reforçariam o papel da clínica no sistema de bem-estar social da cidade. O último relatório havia sido oportuno, porém demasiado seco e formal. A nova publicação incluiria tabelas estatísticas e categorias nítidas, com pacientes que diferiam em diagnóstico, idade, sexo e ocupação (ou classe social). Infelizmente, o documento era inexpressivo e monótono, e as categorias estatísticas que prometiam fornecer evidências sólidas do impacto do ambulatório sobre o bem-estar social simplesmente listavam números. As tabelas agrupavam os solicitantes em pares de anos (de 1922-1923 a 1930-1931) e os adicionavam em somas "totais". O ambulatório registrava em média de 200 a 250 solicitantes a cada ano. Hitschmann prestava pouca atenção à diferença entre "consulta/admissão" e "tratamento", e suas poucas tabelas cruzadas denotam o claro esforço envolvido em produzir até mesmo essa quantidade de informação. À sua maneira, porém, as informações eram precisas: os dados sobre os pacientes do ambulatório ofereciam evidências de uma inesperada desigualdade de gênero no uso da psicanálise. Hitschmann tinha publicado o primeiro (e talvez o único) estudo longitudinal confirmando que homens eram usuários mais frequentes de psicanálise que mulheres.

2   H. Schur, entrevista à autora.
3   Tabela que ilustra as eleições da comunidade de Viena, apud E. Collotti, *Socialdemocrazia e Amministrazione Municipale*, Annali dela Fondazione Giangiacomo Feltrinelli, v. 23, p. 438.

"Os solicitantes masculinos de tratamento [eram] regularmente mais numerosos que as mulheres", disse Hitschmann. Ele os havia classificado por faixa etária e gênero e constatou que quase o dobro de homens havia solicitado tratamento em comparação às mulheres. Da mesma forma, quando agrupou os solicitantes clínicos por ocupação e gênero, descobriu que os homens superavam em número as mulheres em quase todas as categorias, incluindo crianças em idade escolar e estudantes. Nos últimos dez anos, 1.445 homens haviam solicitado tratamento psicanalítico e apenas 800 mulheres, pouco mais da metade do número de homens. A proporção de solicitantes masculinos e femininos, constante no ambulatório e ainda surpreendente hoje, era marcante em particular no grupo etário de 21 a 30 anos. Em 1923 e 1924, quando os jornais de Bettauer promoviam abertamente a psicanálise como um remédio contra a solidão da juventude, a proporção era de 118 mulheres para 236 homens. Essa maioria masculina não era desprovida de lógica. Na Viena Vermelha a maior parte dos sociais-democratas, de Tandler a Reich e a Hitschmann, supunha que a qualidade viril da psicanálise libertaria os homens para que buscassem ocupações, autorrealização e independência. A impotência, como outras doenças masculinas, estava relacionada com a economia e não associada a questões morais. "As pessoas não morrem apenas por causa de uma bactéria mortal", alegava Simmel, "mas do fato de que qualquer pessoa exausta pela exploração brutal da indústria se converte em uma presa fácil para qualquer tipo de germe com que esteja em contato."[4]

Ao mesmo tempo Julius Tandler, amigo de Simmel, evocava as imagens de trabalhadores saudáveis (e lactantes) para impulsionar uma ardente mensagem pró-família subjacente ao seu discurso sobre a relação democrática entre o médico e a comunidade. O discurso do "camarada" Tandler sobre medicina e economia foi anunciado (figura 33) não por uma, mas por duas das organizações socialistas de Berlim, o Verein der deutschen sozialdemokratischen Ärzte (Associação dos Médicos Social-Democratas Alemães) e o Freie Vereinigung sozialistischer Akademiker (Sociedade Livre dos Acadêmicos Socialistas). O próprio ambulatório era um local de trabalho diligente, no subsolo de uma

---

4 Apud J.E. Goggin; E. Brockman Goggin, *Death of a "Jewish Science"*, p. 50.

> Verein der deutschen sozial-
> demokratischen Aerzte in der
> C. S. R. / Freie Vereinigung
> sozialistischer Akademiker
>
> **Einladung**
> zu dem am S a m s t a g, dem
> 2. April d. J., um 20 Uhr,
> stattfindenden V o r t r a g des
>
> Genossen
> ## Prof. Dr. Julius Tandler,
> ### Wien, über
> ### Arzt und Wirtschaft
> in Prag I, Odborovy dum
> Perstyn (Bartolomejská 14)
> G ä s t e w i l l k o m m e n !
>
> Unsere Jahresversammlung findet Sonn-
> tag, den 3. April d. J., um 9 Uhr vor-
> mittags, in dem Klubsaal der deutschen
> sozialdemokratischen Abgeordneten und
> Senatoren (Parlament) statt.

FIG. 33. *Anúncio da palestra de Julius Tandler em* O Médico Socialista, *primavera de 1932 (Biblioteca do Institut für Geschichte der Medizin – Zentrum für Gesundheitswissenschafte)*

clínica cardiológica hospitalar. Os pacientes eram "empregados assalariados, membros da classe trabalhadora, pessoas em serviço doméstico, professores, desocupados, aposentados e estudantes [universitários]". Em outras palavras, eles eram com frequência membros do sexo masculino desempregados, não exatamente a imagem típica de ricas e pálidas mulheres com depressão. A impotência era classificada como o diagnóstico mais frequente registrado na clínica, reiterando como a psicanálise poderia dar aos homens – que já tinham mais liberdade social do que as mulheres – uma licença ainda maior para lidar com a disfunção sexual, melhorar sua vida sexual e, assim, produzir famílias e reconstruir um Estado vigoroso. Os dados poderiam sugerir que a psicanálise freudiana era mais aceitável para os homens simplesmente porque tratava tão abertamente "do sexo". Não que as mulheres fossem ignoradas. Uma das realizações da psicanálise foi a afirmação de que as mulheres tinham respostas sexuais. Que as mulheres das classes "inferiores" também tivessem autonomia sexual era uma ideia ainda mais ousada. Qualquer que fosse o *ethos* de gênero que facilitava o acesso dos homens ao ambulatório, a própria disposição da clínica para tratar as mulheres com a mesma igualdade sexual era vanguardista.

As duas exceções à pluralidade masculina nos registros de Hitschmann podem ser encontradas nas categorias ocupacionais de "serviço doméstico" e "sem ocupação". Em ambos os casos, as mulheres (296) aparecem quatro vezes mais que os homens (66). A inscrição de mulheres nos centros de consulta materna / infantil de Tandler ou outros programas de assistência familiar provavelmente explique tais números. As palestras comunitárias sobre o desenvolvimento infantil, o apoio dos assistentes sociais municipais e os artigos nos jornais locais constituíam as formas mais visíveis de promoção da psicanálise, e muitas eram direcionadas a mulheres. Por conseguinte, mulheres pobres ou aquelas "sem ocupação" procuravam ajuda não para a histeria, mas para o alívio dos mesmos problemas que assolavam os homens – depressão, falta de satisfação ocupacional e disfunção sexual. No início dos anos de 1930, configurou-se um perfil interessante e inesperado dos pacientes do ambulatório. Por um lado, os pacientes do sexo masculino e do sexo feminino tinham em grande parte as mesmas queixas psicológicas (e, presumivelmente, o mesmo sentido de disfunção sexual). Por outro lado, a população clínica via-se ofuscada por jovens adultos, independentemente de gênero ou de classe social. Nos dez anos abrangidos pelo relatório, os pacientes de 21 a 30 anos de idade formavam o único grupo que atingiu mais de mil casos (1.083 especificamente). Eles eram de longe a maior classificação única de pacientes, e o único grupo que chegava ainda mais perto, se bem que 50% menor, eram os de 31 a 40 anos de idade (537). Em qualquer ponta da curva de idade, crianças menores de 10 anos e idosos de 61 a 70 anos foram vistos e contabilizados, porém representavam apenas uma pequena fração da população total de pacientes. Em 1926 e 1927, os anos de pico para crianças e idosos, Hitschmann contou 7 crianças do sexo masculino, 5 do sexo feminino e 5 idosos. Em contraste, nenhum idoso e algumas poucas crianças foram contabilizados em 1922-1923 e em 1928-1929. É possível que os pacientes infantis que recebiam tratamento no Centro de Orientação Infantil não tenham sido incluídos nesse relatório.

O Centro de Orientação Infantil de Viena estava prosperando, agora que August Aichhorn tinha dele se encarregado, em base de consultoria, depois de se aposentar do serviço público[5]. A escola Heitzing havia fechado e, portanto, ele abandonara o ensino periódico ali, que substituiu por uma prática de psicoterapia breve gratuita, encaminhamentos e conselhos para as crianças e suas famílias. Aichhorn se manteve uma figura ambígua na comunidade analítica. Benquisto tanto por Sigmund como por Anna Freud, ele provinha de uma família católica conservadora aliada ao Partido Cristão-Social e iria (e poderia) permanecer em Viena durante e depois da guerra. O dom de Aichhorn era sua firme e profunda empatia por crianças problemáticas. Ele as tratava com compaixão

---

5   G.F. Mohr, August Aichhorn : Friend of Wayward Youth, em F. Alexander et al. (eds.), *Psychoanalytic Pioneers*, p. 348-359.

OS ANOS MAIS GRATIFICANTES: 1923-1932

e respeito e seria o psicanalista com mais capacidade para reunir as diversas escolas de psicoterapia infantil. Em suas ausências ocasionais, seus colegas Editha Sterba e Willi Hoffer continuavam com o trabalho no Centro de Orientação Infantil, avaliando e tratando crianças em idade escolar encaminhadas pelos serviços de bem-estar social. Para a maioria dos analistas, não era problema dividir o dia de trabalho, e muitos lecionavam na parte da manhã, analisavam pacientes à tarde e assistiam a seminários e apresentações clínicas no Vereinigung à noite. A Sociedade, no entanto, representava sobretudo um refúgio. "A Berggasse é o centro de tudo", observava Anna Freud, "e nós giramos ao seu redor, às vezes em círculos pequenos, outras vezes em círculos grandes."[6]

O *salon* na Berggasse atraiu Siegfried Bernfeld durante uma breve visita a Viena em janeiro. A massa de cabelos escuros e as feições angulares de Bernfeld realçavam uma presença já poderosa e o público se empolgava com suas palestras sobre negligência infantil, adolescência, agressividade e sexualidade. Em uma das reuniões do seminário de inverno da Sociedade de Viena, Edith Jackson, que teria futuro na psiquiatria infantil americana usando as teorias de Bernfeld para modificar os cuidados médicos convencionais, considerava-o "um conferencista maravilhoso, claro, fluente, preciso e pitoresco, dotado de um humor que borbulha em um fluxo tranquilo"[7]. Ele insistia em que a negligência não era um conceito simples[8]. O entorno sociológico da negligência familiar exerce uma influência muito profunda. Duas crianças cujas disposições psicológicas iniciais são idênticas seriam afetadas de modo muito distinto depois de um episódio de negligência. No final do seminário, dois professores perguntaram a Bernfeld como deveriam responder quando meninos adolescentes lhes pedissem conselhos sobre sexo. Eles deveriam ou não ter relações sexuais? A masturbação, a abstinência ou uma relação sexual precoce podem causar algum dano

6 Carta de Anna Freud a Rosenfeld, de 25-26 mar. 1932, em P. Heller, *Anna Freud's Letters to Eva Rosenfeld*, p. 170.

7 Carta de Jackson a Irmarita Putnam, de 11 jan. 1932, caixa 5, pasta 102, série 3, Edith Banfield Jackson Papers, Biblioteca Schlesinger, Radcliffe Center for Advanced Study, Universidade de Harvard.

8 A campanha de Bernfeld para o reconhecimento universal da negligência infantil prevaleceu nos Estados Unidos apenas a partir de 1973, quando o National Center for the Prevention of Child Abuse and Neglect (Centro Nacional de Prevenção de Abuso e de Negligência Infantis) dedicou o Centro de Desenvolvimento da Família Edith Banfield Jackson em sua homenagem.

permanente? No curso de desenvolvimento da puberdade existe uma sequência normal de pensamentos eróticos, masturbação, atividade homossexual e atividade heterossexual? Bernfeld não se deixava seduzir por tais banalidades. A verdade, ele insistia, é que essas generalizações são impossíveis porque todo o desenvolvimento humano é um produto conjunto da história familiar do indivíduo e do seu *status* socioeconômico.

Bernfeld pode ter exagerado a importância da agressividade individual (ou interpretou mal seu público) em suas palestras sobre a adolescência. Muitos analistas vienenses achavam isso bastante irritante e descartavam-no como o pensamento típico da "Escola de Berlim", preferindo a perspectiva de Anna Freud. Entre o final da década de 1920 e 1936, quando ela publicaria seu livro clássico *Das Ich und die Abwehrmechanismen* (O Ego e os Mecanismos de Defesa), Anna Freud reformulou o papel do ego e concedeu-lhe eminência no crescimento psicológico humano. Ela também insistia em respeitar as particularidades psicológicas de cada estádio de desenvolvimento. Em outras palavras, uma técnica clínica que podia ajudar uma criança de seis anos a resolver o seu sistema edípico seria inadequada para um adolescente que tenta formar uma identidade individual. Embora Anna achasse que a contagem do sucesso terapêutico de Bernfeld fosse exagerada, ela em geral concordava que sua abordagem era interessante e clinicamente válida. "A análise fracionada", a estratégia de tratamento não convencional adotada em Berlim, poderia ser eficaz em particular para adolescentes feridos psicologicamente[9]. No entanto, certa noite, durante a apresentação de casos em seu próprio seminário, Anna argumentou que o tratamento de Bernfeld de adolescentes agressivos como Danny fora prejudicado porque o analista havia desconsiderado o estádio de desenvolvimento específico da idade do paciente. Danny era um garoto alemão de quinze anos de idade, que repreendia a mãe de forma grosseira e a culpava por sua própria gonorreia (ela "me prendeu"), mas também a protegia ("é minha culpa, por me masturbar"), ia bem nos estudos e rejeitava a psicanálise. O que fazer? Depois de alguns minutos, os participantes do seminário apresentaram um plano "fracionado" de horas analíticas reduzidas

---

9   Carta de Jackson a Irmarita Putnam, de 12 jan. 1932, caixa 5, pasta 102, série 3, Edith Banfield Jackson Papers, Biblioteca Schlesinger, Radcliffe Center for Advanced Study, Universidade de Harvard.

gradualmente, abstendo-se de maneira sistemática a uma análise profunda, pedindo *feedback* ao paciente e convidando-o a voltar se ele se sentisse deprimido (uma condição interna) ou humilhado (uma condição externa).

Ao contrário de Reich, Bernfeld rejeitava a ideia de um discurso sexual abrangente. Nenhuma ação sexual é universalmente prejudicial ou benéfica porque cada indivíduo é uma amálgama pessoal da história da primeira infância, da personalidade individual e do ambiente social. Reich e Bernfeld também diferiam em suas opiniões sobre a vida familiar. Enquanto Reich pensava na família como um microcosmo insidioso do patriarcado e do capitalismo burguês, Bernfeld era em geral mais indulgente. Vários anos antes, Reich sugerira a Freud que a Sex-Pol estaria "tratando o problema da família com rigor", em uma imensa campanha contra a hipocrisia moral. A essa proposta atraente, porém improvável, Freud respondera: 'Você estará cutucando um vespeiro'". Em 1932, Freud tinha clara predileção por Bernfeld a Reich e estava "sempre feliz em vê-lo. Ele [era] um homem inteligente", pensava Freud[10]. "Se houvesse umas duas dúzias como ele em análise", ficaria menos preocupado e esperava que Bernfeld, naquele momento em Berlim, voltasse a Viena por razões políticas. Freud gracejava, sem meias-palavras, que Hitler havia feito muitas promessas, e a única que ele provavelmente poderia cumprir seria a supressão dos judeus. Se Bernfeld percebeu o significado do comentário de Freud na época, não deixou isso transparecer. Retornou a Berlim e ao seu grupo solidário do Sindicato dos Médicos Socialistas que, lamentavelmente, estava mais ocupado em brigar com outros grupos de esquerda do que em planejar uma campanha contra Hitler.

Logo após o retorno de Bernfeld a Berlim, o Sindicato dos Médicos Socialistas convocou uma reunião intitulada "Nacional--Socialismo: Inimigo da Saúde Pública". Ernst Simmel apresentou as linhas gerais de uma solução marxista para o agravamento dos problemas econômicos da Alemanha, além de oferecer uma explicação psicanalítica da atividade nazista de Hitler[11]. Abertamente, Simmel parecia mais interessado em resolver a crise da saúde pública do que

10 Sigmund Freud citado na carta de Jackson a Irmarita Putnam, de 11 jan. 1932, caixa 5, pasta 102, série 3, Edith Banfield Jackson Papers, Biblioteca Schlesinger, Radcliffe Center for Advanced Study, Universidade de Harvard.
11 E. Simmel, *Der Sozialistische Arzt*, v. 8, set. 1932.

em alarmar seu público, mas construiu seus argumentos de forma tão estratégica que, no final, o fascismo e a busca por uma medicina corporativa transformaram-se na mesma coisa. No seu entender, os médicos que antes eram idealistas sentiam-se incapazes de passar tempo suficiente com seus pacientes públicos, cujos números absolutos tendiam a resultar em uma prática clínica de linha de montagem, exatamente a situação que ele deliberadamente procurara evitar na policlínica. Essa exploração dos médicos representava para Simmel a ascensão simultânea do capitalismo e do fascismo. Ele explicou que a crueldade exigida para esse tipo de competição era tão implacável que minava a confiança humana mútua e, em última instância, levava à guerra. Um governo fascista faz o mesmo: substitui a criatividade humana individual e espontânea por um escopo totalitário. No capitalismo, os impulsos agressivos e reprimidos da corporação são liberados e, se não forem controlados, adquirem vitoriosamente a propriedade privada e a riqueza ou os lucros do rival. No fascismo, o governo desencadeia seus impulsos agressivos para ganhar propriedade e poder por meio da guerra. No final, tanto o capitalismo quanto o fascismo têm a guerra como a continuação natural de seus objetivos. Hitler, advertiu Simmel, estava avançando em ambas as frentes. Seu argumento era sofisticado e ponderado para a Berlim de 1932. Ao lermos nos dias de hoje essas passagens de *Der sozialistische Arzt*, a advertência de Simmel pode parecer obscurecida pela linguagem marxista. Infelizmente, a retórica também ocultava o valor real de seus *insights* políticos exatamente quando as armas de Hitler começavam a disparar. Os nazistas haviam se tornado o maior partido político eleito na Alemanha, e Hitler já tinha colocado em uso as cruéis *Sturmabteilung* (SA, ou Tropas de Assalto, também denominadas "Camisas Pardas") e os *Stahlhelm* (ss, ou "Capacetes de Aço"), milícias nas quais se apoiava para tomar o poder.

Nos poucos meses seguintes, Schloss Tegel, a brilhante clínica de hospitalização de Ernst Simmel, que sempre fora mais um conceito do que uma realidade prática, deteriorou-se tanto que a equipe percebeu que não sobreviveria. "O experimento sucumbiu", lembrar-se-ia Eva Rosenfeld, "quando pais e parentes dos pacientes escreveram, declarando-se insolventes."[12] As famílias

---

12 Memórias de Eva Rosenfeld, não publicadas, citada no ensaio biográfico de Victor Ross, em P. Heller, *Anna Freud's Letters to Eva Rosenfeld*, p. 39.

se recusavam a aceitar de volta seus incômodos membros mentalmente doentes porque pensavam, finalmente, ter encontrado cuidadores apropriados. Alguns pacientes foram transferidos para instituições mais distantes da cidade, outros liberados para suas próprias casas onde poderiam viver com independência como faxineiros e cozinheiros. Depois de cumpridas essas tarefas, Eva ficou para administrar o fechamento da instituição e encontrar novos empregos para o pessoal. Como sua amiga Anna Freud, Eva jamais pensara que isso iria acontecer. Anna só tinha palavras elogiosas para o sanatório Schloss Tegel:

> Desde que conheço Tegel, o espectro da dissolução pairou sobre ele. Era tão lindo e perfeito em seus princípios e objetivos, como uma espécie de sonho; nem suas insuficiências, nem seus defeitos e nem a apertada situação de dinheiro pareciam se encaixar, sendo agregados como se por acidente. Sempre tive a sensação de que eles poderiam desaparecer e, então, Tegel seria o que podia ser.[13]

No final, o dinheiro simplesmente acabou e nem mesmo Rosenfeld pôde ser paga. Cinco anos depois de Simmel fechar oficialmente o Tegel, Eva Rosenfeld viu sua vida e seus meios de subsistência em risco mais uma vez. Ela escreveu a Glover em Londres:

> Posto que tive uma vasta experiência nesse tipo de trabalho, gostaria de oferecer meus serviços como supervisora e enfermeira chefe em hospitais (inclusive na organização e treinamento de pessoal para hospitais mentais). Por mais de dez anos fui supervisora em casas para alcoólatras e criminosos e na Clínica Psicanalítica do dr. Simmel, e eu estou certa de que sempre serei capaz de fazer um trabalho terapêutico prático e de pesquisa como enfermeira.[14]

No final das contas, ela retornou à prática privada em Londres e manteve uma relação intermitente, se bem que intensa, com Anna. O que melhor serviu a Eva nos quarenta anos seguintes foi o excelente divã analítico que Ernst Freud havia concebido para ela e lhe dado de presente em Berlim, no ano de 1932.

---

13 Carta de Anna Freud a Rosenfeld, de 27 ago. 1931, em P. Heller, *Anna Freud's Letters to Eva Rosenfeld*, p. 167.
14 Carta de Rosenfeld a Edward Glover, de 14 jun. 1939, documento n. CGA/F30/18, arquivos da Sociedade Psicanalítica Britânica.

1932 • OS SOLICITANTES MASCULINOS DE TRATAMENTO [ERAM] REGULARMENTE MAIS NUMEROSOS QUE AS MULHERES

Freud e Reich eram cautelosos um com o outro. Em seu diário, em uma anotação datada de sexta-feira, dia 1º de janeiro de 1932, Freud escreveu: "Vou dar um passo contra Reich."[15] Ele estava respondendo a uma controvérsia provocada pela proposta de Reich de fazer uso do vocabulário marxista em um artigo psicanalítico de 1931. A decisão de Freud devia-se a uma gama de possíveis fatores: ou que ele estivesse cada vez mais influenciado por Jones e pelos membros mais conservadores da IPA ou simplesmente que quisesse ser mais cauteloso do que fora até então diante da violação reacionária. Kurt von Schuschnigg tinha acabado de ser nomeado ministro da Justiça, uma medida que visava ajudar o chanceler austríaco Engelbert Dollfuss a reprimir os sociais-democratas. A popularidade do Partido Nazista crescia tão rápido na Áustria como na Alemanha. Ou talvez Freud tenha aproveitado essa oportunidade para agir no tocante à suspeita de Paul Federn, segundo a qual Reich manifestava sinais de esquizofrenia incipiente. Qualquer que fosse a explicação, Freud indicou que uma ação política manifesta de esquerda poderia comprometer a credibilidade científica da psicanálise, já sob ataque dos *establishments* médicos, psiquiátricos e acadêmicos. Por outro lado, pelo menos de acordo com Helene Deutsch, o "radicalismo político" de Reich não era a causa específica do seu distanciamento; o problema era sua personalidade arrogante. Em seu trabalho teórico Freud havia rompido relações com a história; na prática, ele protegia suas descobertas. Freud e Reich eram ideologicamente compatíveis em um nível metapolítico – porém seu relacionamento cotidiano certamente não era isento de tensões.

Freud não estava mais satisfeito com Franz Alexander, um dos primeiros analistas a deixar a Alemanha rumo aos Estados Unidos. A primeira clínica psicanalítica americana para pacientes externos foi fundada em Chicago, sob a direção de Alexander. "O propósito básico da clínica [era] o propósito da psicanálise em todas as partes", afirmou, "a fim de disponibilizar serviços de cura aos necessitados por um grupo de especialistas."[16] Alexander era um homem de ombros largos e mandíbula quadrada, que tinha a intenção de difundir a psicanálise na América. Nascido na

---

15 M. Mollnar (ed. e trad.), *The Diary of Sigmund Freud, 1929-1939*, p. 119.
16 Entrevista de Franz Alexander para Francesca Alexander, The Man Who Brought Freud Here, *Chicago*, out. 1956, p. 27.

Hungria e formado médico, Alexander trabalhara primeiro com Ferenczi e, depois de uma dúzia de anos produtivos em Berlim, recusou-se a ceder aos nazistas. Ele concordava com seu mentor, o psiquiatra Emil Kraepelin (ainda vivo e politicamente engajado na Alemanha), de que sanatórios deveriam ser estabelecidos para tratar "doenças sociais" como o alcoolismo, a sífilis e o próprio crime. Naquele momento, com pouco mais de quarenta anos de idade, Alexander aderia ao caráter médico da psicanálise e, a seu ver, à sua vinculação natural com a medicina psicossomática. Se bem que os analistas pudessem facilmente imaginar qual sintoma psicológico correspondia a qual doença fisiológica, poucos tinham pesquisado as formas reais que uma doença mental adotava. Franz Alexander chamava isso de "especificidade" e levantou a hipótese de que existiam ligações específicas entre os órgãos internos danificados do corpo e os consequentes distúrbios psiquiátricos da mente (fígado e depressão, baço e ansiedade). No início, sua pesquisa controversa atraiu o financiamento de proeminentes investidores de Chicago como Alfred K. Stern. Para surpresa da maioria dos analistas, inclusive a Fundação Rockefeller respondeu à proposta de Alexander para a provisão de fundos destinados à pesquisa empírica sobre a conjunção mente-corpo. Alexander podia conciliar ideias aparentemente contraditórias, aceitando de imediato as qualidades relacionais da psicanálise e a natureza biológica da doença mental, enquanto persuadia americanos ricos acerca do valor científico dessa investigação. Seus colegas eram muito mais céticos quanto aos resultados. "A pesquisa não equivale a um punhado de ervilhas", escrevia o costumeiramente acrítico Brill a Ernest Jones[17]. E quando Alexander decidiu ajudar na emigração de Karen Horney, nomeando-a diretora adjunta do novo instituto, Brill se irritou com os gastos. Jones e Brill não podiam acreditar que Alexander e Horney estivessem cobrando honorários pela análise quando, especificamente, "o instituto não deve aceitar pacientes que possam pagar honorários regulares"[18]. Ironicamente, embora essa crítica viesse dos dois oponentes mais sinceros às clínicas gratuitas da IPA, Alexander e Horney afirmavam sua fidelidade ao modelo de Berlim. Sua clínica era "a espinha

---

17　Carta de Brill a Jones, de 17 nov. 1933, documento n. CBO/F04/27, arquivos da Sociedade Psicanalítica Britânica.

18　Ibidem.

dorsal do instituto", dizia Alexander, e eles cobraram dos pacientes apenas "o que poderiam pagar. Alguns não pagavam nada". Em média, os 125 pacientes atendidos até meados dos anos de 1950 pagavam aproximadamente US$3 por hora. As reuniões científicas do Instituto de Psicanálise de Chicago faziam uso imediato das técnicas experimentais da policlínica, e a terapia ativa, o uso consciente da informalidade e, sobretudo, a flexibilidade do tratamento foram praticados desde o primeiro ano. À semelhança das reminiscências de Richard Sterba acerca da Sociedade de Viena, o analista norte-americano Ralph Crowley se recordava como "a psicanálise estava voltada para o futuro: era uma rebelião contra velhos modos e velhas ideias [...] Um saber estimulante e controvertido [...] Os psicanalistas eram pessoas interessantes, não dedicadas a obter segurança pessoal e financeira, mas a experimentar e explorar, e para o seu próprio crescimento pessoal"[19]. Ao contrário de Sterba, no entanto, há pouco sentido de um esforço político mais amplo. Talvez isso explique por que nenhum dos institutos psicanalíticos americanos, exceto o de Chicago e o de Topeka, fomentou a criação de clínicas externas gratuitas. Até pelo menos meados da década de 1950, as Sociedades psicanalíticas de Boston, Detroit, Filadélfia, Nova York, Washington, Los Angeles e São Francisco adotaram programas de formação, porém, como Alexander comentou em 1951, "elas se restringiram principalmente à instrução teórica e ao trabalho clínico com pacientes particulares"[20].

Duas das outras clínicas europeias, a de Londres e a de Budapeste, foram planejadas com a mesma mescla de voluntarismo e apoio financeiro que o ambulatório. Em Londres, a doação de Natal de Pryns Hopkins parecia insinuar que, se pudesse, ele continuaria a apoiar a clínica. Os analistas da clínica, que não contribuíam financeiramente, concordaram que seu trabalho era voluntário e separado de seus deveres docentes ou administrativos no instituto. Essas duas decisões vieram do Conselho da Sociedade britânica em sua bem-intencionada supervisão dos planos da clínica. Em

---

19 R.M. Crowley, Psychiatry, Psychiatrists, and Psychoanalysts, *Journal of the American Academy of Psychoanalysis*, v. 6, n. 4, p. 558.

20 F. Alexander, Psychoanalytic Training in the Past, the Present and the Future: A Historical View, apresentado à Associação de Candidatos do Instituto de Psicanálise de Chicago, 26 out. 1951, arquivos do Instituto de Psicanálise de Chicago.

junho, por exemplo, o Conselho concordou que a função de tradutora para o *IJP* exercida por uma colega poderia isentá-la de assumir casos clínicos[21]. Em Budapeste, entrementes, a clínica prosperava. "Estamos sendo positivamente invadidos", escreveu Ferenczi a Freud, "e nos empenhando para controlar as dificuldades que disso decorrem."[22] As dificuldades eram em grande parte financeiras e, quando Freud enviou uma petição especial aos presidentes das Sociedades locais solicitando apoio à Verlag (a editora psicanalítica), Ferenczi lembrou-lhe com relutância que, pelo menos em Budapeste, quaisquer recursos extras eram direcionados à clínica. Vilma Kovács, como ele próprio, já havia contribuído com 1.400 *pengö* húngaros a cada ano para a manutenção da clínica[23]. Os outros analistas mal-e-mal ganhavam o que precisavam para sobreviver: eles doavam do seu tempo, porém dificilmente poder-se-ia esperar que contribuíssem com dinheiro.

---

21 Atas das reuniões do Conselho de 6 abr. e 15 jun. 1932, arquivos da Sociedade Psicanalítica Britânica.

22 Carta de Ferenczi a Freud, n. 1218, de 21 jan. 1932, em E. Falzeder et al. (eds.), *The Correspondence of Sigmund Freud and Sándor Ferenczi*, v. 3, p. 425.

23 Carta de Ferenczi a Freud, n. 1221, de 21 abr. 1932, em E. Falzeder et al. (eds.), op, cit., v. 3, p. 428.

III

**Desfecho:
1933-1938**

1933

"A Policlínica Psicanalítica de Berlim [...] chegou ao fim"

No início, os psicanalistas de Berlim enfrentaram os eventos políticos de fevereiro de 1933 em um clima de barganha e os encontros de Freud com o novo mundo fascista eram atipicamente comprometedores. Hitler tinha sido nomeado chanceler do Reich em 30 de janeiro. Hermann Göring, o primo politicamente poderoso de Matthias Göring e futuro flagelo da policlínica, foi nomeado ministro prussiano do Interior e expandiu imediatamente as fileiras das SA e das SS, as forças policiais nazistas, enquanto publicava decretos que determinavam quem era – e quem deixava de ser – aceitável para o Estado. Em 28 de fevereiro, a oposição ao regime tornou-se um crime punível e no mês seguinte, em 23 de março, o Reichstag votou a favor da Ermächtigungsgesetz (Lei Habilitante ou Lei de Concessão de Plenos Poderes), ou preparando o cenário para que Hitler governasse por decreto nos próximos quatro anos. Muitos dos afetados por essa primeira onda de assédio nazista descobriram seu destino só depois de saber que tinham sido despedidos. Funcionários do Estado não arianos foram demitidos e, já que os nazistas agora insistiam no controle homogêneo de cada instituição política, cultural e social, praticamente todos os artistas, cientistas, atores, professores e músicos estavam ameaçados de suspensão.

A situação duvidosa, porém, no momento conciliadora, de que Freud seguisse à disposição do instituto – situação essa que Ernest Jones mais tarde interpretaria erroneamente – durou até meados de março. Quando Freud finalmente delineou três possíveis cursos de ação que a Sociedade de Berlim poderia tomar, ele o fez a pedido de Max Eitingon, que entendeu, mais cedo e com mais precisão do que ninguém, exceto talvez de Wilhelm Reich, o impacto do recente golpe de Hitler. Eitingon poderia dissolver o instituto e partir, aconselhou Freud, ou poderia preservá-lo temporariamente, entregando o controle a "cristãos de origem pura alemã", como Felix Boehm e Claus Müller-Braunschweig[1]. Se o instituto devesse sobreviver ao preço de que alguém como Schultz-Hencke substituíse o não ariano Eitingon, estava claro que a sua ingerência levaria à desqualificação e à expulsão da IPA. Freud concluiu que a psicanálise sobreviveria na Alemanha contanto que Eitingon permanecesse. Mas, na Páscoa, quando o programa de Hitler já se deixava ver, com duas consequências catastróficas, Eitingon escolheu o último curso de ação. A mudança na liderança, no entanto, não foi isenta de controvérsia, e a medida da cooperação de Boehm e Müller-Braunschweig com os nazistas, para manter a fachada corrupta da psicanálise alemã parece ter sido de longo alcance. Mesmo Ernest Jones e Anna Freud, os dois autoproclamados "pilares da Europa Oriental e Ocidental", demonstraram preocupantes conflitos de interesse[2]. "Prefiro que a psicanálise seja praticada pelos gentios na Alemanha a que não seja praticada em absoluto", escreveu Jones (como presidente da IPA) a Anna Freud dois anos depois. Freud decerto já havia suspeitado da predileção de Jones desde o início.

Em 8 de abril, o jornal *Gross-Berliner Ärzteblatt* acatou a ordem de Hitler e publicou o decreto do regime para que todas as organizações médicas "mudassem" (isto é, arianizassem) seus conselhos de administração, sob a direção do Conselho Médico Alemão. Foi um divisor de águas tanto para a Sociedade de Berlim como para muitos grupos na Alemanha, e determinar a maneira de satisfazer aquele decreto não foi nada fácil. Segundo Felix Boehm, que esteve

---

1 M. Eitingon, Memo of April 7, 1933, em K. Brecht et al. (eds.), *Here Life Goes On in a Most Peculiar Way*, p. 113.
2 Carta de Jones a Anna Freud, de 13 jun. 1933, documento n. CFA/FO1/17, arquivos da Sociedade Psicanalítica Britânica.

presente na primeira reunião (mas cuja posição ambígua deve ser lembrada), os psicanalistas debateram se um voto que alterasse a composição racial de seu Conselho permitiria, ou deveria permitir, que a psicanálise sobrevivesse na Alemanha. Essa "Assembleia Geral Extraordinária" realizou-se em 6 de maio. Os psicanalistas fecharam as grossas cortinas escuras que protegiam as janelas da sala de reuniões da policlínica da imagem da Wichmanstrasse, coberta de suásticas. Eles acreditavam que o Instituto de Formação sairia mais ou menos ileso, devido ao seu *status* de centro de pesquisa. A manutenção da policlínica, porém, pressupunha um risco maior, pois oferecia sobretudo serviços terapêuticos, se não inteiramente médicos, a pessoas com doenças mentais. "Eles irão proibir [a psicanálise] de qualquer maneira", Freud já havia previsto, mas ele também questionava se fazia sentido a pressão e aquiescer ao Conselho Médico Alemão[3]. Preservar o *status quo* serviria, na melhor das hipóteses, como um "instrumento" para retardar a obstrução do governo. No final, votaram contra a arianização. Para alguns membros, como Frances Deri, que já tinham abandonado a Alemanha, recusar-se modificar o Conselho era a ação mais perigosa. Outros mudaram seus votos em decisões de última hora, num ambiente carregado de tensão. Ernst Simmel, Clara Happel, Eitingon, Landauer e Meng estavam entre os quinze votos contra. Felix Boehm, Carl Müller-Braunschweig e Edith Jacobson votaram a favor, juntamente com outros quatro membros. Teresa Benedek, Fenichel e três mais se abstiveram. A hostilidade de Fenichel à nova liderança alemã não o impediu de pensar dialeticamente: enquanto sua mente racional lhe dizia para aprovar a medida, seu coração se opunha. "Ainda que eu tivesse certeza de que o resultado da votação seria a favor da mudança, eu deveria votar contra, tal como os meus sentimentos me dizem."[4] No entanto, vários anos depois, enquanto os analistas lutavam no exílio, Fenichel admitiu que eles tinham calculado mal o nível de perigo ao pressupor que a psicanálise poderia sobreviver com alguma integridade na Alemanha fascista. "Devo confessar que na época eu e Edith Jacobson, em oposição a Reich, representávamos a posição contrária", escreveu ele[5]. Se ele sabia ou

3   F. Boehm, Report of August 21, 1934, em K. Brecht et al., op. cit., p. 119.
4   Ibidem, p. 120.
5   O. Fenichel, *Rundbriefe*, maio 1937, em R. Jacoby, *The Repression of Psychoanalysis*, p. 100.

não que Jacobson havia secretamente se juntado ao Neu Beginnen (Novo Começo), um baluarte inicial da resistência social-democrata, sua participação no grupo antinazista pouco fez para evitar a imprudência política dos psicanalistas. As disputas entre velhos amigos os impediram de escolher o melhor curso, que consistia em simplesmente dissolver a DPG, tal como Freud (e, ao que parece, Wilhelm Reich) havia proposto.

Felix Boehm atuara como secretário e palestrante no Instituto de Berlim e como analista na policlínica sob a direção de Eitingon. Ele era um homem de baixa estatura, pálido, de finos cabelos castanhos penteados para o lado, e olhos afundados. Boehm, que era psiquiatra e se autonomeava especialista no "problema" da homossexualidade, com o tempo aconselhou a Wehrmacht acerca dos "perigos" dessa tendência sexual e recomendou a vigilância e o "retreinamento" dos homossexuais, especialmente os da Luftwaffe. Quando os nazistas levaram a sério suas palavras, instituindo um programa de encarceramento, esterilização e finalmente extermínio de homossexuais, o "bruto, arrogante e misógino" Boehm declarou sua oposição a essa política[6]. No entanto, de acordo com John Rickman, em tempos de guerra, os deveres militares de Boehm implicavam decidir se os soldados desertores estavam ou não fingindo, com consequências alarmantes. "Se estivessem fingindo", Rickman relatou, "eles estavam – [e Boehm] passou o dedo pela garganta e fez um barulho como 'esh', jogando o polegar por cima do ombro e depois encolhendo os ombros."[7] Mesmo em 1933, como o novo presidente da DPG, ele poderia escolher lados e, infelizmente, sua afinidade com o regime político do momento já se mostrava resoluta. Boehm repetida e especificamente escolheu não consultar Eitingon, ou mesmo Simmel ou Fenichel, sobre a gestão da pior crise da policlínica desde a morte de Abraham em 1925. Em vez disso, começou a trabalhar diretamente com os membros do Partido Nazista dentro do Conselho Médico Alemão. Por conseguinte, o primeiro sinal de uma colaboração inapropriada entre os dirigentes nazistas e o novo diretor do instituto se tornou

---

6   E. Roudinesco; M. Plon, Felix Boehm, *Dictionaire de la Psychanalyse*, p. 136-137.

7   J. Rickman, relatório de visitas a Berlim para entrevistas a psicanalistas, em P. King, Sur les activités et l'influence des psychoanalystes britanniques durant la Deuxième Guerre Mondiale, *Revue internationale d'histoire et la psychanalyse*, v. 1, p. 154.

patente antes da Assembleia Extraordinária. Os analistas da policlínica, ao chegarem ao trabalho certo dia, descobriram que Boehm e Müller-Braunschweig haviam efetivamente convencido o Conselho Médico a não prejudicar o Instituto de Berlim, porque ele poderia ser útil ao Estado nazista. A policlínica, baseada em tratamento, no entanto, tinha que ser modificada e converter-se em um centro psiquiátrico não freudiano. Boehm e Müller-Braunschweig acataram as ordens, porém outros eram bem menos otimistas. Até mesmo Ernest Jones era cético em relação às consequências. "Dois gentios, Boehm e Müller-Braunschweig, entraram em contato com as autoridades nazistas", escreveu ele a Brill, "e conseguiram obter a promessa de que não se interferiria com o instituto ou com a prática da psicanálise na Alemanha. Não sei até que ponto isso vale a pena, ou sob quais condições a promessa foi obtida."[8]

Nos dois anos seguintes, Boehm se juntaria a Werner Kemper, Harald Schultz-Hencke e Carl Müller-Braunschweig na direção do racializado Deutsche Institute für Psychologische Forschung (Instituto Alemão de Pesquisa Psicológica), também conhecido como Instituto Göring, em homenagem a seu fundador, Matthias Heinrich Göring, e seu famoso primo, o Reichsmarschall Hermann Göring. O Instituto Göring deveria personificar a nazificação da psicanálise. De certo modo, ao combinar fatores psicanalíticos e políticos, Boehm se colocou em uma posição semelhante a muitos dos primeiros ativistas psicanalíticos. Dessa vez, porém, a "causa" era o fascismo e o "movimento", a exclusão de todos os não arianos, com uma exaltada ênfase nos judeus, homossexuais e comunistas.

Enquanto isso, o regime começou a encurralar médicos judeus em sua campanha contra a psicanálise, e a prática de Felix Boehm, de apelar à boa vontade dos membros do Partido Nazista, tornou-se mais estridente. O corpo docente do Charité (figura 34) havia acusado Fenichel de formar uma célula comunista dentro da Sociedade. Em vez de se concentrar na defesa de Fenichel, o grupo do Seminário de Crianças decidiu se dissolver depois de sua última palestra, "Psicanálise, Socialismo e as Tarefas Para o Futuro"[9]. As obras de Freud e Adler foram queimadas em uma enorme exposição pública de ódio aos intelectuais. Os edifícios

---

8   Carta de Jones a Brill, de 25 set. 1933, documento n. CBO/FO4/25, arquivos da Sociedade Psicanalítica Britânica.
9   J.E. Goggin; E. Brockman Goggin, *Death of a "Jewish Science"*, p. 57.

326 DESFECHO: 1933-1938

do Schloss Tegel foram confiscados pelo grupo de Mark Branden-
burg da SA nazista. Simmel foi detido por ser o antigo diretor do
Sindicato dos Médicos Socialistas e Jones, incomumente aborre-
cido, escreveu a Brill. "Simmel [...] foi preso há duas semanas,
mas felizmente saiu da prisão depois de alguns dias."[10] Brill e Jones
discutiram sobre a arrecadação de fundos para enviá-lo a Nova
York, mas Simmel fugiu por segurança para a Suíça. Em meio a
tudo isso, Eitingon fechou seu consultório particular e enviou
os móveis para a policlínica, onde ele agora trabalharia, quando
muito, apenas no seu escritório de diretor. No dia 7 de setembro
ele conduziu suas últimas sessões analíticas e no dia 8 começou a
preparar sua mudança para a Palestina. Eitingon renovou o contrato de aluguel das dependências na Wichmanstrasse por mais
dois anos, porém enviou Boehm e Müller-Braunschweig para negociar com o proprietário. De alguma forma, Jones descobriu a
operação e, mais uma vez, interpretou mal a iniciativa do colega.
"Há um boato de que a clínica de Berlim está fechada", escreveu
ele de Londres. "Em uma curta nota sua de cinco semanas atrás,
você prometeu enviar mais notícias em um dia ou dois, mas não
ouvi nada desde então."[11] A preocupação de Jones com seu amigo
traia sua cautelosa diplomacia em três frentes. Primeiro, ele subes-
timou o perigo da recente e imperiosa nomeação de Hitler como
chanceler. Em segundo lugar, ficou pessoal e inadequadamente
ofendido pelo fato de Eitingon estar ocupado demais planejando
sua fuga para responder a alguém que não era nem judeu nem,
afinal, corria risco de morte. Terceiro, Jones sabia perfeitamente
o que estava acontecendo. Seis meses antes Van Ophuisjen tinha
feito circular advertências polidas, se bem que alarmantes, sobre a
equipe de Boehm e de Müller-Braunschweig. "A Sociedade alemã
não está em posição de cumprir todas as condições escritas e não
escritas impostas aos membros pela afiliação à IPA", escreveu ele.
"Mas isso é uma emergência."[12] A advertência foi ignorada. Em vez
disso, Jones se concentrou em assinalar o canalha Wilhelm Reich
que, aberta e simultaneamente comunista e psicanalista, havia

10 Carta de Jones a Brill, de 02 dez. 1933, documento n. CBO/FO4/28, arquivos da
Sociedade Psicanalítica Britânica.
11 Carta de Jones a Eitingon, de 11 mar. 1933, documento n. CEC/FO1/63A, arquivos
da Sociedade Psicanalítica Britânica.
12 Carta de Van Ophuijsen a Jones, apud K. Brecht et al., op. cit., p. 114.

FIG. 34. Um departamento de pacientes externos no Charité em Berlim (foto da autora).

comprometido a todos mesmo sem estar presente. Os psicanalistas haviam determinado expulsar Reich da Sociedade de Berlim sem informá-lo acerca de sua decisão. A decisão de culpar Reich que, na verdade, fazia do seu mais sincero membro um bode expiatório, ajudou a pacificar o Conselho Médico Alemão e, temporariamente, apaziguou muitos dos psicanalistas. Boehm fez uso da expulsão de Reich para provar a rejeição da Sociedade ao comunismo e garantir uma promessa oficial de que nenhuma ação seria tomada contra eles exceto, talvez, pela agência governamental conhecida como Kampfbund für Deutsche Kultur (Liga de Combate pela Cultura Alemã).

A Kampfbund, ou KDK, no entanto, não se deixou convencer tão facilmente de que a policlínica tivesse abandonado suas convicções políticas. Criada pelo Partido Nazista em 1929, a KDK tinha a missão específica de repudiar todas as evidências de modernismo, ao mesmo tempo que fomentava a "germanidade cultural nativa [...] característica [...] total"[13]. A pintura, a arquitetura, a música e a poesia modernas foram rotuladas de *Nigger-Kultur* e *Kulturbolschewismus*, e a psicanálise chamada de "imundície judaico-marxista"[14]. Thomas Mann, aliado de Freud e Käthe Kollwitz, amiga de Simmel, juntamente com Bertold Brecht e Paul Klee e instituições modernistas como a Bauhaus (incluindo presumivelmente Ernst Freud), agora dirigida por Mies van der Rohe, foram oficialmente depreciadas por não serem adequadas às teorias culturais racializadas da KDK. Pelo visto, para a KDK, o prestígio intelectual da policlínica era mais ameaçador do que sua reputação médica e, quando oficiais nazistas ali vieram para

---

13 Hildegard Brenner, citada em E.S. Hochman, *Architects of Fortune*, p. 74.
14 F. Boehm, Report of August 21, 1934, em K. Brecht et al., op. cit., p. 120.

perguntar a Boehm (a quem Eitingon transferira oficialmente a responsabilidade pela clínica) quantos membros eram judeus, eles estavam na verdade buscando intelectuais modernistas. Para os nazistas, a arte, a música, a arquitetura modernas e a psicanálise eram a mesma coisa. Boehm optou por revelar todos os detalhes porque, dizia ele, um policial uniformizado tinha ido pessoalmente à policlínica para perguntar quem estava tratando de casos ali, quantos tinham uma licença alemã para praticar e quantos tinham nacionalidade alemã. A chegada da KDK não era, em absoluto, o momento oportuno para preservar a independência da clínica como Boehm acreditava. Evidentemente, os nazistas simplesmente gostavam de se intrometer nos assuntos internos de organizações progressistas, uma rotina enervante que aperfeiçoaram com Mies van der Rohe na Bauhaus. Enquanto isso, em seu memorando de 29 de setembro, Müller-Braunschweig anunciou que iria "explicar [a psicanálise] de modo adequado para as autoridades do novo governo"[15]. Ele e Boehm sugeriram que, na realidade, o governo deveria diferenciar entre dois tipos de psicanálise. Um deles, defendido por Wilhelm Reich, enfocava a sexualidade e a política e tinha alienado muitos de seus associados à exceção de Simmel (preso há não muito tempo) e seu velho amigo, Otto Fenichel (acusado recentemente). Havia, porém, outro tipo de psicanálise que podia propiciar oportunidades valiosas ao novo Estado nacional-socialista. A psicanálise poderia desenvolver um caráter humano digno e a cidadania, disse Boehm, e muitos dos demais analistas alemães endossaram essa fórmula. A estratégia de Boehm, de repudiar as premissas sexuais da psicanálise e, em seu lugar, reforçar o seu potencial para a construção de um caráter consciente, funcionou. Além disso, "é óbvio que não há judeus estrangeiros trabalhando com eles", Müller-Braunschweig e Boehm asseguraram ao escritório médico distrital em Berlim[16]. O chefe de polícia agora se opunha menos à existência da policlínica do que aos programas de formação contínua do instituto, especialmente de leigos, sem uma licença especial. A psicanálise oficial seria aperfeiçoada, simplificada e racializada. "Dificilmente haverá dificuldades entre o grupo junguiano, a escola de caracterologia aplicada e a de formação

---

15 C.M.-Braunschweig, Memorandum of September 29, 1933, em K. Brecht et al., op. cit., p. 115.

16 F. Boehm, Report of August 21, 1934, em K. Brecht et al., op. cit., p. 122.

1933 • A POLICLÍNICA PSICANALÍTICA DE BERLIM [...] CHEGOU AO FIM

autógena. A verdadeira criança problemática é e continua sendo a psicanálise", escreveu o psiquiatra Fritz Künkel a Göring[17]. Mas ele sabia como fazer essa mudança. "Acima de tudo, as regras devem ser enquadradas de tal forma que obriguem os psicanalistas a abrir mão de seu esplêndido isolamento. Gostaria de caracterizar esse ponto de vista como 'o suavizar da crosta da velha escola'."

Agora que o chefe de polícia e a KDK haviam sido pacificados, Boehm abordou o Ministério do Interior, dirigido por Hermann Göring. No que diz respeito à psicanálise em particular, o Ministério do Interior provou ser uma das agências nazistas mais difíceis de influenciar. O Ministério do Interior foi uma das agências historicamente mais monstruosas do Partido Nazista, pois converteu o tratamento da saúde mental no pior pesadelo de um paranoico: era inquisidor, crítico, enganoso, desumano e, definitivamente, um canal de alimentação para o programa de extermínio nazista. Boehm acreditava que os analistas da IPA não lhe agradeciam por ele ter impedido o Ministério do Interior de fechar suas portas. Na verdade, eles sabiam que ele as tinha aberto para o pior. Enquanto o instituto, depois de 1933, proporcionava cursos cujos títulos poderiam ser alterados com facilidade, a policlínica, como centro de tratamento, seria transformada em um horrível centro de triagem no qual os psicanalistas condenavam seus pacientes à morte. Em 1938 a policlínica, naquele momento praticamente uma guilhotina psiquiátrica, seria empanturrada com dinheiro nazista e pessoalmente endossada por Hitler. Não está claro se a IPA poderia ou não ter previsto isso. Quanto Jones realmente sabia quando decidiu, em uma reunião de negócios da IPA em 29 de agosto de 1934, excluir as atividades das clínicas dos relatórios das Sociedades afiliadas? Dois anos depois, Anna Freud e Eduard Bibring reverteriam essa decisão e pediriam aos diretores das filiais que relatassem precisamente as atividades de suas clínicas.

Em 1933, no entanto, Felix Boehm ainda podia persuadir muita gente, de funcionários do Ministério do Interior a Ernest Jones, para que cumprissem suas diretrizes. Quando Boehm e Müller-Braunschweig compartilharam sua proposta de integração da Sociedade de Berlim ao novo governo, dividindo a psicanálise em dois tipos, Ernest Jones pareceu encantado. "Boehm salvou

---

17 Carta de Künkel a Göring, de 12 dez. 1933, em K. Brecht et al., op. cit., p. 114.

330 DESFECHO: 1933-1938

a psicanálise", escreveu ele a Anna Freud[18]. O psicanalista holandês van Ophuijsen era mais cético e questionava se tais medidas extremas eram necessárias. Para ele, Boehm e Müller-Braunschweig eram nazistas confirmados. Anna seguiu Jones. "Espero que você supere todas as suas dificuldades no futuro próximo", escreveu ela a Boehm depois de receber as notícias de Jones em outubro[19]. Paradoxalmente, Jones empreendeu um grande esforço para salvar refugiados analíticos, assegurar fundos de emergência e dispersá-los pelo mundo. Já em abril, ele deu início a uma série de apresentações na Sociedade britânica que revelavam as profundas contradições em sua personalidade e crenças. Primeiro, ele propôs um "voto de simpatia" e discutiu a assistência prática para seus colegas, incluindo "a possibilidade de analistas alemães encontrarem trabalho na Inglaterra"[20]. Em junho, ele anunciou que Maas, Cohn, Fuchs e Jacobson seriam ali bem-vindos[21]. Maas havia se comprometido a criar "um sanatório dirigido por psiquiatras alemães que tinham uma clientela inglesa e americana" e, tal como Jones dizia a Anna, considerava as possíveis "conexões com a clínica promissoras"[22]. Mas, em particular, Jones se queixava a Brill que, como nenhum dos analistas possuía "dinheiro suficiente para ir para a América" e ele não tinha ideia de como ganhariam a vida na Inglaterra, aquele "angustiante momento com os refugiados alemães" ameaçava sobrecarregar os recursos da Sociedade britânica[23]. Jones insistia que seu apoio firme ao compromisso de Boehm e de Müller-Braunschweig com Göring não deveria ser entendido como um abandono de seus colegas analistas.

No final de 1933, a mais recente forma de psicanálise em Berlim estava na direção de aliar-se à nova associação médica oficial da Alemanha. No que lê como um obituário intitulado "O Movimento Psicanalítico", Jones (na qualidade de editor do *IJP*) descreveu

18 Carta de Jones a Anna Freud, de 03 out. 1933, em J.E. Goggin; E. Brockman Goggin, op. cit., p. 21.
19 F. Boehm, Report of August 21, 1934, em K. Brecht et al., op. cit., p. 122.
20 Atas da reunião do Conselho da Sociedade Psicanalítica Britânica, de 05 abr. 1933, documento n. FSA/54, arquivos da Sociedade Psicanalítica Britânica.
21 Atas da reunião do Conselho da Sociedade Psicanalítica Britânica, de 13 jun. 1933, documento n. FSA/57, arquivos da Sociedade Psicanalítica Britânica.
22 Carta de Jones a Anna Freud, de 13 jun. 1933, documento n. CFA/F01/36, arquivos da Sociedade Psicanalítica Britânica.
23 Carta de Jones a Brill, de 20 jun. 1933, documento n. CBO/F04/22, arquivos da Sociedade Psicanalítica Britânica.

1933 • A POLICLÍNICA PSICANALÍTICA DE BERLIM [...] CHEGOU AO FIM   331

como, "com a mudança da situação política na Alemanha, a Sociedade Psicanalítica Alemã e o Instituto Psicanalítico de Berlim (a policlínica e o Instituto de Formação) haviam chegado ao fim. A maioria dos membros deixara a Alemanha"[24]. Na época em que Jones publicou suas terríveis notícias, apenas nove analistas judeus estavam em Berlim. O que tornava essa notícia uma caricatura da verdade, no entanto, era que o Instituto de Berlim não fechou tecnicamente em 1933. Em vez disso, ele foi arianizado, a equipe docente e de formação expurgada de judeus, as operações e princípios da clínica absorvidos na ideologia nazista. Como a maior parte dos analistas judeus partira para o exílio, Matthias Göring criou a Sociedade Médica Alemã de Psicoterapia, racialmente simplificada, autonomeou-se presidente e promoveu Carl Jung a vice-presidente.

Em 1º de maio de 1933, Matthias Heinrich Göring se afiliou ao Partido Nacional-Socialista[25]. Ele também pertencia a cinco outras organizações nazistas, três das quais eram braços de extrema-direita do movimento nazista. Ele se juntou às SA e às SS, a polícia terrorista de Hitler designada para procurar e matar a oposição, bem como à Dozentenbund, ou Aliança dos Docentes, uma organização nazista encarregada de extirpar profissionais de mentalidade independente e acadêmicos[26]. Como Göring era especialista em doenças nervosas e afetivas desde 1922, ele também se afiliou ao Ärztebund (NSD, ou Aliança Nacional-Socialista dos Médicos Alemães) e à Nationalsozialistische Volkswohlfahrt (NSV, ou Organização Nacional-Socialista de Bem-Estar Popular), que prestava auxílio a famílias, mães e filhos. Com seus ombros largos, testa alta e uma grande barba grisalha, Göring dificilmente parecia um nazista militante leal. No entanto, em pouco tempo, ele exigiu que todos os membros do instituto lessem *Mein Kampf* e participassem de todas as funções sociais e profissionais. Com frequência acompanhado por sua esposa Erna, ele monitorava todas as discussões, fossem elas realizadas no instituto ou em residências particulares e, no final, garantiu a adesão ao nacional-socialismo daqueles que permaneceram em Berlim. Ele insistiu

---

24   R.H. Jokl, Fourth Quarter Report of the Vienna Psycho-Analytical Socety, *International Journal of Psychoanalysis*, v. 15, p. 383-384.
25   E. Roudinesco; M. Plon, Matthias Heinrich Göring, op. cit., p. 402.
26   J.E. Goggin; E. Brockman Goggin, op. cit., p. 23, 92-93.

em abolir todos os termos freudianos como *Édipo* e *sexualidade infantil* do ensino e da prática da psicanálise, alegando que tais conceitos ameaçavam a própria existência do instituto. "Agora que os livros de Freud foram queimados, o termo 'psicanálise' deve ser eliminado", escreveu Göring[27]. "Assim também o termo 'psicologia individual', que talvez pudesse ser substituído por 'caracterologia aplicada'". Göring acreditava que Carl Jung fosse a melhor pessoa para reescrever essa linguagem e, no devido tempo, desenvolver a Neue Deutsche Seelenheilkunde (Nova Psicoterapia Alemã, ou, literalmente, ciência da saúde da alma).

Quando Carl Jung ocupou o seu cargo, Göring decidiu reformular a psicanálise na Alemanha. Ele pensava entender a relação entre judaicidade e freudismo, e ele e Jung começaram a substituir ambas as coisas pela nova psicoterapia alemã, presumivelmente distinta de uma psicoterapia "judaica". Como homem de contato de Göring para integrar a psicanálise nessa nova psicoterapia, de 1933 a 1936, Jung viajava frequentemente de Zurique a Berlim para ministrar palestras e seminários. Os dois homens coeditaram o *Zentralblatt für Psychotherapie*, a publicação oficial do instituto, que apoiava a sua crença nos objetivos raciais nazistas. Logo depois que a Lei Habiltante de março de 1933 ratificou a ditadura de Hitler e fechou o Reichstag, Jung concordou em ser entrevistado na rádio alemã. Todos os judeus já tinham sido obrigados a abandonar cargos em universidades e retirados à força do serviço civil oficial; negócios e profissionais judeus foram oficialmente boicotados; os ataques das SA a judeus individuais eram na prática sancionados pela polícia. Todos os médicos não arianos (e todos os comunistas), entre os quais os psicanalistas, foram impedidos de participar dos programas de saúde, públicos ou particulares, e, portanto, para todos os fins, privados de renda. Uma vez que a psicanálise não havia sido proibida *de facto*, os que permaneceram em Berlim ainda podiam tecnicamente praticá-la sob os auspícios de Göring e da nova associação de Jung, a Deutsche Allgemeine Ärztliche Gesellschaft für Psychotherapie (Sociedade Médica Geral Alemã de Psicoterapia). A nova associação poderia ter persuadido alguns analistas a ficar, mas eles consideravam abominável sua obrigatoriedade com relação à nova psicoterapia

---

27   K. Brecht et al., op. cit., p. 111.

1933 • A POLICLÍNICA PSICANALÍTICA DE BERLIM [...] CHEGOU AO FIM

alemã, segundo a qual todas as doenças mentais eram uma questão de raça e toda a saúde mental uma questão de higiene racial. E assim o êxodo começou. Annie Reich, agora separada de Wilhelm, mudou-se para Praga com seus dois filhos. Kate Friedländer e Barbara Lantos se mudaram para Paris. Fenichel foi por curto tempo para a Suécia e depois para Praga. Theodor Reik, René Spitz, Berta Bornstein, Hans Lampl e Jean Lampl-de Groot retornaram, temporariamente, para a cidade um pouco mais segura de Viena. Helene e Felix Deutsch já estavam nos Estados Unidos, assim como Franz Alexander. Depois que o governo dinamarquês lhe recusou permissão para abrir uma clínica psicanalítica em Copenhague, Reich novamente se mudou, junto com a Sex-Pol e sua resiliente editora, para Oslo. Ainda determinado a promover a psicologia dialético- materialista, o cerne de seu trabalho conjunto com Otto Fenichel em Berlim, Reich continuou a praticar e a promover a sexo-economia, sua concepção segundo a qual o sexo, a psicanálise e a política estavam intimamente ligados. Naquele momento, a mente de Reich pode de fato ter se deteriorado, e ele provavelmente estava ciente disso. "Se eu não estivesse tão certo acerca do meu trabalho, isso me pareceria uma fantasia esquizofrênica", admitiu ele a Fenichel e a Edith Gyömröi[28]. O comportamento de Reich sempre fora errático e, para muitos, ofensivo, mas ele também era poderoso, brilhante e sedutor. Ele era, em muitos aspectos, um homem ansioso que tinha conseguido lidar muito bem com suas depressões e obsessões nos últimos quinze anos. Quer se atribua sua tendência depressiva ao estresse causado pela imigração forçada, quer a um tipo característico de personalidade paranoica, é importante separar suas ideias políticas de sua psicologia. Reich viveu em um mundo em que o apoio indisfarçado da comunidade de amigos (especialmente de Freud) incluía a permissão de criticar as crenças uns dos outros. Em certo sentido, ele prosperou nisso. Porém sua demanda implacável por pureza política combinada com pesquisa idiossincrática de sexo--economia assinalou Reich, no decorrer dos próximos anos, como a criança problemática. Ele foi alvo de psicanalistas em todos os pontos ao longo do espectro político: para os marxistas, seu foco

---

28 E.L. Gyömröi, Recollections of Otto Fenichel (manuscrito não publicado), citado em R. Jacoby, op. cit., p. 82.

na sexualidade era controverso demais; para Freud ele era muito marxista; e para os conservadores era demasiado freudiano.

Essa ameaça conservadora implacável pairava também sobre Viena. Embora lhe faltasse o poder explícito aterrorizante dos nazistas alemães, o triunfo eleitoral do Partido Cristão era motivo de preocupação. O chanceler Dollfuss suspendeu a constituição parlamentar, proibiu o SDAP e, enquanto oficialmente desaprovava o Partido Nazista austríaco, formou sua própria coalizão com o paramilitar Heimwehr. "A situação política aqui é do maior interesse", observou Edith Jackson, com a característica reticência da Nova Inglaterra em cartas à irmã em Boston, "ainda que seja quase impossível saber o que é. Ninguém sabe, de um dia a outro, que nova direção tudo isso irá tomar."[29] No decorrer do ano, contudo, os amigos judeus de Jackson foram visivelmente mais afetados pela força crescente do nazismo. Eles sabiam que todas as clínicas de orientação infantil de Alfred Adler tinham sido fechadas. Alguns dos analistas já haviam partido para Praga, Londres e os Estados Unidos. Quando Erik Erikson seguiu para Boston com a família, Edith Jackson (com quem ele havia trabalhado na creche de Anna Freud) o pôs em contato com sua irmã. Os analistas tiveram que suportar em Viena a pressão do dia de eleições na Alemanha, denominado então Dia da República. Em 12 de novembro, Jackson escreveu:

As ruas estão tão silenciosas quanto possível. Todas as celebrações foram proibidas. Há policiais nas esquinas, por toda parte, a fim de assegurar que a proibição seja mantida. Parece não haver nenhuma tentativa de exceder os limites. Não há nenhuma ameaça, não há nenhum alarme – apenas um domingo tranquilo qualquer [...] Ainda não se sabe o que pode explodir a qualquer momento. Mas o temor que algo desesperado ocorra já durou tanto tempo que não é mais sentido de forma tão aguda.[30]

Precisamente esse tipo de dormência parecia prevalecer no ambulatório em 1933. O relatório de Hitschmann de meados de outubro sobre o estado da clínica pouco contribuiu para melhorar

29 Carta de E. Jackson a H. Jackson, de 14 maio 1933, caixa 1, pasta 5, série 1, Edith Banfield Jackson Papers, Biblioteca Schlesinger, Radcliffe Center for Advanced Study, Universidade de Harvard.
30 Carta de E. Jackson a H. Jackson, de 12 nov. 1933, caixa 1, pasta 5, série 1, Edith Banfield Jackson Papers, Biblioteca Schlesinger, Radcliffe Center for Advanced Study, Universidade de Harvard.

o estado de espírito da Sociedade; nem o relatório do tesoureiro Edward Bibring, que ele apresentou como novo vice-presidente da clínica. Ao mesmo tempo, Hans Lampl, considerado em toda parte como um colega em particular ponderado, preparou cuidadosamente observações sobre suas recentes experiências em Berlim. Comparando a posição do ambulatório com a da policlínica e indicando as condições sob as quais a clínica alemã iria mais ou menos sobreviver, ele parecia poupar Freud, Anna Freud e os amigos de sua Sociedade da realidade cada vez mais tirânica da vida nazista. O relato de Lampl foi deliberadamente insuficiente para alarmar o Conselho diretor do Ambulatorium, talvez para proteger Freud. O Conselho concordou em reduzir algumas das palestras públicas da Sociedade e suas funções de consulta. Mas Hitschmann, que havia resgatado o ambulatório repetidas vezes, insistiu em manter a clínica aberta e ativa. Examinando todos os aspectos, desde honorários fixos a palestras pagas, os psicanalistas invocaram o espírito de Budapeste de 1918 e decidiram, em vez disso, reduzir voluntariamente seus salários pessoais. Ao mesmo tempo, aqueles que davam contribuições financeiras em vez de trabalhar na clínica aumentariam o montante de suas *Erlagscheine*[31]. As taxas gerais permaneceriam fixas a um preço acessível de dez xelins, enquanto a contribuição substitutiva seria aumentada para vinte xelins por mês. Alguns analistas estavam inquietos com a crescente presença fascista em Viena, enquanto outros se preocupavam com as finanças diárias da clínica, porém todos concordavam que estavam enfrentando um tipo de emergência sem precedentes.

Para aliviar sua própria situação financeira angustiante, a Sociedade londrina estava disposta a alugar a *maisonette* adjacente ao edifício. Em vez disso, o Conselho decidiu convertê-la em salas de tratamento[32]. O trabalho de Melanie Klein com crianças era naquele momento tão influente e ela havia atraído tantos pacientes que o Departamento Infantil em expansão necessitava de mais salas de tratamento, de analistas mais experientes, e ainda de mais analistas em formação. Ela passou a ser a famosa teórica

---

31 Fourth Quarter Report of the Vienna Psycho-Analytical Socety, *International Journal of Psychoanalysis*, v. 14, p. 280.

32 Annual Report 1931-1933 of the Institute of Psycho-Analysis, London, *International Journal of Psychoanalysis*, v. 15, p. 113.

enquanto Marjorie Brierley supervisionava o cuidado e a manutenção geral da clínica. A equipe sofria, mas a Sociedade prosperava, enquanto Ernest Jones estendia sua vacilante influência para mais além no território sombrio da IPA na Áustria e na Alemanha. Mesmo em meio ao desastre universal que Hitler havia arquitetado, o grupo ativista de psicanalistas de Otto Fenichel realizou um pequeno milagre. Eles e possivelmente a própria psicanálise sobreviveram no exílio justamente porque sua *raison d'être* política, que haviam desenvolvido na década de 1920, os preparara para as demandas hostis de um governo caprichoso e perigoso. Alguns, como Reich e Gyömröi, se aliaram aos comunistas, enquanto outros, especialmente Fenichel e Simmel ficaram com os sociais-democratas rivais. Como marxistas contumazes em um mundo cada vez mais capitalista, eles estavam assustados, porém não intimidados pelas práticas autoritárias arcanas dos nazistas. Quando o antissemitismo se impôs como a posição oficial do Estado, o famoso Hermann Göring, primo de Matthias Göring, construiu o primeiro campo de concentração para eliminar os infratores. O racismo de Göring era tão cruel que quase todos os membros da "maravilhosa sociedade" de Berlim, como Radó a chamava, deram-se conta de que deviam abandonar seu país rapidamente. Ainda assim, carregaram consigo sua identidade de proponentes de reformas sociais. Em março do ano seguinte, as *Rundbriefe*, aquele maravilhoso legado epistolar concebido por Otto Fenichel, uniu os membros dispersos do grupo do Seminário de Crianças para acompanhar o corpo de teoria social e política em desenvolvimento. Eles usaram a psicanálise como uma metáfora virtual para examinar a vida na Alemanha e nos seus arredores em meados da década de 1930, às vezes tirando partido dos menores detalhes da especulação marxista, outras vezes se esforçando para apresentar críticas objetivas de uma nova teoria.

1934

"A psicanálise [como] o germe da psicologia dialético-materialista do futuro"

"Estamos todos convencidos", escreveu Otto Fenichel de Oslo em março de 1934, "de que reconhecemos na psicanálise de Freud o germe da psicologia dialético-materialista do futuro e, portanto, precisamos desesperadamente proteger e ampliar esse saber."[1] Assim começa a extraordinária série de 119 cartas escritas entre 1934 e 1945 que circulavam entre o grupo nuclear de psicanalistas ativistas que haviam se encontrado na Policlínica de Berlim na década de 1920, escapado dos nazistas e permanecido amigos íntimos e aliados políticos no exílio. Otto Fenichel, autor principal das *Rundbriefe*, ou cartas circulares, personificava o espírito desse núcleo central e as *Rundbriefe* contam a história da evolução dos psicanalistas de 1934 a 1945, as atividades de seus participantes, e suas grandes lutas ideológicas na Europa e na América. Quando nove dentre dez psicanalistas foram forçados a fugir de Berlim e Viena entre 1933 e 1938, levaram consigo uma ideologia humanitária particular forjada em um momento curioso. Por um lado, os novos Estados-nações haviam substituído a monarquia pela democracia participativa, o Império Habsburgo dissolvera-se e as mulheres ganharam o direito de voto;

---

1 Carta de Fenichel a Edith Jacobson, Annie Reich, Barbara Lantos, Edith Gyömröi, George Gero e Frances Deri, *Rundbriefe* n. 1, mar. 1934, caixa 1, pasta 1, Biblioteca Austen Fox Riggs.

por outro lado, havia um antissemitismo sem limites, uma invasão do fascismo e a consequente perseguição intelectual. Embora desde então o grupo marxista de Fenichel fora classificado como politicamente de esquerda, ou inclusive radical, uma designação que os membros do grupo teriam recebido com prazer, eles dificilmente representavam uma "oposição de esquerda" insatisfeita na psicanálise. Em primeiro lugar, porque todos os psicanalistas eram social-democratas. Em segundo, como Fenichel reconhecia, porque a ideologia do grupo exilado provinha do mesmo impulso progressista que havia guiado a psicanálise após a Primeira Guerra Mundial. Em terceiro, porque esse grupo se manteve fiel a Freud, enquanto a IPA e suas sociedades afiliadas, sob opressão e dissidência crescentes, tornaram-se tristemente rígidas e mais conservadoras. As *Rundbriefe* documentam, pois, a história real da psicanálise, tão clássica à sua própria maneira como o texto psicanalítico de maior envergadura de Fenichel, *Psychoanalytische Neurosenlehre* (Teoria Psicanalítica das Neuroses).

Das 119 cartas confidenciais que integrariam as *Rundbriefe*, cerca de metade foi escrita na Europa até 1938 e, de 1938 até 1945, nos Estados Unidos. O núcleo do grupo – Edith Jacobson, Otto Fenichel, Annie Reich, Wilhelm Reich, Barbara Lantos, Edyth (Glück) Gyömröi, George Gero e Frances Deri – tinha se reunido exatamente dez anos antes, em 1924, no Seminário de Crianças da policlínica. Esses "filhos" psicanalíticos do movimento, agora quase todos espalhados no exílio, na Escandinávia e na Europa afora e, com o tempo, nos Estados Unidos, acolheu em geral a liderança intelectual e política de Fenichel. As *Rundbriefe* consistiam de argumentos ideológicos; relatórios organizacionais das Sociedades afiliadas em três continentes; discussões psicanalíticas; um longo e meticuloso desacordo teórico público com Reich e farpas dirigidas aos pretensos neofreudianos; análises das reuniões científicas; informes de situação; resenhas de livros e artigos; opiniões políticas e fofocas. Mais de três mil páginas foram trocadas, na maioria das vezes datilografadas em papel branco, com espaçamento duplo, cópias em carbono ou mimeografadas, cada página corrigida à mão. Algumas das cartas mais longas são, na realidade, blocos encadernados de informação atados frouxamente, contendo fac-símiles de cartas entre analistas de fora do círculo das *Rundbriefe*, recortes de jornais e revistas, programas,

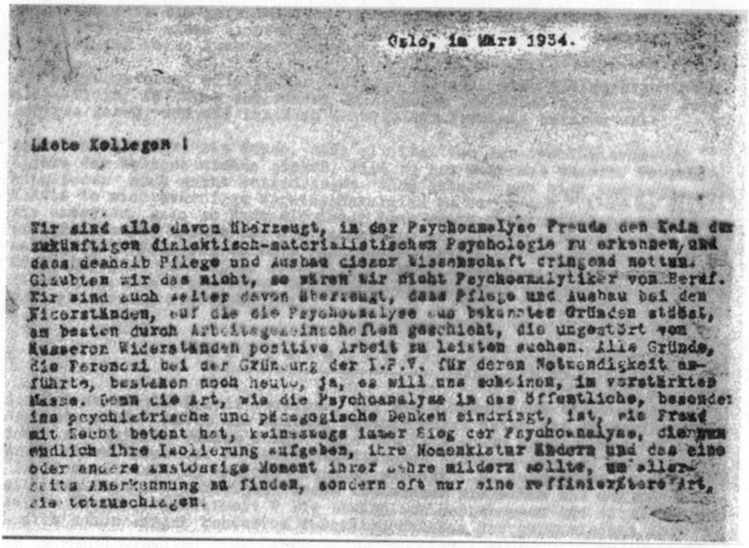

Oslo, im März 1934.

Liebe Kollegen !

Wir sind alle davon überzeugt, in der Psychoanalyse Freuds den Keim der zukünftigen dialektisch-materialistischen Psychologie zu erkennen, und dass deshalb Pflege und Ausbau dieser Wissenschaft dringend nottun. Glaubten wir das nicht, so wären wir nicht Psychoanalytiker von Beruf. Wir sind auch weiter davon überzeugt, dass Pflege und Ausbau bei den Widerständen, auf die die Psychoanalyse aus bekannten Gründen stösst, am besten durch Arbeitsgemeinschaften geschieht, die ungestört von äusseren Widerständen positive Arbeit zu leisten suchen. Alle Gründe, die Ferenczi bei der Gründung der I.P.V. für deren Notwendigkeit anführte, bestehen noch heute, ja, es will uns scheinen, im verstärkten Masse. Denn die Art, wie die Psychoanalyse in das öffentliche, besonders ins psychiatrische und pädagogische Denken eindringt, ist, wie Freud mit Recht betont hat, keineswegs immer Sieg der Psychoanalyse, die nun endlich ihre Isolierung aufgeben, ihre Nomenklatur ändern und das eine oder andere anstössige Moment ihrer Lehre mildern sollte, um allerseits Anerkennung zu finden, sondern oft nur eine raffiniertere Art, sie totzuschlagen.

FIG. 35. *Manuscrito da primeira* Rundbrief *de Otto Fenichel, datada de 10 de março de 1934 (Austen Riggs Center, Stockbridge, Massachusetts)*

e algumas incluem fragmentos de cartas circulares anteriores. Em geral, as cartas eram longas e detalhadas, com uma média de 23 páginas (variavam de 10 a 80 páginas), cuidadosamente numeradas e serializadas, e escritas em um estilo executivo deselegante.

A primeira *Rundbrief* de Fenichel (figura 35) data de março de 1934, de Oslo; a centésima, de julho de 1943; a última carta é de 14 de julho de 1945, de Los Angeles. Para os planejadores iniciais, as cartas podem ter sido secretas ou clandestinas. Mas como o jovem Martin Grotjahn, então ainda em Berlim, mais tarde se lembraria, ele de alguma forma sabia que seu amigo Fenichel as estava escrevendo e organizando. Ele "era um escritor prolífico que juntava rascunhos de cartas longas, de até trinta páginas, enviava os manuscritos aos amigos, que adicionavam comentários e enviavam o pacote adiante, até que a carta encontrasse o caminho de volta para Otto"[2]. Algumas delas eram compartilhadas apenas com o núcleo do grupo, absorto na elaboração de questões teóricas de psicanálise e marxismo. Outras cartas tinham um público muito mais amplo de leitores e eram direcionadas a um círculo externo, um grupo secundário de analistas politicamente engajados que não haviam pertencido aos Seminários de Crianças de Berlim.

2 M. Grotjahn, *My Favorite Patient*, p. 77.

Tudo estava aberto à crítica. Em diferentes momentos, Fenichel criticou o biologismo, o culturalismo, o sentimentalismo e o historicismo romântico. A segunda carta de Oslo data de abril de 1934 e circulou entre Erich Fromm, Frances Deri, George Gerö, Edith Glück (Gyömröi), Nic Hoel, Edith Jacobson, Käthe Misch-Frankl, Wilhelm Reich, Annie Reich, Vera Schmidt e Barbara Schneider-Lantos. Outros membros externos ao círculo, que recebiam cartas ocasionais e menos urgentes, eram Alice Bálint, Michael Bálint, Therese Benedek, Martin Grotjahn, René Spitz, Abram Kardiner, Angel Garma, e Sándor Radó.

O estilo de escrita franco de Otto Fenichel, que detestava a hipocrisia de preservar algum tipo de versão conveniente, asséptica, da psicanálise quando a sua própria existência estava sob ataque, apenas evidenciava sua paixão política. À semelhança de Reich e Simmel, ele acreditava no serviço sociológico ou no serviço social, para o qual o uso correto da psicanálise estava em suas realizações práticas, em dar às pessoas comuns acesso ao privilégio do *insight*. Ao longo do discurso das *Rundbriefe*, um subtexto dialético tem como objetivo mostrar que ser fiel a uma sociologia totalmente marxista é pré-condição para a prática da psicanálise a partir de um ponto de vista freudiano igualmente impecável. Os breves comentários, anedotas e polêmicas dos contribuintes contavam a história de um grupo que travava essa batalha teórica ao mesmo tempo que lutava em várias frentes, dentro e fora dos confins do mundo psicanalítico. Nas *Rundbriefe*, os analistas procuravam manter sua missão política original enquanto sua própria associação profissional (a IPA), sob a política de apaziguamento de Ernest Jones, estava aparentemente fazendo concessões às mesmas pessoas (os nazistas) que os condenara ao exílio. Para sobreviver como exilados em países acolhedores ou hostis, com poucas perspectivas de retorno a Berlim, mesmo aqueles já acostumados à condição de "forâneo" ansiavam pela proximidade pessoal dos amigos. De suma importância, portanto, os planos de Fenichel para reunir o grupo no verão de 1934 em Oslo desenvolveram-se rapidamente. Para motivar os analistas dispersos a participar dessa convenção, Fenichel descreveu o que estava acontecendo no seu antigo instituto em Berlim: a recém fundada Sociedade Médica Geral Alemã de Psicoterapia tinha dado a Carl Jung um papel proeminente na nova instituição.

O nome de Carl Jung havia feito soar alarmes para os analistas freudianos desde a ruptura oficial de Jung com a IPA pouco antes do início da Primeira Guerra Mundial. Questões de caráter e relacionamentos pessoais à parte, as diferentes cosmovisões de Freud e Jung evidenciaram-se como claramente opostas depois de 1918. Enquanto Freud estava elaborando sua plataforma social-democrata secular e explorando as transformações inconscientes da sexualidade humana, seu velho amigo e amargo rival forjava um sistema espiritualmente vinculado de arquétipos psicológicos. A dessexualização da motivação e do comportamento humanos sempre enfurecera Freud – havia causado sua ruptura com Adler e Stekel – que havia construído a psicanálise precisamente para reparar o dano individual causado pela repressão social de uma sexualidade inaceitável. Freud também há muito suspeitava do antissemitismo de Jung. E, de fato, em fevereiro de 1933, Jung aceitou o convite de Heinrich Mathias Göring para participar da direção da Allgemeine Ärztliche Gesellschaft für Psychotherapie, a nova sociedade de psiquiatras e psicoterapeutas que trabalhavam fora da sede da antiga policlínica na Wichmanstrasse. Göring havia deixado bem clara a missão da sua clínica. Em seu discurso de encerramento no Congresso Médico Geral de Psicoterapia, ele exortou o público a respeitar o *Mein Kampf* de Hitler e, nessa capacidade oficial, se referiu a Carl Jung como intérprete do ideal hitleriano.

Nós, médicos nacional-socialistas, acadêmicos nacional-socialistas, defendemos nossa ideia, o amor do nosso povo [...] Assumo que todos os membros da Sociedade têm se ocupado desse trabalhado por meio desse livro e com toda a seriedade científica e o reconhecem como a base de seu pensamento. Peço a todos vocês que estudem em detalhe o livro e os discursos de Adolf Hitler. Quem quer que leia o livro e os discursos do *Führer* e estude sua natureza essencial, observará que ele tem algo de que a maioria de nós carece: Jung chama isso de intuição. *Heil* Hitler![3]

De repente, as discussões ideológicas entre os membros do círculo interno, em especial Fenichel e Reich, pareciam menos importantes. Citando a famosa frase de Lênin, "O que deve ser feito?" (lema também adotado por Simmel), Edith Glück sugeriu forjar um compromisso entre o desejo de Fenichel de causar uma

3 M.H. Göring, Concluding Speech, em K. Brecht at al., *Here Life Goes on in a Most Peculiar Way*, p. 148.

mudança organizacional dentro da IPA e a insistência de Reich em produzir uma plataforma teórica inteiramente nova. O grupo das *Rundbriefe* concordou em permanecer unido, tolerar as atitudes cada vez mais reacionárias de seus colegas, e argumentar em favor da tolerância e de reformas constitucionais no próximo XVIII Congresso da IPA em Lucerna. Eles acatariam a "ideologia liberal-burguesa" da IPA, embora considerassem que a organização era antidemocrática e esperassem mobilizá-la em direção a uma ação política antifascista mais comprometida. "Todas as razões que Ferenczi apresentou originalmente para fundar a IPA ainda existem hoje, parece-nos, de forma concentrada", escreveu Fenichel, para tranquilizar seus amigos.

Embora a psicanálise permeie completamente a esfera pública, na teoria psiquiátrica e educativa, isso não significa, inevitavelmente, como Freud enfatizava, o triunfo da psicanálise. Se [a psicanálise] deve abandonar constantemente sua autonomia, mudar sua linguagem e moderar-se sempre de novo, a fim de receber aprovação universal, isso apenas fará com que a sentença de morte seja mais incisiva.[4]

Assim encorajado, o grupo das *Rundbriefe* chegou às reuniões de Lucerna apenas para confrontar, para sua consternação, o comportamento de seus colegas no tocante ao triunfo nazista em 1933. Aqueles que ainda podiam permanecer na Áustria e na Alemanha (24 dos 36 analistas de Berlim tinham fugido), assim como os americanos, haviam começado a refazer a teoria freudiana e convertê-la em um suave dogma contrarrevolucionário. De acordo com Anna Freud, mesmo para Teresa Benedek e os poucos outros que permaneceram em Berlim, "'seu 'paraíso' no último ano não lhes parecia tão ideal quanto Boehm o descreve-ra"[5]. A seu ver, o papel de Ernest Jones como presidente da IPA era demasiado ambíguo, dada a sua insistência em conseguir um acordo com os nazistas, por um lado e, ao mesmo tempo, seus imensos esforços para resgatar fisicamente os analistas do controle nazista em Berlim. Em última análise, a alegação de Reich, de que a IPA estava reprimindo de forma ativa a dissidência, comprovou--se verdadeira: segundo um plano que Anna Freud e Jones haviam

4   M. Grotjahn, op. cit., p. 77.
5   Carta de Anna Freud a Jones (n.d.), 1934, documento n. CFA/F02/59, arquivos da Sociedade Psicanalítica Britânica.

incubado por um ano, Reich foi expulso da IPA em agosto, bem no final do XIII Congresso Psicanalítico Internacional realizado em Lucerna. Constatou-se que a estratégia de Jones para salvar seus colegas expulsos da Sociedade de Berlim mascarava sua continuada convivência com Boehm e Müller-Braunschweig. Porém, ao contrário de Jones e de muitos dos seus colegas da IPA, Reich nunca pôde deixar de questionar, nem manter distância entre si e os psicanalistas mais conservadores ou mais marxistas. Anna Freud culpava a insistência de Reich em atribuir um potencial socialista à teoria psicanalítica e de haver dado início, por sua própria conta, a um movimento e a um periódico, acima de sua lealdade ao pai ou ao Partido Comunista. Reich, por outro lado, protestava ter sido vitimizado por sua clara mobilização antinazista justamente quando Jones, Anna Freud e Freud estavam negociando para manter a atividade psicanalítica mais ou menos viável na Alemanha sob Hitler. Na verdade, Anna Freud era bastante habilidosa quando a natureza de seu trabalho tinha mais a ver com avaliação clínica do que com política crua. Talvez na avaliação mais perspicaz de Reich até hoje, Anna Freud descreveu sua personalidade a Jones nos seguintes termos:

Tenho uma longa e antiga experiência com Reich e sempre consegui me dar bem com ele, por um pouco mais de tempo que os outros, porque tentava tratá-lo bem em vez de ofendê-lo. Isso ajudava um pouco e poderia ter ajudado mais se ele fosse uma pessoa sã, o que ele não é [...] Em algum lugar existe um muro no seu interior, em que ele deixa de entender o ponto de vista da outra pessoa e foge para um mundo próprio [...] Sempre pensei que ele fosse honesto, como ele mesmo sabe, algo que a maioria dos outros não acredita a seu respeito. Mas, é claro, ele não é consistente ou lógico em suas ações, o que se poderia esperar de alguém honesto e são. Creio que ele tinha uma compreensão profunda da psicanálise e a esteja agora levando para lugares que não se harmonizam com outras concepções suas muito menos complicadas. Ele é uma pessoa infeliz [...] e temo que isso termine em doença. Mas como ele ainda faz parte do nosso mundo, tenho certeza de que a forma em que você lida com ele é a melhor possível. Ele está agora perto de Viena, nas montanhas, para visitar a esposa e os filhos.[6]

Quando Fenichel e Reich argumentaram que sua postura em relação à política, à sexualidade e à totalidade da teoria e da práxis

---

6   Carta de Anna Freud a Jones, de 01 jan. 1934, documento n. CFA/FO1/59, arquivos da Sociedade Psicanalítica Britânica.

estava mais próxima do Freud original, eles estavam corretos. A psicanálise só poderia atingir seu pleno potencial em uma sociedade socialista. Fenichel não era nem isolacionista nem sectário, pois simplesmente elaborava o pensamento social-democrata do pós-guerra de Freud. Em nível pessoal, no entanto, as desavenças entre Fenichel e Reich aumentaram e os dois homens, amigos e colegas de trabalho desde a Escola de Medicina em 1919, separaram-se no final de 1934. Reich, cansado das brigas, voltou-se para o seu trabalho em Oslo, enquanto Fenichel, que gostava de escrever, manteve seus ensaios para o periódico da Sex-Pol. Inclusive para um forâneo como Martin Grotjahn, as diferenças de Fenichel com Reich haviam se tornado óbvias. Anna Freud também percebeu isso. "Alguém me disse confidencialmente", escreveu ela a Jones, "que agora os problemas de Fenichel com Reich começaram."[7] Reich ainda se identificava com o comunismo, enquanto Fenichel atinha-se às suas raízes social-democratas da Viena Vermelha. Ademais, Reich, cujo trabalho era considerado um desvio tanto na psicanálise como no comunismo institucionais, tinha sido rejeitado por ambos os sistemas, ao passo que Fenichel abraçava afiliações organizacionais a quase qualquer custo. Desde a Escola de Medicina, Fenichel parecia ter empurrado seus amigos para muito longe, porém também mantinha sua lealdade. Em cartas, ensaios, documentos e discursos, ele continuava a argumentar que o marxismo deveria aceitar a psicanálise e que seu amigo Wilhelm Reich tinha entendido isso melhor que ninguém.

A desconfiança que nutre o materialista para com a psicologia [é] compreensível [mas] [...] não é justificada. O desconhecimento [por parte dos marxistas] dos detalhes das interações dinâmicas pode se converter em um grande impedimento para sua causa [...] Reich iluminou esses fatores[8] de forma apropriada[9].

Dissimulando o fato de que os nazistas haviam assumido o controle da instituição, os editores do *IJP* anunciaram que "de

---

7   Carta de Anna Freud a Jones, de 24 nov. 1934, documento n. CFA/FO2/17, arquivos da Sociedade Psicanalítica Britânica.
8   Disputas ideológicas, tais como a sobre a família e a da repressão social da sexualidade.
9   O. Fenichel, Psychoanalysis as the Nucleus of a Future Dialectic Materialistic Psychology, *American Imago*, v. 4, p. 298.

acordo com informações recebidas [a Sociedade de Berlim e a policlínica] retomaram o trabalho em janeiro de 1934. Cursos e palestras para profissionais da psicanálise e para professores estão sendo ministrados aproximadamente nas mesmas linhas de antes, mas o instituto tem novos regulamentos de admissão". Ao que tudo indica, foi Jones quem encontrou os eufemismos certos para mascarar os fatos, mas ele estava preocupado. "Você encontrou algum motivo para supor", perguntou ele a Eitingon, "que a Sociedade se desviará do nosso projeto na teoria ou na prática?"[10] É óbvio que Eitingon tinha motivos, caso contrário ainda estaria em Berlim. O fracasso de Jones em compreender o que ele chamou de "enigma" do porquê Eitingon "havia abandonado a Alemanha para sempre" não era novidade. Em todos os primeiros anos da psicanálise, Jones tentara colocar as necessidades do movimento à frente das suas e, em geral, tivera êxito, ainda que apenas por falta de imaginação. Sua dedicação, contudo, tinha sido dolorosamente recém posta à prova, e a resolução ao que parece súbita de tantos colegas (todos judeus) de protegerem a si mesmos em lugar da "causa" o enervava. Jones concluiu que Ernst Simmel tinha "caído nas mãos de gente de caráter duvidoso" ao elaborar planos para um instituto experimental e, sem dúvida politicamente ativista, em Los Angeles[11]. Em vez de admitir que a realocação em massa de colegas traumatizados poderia desestabilizar justificadamente suas instituições, Jones sugeriu que "a antiga Sociedade de Berlim transferisse suas intermináveis disputas pessoais para outros países"[12]. Felizmente Jones fez também outros anúncios públicos. "Um Instituto Psicanalítico e um Centro de Formação serão abertos em breve em Jerusalém, sob a direção do dr. Eitingon" e de alguns antigos associados de Berlim[13]. Na verdade, tanto Jones como Anna Freud estavam genuinamente satisfeitos que Eitingon tivesse pedido ao chanceler da Universidade Hebraica

---

10   Carta de Jones a Eitingon, 24 jan. 1934, documento n. CFA/FO2/10, arquivos da Sociedade Psicanalítica Britânica.

11   Carta de Jones a Anna Freud, de 07 mar. 1934, documento n. CFA/FO1/75, arquivos da Sociedade Psicanalítica Britânica.

12   Carta de Jones a Anna Freud, 02 jul. 1934, documento n. CFA/FO1/78, arquivos da Sociedade Psicanalítica Britânica.

13   R.H. Jokl, Fourth Quarter Report of the Vienna Psycho-Analytical Society, International Journal of Psychoanalysis, v. 15, p. 383-384.

de Jerusalém para organizar um "departamento de psicanálise"[14]. Em meio à destruição ao seu redor, uma nova atividade acadêmica seria "esplêndida".

Entrementes, o que havia restado da policlínica era agora dirigido com relutância por Martin Grotjahn, um dos membros do círculo externo das *Rundbriefe*, que estava terminando sua própria análise com Felix Boehm. Nos primeiros meses do ano, Grotjahn tratou um punhado de pacientes "órfãos", que permaneceram na clínica quando seus analistas fugiram do país. Embora ele tivesse inventado várias justificativas para esse trabalho, sentia-se tão ansioso que o convite de Magnus Hirschfeld, para sair da policlínica e dirigir o Instituto de Ciência Sexual trouxe um bem-vindo alívio. Um dia depois de Grotjahn começar no seu novo emprego, o edifício foi cercado, invadido e queimado pelas tropas de assalto nazistas. Desde 1919, o instituto de Hirschfeld abrigara quatro departamentos clínicos (psicoterapia, medicina sexual somática, sexologia forense e ginecologia e aconselhamento matrimonial), bem como uma biblioteca e os escritórios da Liga Mundial Para a Reforma Sexual e Comitê Científico Humanitário, a primeira organização homossexual. À semelhança da policlínica, esse instituto havia surgido no contexto do movimento de reforma progressista da República de Weimar e, depois de 1933, foi denunciado como imoral, judaico e social-democrata. Também como a policlínica, o instituto tinha sido fechado e reaberto como um edifício de escritórios nazistas três meses depois da tomada de poder de Hitler. No final do outono, à medida que prosseguia a indiligente investigação acerca da recente detenção de Edith Jacobson pela Gestapo, um ansioso cinismo começou a se manifestar em Grotjahn e em outros membros do grupo das *Rundbriefe*. No ano seguinte, Jacobson estaria na prisão. Muitos analistas foram ameaçados ou assediados, porém até então nenhum outro tinha sido levado sob custódia. O próprio Grotjahn conseguira se esquivar do governo por um tempo, simplesmente o ignorando: a papelada oficial em que se indagava sua pureza racial e afiliações políticas ficou em sua mesa, sem resposta, juntando poeira. Mas essa negativa em responder e sua boa sorte momentânea tinham que ser confrontadas, e quando sua esposa meio judia foi demitida do seu

---

14 Carta de Jones a Anna Freud, de 03 nov. 1933, documento n. CFA/FO1/50, arquivos da Sociedade Psicanalítica Britânica.

1934 ● A PSICANÁLISE [COMO] O GERME DA PSICOLOGIA DIALÉTICO-MATERIALISTA DO FUTURO

trabalho de médica, ele se deu conta de que chegara o momento da decisão. Também eles tiveram que escapar para sobreviver.

A Viena Vermelha caiu em 12 de fevereiro. Embora a tentativa de tomada de poder pelos nazistas tivesse fracassado, Engelbert Dollfuss foi assassinado e Kurt von Schuschnigg se tornou o novo chanceler da Áustria. Quinze anos de um regime de trabalhadores em um ambiente urbano haviam tentado demonstrar que uma nova estrutura social poderia sobreviver com base em serviços equitativos de habitação, emprego e bem-estar social. E de fato sobreviveu às forças de mercado, mas não às forças armadas. À medida que a desolação fascista se espalhava pela Europa, Alfred Adler e Wilhelm Reich, dois analistas raramente vinculados aos anais da psicanálise, emigraram para os Estados Unidos. No âmbito de uma política municipal socialista, ambos haviam militado pela aplicação prática da psicanálise, Adler na esfera pedagógica e Reich no contexto da higiene mental. De forma insólita, quando separadas dos movimentos operários da Viena Vermelha, suas teorias se tornaram marcadamente mais afastadas dos fatores sociais. As teorias educacionais de Adler foram defendidas nos Estados Unidos pela supervalorização americana do individualismo, enquanto a pesquisa bioenergética e as teorias de libertação sexual de Reich foram acolhidas por terapias contraculturais e radicais posteriores.

O Ambulatorium, entretanto, parecia ter grande poder de permanência, inclusive quando as perspectivas da Viena Vermelha eram absolutamente negras. Otto Isakower, um psiquiatra que havia trabalhado na clínica de Wagner-Jauregg com Paul Schilder e Heinz Hartmann durante o final dos anos de 1920, juntou-se a Hitschmann e foi nomeado diretor adjunto do ambulatório em 1934. Durante suas rondas psiquiátricas no hospital público, Isakower conheceu e contratou Betty Grünspan, uma dessas enfermeiras veteranas extraordinárias que trabalhara com vigor nas linhas de frente contra doenças como a sífilis e a tuberculose no hospital local, bem como contra a cólera e a febre maculosa na frente sérvia na Primeira Guerra Mundial. À semelhança de muitas de suas amigas entre as modernas Novas Mulheres vienenses, ela buscava constantemente novos desafios e decidiu se tornar médica e se especializar em cirurgia. Em meados da década de 1920, Grünspan seguiu Tandler na direção dos escritórios de saúde pública e fundou uma escola de educação continuada para enfermeiras graduadas. Além da docência, ela dirigia o setor de cirurgia e de cuidados posteriores no hospital Am Steinhof e, assim, observava habitualmente os processos mentais dos pacientes psiquiátricos. Não obstante sua formação, o sofrimento dos psicóticos é particularmente vívido para médicos que os observam atentamente, e Betty Grünspan resolveu estudar psicanálise para desenvolver tratamentos para a psicose. Ela participava dos seminários de formação no instituto na Pelikangasse, analisava adultos e crianças e, por uma dessas curiosas ironias do destino, perdeu o cargo de médica municipal, mas permaneceu como psicanalista no ambulatório: ocorria exatamente o oposto do anterior decreto do governo, segundo o qual "apenas médicos" eram aptos para o ambulatório. A combinação de habilidades e independência de Grünspan atraiu a atenção da pediatra americana e analista infantil Edith Jackson, que iria fundar, autorizar e financiar a creche Jackson[15]. Só uma mulher com a personalidade de Grünspan teria a força para assumir o cargo de assistente no ambulatório em 1937, o intrépido último ano da clínica antes da *Anschluss*.

---

15 C.V. da dra. Betty Grünspan, caixa 1, pasta 6, Edith Banfield Jackson Papers, Biblioteca Schlesinger, Radcliffe Center for Advanced Study, Universidade de Harvard.

1935

"Um Seminário de Crianças, por escrito, sobre a psicanálise marxista"

Como muitos dos nazistas em 1935, Felix Boehm não hesitava em trair os psicanalistas marginalizados e inclusive expô-los à morte se acreditasse que isso beneficiaria a arianizada policlínica. Como presidente da nova Sociedade Psicanalítica Alemã (DPG), ele informou Jones que os analistas judeus exilados haviam perdido seu *status* de membros da Sociedade e eram agora considerados "visitantes". Ele informou que, não obstante o envolvimento e as urgentes intervenções de Müller-Braunschweig na Liga de Combate Pela Cultura Alemã, nem sequer Teresa Benedek e alguns poucos outros que permaneciam em Berlim estavam a salvo. Jones não se deixou enganar. "Parece que a Sociedade alemã em breve será forçada a expulsar todos os seus membros judeus", escreveu ele a Brill, com um toque de ironia. "A situação dos judeus na Alemanha é muito pior do que qualquer dos relatos dos jornais admite."[1] Os arianos remanescentes tampouco estavam numa situação melhor: eles foram forçados a apagar "Berlim" do nome de seu instituto e mudar o nome da clínica de *Policlínica* para *Ambulatorium*. A mudança do nome indicaria que a clínica atual

---

1 Carta de Jones a Brill, de 13 nov. 1935, documento n. CBO/FO4/43, arquivos da Sociedade Psicanalítica Britânica.

era totalmente separada do governo[2]. Boehm, contudo, pediu descaradamente a todos os analistas, exilados e residentes, que enviassem felicitações por escrito pelo décimo quinto aniversário da sua organização. O grupo das *Rundbriefe*, ao ouvir isso, sentiu que Boehm estava tentando encurralá-los em um conluio tácito (ou absolvição), ao insinuar o lisonjeiro endosso de Freud no décimo aniversário da policlínica em 1930. Mesmo assim, Edith Gyömröi decidiu enviar uma resposta: "Por ocasião do décimo quinto aniversário, antigos membros pensam com carinho na antiga administração de livre pesquisa e auguram prosperidade ainda maior sob a antiga bandeira."[3] Gyömröi realmente tentava dizer que, mesmo em 1935, ela permanecia comprometida com o princípio enunciado por Freud em 1918 de livre tratamento e pesquisa, e que seus companheiros a apoiavam em sua luta contra a corrupção desse princípio. A menos que o governo alemão formalmente alterasse sua postura sobre a gestão da policlínica, ativistas que quisessem praticar psicanálise deveriam ficar longe dali. Seu amigo Fenichel entendeu isso, mas ele também acreditava que Gyömröi e os demais membros do grupo das *Rundbriefe* seriam menos vulneráveis caso se concentrassem em sua força, uma teoria psicológica e política unificada.

Otto Fenichel acabara de se mudar de Oslo para Praga e retomou sua produção das *Rundbriefe*. A cada três ou seis semanas ele oferecia aos seus leitores uma fumacenta reunião política virtual, por correspondência, com uma fantástica gama de novas oportunidades para criticar, comentar, analisar ou desaprovar as ideias dos colegas. Seu estilo meticuloso de coletar e configurar os dados em um documento legível tornou seu posterior compêndio da psicanálise clássica um dos mais amplamente adotados em todo o mundo. Até que as cartas fossem publicadas, elas remanesceram em cópias de carbono frouxamente apegadas, datilografadas e corrigidas à mão, de cantos dobrados e clipes de papel enferrujados. "Apesar de todos os obstáculos", escreveu ele, "essas *Rundbriefe* são necessárias para a união dos analistas de nossa orientação [...] um Seminário de Crianças, por escrito, sobre a psicanálise marxista."[4]

---

2   G. Cocks, *Psychotherapy in the Third Reich*, p. 117.
3   E. Györmöi, *Rundbriefe* n. 7, 1935, em R. Jacoby, *The Repression of Psychoanalysis*, p. 99.
4   O. Fenichel, *Rundbriefe* n. 11, 1935, em R. Jacoby, op. cit., p. 87.

Nesse sentido, ele dependia de colegas em toda a Europa, Estados Unidos e América Latina para manter aberto o fluxo de notícias, informações, teorias, relatórios de conferências, resenha de livros e comentários. Mas, ao contrário do Seminário de Crianças na policlínica, os membros do grupo das *Rundbriefe* tinham que concordar em manter sigilo. Fenichel lamentava o fato, porém sua crença no projeto e seu amor pelo pensamento psicanalítico nunca se esgotaram. Ele não via nenhuma contradição entre o marxismo e a psicanálise, e encorajava os colegas dispersos a aplicar a teoria política à prática clínica, caso a caso, e gratuitamente, se necessário. Ele insistia em que a tarefa dos analistas era oferecer ajuda direta aos indivíduos que sofriam mentalmente, não dar alento moral à burguesia. Isso não era nem caridade nem "terapia de massas", como Fenichel e Simmel haviam repetido ao longo dos anos para as comunidades analíticas e políticas, ambos interpretando mal o objetivo principal do grupo das *Rundbriefe*. Os marxistas careciam de um senso de realidade individual, ao passo que a maioria dos analistas não compreendia o significado da realidade social mais ampla, e Fenichel tentava corrigir ao mesmo tempo ambas as percepções errôneas.

A promessa do grupo das *Rundbriefe* de manter em andamento discussões de teoria e psicanálise políticas significava que a controvérsia continuaria a dominar as cartas circulares nos próximos anos. Havia controvérsias sobre Wilhelm Reich, sobre marxismo *versus* socialismo, sobre analistas freudianos *versus* neofreudianos, sobre vida interior *versus* vida exterior, sobre o impacto da cultura na psique, os pacientes, as sociedades e muito outros assuntos. Naquele momento, o debate entre colegas diminuía a dor do isolamento no exílio. Nacionalidades têm estruturas específicas de caráter? De Copenhagen, George Gerö imaginava que o inconsciente humano era "internacional", porém essa "forma de caráter" era única para cada país e se baseava em grande parte no superego. À medida que a criança se desenvolve em um adulto, essa forma de caráter (ou o "caráter nacional") torna-se mais forte, juntamente com a expansão do poder do superego, o lugar do inconsciente que preserva normas culturais. De acordo com esse argumento, a população de cada país também teria um caráter político primordial. Fenichel gostava da ideia básica, mas advertiu Gerö dos riscos intelectuais do reducionismo. Fenichel lembrava ao grupo que as condições históricas determinam o caráter nacional para todos os cidadãos, e o desenvolvimento histórico de um país avança em paralelo ao curso de uma neurose entre indivíduos e sua sociedade[5]. A maior parte dos psicanalistas refugiados lidava com sua rejeição propondo uma teoria explicativa, porém Fenichel, que amava o argumento mais do que a resolução, recusava-se a reduzir qualquer coisa a uma única explicação linear.

Pouco tempo depois que a teoria de Gerö aparecesse nas *Rundbriefe*, Michael Bálint enviou a Fenichel um manuscrito que reinterpretava os estádios da libido, com particular ênfase na educação e na cultura. Bálint, que assumira a direção da clínica de Budapeste com a morte de Ferenczi em 1933, tinha estado na Policlínica de Berlim na década de 1920, era membro do corpo docente clínico do Charité e conferencista no Instituto de Química Orgânica da Academia Real de Berlim. Escrevendo agora de Budapeste, Bálint refutava ostensivamente sua antiga negligência dos fatores sociais e seu gosto pelo biologismo, outro enfoque reducionista que Fenichel abominava. Apesar disso, Fenichel respondeu com uma crítica de quinze páginas, que revelava o tom ultrafreudiano por ele usado para criticar os analistas que ele chamava de "neofreudianos", aqueles que colocavam o impacto da cultura acima do instinto. Ele repreendeu a esposa de Bálint, Alice, por ceder ao culturalismo que tem um único propósito. Qualquer que fosse sua contribuição real à técnica, disse ele, a desconsideração dos Bálints a respeito da base instintual da vida psíquica ignorava a realidade. É claro que Fenichel terminou sua crítica com um amigável "Enviem-me uma anticrítica!"[6] Os amigos continuaram a trocar críticas cáusticas e suas rodadas de cartas circulavam com um fundo interminável de comentários intercalados com notícias da frente alemã.

Alguns meses depois que a Gestapo, em 24 de outubro, prendeu Edith Jacobson por alta traição, Jones expressou sua perplexidade à amiga Marie Bonaparte em Paris. "A situação na Alemanha é de um terror extraordinário, não menor nas fileiras do próprio partido nazista. Uma enorme quantidade de energia é consumida com espionagem e contraespionagem constantes."[7] Jacobson tinha sido

---

5 O. Fenichel e G. Gero, *Rundbriefe* n. 12, 1935, em R. Jacoby, op. cit., p. 102.
6 Ibidem, p. 103.
7 Carta de Jones a Marie Bonaparte, de 04 dez. 1935, documento n. G07/BC/FO2/01G, arquivos da Sociedade Psicanalítica Britânica.

1935 ● UM SEMINÁRIO DE CRIANÇAS, POR ESCRITO, SOBRE A PSICANÁLISE MARXISTA

presa em Berlim quando retornara de sua visita a Reich na Escandinávia, a fim de retomar seu trabalho de resistência com o grupo Novo Começo. Era um trabalho estimulante e sincero. Conforme lembrou Gerhard Bry, colega de Jacobson, o "Neu Beginnen era uma pequena organização política, um grupo socialista radical que se desenvolvera a partir de uma tradição predominantemente comunista, mas que de modo gradativo voltara-se na direção de convicções e políticas social-democratas"[8]. Na Alemanha e em outros lugares, a esquerda política havia se dividido em facções partidárias concorrentes. Por conseguinte, grande parte da colaboração ativista contra a principal ameaça nazista estava exaurida, e o pouco que restava depois de janeiro de 1933 desapareceu. No entanto, os planejadores do Neu Beginnen organizavam secretamente alguns dos mais importantes membros dos remanescentes desses grupos políticos. Eles se encontravam em minúsculos grupos privados, coletavam e distribuíam informações e contrabandeavam pessoas e dinheiro nas fronteiras. "Éramos jovens, otimistas e confiávamos totalmente que o futuro seria nosso", dizia Bry. Edith Jacobson (figura 36) foi aparentemente a única psicanalista entre os novos exilados que se arriscou a voltar para a Alemanha, não obstante a ordem explícita da DPG, que proibia analistas de tratar pacientes que se opunham aos nazistas. Os acusadores alegaram que, com o codinome "John", ela havia aberto sua casa para reuniões políticas, contribuído com cinco marcos mensais para roupa e alimento dos presos políticos, e inclusive tratado membros do Miles-Gruppe no seu consultório psicanalítico. Segundo rumores, o fato de Jacobson haver tratado uma jovem comunista, posteriormente assassinada pela Gestapo, enfureceu em particular a polícia, que ansiava por informações confidenciais de sua análise. "Eles primeiro prenderam alguns de seus pacientes e assassinaram um deles", escreveu Jones a Brill, "e temíamos que ela fosse torturada para dela extrair informações."[9] Jones ficou tão abalado que resolveu visitar Berlim imediatamente, mesmo que o governo parecesse contente, no momento, em deixar Jacobson na prisão sem julgamento. Mas ele também foi cuidadoso. "Seria

8   G. Bry, *Resistance: Recollections from the Nazi Years, 1930-1948*, arquivos do Instituto Leo Baeck, Memoir Collection, p. 5-8.

9   Carta de Brill a Jones, de 13 nov. 1935, documento n. CBO/FO4/43, arquivos da Sociedade Psicanalítica Britânica.

FIG. 36. *Edith Jacobson (Coleções Especiais, A.A. Brill Library, Sociedade e Instituto Psicanalíticos de Nova York).*

evidentemente errado tentar usar qualquer influência em um caso ainda indeterminado", advertiu Anna Freud, "nas mãos das autoridades judiciais competentes."[10] A decisão de contratar um advogado nazista para Edith foi estranha, se bem que aparentemente deliberada: usar a paranoia nazista contra si mesma. Jones e Fenichel (que raramente concordavam sobre qualquer coisa) calcularam que, se ela fosse libertada cedo demais da prisão local, a Gestapo iria colocá-la em *Schutzhaft* (prisão preventiva) e enviá-la para um campo de concentração ou *Schulungslager* (campo de reeducação)[11], o notório termo eufemístico adotado por Felix Boehm. Jones então reinterpretou o relato em consideração a Brill. Ele suspeitava que o advogado de Jacobson estivesse "do outro lado, organizando tudo para mantê-la dentro mais tempo do que o necessário, de modo a aumentar os seus honorários já exorbitantes"[12].

Na mesma semana em que Ernest Jones retornou a Londres, Felix Boehm escreveu às pressas um telegrama estranho e urgente, alertando-o a interromper a campanha de arrecadação de fundos destinados para ajudar Edith Jacobson a sair da prisão. Embora seu advogado sugerisse que a pressão estrangeira poderia acelerar sua libertação, Boehm se opunha a qualquer gesto que conectasse publicamente a DPG ao caso dela. Ele temia particularmente irritar seus amigos no governo com a notícia de que Jacobson tinha hospedado reuniões da resistência antinazista em sua casa enquanto trabalhava como analista na policlínica. Seria ela realmente uma

10 Carta de Jones a Anna Freud, de 02 dez. 1935, em K. Brecht et al., *Here Life Goes in a Most Peculiar Way*, p. 130.
11 Tecnicamente, havia uma distinção retrospectiva entre campos de extermínio (Auschwitz) e de reeducação (Buchenwald).
12 Carta de Jones a Brill, de 24 dez. 1935, documento n. CBO/FO4/49, arquivos da Sociedade Psicanalítica Britânica.

ameaça à psicanálise? No pequeno círculo de representantes-chave da psicanálise em 1935, era possível não só que Felix Boehm assim pensasse na Berlim nazista, mas também que Anna Freud concordasse com ele. "Edith tinha sido muito imprudente e colocado o movimento analítico em perigo", disse Anna ao seu colega escandinavo Nic Hoel. "Como deveria Boehm dirigir-se ao ministro da Cultura e conversar com ele a respeito da conformidade da análise às intenções alemãs?"[13] Anna Freud, ingenuamente impressionada pelo que aprendera sobre Felix Boehm, culpava Edith Jacobson por sua própria prisão. O profundo medo internalizado de Anna com relação ao antissemitismo a cegara: ela não reconhecia que os nazistas haviam confiscado de modo inapropriado a psicanálise, e responsabilizava Jacobson pelo veredito. Talvez mais pontualmente, Anna Freud tomava naquele momento o partido de Boehm e do regime policial contra o ativismo político, o cerne histórico do movimento psicanalítico. Enquanto isso, Ernest Jones, tão dedicado à causa psicanalítica como Anna Freud, estava bastante à vontade com as contradições políticas e apreciava, acima de tudo, competir pela atenção dentro da subcultura peculiar dos próprios guardiões de Freud. "Atualmente estou vendo o que pode ser feito no sentido de apelar ao governo alemão por um *Gnadenact* [perdão]", escreveu Jones a Eitingon depois de tentar contatar o representante pessoal de Hitler em Londres. "Não posso dizer que considero as perspectivas muito otimistas [...] Edith Jacobson foi condenada a dois anos e um quarto de *Zuchthaus* [penitenciária], dos quais seis meses foram deduzidos por conta de sua prisão anterior."[14] O caso foi adiado por mais um ano, porém a enxurrada de visitas e a correspondência interna sobre a história de Jacobson aponta para o dilema da IPA no final de 1935. Eles estavam presos na alternativa de condenar os analistas alemães por colaborarem com os nazistas ou denunciar os analistas por participarem de uma resistência política ativa. Os nazistas venceram.

---

13 Carta de Hoel a Jones, de 04 jan. 1935, em K. Brecht et al., op. cit., p. 129.
14 Carta de Jones a Eitingon, de 02 out. 1935, documento n. CBO/FO2/59, arquivos da Sociedade Psicanalítica Britânica.

1936

"Psicanálise social"

As dependências da policlínica na Wichmannstrasse, 10 foram tomadas pelo Instituto Alemão de Pesquisa Psicológica e Psicoterapia em 15 de outubro de 1936. Dirigido por Matthias Heinrich Göring, que contava com a proteção do *Reichsmarschall* Hermann Göring e com assistência de Carl C. Jung, o recém-configurado Instituto Göring foi o centro do regime nazista para a formação e o tratamento de psicoterapia "racializados" pelo menos até o final da Segunda Guerra Mundial. Por meio de um conjunto de manobras complexas e amiúde eticamente comprometidas, Felix Boehm e Carl Müller-Braunschweig conseguiram manter a afiliação de sua Sociedade à IPA. Boehm e Müller-Braunschweig sentiam, ao que parece, que podiam contar com o apoio de Anna Freud e de Ernest Jones, presidente da IPA, para aquiescer aos desejos de Matthias Göring, de limpar a Sociedade de Berlim e a DPG de todos os seus membros judeus.

Jones acreditava que o dever organizacional exigia dele um acordo com Matthias Göring a fim de manter a DPG, agora absorvida pelo Instituto Alemão de Pesquisa Psicológica e Psicoterapia, como uma Sociedade integrante da IPA. "Pessoalmente, estou favoravelmente inclinado à possibilidade de que a Sociedade alemã permaneça conosco", escreveu ele a Anna Freud, com a ressalva formal de que talvez "não seja possível um acordo entre ambas as partes."[1] Quando Jones se encontrou com Müller-Braunschweig, Boehm e Göring, este último lhe assegurou que a psicanálise manteria sua independência dentro do novo instituto. Em troca, Jones concordou em possibilitar a realocação de todos os membros judeus que haviam "voluntariamente se demitido" da Sociedade de Berlim. Jones colaborou, manteve sua amizade com Müller-Brauschweig e assistiu à destruição da policlínica, que deixou de ser uma instituição progressista comprometida com a intervenção social para se converter em um repreensível centro de atividade nazista. Durante toda a administração de Göring e após a Segunda Guerra Mundial, Jones e Anna Freud insistiram que estavam simplesmente preservando a psicanálise a qualquer custo.

À primeira vista, o Instituto Göring ainda parecia uma clínica convencional de saúde mental para pacientes externos. As dependências eram as da antiga policlínica. Uma equipe de 52 psicoterapeutas atendia pacientes, supervisionava estudantes, prestava consultas às escolas públicas e definia sua missão como uma instituição para os indigentes (*Anstalt für mittellose Volksgenossen*, literalmente uma "Fundação Para Camaradas de Raça Desprovidos de Recursos"). Alguns pacientes foram transferidos da antiga policlínica, e os médicos do Charité encaminhavam outras pessoas para o tratamento da psicose, do alcoolismo, da depressão e de toda a gama de transtornos mentais. A afiliação do instituto ao Ministério do Interior e ao *Reichsärzteführer* (diretor do conselho médico do Estado) dava-lhes proteção federal. Entretanto, nem Boehm nem Herbert Linden, o psiquiatra nomeado como diretor administrativo do Instituto Göring, acreditava que o antigo enfoque psicanalítico da policlínica pudesse (ou mesmo devesse) ser coordenado com a nova psicoterapia alemã. Esta consistia de um conjunto difuso, porém indicativo, de padrões – a maioria dos quais abertamente propagandistas – que refletiam o objetivo fascista de fortalecer a crença de seus pacientes nos valores principais, na vida e na grandeza do povo alemão. "Müller-Braunschweig combinava uma filosofia da psicanálise com uma concepção quase teológica da ideologia nacional-socialista", escreveu Jones, que havia recentemente encontrado os novos líderes

---

1 Carta de Jones a Anna Freud, de 11 jul. 1936, documento n. CFA/FO2/77, arquivos da Sociedade Psicanalítica Britânica.

1936 • PSICANÁLISE SOCIAL

em Berlim, a Anna Freud[2]. Em última análise, a Seelenheilkunde colocava os pacientes com doenças mentais em risco de eutanásia se o tratamento falhasse. Os princípios duplos de "cura e extermínio" seriam codificados por Von Hattinberg (com base nas linhas gerais de Carl Jung) e implementados por Herbert Linden em 1938[3].

Uma vez que Göring e Boehm haviam garantido o direito de administrar o instituto como bem quisessem, decidiram dar suporte às suas decisões mantendo um registro estatístico semelhante ao de Eitingon. Os antigos formulários do sistema de registros da policlínica provavelmente ainda estavam arquivados na gaveta de uma das mesas (o Instituto Göring tinha se apropriado de todos os móveis de Ernst Freud), mas Boehm, que gostava de produzir estatísticas regulares e relatórios médicos, inadvertidamente retratou uma espécie muito nova de clínica. Em contraste com o foco anterior da policlínica nas classes baixas e pobres, quase 80% dos pacientes do Instituto Göring eram da classe média, 10% da classe trabalhadora e os 10% restantes da classe alta[4]. A nova maioria demográfica representava exatamente o tipo de paciente que é rotulado de clássico consumidor burguês da psicanálise, raramente visto na década de 1920, porém ainda comumente associado à prática freudiana. O tratamento gratuito foi abandonado. Todos os pacientes pagavam por sua análise, e o instituto compensava os terapeutas se os honorários fossem inferiores a seis marcos por hora. Pelo menos para metade dos casos era prescrito um tipo específico de tratamento focado de curto prazo (*Fokaltherapie*), planejado por sua eficiente eliminação da neurose e a melhoria da saúde pública. O tratamento concentrado também garantia que os clínicos não estariam desperdiçando seu tempo com adultos considerados incuráveis ou "crianças emocionalmente dilaceradas pelas demandas do Estado para que delatassem seus pais" ou qualquer pessoa definida pelos nazistas como "hereditariamente danificada"[5]. Como Göring havia explicado um ano antes,

2   Carta de Jones a Anna Freud, de 12 fev. 1935, em K. Brecht et al., *Here Life Goen On in a Most Peculiar Way*, p. 131.
3   K. Brecht et al., op. cit., p. 156, 162.
4   G. Cocks, *Psychotherapy in the Third Reich*, p. 181.
5   Ibidem, p. 184.

360 DESFECHO: 1933-1938

Sabemos que ainda há membros do partido – e colegas – que negam a necessidade da psicoterapia, que afirmam que a hereditariedade é a única coisa que importa e que a educação é desnecessária. Como o Führer, reivindicamos que o caráter pode ser desenvolvido e, por isso, a psicoterapia é da maior importância. Pois a psicoterapia, como Jung tem enfatizado repetidas vezes, não consiste só em curar as pessoas, mas em tornar adequadas as pessoas que carecem de uma atitude correta em relação à vida.[6]

As sinistras descrições de Wilhelm Reich sobre os perigos e o curso histórico do fascismo tinham sido muito precisas. Reich fora considerado um alarmista, um fanático político, obcecado pelo sexo e paranoico, mas seu trabalho da Sex-Pol era curiosamente otimista. Ele postulava que o âmago humano, embora biológico, é social, sexual e sensível de forma inata. Os regimes políticos autoritários, que replicavam a estrutura familiar patriarcal e o impulso de acumular dinheiro e *status*, reprimiam a verdadeira bondade do ser humano e criavam neuroses individuais e sociais. Em uma estranha repetição da história, Wilhelm Reich, que emigrou aos Estados Unidos para escapar da perseguição nazista em 1935, veria seu trabalho queimado e proibido pelo governo americano e morreria na prisão em 1957. No entanto, nos anos em que lecionava na Nova Escola de Pesquisa Social, em Nova York, e em sua própria escola e laboratório no Maine, Reich exerceu um profundo efeito sobre os médicos americanos. Os terapeutas da década de 1960 e início dos anos de 1970 viam Reich como um importante profissional de saúde mental e proponente de reformas, conhecido por seu interesse compassivo pelos problemas da juventude. Em todo momento, Reich defendeu Freud como um revolucionário que transformou a cultura burguesa. Ele acreditava que Freud estava tão consciente dos fatores culturais e ambientais no desenvolvimento humano como Harry Stack Sullivan e Karen Horney. Seus antigos seguidores das *Rundbriefe* teriam concordado.

O grupo das *Rundbriefe* se reuniu pessoalmente pela última vez, sem a presença de Reich, no xiv Congresso da ipa realizado em Marienbad, Checoslováquia, em 1936. A comunicação por correio tornara-se mais difícil à medida que a censura invadia a Europa, ainda que a necessidade dos exilados de permanecer em contato se tornasse mais aguda. Sua colega Edith Jacobson recém

6   Ibidem, p. 116.

FIG. 37. *Otto Fenichel, 1934 (foto de Eduard Bibring; arquivos da Sociedade e Instituto Psicanalíticos de Boston).*

fora presa e planos tinham que ser feitos para conseguir a sua libertação. Em Marienbad, os amigos decidiram continuar a produzir as cartas circulares, apesar do que Fenichel chamou de "diferenças profundas de opinião no campo do marxismo econômico", especificamente, manter o intercâmbio de informações sobre eventos e publicações psicanalíticos[7]. Inevitavelmente, porém, ninguém era um escritor tão diligente como Fenichel (figura 37), que se recusava a se submeter, como escritor ou ativista, à complacência. Ele seguiu sendo o coração das *Rundbriefe* que, até 1945, foram a crônica excepcional da luta de um marxista para relatar a história, aceitar suas contradições e combater tanto pela "correta aplicação da psicanálise à sociologia" quanto pela "própria existência da psicanálise freudiana"[8].

Erich Fromm, membro do círculo externo das *Rundbriefe*, havia se estabelecido em Nova York. Em 1929, quando Fromm se incorporou à Escola de Frankfurt e começou a praticar a análise em sua clínica gratuita, uma reunião em Nova York pode ter parecido uma viagem interessante, se bem que extravagante, à terra do capitalismo florescente. Desde então, a explosão da violência nazista, juntamente com a crescente influência dos intelectuais americanos interessados na Teoria Crítica, faziam com que essa perspectiva fosse séria e auspiciosa. Em 1934, quando Nicholas Murray Butler fez um convite para acolher Horkheimer, Marcuse e seu instituto na Universidade de Columbia, em um prédio próprio (429 West 117 Street), a possibilidade era irresistível. Os refugiados da Escola de Frankfurt chegaram a Nova York no decorrer do ano e consideraram a tarefa de voltar a se estabelecer menos preocupante do que muitos dos seus colegas expatriados, em parte devido à

---

7 Apud E. Mühlleitner; J. Reichmayr, Otto Fenichel: Historian of the Psychoanalytic Movement, *Psychohistory Review*, v. 26, n. 2, p. 166.
8 Ibidem, p. 171.

362 DESFECHO: 1933-1938

sua relativa independência financeira e em parte porque haviam escolhido trabalhar sobre diversos temas relevantes e desafiadores. Quando seus colegas chegaram a Nova York, Fromm já havia se separado do grupo, tendo vindo dois anos antes para ministrar palestras com Franz Alexander no Instituto de Psicanálise de Chicago. Mesmo no exílio, a relação de Fromm com a psicanálise era tensa, pois se inseria em algum lugar entre os "neofreudianos" culturalistas e os analistas puristas do *establishment* novayorkino. Seu controverso amigo das *Rundbriefe*, Otto Fenichel, ocupava um lugar único na vanguarda desse conflito. Depois que Fromm publicou um artigo sobre as bases sociais da psicanálise, Fenichel procurou renovar sua "conexão interrompida" e conectar todos os defensores da "psicanálise social"[9]. Em certo momento, nas *Rundbriefe*, ele atacou o elogio que Fromm fizera a Ferenczi, ao descrevê-lo como um "artista revolucionário que superou o liberalismo"[10]. O liberalismo representava precisamente a falha dos neofreudianos, que, segundo Fenichel, acreditavam em uma reforma social sem profundidade (não marxista) e na natureza biológica da vida psíquica. A psicanálise social, contudo, postulava que esses dois elementos separados (cultura e instinto) existiam dialeticamente e podiam ser fundidos apenas na prática, como ocorrera nas clínicas gratuitas. Fenichel acreditava que mesmo Wilhelm Reich estava equivocado, ao passo que Freud entendia isso em princípio e estava de acordo. Para os leitores atuais, as *Rundbriefe* podem ser uma história da psicanálise, da política e de novas publicações. Mas para aqueles que as escreveram, dia após dia, as cartas eram lembretes vibrantes de discussões noturnas nas salas enfumaçadas do seu velho café. Alguns ainda mantiveram o pagamento de suas taxas de afiliação à Sociedade de Berlim.

Embora os exilados suportassem a maior parte das notícias da Alemanha com estoicismo, ficaram chocados ao ouvir que todos os judeus haviam sido expulsos da policlínica. Fromm escreveu a Müller-Braunschweig: "Que você tenha feito isso sem mesmo me dizer (à parte a justificativa desse passo, sobre o qual não quero falar aqui), parece-me tão incrível que primeiro lhe peço

---

9 O. Fenichel, *Rundbriefe* n. 13, 1936, em R. Jacoby, *The Repression of Psychoanalysis*, p. 108.

10 Ibidem, p. 109.

que me esclareça se esse rumor corresponde aos fatos."[11] De fato correspondia. A partida em massa começara logo após tenebroso Ato Habilitante de Hitler e tinha acelerado ao longo dos últimos dois anos. O que estava em jogo na comunidade psicanalítica em 1936 e punha em relevo por meio da carta de Fromm para Müller-Braunschweig, era a natureza antissemita da visão de Jones, de que os membros judeus haviam se demitido "voluntariamente". Na verdade, os poucos analistas ainda em Berlim haviam decidido não dissolver sua Sociedade e não se demitir da IPA. Qualquer dessas atitudes, disseram eles a Jones, teria sido equivalente a admitir que tinham desconsiderado o protocolo nazista. Os membros judeus eram politicamente sofisticados e sua resposta final à exigência de Müller-Braunschweig de demissão imediata não está clara até hoje. Não se sabe ao certo se os membros judeus realmente concordaram ou não em se demitir ou se pediram demissão "voluntariamente" sob coação, ou se eles pediriam demissão mais tarde, embora houvessem dito que sairiam imediatamente ou ainda que tenham pedido a Jones que anunciasse que eles se demitiram sem que realmente o fizessem. De alguma forma a questão é discutível, uma vez que foram expulsos sob ameaça de morte e Jones, ambivalente como sempre, provavelmente indicou que alguma assistência para realocação estaria disponível. No entanto, foi também a Jones que Müller-Braunschweig se dirigiu depois de receber a carta perturbadora de Fromm. "A carta que anexo do dr. Fromm suscita uma dúvida, se você informou todo os membros judeus que vivem no exterior e pediu-lhes que se demitam", escreveu ele a Jones[12]. Müller-Braunschweig pensava que, mesmo se ilusória, a defesa de Jones dos membros judeus faria com que ele e Boehm parecem traidores aos olhos do Estado alemão. Mas, na realidade, Jones, que pouco pensava sobre política externa além de seus efeitos sobre a psicanálise, sempre havia colocado a "causa" à frente do bem-estar dos psicanalistas individuais". A experiência cumulativa da pequena, se bem que contínua, série de compromissos de Ernest Jones com as pessoas que assinavam suas cartas com "*Heil* Hitler!", acrescentando ambiguidade ao terror, deixou

---

11 Carta de Fromm a Müller-Braunschweig, de 11 mar. 1936, em K. Brecht et al., op. cit., p. 139.

12 Carta de Müller-Braunschweig a Fromm, de 22 mar. 1936, em K. Brecht et al., op. cit., p. 139.

uma marca indelével na história do movimento psicanalítico. Ele respondeu a Fromm, com uma medida característica de autoproteção: "Não é literalmente verdade que eles foram excluídos, mas [...] [os membros judeus] decidiram que seria no melhor interesse de todos que enviassem o seu pedido de demissão."[13]

Ernest Jones não era apenas mais astuto do ponto de vista político do que parecia à primeira vista. Ele era também um administrador bastante competente. Em 1936, Jones era o psicanalista do mais alto escalão na IPA, e sua afeição ao longo da vida pelo extremo conservador de todas as coisas freudianas parecia totalmente irreversível. Nos últimos dez anos, entretanto, desde 1926, ele havia demonstrado ser tão profundamente a favor do tratamento gratuito quanto Fenichel ou Reich. De todas as clínicas psicanalíticas gratuitas na Europa, a de Londres era a mais viável do ponto de vista econômico no momento. Jones sabia que seu orçamento era apertado, no entanto, propôs eleger Pryns Hopkins como membro associado. Quando ficou evidente que os novos programas educacionais e de tratamento não poderiam sobreviver sem ajuda financeira, Hopkins se destacou como o patrono para ajudá-los com generosidade. "Eu me lembro muito claramente", escreveu Donald Winnicott mais tarde a John Bowlby, "que é graças a Pryns Hopkins que temos uma clínica."[14] Fundador de duas escolas progressistas para meninos e de uma revista de esquerda, Hopkins havia publicado um panfleto intitulado "A Opinião é um Crime?" no final da Primeira Guerra Mundial. Sua associação com os anarquistas de Nova York o levara a fundar a Liga para a Anistia dos Prisioneiros Políticos com Margaret Sanger e Lincoln Steffens no início dos anos de 1920. Em janeiro de 1936, Pryns Hopkins tornou-se Doador Honorário da clínica, mais ou menos na tradição de Von Freund, Max Eitingon e Marie Bonaparte, embora ele não tivesse a intenção de "começar um tratamento terapêutico" como eles fizeram[15]. Em vez de investir diretamente na manutenção do edifício, Hopkins decidiu reforçar um programa de assistência para pacientes clínicos. Ele se preocupava com as "circunstâncias

13 Carta de Jones a Fromm, de 25 mar. 1936, em K. Brecht et al., op. cit., p. 138.
14 Carta de Winnicott a Bowlby, de 10 dez. 1927, documento n. GO3/BA/F09/84, arquivos da Sociedade Psicanalítica Britânica.
15 Atas da reunião de negócios de 15 jan. 1936, arquivos da Sociedade Psicanalítica Britânica.

1936 ● PSICANÁLISE SOCIAL

externas dos pacientes em tratamento", sabendo muito bem que a psicoterapia é um gesto vazio quando o paciente é tão pobre que não tem o que comer. Entrementes, Jones queria sobretudo criar um departamento infantil à parte para Melanie Klein, cuja ludoterapia requeria espaço e mobiliário especial. No entanto, a dra. Melita Schmideberg, a distanciada filha de Klein (também membro da Sociedade britânica), aproveitou a ocasião para criticar Jones e suscitar algumas das questões mais controversas devidas pela expansão da clínica. Em uma reunião do conselho, Schmideberg perguntou se a Sociedade estava preparada para lidar com um número maior de casos, retratar-se de sua exigência de análises completas, e deixar sem resolução a questão do diagnóstico – questões essas ocasionadas pela ampliação da capacidade da clínica. A disputa apenas obedecia à vontade de discutir e se intrometer, já que, como disse Jones, a equipe da clínica estava discutindo o tratamento de condições agudas naquele momento e logo desenvolveria critérios mais formais. Quanto à expansão, a clínica tinha ocupado quase todo o edifício da Gloucester Place, 36[16] nos últimos quatro anos, inclusive os dois andares superiores, antes alugados para fins de renda[17]. O número do pessoal, de estudantes e pacientes também aumentara consideravelmente. Hopkins estava convencido do mérito da clínica e apoiou este e outros fundos psicanalíticos em ambos os lados do Atlântico de modo intermitente, até 1956.

Enquanto a clínica de Londres parecia cheia de conflitos, mas na realidade florescia e a clínica de Berlim era a amarga antítese do seu ser original, o espírito do Ambulatorium de Viena em 1936 é mais difícil de descrever. Fenichel pensava que os analistas vienenses estavam simplesmente cegos diante do crescente antissemitismo da cidade e achava isso exasperante. Na seção de notícias das *Rundbriefe*, ele escreveu:

Embora tenham decorrido três anos desde que os livros de Freud foram queimados em Berlim, a Imprensa Psicanalítica Internacional deixou a

---

16 Os documentos da clínica de Viena foram ali enterrados pelo menos por vinte anos. Anna Freud procurou "pela casa toda, de cima a baixo agora [e finalmente encontrei [...] material relacionado ao Ambulatorium". Carta de Anna Freud a Jones, de 14 jul. 1953, documento n. cff/fo2/28, arquivos da Sociedade Psicanalítica Britânica.

17 E. Jones, The London Clinic of Psycho-Analysis Decennial Report, *Psychoanalytic Review*, v. 27, n. 1, p. 105.

DESFECHO: 1933-1938

maior parte do estoque de livros em Leipzig[18]. Agora, sob as ordens do regime, o estoque foi apreendido e destruído. A Imprensa [...] planeja apresentar uma queixa – nos tribunais alemães![19]

Menos céticos (ou mais em desacordo), os analistas vienenses optaram por ficar ao lado de Freud não obstante as notícias alarmantes da expulsão dos judeus de Berlim e a recente prisão de Edith Jacobson. Eles sentiam que qualquer outra postura significaria abandonar a fé na própria psicanálise. Alguns meses depois de sua decisão de permanecer em Viena, os analistas podiam se sentir justificados porque o Departamento de Saúde da cidade ofereceu-se para comemorar o octogésimo aniversário de Freud financiando um conjunto de amplos e novos escritórios para o ambulatório e o instituto. Anna Freud havia escrito a Jones no final de 1935: "Boas notícias. Realmente tomamos o apartamento na Berggasse 7[...] Ernst virá depois do Ano Novo para nos aconselhar sobre [...] nossas várias instituições e a mobília. Tudo terá de ser muito simples, mas estou muito feliz e a Sociedade também."[20]

As novas acomodações dos psicanalistas vienenses estavam localizadas apenas a uma quadra da casa e do consultório de Freud na Berggasse, 19. O Ambulatorium agora poderia se mudar da apertada sede que ainda compartilhava com o departamento de cardiologia do hospital; o instituto teria suas próprias salas de conferências e de reuniões; e a Verlag teria escritórios com mais espaço para guardar os livros e trazê-los de Leipzig a Viena. Em maio, Ernst havia remodelado as dependências da Berggasse, 7. As novas instalações, lembrava-se Richard Sterba, incluíam "uma bela sala de reuniões para [até] cinquenta pessoas [...], salas de tratamento, uma cozinha e uma biblioteca. As cortinas de cor bordô e as cadeiras estofadas eram bem proporcionadas e confortáveis"[21]. Tudo foi terminado a tempo para coincidir com o octogésimo aniversário de Freud. Quando Jones percebeu que a Berggasse, 7 era de fato uma realidade, pediu a todos os analistas

---

18 Martin Freud, na qualidade de diretor da Verlag, entabulou negociações muito complicadas com os ministros alemão e austríaco de Relações Exteriores e conseguiu recuperar aproximadamente metade dos livros proscritos. A Verlag subsistiu até 1941.

19 O. Fenichel, Rundbriefe n. 16, 1936, em R. Jacoby, op. cit., p. 100.

20 Carta de Anna Freud a Jones, de 28 dez. 1935, documento n. CFA/FO2/61, arquivos da Sociedade Psicanalítica Britânica.

21 R. Sterba, *Reminiscences of a Viennese Psychoanalyst*, p. 153.

da IPA que apoiassem o mesmo tipo de inauguração grandiosa de que tinham desfrutado no início dos anos de 1920. Como presidente da IPA e diretor da clínica londrina, Jones (que amava os rituais e achava a perspectiva de uma abertura irresistível) anunciou que iria inaugurar pessoalmente o novo edifício. Enquanto isso, Freud esperava que a inauguração no mês de maio antecipasse outras celebrações do seu octogésimo aniversário. "Estou *muito*[22] satisfeito em saber que você estará em Viena para a festa de inauguração da nossa nova casa", escreveu ele a Jones[23]. Em uma nota a Ludwig Binswanger, um analista e velho amigo que vivia na Suíça, Freud repetiu o mesmo sentimento. "A abertura da nossa nova casa para a Sociedade de Viena será o substituto mais digno das festividades. Consideramos as demais festividades com indiferença."[24] Quer tenha ele gostado ou não, a observância do aniversário de Freud e a festa de inauguração prosseguiram, como as celebrações de abertura de 1920 da policlínica. Karl Landauer veio de Frankfurt e o romancista Thomas Mann leu seu ensaio lírico sobre "Freud e o Futuro" para um público internacional na Sociedade Acadêmica de Psicologia Médica. Jones também foi a Viena a fim de participar da festa, mas antes de sua viagem enviou uma carta ambivalente e bem condescendente para Anna Freud: "É um sinal significativo de honorável pobreza que a Sociedade Psicanalítica de Viena, mãe de todos as outras, tenha sofrido, que tenha demorado mais de trinta anos para encontrar uma casa própria respeitável."[25] A debilidade física de Freud o impediu de participar da cerimônia de abertura ou mesmo de visitar as novas instalações até um mês depois, em 5 de junho. No passado, o objetivo de tal convocação era tanto aumentar a visibilidade pública da psicanálise quanto festejar o progresso do movimento. Freud, embora lisonjeado pela atenção do governo, era cauteloso. A Sociedade de Viena parecia ter sobrevivido, não só sem obstáculos, mas realmente revigorada pelo regime de Dollfuss. Embora Dollfuss fosse uma pessoa grosseira, o gesto

---

22 Itálico no original.

23 Carta de Freud a Jones, n. 645, de 03 mar. 1936, em R. Andrew Paskauskas (ed.), *The Complete Correspondence of Sigmund Freud and Ernest Jones*, 1908-1939, p. 751.

24 M. Mollnar (ed. e trad.), *The Diary of Sigmund Freud*, p. 202.

25 Carta de Jones a Anna Freud, de 03 abr. 1936, documento n. CFA/F02/70, arquivos da Sociedade Psicanalítica Britânica.

do governo significava que os Freud seriam protegidos? Freud, que não queria abandonar Viena, esperava manter um bom relacionamento com o novo governo; sua ausência na inauguração sugere uma delicada deferência aos funcionários.

A mudança do Ambulatorium para a Berggasse 7 colocaria a clínica em uma posição sólida para demonstrar ao público o valor e os benefícios da psicanálise. Freud sabia o que estava em jogo. Desde 1918, seu esforço deliberado para impulsionar a psicanálise no âmbito público produzira alguns dos serviços clínicos mais atraentes do século xx, libertando-a do isolamento estagnado da prática privada. No complemento à sua breve autobiografia de 1935, ele escreveu: "Com seus próprios fundos as Sociedades [psicanalíticas] locais apoiam [...] clínicas para pacientes externos, nas quais analistas experientes, bem como estudantes dão tratamento gratuito para pacientes de recursos limitados."[26] As clínicas variavam: algumas eram muito pequenas – em Zagreb, o grupo dificilmente constituía uma clínica – e outras eram grandes instituições, como a de Berlim. No entanto, conforme Imre Hermann assinalava de Budapeste para Anna Freud e Eduard Bibring, só um estudo sério da IPA (como Eitingon havia realizado para a policlínica) reuniria dados empíricos suficientes para trazer à tona o propósito socioeconômico mais amplo de apoiar as clínicas. Os membros do Comitê de Formação estavam de acordo e enviaram um questionário de seis páginas em papel timbrado próprio, pedindo a todos os diretores das Sociedades locais que se concentrassem na "Parte II acima de tudo", que era a seção intitulada *Bericht der Klinik Ambulatoriums* (Informe sobre os Ambulatórios Clínicos) em seus relatórios. A pesquisa de três partes revisava os formulários de Fenichel, mas apresentava um conjunto difuso de perguntas acerca do número de pacientes registrados, do sexo masculino e do feminino, suas idades (adultos ou crianças), o estado do seu tratamento e os diagnósticos gerais subdivididos por gênero. Ao que parece, todas as clínicas mantinham tais registros e diretores com ideias afins tabulavam seus dados com facilidade. Quaisquer questões relacionadas com honorários, renda ou quais pacientes faziam jus ao tratamento, não estavam incluídas nesses formulários. Uma vez que esse mesmo

---

26 S. Freud, Postcript to an Autobiographical Study, *SE*, v. 20, p. 73.

1936 ● PSICANÁLISE SOCIAL

questionário foi enviado a Göring, na qualidade de diretor do Instituto de Berlim, pergunta-se até que ponto os líderes veteranos da IPA baseavam-se nesses dados numéricos para evitar que a extensão de seus compromissos fosse revelada. Com muitos de seus colegas forçados ao exílio, os demais analistas queriam impedir qualquer investigação externa de suas clínicas. Um dos resultados era a simples crença inabalável de que o número de pacientes registrados na clínica era aquele tratado sem custo.

As características do Ambulatorium de Viena em seu último ano – acesso público, privacidade pessoal, *expertise* de tratamento – não haviam mudado desde o primeiro ano de seu funcionamento. Desde 1918, Freud associara-se solidamente a pessoas como Max Eitingon, Ernst Simmel e Sándor Ferenczi, que depositaram sua fé nas clínicas. Quando Joseph Wortis, então um jovem norte-americano cético, analisando de Freud, o questionou, este manteve a defesa constante e padronizada das clínicas.

"Uma conhecida minha", eu disse, "uma rica mulher americana, está agora no seu quinto ano de análise."

"Ela deve ser rica para arcar com isso [...] É uma questão de ética médica", disse Freud. "Abusos são possíveis na análise como em outros ramos da medicina."

"Exceto", eu disse, "pela arma especial da transferência positiva. Em qualquer caso, suscita toda a questão da importância do dinheiro para pacientes em análise."

"Agora que temos clínicas gratuitas e institutos psicanalíticos, a questão não é mais suscitada. Qualquer um pode agora ser analisado; talvez tenha que esperar um pouco, mas todo mundo pode desfrutar do privilégio. Além disso, cada analista se compromete a tratar dois pacientes gratuitamente. Considerando-se que um analista ativo pode, no máximo, tratar sete ou oito pacientes num momento qualquer, você deve entender que isso significa um considerável sacrifício."

Falei do lugar da psicanálise na medicina socializada, mas Freud não gostou da ideia.

"Não é adequado à supervisão estatal e não encontrou lugar nos sistemas de seguro social aqui; o sistema atual parece melhor, e não há motivo para se preocupar com isso." [27]

Exceto pelo cauteloso trecho acima, referente à prática socializada (agora extinta junto com a Viena Vermelha), esse havia sido,

27 J. Wortis, *Fragments of an Analysis with Freud*, p. 151.

FIG. 38. *Edith Jackson (à direita), com Michael Bálint e um colega, Paris, 1938* (foto de Eduard Bibring; arquivos da Sociedade e Instituto Psicanalíticos de Boston).

ao pé da letra, o discurso de Budapeste de 1918. Poucos haviam previsto exatamente a impressão que o discurso de Freud causaria ou como seu projeto se desdobraria. Edith Jackson (figura 38), ao que tudo indica a "rica mulher americana" que Freud mencionou a Wortis, era uma candidata no Instituto de Viena que entendia implicitamente que o discurso de Budapeste permanecera válido por quase duas décadas. Ao longo dos anos, ela visitara o Schloss Tegel, financiara amplamente a Verlag e, em Viena e mais tarde em Londres, custeara uma escola maternal experimental. À semelhança Freud, ela se orgulhava da extensa rede de serviços de Viena e da presença formal da psicanálise entre deles. Muitos anos depois, ela se recordaria que "as mães e os bebês ficavam mais próximos nas casas de saúde ali [na Áustria], onde as mães recebiam todos os cuidados, do que no nosso próprio país"[28]. Jackson tinha

28 Interview with Edith Jackson, pelo dr. Milton Senn, pasta AJ119 – Oral History. O original encontra-se na National Library of Medicine Oral History Collection.

1936 ● PSICANÁLISE SOCIAL

visto isso em primeira mão no ambulatório e também na creche experimental de Anna Freud e de Dorothy Burlingham para "os mais pobres dos pobres", um trabalho do qual se ocupariam mais tarde nas Creches de Guerra de Hampstead, em Londres[29]. Edith financiou a pequena escola na Rudolfplatz. Ela pagava o aluguel, comprava alimentos e móveis, e assumiu as despesas de muitos dos projetos de pesquisa sobre a primeira infância de Anna e Dorothy.

Em um contexto posterior Erik Erikson, contemporâneo de Edith Jackson na Viena da década de 1920 e, em seguida, na Nova Inglaterra de meados do século, elogiou sua "Unidade de Alojamento Conjunto" no Hospital Yale - New Haven. Ele também reconhecia o quão incomum ela era. Dizia que Jackson fora "capaz de satisfazer uma das maiores esperanças de Sigmund Freud, captar o que sabemos das conquistas na psicopatologia para a psicologia normal; tomar o que aprendemos das vidas dos doentes e aplicá-lo ao começo do que esperamos que seja uma vida saudável"[30]. Erikson havia sido um dos primeiros analistas a abandonar Viena em 1933 e emigrar com a família para Boston depois de alguns meses de dificuldades em Copenhague. Como Edith Jackson, Erikson foi alvo da desconfiança dos médicos americanos, que poderiam ter minado sua carreira, mas realmente nunca o fizeram. Quando ele se encontrou de novo com Edith, ficou impressionado por ela ter traduzido sua experiência de Viena para a prática cotidiana. Sua equipe do hospital se reunia diariamente das 17h00 às 18h30 para revisar e criticar as atividades do dia, exatamente como o seminário de Anna Freud e, o que é interessante, na mesma hora da análise diária de Jackson com Freud várias décadas antes. Nada similar ao conceito de alojamento conjunto havia sido discutido durante sua estada em Viena, seja entre os analistas seja no grupo de candidatos.

Da mesma forma, Karen Horney e Teresa Benedek procuraram aplicar no seu trabalho americano aspectos de sua experiência na clínica gratuita, porém achavam isso difícil. Horney retornou a Berlim por um breve período, a fim de ministrar uma palestra no novo Instituto Alemão. Entretanto, ela nunca ficou do lado de Felix Boehm, o mesmo Boehm que tinha assinado seu convite para

29 E. Laible, entrevista à autora.
30 M. Wessel; F. Blodgett, Edith B. Jackson and Yale Pediatrics, *Connecticut Medicine*, v. 26, p. 438.

a palestra com "*Heil* Hitler!", retornando rapidamente ao exílio[31]. De volta aos Estados Unidos, Horney logo se mudou de Chicago para Nova York e Benedek assumiu seu cargo de analista didata e da equipe. Obviamente incapaz de permanecer na Alemanha, Teresa Benedek havia pensado em se mudar para a África do Sul e, em seguida, para a China, porém estabeleceu-se em Chicago para substituir Horney e trabalhar com Franz Alexander, seu velho amigo da policlínica[32]. Benedek reconheceu com facilidade aspectos da clínica do instituto de Chicago que Alexander trouxera consigo de Berlim. "Os pacientes, devido a reveses econômicos, não podem continuar a arcar com os honorários que originalmente haviam começado a pagar", escreveu Bill Harrison ao administrador financeiro da Fundação Rockefeller, para responder a algumas perguntas a respeito das lacunas no rendimento estimado. Tal como haviam feito em Berlim, "os médicos, assim como o instituto, têm uma obrigação moral de completar o tratamento"[33].

31 Convite de 22 dez. 1937, em K. Brecht et al., op. cit., p. 159.
32 Carta de Jones a Anna Freud, de 19 set. 1933, documento n. CFA/FO1/40, arquivos da Sociedade Psicanalítica Britânica.
33 Carta de Harrison a Beale, de 04 abr. 1936, caixa 3, pasta 30, série 216A, RG 1.1., arquivos da Fundação Rockefeller.

1937

"Esses foram tempos traumáticos e pouco falamos sobre eles"

Uma nova creche foi a resposta de Edith Jackson para vários problemas. Primeiro, Jackson sabia que Anna Freud ansiava por um verdadeiro ambiente de pesquisa no qual testaria suas teorias sobre o desenvolvimento na primeira infância, e um cenário clínico no qual pudesse fazer observações de longo prazo de crianças de um a dois anos de idade seria o ideal. À medida que os nazistas se aproximavam de maneira cada vez mais opressiva dos Freud, com seu pai ainda se recusando a abandonar a pátria, a necessidade de Anna de um novo trabalho era premente. Segundo, Jackson era imensamente grata a Freud por sua própria análise e queria retribuir-lhe com um gesto além dos honorários habituais. A partir das reuniões do Seminário de Crianças das quais ela participara no ambulatório, Jackson sabia que Freud ainda apoiava a ideia das clínicas gratuitas. Mesmo com dependências mais amplas na Berggasse, 7, a clínica dos analistas ficara demasiado superlotada. E, terceiro, com os sociais-democratas fora do governo e a infraestrutura de bem-estar social da Viena Vermelha inutilizada, os poucos recursos ainda concedidos às pessoas pobres haviam sido retirados. Assim, parafraseando Alfred Adler em 1919, por que não começar uma nova clínica?

Edith Jackson decidiu que sua creche gratuita (*Krippe*) para crianças muito pequenas das famílias mais pobres de Viena abriria em breve. Anna Freud e Dorothy Burlingham procuravam um espaço de trabalho adequado para uma creche ou um pré-jardim de infância comunitário. Elas localizaram um jardim de infância montessoriano no primeiro distrito de Viena que, naquele momento, precisava de dinheiro e queria alugar algumas das suas salas. A pequena escola, metade da qual foi dada aos analistas, havia sido construída na ensolarada e agradável Rudolfsplatz. Anna dedicou-se, ao mesmo tempo, aos projetos dos protocolos de pesquisa e de redecoração, aplicando sua visão rural austríaca em tudo, das cadeiras pintadas de tamanho infantil às pequenas toalhas de mesa. Edith Jackson concordou em pagar o aluguel e reformar os móveis, bem como a cobrir os custos das taxas de licenciamento do governo, da manutenção e dos novos móveis e brinquedos. Essa atividade frenética, nascida tanto do desejo de ajudar outros quanto de negar o impacto do fascismo, permitiu que as portas da renovada "Jackson *Krippe*" se abrissem algumas semanas depois. Assim como a Escola Heitzing, a Rudolfsplatz era um programa completo, de dia inteiro, que integrava a educação com os cuidados pediátricos e psiquiátricos. E como nos primeiros dias da policlínica, pelo menos vinte jovens mães que residiam no segundo distrito, em famílias descritas por Dorothy como "desprovidas inclusive da caridade", levaram seus filhos à nova creche.

Na *Krippe*, as crianças de um a três anos eram alimentadas, banhadas, recebiam roupas limpas e eram entretidas. Elas passavam por exames médicos e odontológicos gratuitos e, em geral, eram bem atendidas durante os dias de trabalho dos pais[1]. A maioria das crianças tinha de um a seis anos de idade e o escopo do trabalho de seus pais, de lavadeiras a mendigos de rua, era diversificado e mal pago. Edith Jackson pediu a Josephine Stross, uma vibrante pediatra de formação analítica, que trabalhasse ali; ela era auxiliada por Julia Deming (outra americana) e algumas voluntárias locais, que supervisionavam as refeições, a soneca da tarde e as brincadeiras. Os analistas infantis observavam e tratavam no local a maior parte dos distúrbios de saúde mental que viam nas crianças em idade escolar. Enquanto isso, Anna e Dorothy montaram a peça central do programa, uma agenda de pesquisa tripla para coletar dados sobre os hábitos de treinamento relativos

---

1 M.J. Burlingham, *The Last Tiffany*, p. 228.

1937 • ESSES FORAM TEMPOS TRAUMÁTICOS E POUCO FALAMOS SOBRE ELES   375

à alimentação, ao sono e ao uso do vaso sanitário. Ao longo dos anos transcorridos desde que a Escola Heitzing tinha fechado, evidências acerca da vulnerabilidade das crianças diante de perigo ou abandono durante seus anos de formação haviam aumentado. Ao mesmo tempo, Anna e Dorothy estavam cada vez mais persuadidas de sua missão pessoal: aliviar o sofrimento na infância por meio da psicanálise. A análise infantil, no entanto, exigia um novo tipo de conhecimento profundo acerca do crescimento e do desenvolvimento humanos. Anna e Dorothy podiam ver de perto como a equipe de Stross tentava orientar as crianças, e estabeleceram uma linha do tempo para seus próprios experimentos tão logo Edith Jackson concordou em financiar suas pesquisas. Primeiro, exploraram seu conceito de uma autorregulação inata das crianças observando como se alimentavam os bebês de um a dois anos. Montaram "bufês de bebê" individuais (figura 39) sobre mesas de tamanho infantil e observavam as crianças engatinharem ao redor delas e selecionarem comida sem a interferência dos adultos. Como as crianças comiam! Muitos anos depois, a psicanalista vienense Eva Laible ria com carinho sobre o bufê e as histórias de Josephine Stross. "As crianças nunca tinham visto muitos dos alimentos do bufê. Primeiro comeram de tudo por três dias. Depois voltaram ao pão e manteiga."[2] No início, é claro, todas as crianças fartavam-se de chocolate, porém começaram a se alimentar segundo uma dieta balanceada com rapidez surpreendente. Se as crianças e suas famílias não tivessem sido realmente beneficiadas por este estudo – o que de fato ocorreu – poder-se-ia sugerir que se tratava de uma condescendência caritativa. Ao contrário, o projeto foi um sucesso em vários sentidos. Em 1937, o sistema municipal de bem-estar havia praticamente desaparecido, mas a *Krippe* ampliou o modelo de assistência direta da Viena Vermelha por mais um ano e, com a ajuda de Edith Jackson e Betty Grünspan, compensou a capacidade reduzida do ambulatório para tratar crianças[3]. Em 1938, quando Anna e Dorothy se mudaram para Londres sob pressão, o plano básico da *Krippe* serviu de anteprojeto eficiente para o desenvolvimento da famosas Creches

2   E. Laible, entrevista à autora.
3   C.V. da dra. Betty Grünspan, caixa 1, pasta 6, de Edith Banfield Jackson Papers, Biblioteca Schlesinger, Radcliffe Center for Advanced Study, Universidade de Harvard.

FIG. 39. O "bufê de bebês" na creche Jackson, Viena, 1937 (foto de Wili Hofer; Freud Museum, Londres).

de Guerra de Hamsptead. Apesar de as meticulosas anotações clínicas terem desaparecido na Anschluss, o projeto Rudolfsplatz prometia uma fórmula humana para analisar o desenvolvimento infantil. Ao observar como as crianças de famílias muito pobres determinam suas necessidades pessoais de sono e comida de forma independente, os analistas começaram a articular os conceitos de "tempo da criança" e de resiliência que permeiam os serviços de bem-estar infantil atuais. A *Krippe* ficou aberta até os últimos dias de Anna Freud em Viena e logo foi reconstruída em Londres, com a mobília para bebês original e completa[4].

Enquanto isso, na Alemanha, o diretor da Sociedade Médica Alemã de Psicoterapia havia dado início a conversações com Carl Jung como parte de um plano ambicioso para desenvolver uma forma de psicoterapia mesclada com uma crença mística no poder curativo da nação fascista. Jung desprezava não só o próprio Freud como também tudo o que seu trabalho representava. Desde o início, Jung havia assessorado o Instituto Göring em Berlim para oferecer duas linhas de psicoterapia simultaneamente. Uma era uma versão arianizada, ou não judaica, não freudiana, da

---

[4] Esse programa estelar de pesquisa e assistência direta é agora o Hampstead Child Therapy Course and Clinic e o Anna Freud Center.

1937 ● ESSES FORAM TEMPOS TRAUMÁTICOS E POUCO FALAMOS SOBRE ELES   377

psicanálise clássica com um elemento adicional de espiritualidade. A outra favorecia a psiquiatria médica tradicional, acrescida de um programa biológico cada vez mais implacável de esterilização e eutanásia para um grupo definido de modo geral como "incuravelmente insano". O Departamento do Interior do Reich havia autorizado Göring a organizar o instituto como uma arena de prática para psicoterapeutas junguianos, adlerianos e independentes, desde que fechasse o instituto psicanalítico "judeu". Ao se examinar os dados demográficos dos pacientes durante a administração de Göring, nenhuma das linhas psicoterapêuticas está clara. Em 1937, Boehm e Göring avaliaram 259 pacientes para tratamento, rejeitaram 110 como inadequados, encaminharam 43 a profissionais privados e admitiram 58 na clínica[5]. O Instituto Göring e suas filiais empregavam 128 membros, incluindo 60 médicos (10 dos quais mulheres), mais 25 membros com diplomas universitários e 43 (incluindo 39 mulheres) sem titulação acadêmica[6]. O instituto geralmente não tinha fundos e confiava em que seus professores e administradores trabalhassem sem remuneração. A manutenção das instalações na Wichmanstrasse era tão cara que inclusive os junguianos de Berlim, conforme Göring escreveu a Carl, relutavam em se afiliar[7]. O instituto, no entanto, também possuía filiais subsidiárias em Düsseldorf, Munique, Stuttgart e Wuppertal. A filial de Munique (perto de Dachau) era particularmente ativa. Seu diretor, Leonhard Seif, que havia criado o primeiro grupo de psicologia individual local fora de Viena em 1920 e apresentado o Primeiro Congresso Internacional de Psicologia Individual em 1922, cunhou o termo *psychagogy* para descrever seu trabalho de prevenção da neurose da criança e da família. Seus esforços aparentemente requeriam colaboração com a Juventude Hitlerista e a Liga das Moças Alemãs. O trabalho de Seif em Munique deixava bem clara a dissonância entre as ideias de comunidade de Adler e de Freud. Na visão de Freud, os seres humanos estão integrados na comunidade, mas não perdem seu "eu" individual e, na realidade, mantém-se uma constante e inconsciente luta entre ambos os princípios, o social e o individual. Na visão de Adler, a relação entre pessoa e comunidade era primordial, mas

5   G. Cocks, *Psychotherapy in the Third Reich*, p. 181.
6   Ibidem, p. 178.
7   Ibidem, p. 160.

a comunidade ganhava vantagem. À parte Freud e Adler, a noção de regra "comunitária" pode se confundir com o totalitarismo, mas não é uma consequência necessária da mesma, e está sujeita a variações em função da interpretação ideológica. A Viena Vermelha, por exemplo, tentara prover aos seus cidadãos serviços centralizados "do berço ao túmulo", incluindo a saúde mental, de acordo com uma determinada ideia de comunidade que, ao mesmo tempo, fomentava a autonomia individual. Em contraste, a parcialidade do Terceiro Reich no tocante ao "cuidado e controle" totais (que incluía a psicoterapia profissional no Instituto Göring) do *Volk* alemão era fascista porque, deliberadamente, eliminava a volição individual. O sucesso dos especialistas em saúde mental associados ao Instituto Göring refletia não só a conivência de um grande número de profissionais de saúde mental alemães com o racismo do Estado. Mas, da mesma maneira, esse racismo unificava os psicoterapeutas em suas próprias aspirações de profissionalizar sua disciplina sob o domínio nazista[8]. Como se recordava Martin Grotjahn, "esses foram tempos traumáticos e pouco falamos sobre eles mais tarde"[9].

8 Para uma discussão mais ampla, cf. G. Cocks; K.H. Jarausch (eds.), *German Professions, 1800-1950*.
9 M. Grotjahn, *My Favorite Patient*, p. 54.

1938

"O destino da psicanálise depende do destino do mundo"

O fim das clínicas psicanalíticas gratuitas chegou em 12 de março de 1938, quando milhares de tropas da Wehrmacht alemã, armadas com baionetas, marcharam com a bandeira da conquista nazista em Viena. "A cidade inteira", escreveu Sterba, "mudou durante a noite."[1] Schuschnigg havia capitulado a Hitler, portanto, o Instituto Göring acreditava que Freud deveria entregar o ambulatório aos analistas nazistas. Matthias Göring instou Müller-Braunschweig a aproveitar o momento. "Será melhor que um terapeuta de fora, alheio às várias tendências analíticas, assuma a direção provisória da clínica [de Viena]", escreveu ele ao seu colega em 20 de março. "Ademais, eu não gostaria de ter uma camarilha de um só bando em Viena. Meus melhores votos e *Heil* Hitler!"[2] Com a aquiescência de Hitler, Göring nomeou o dr. Anton Sauerwald, um químico nazista, como administrador interino da clínica, da editora e da Sociedade Psicanalítica de Viena. Sauerwald e Müller-Braunschweig se reuniram com os líderes da Sociedade de Viena no mesmo dia. Jones participou da reunião na qualidade de presidente da IPA, junto com Anna Freud, Martin Freud, Paul Federn, Eduard Hitschmann,

1 R. Sterba, *Reminiscences of a Viennese Psychoanalyst*, p. 159.
2 Carta de Göring a Carl Müller-Braunschweig, de 20 mar. 1938, em K. Brecht et al., *Here Life Goes On in a Most Peculiar Way*, p. 144.

Willi Hoffer, Ernst Kris, Robert Waelder e Herta Steiner. O debate acerca do destino da Sociedade foi forçosamente curto e resultou na esperada decisão de delegar a tutela do grupo vienense para a DPG de Göring. O Instituto de Viena tornar-se-ia um componente da DPG e, é claro, todos os membros "não arianos" seriam expulsos imediatamente. Os poucos analistas restantes demitiram-se antes que pudessem ser excluídos, e os 2 únicos membros restantes dos 102 originais eram Wilhelm Sölms e August Aichorn. Enquanto isso, a equipe de Sauerwald já havia varrido a Berggasse, 7, destruído os registros clínicos do Ambulatorium, saqueado todos os livros e guarnecido a Berggasse, 7 com uma suástica. "O Ambulatorium, a *Bibliothek* [...] a *Verlag* e tudo o mais foi confiscado", escreveu Jones a Edith Jackson no final de março[3]. Os nazistas deslocaram-se para Viena com rapidez. Qualquer resistência que os sociais-democratas derrotados tivessem planejado logo fracassou, e a Wehrmacht devastou grande parte da cidade não só desimpedida, mas com amplo entusiasmo por parte dos cidadãos vienenses antissemitas, que estavam em um estado de espírito jubiloso. Um plebiscito no início de abril ratificou seus desejos.

Como Müller-Braunschweig acreditava que a recente anexação da Áustria lhe daria o direito de supervisionar toda a atividade psicanalítica de Freud, um cargo ainda mais prestigioso do que o de Göring em Berlim, ele não perdeu tempo para começar a arianizar o Ambulatorium, e assim escreveu ao novo líder do distrito, Josef Bürckel, representante de Hitler no plebiscito na Áustria:

Na capacidade de curador da Associação e da Clínica Psicanalítica de Viena, exorto a autorização, o mais rápido possível, para realizar reforma [s]. Um atraso prejudicaria não só os pacientes da policlínica, mas também o financiamento das instituições, que se baseia essencialmente nos honorários dos pacientes da policlínica e na renda auferida das palestras e da formação. *Heil* Hitler.[4]

Como chefe interino do partido nazista em Viena (e futuro chefe de gabinete de Heinrich Himmler), Bürckel fora encarregado

---

3   Carta de Jones a Edith Jackson, de 30 mar. 1938, caixa 1, pasta 7, série 1, Edith Banfield Jackson Papers, Biblioteca Schlesinger, Radcliffe Center for Advanced Study, Universidade de Harvard.

4   Carta de Müller-Braunschweig a Brückel, de 30 mar. 1938, em K. Brecht et al., op. cit., p. 145.

1938 • O DESTINO DA PSICANÁLISE DEPENDE DO DESTINO DO MUNDO   381

da tarefa de integrar a Áustria, política, econômica e culturalmente ao Reich alemão. Alto e loiro, de pele lisa e suave olhos serenos, levemente caídos, Bürckel era, pelos padrões nazistas, o puro homem ariano. Josef Bürckel entendeu que a "reforma" nazista significava expulsar todos os judeus e substituir a psicanálise freudiana por uma psicoterapia alternativa e cívica. Infelizmente para ele e para Müller-Braunschweig, a maioria dos analistas judeus já tinha ido embora e os poucos gentios que permaneceram, como Richard Sterba, estavam a ponto de fazê-lo. O esforço nazista para arianizar o Ambulatorium pareceu muito precário porque, ao contrário de Berlim, os psicanalistas já haviam decidido desistir e mudar-se para onde quer que Freud fosse. Quanto à editora, Müller-Braunschweig pensou em lançar um novo periódico, "numa base puramente ariana e no espírito das diretrizes culturais e políticas em vigor [...] um periódico alemão de psicanálise, firmemente enraizado no solo do Terceiro Reich"[5]. Esse projeto também fracassou. Decorrido um mês, Müller-Braunschweig admitiu a derrota e entregou sua breve tutela da Sociedade de Viena à diretoria médica geral (*Landesärzteführer*) da Alemanha-Áustria. Ele não se retirou de seu posto, no entanto, antes de pedir ao novo governo o reembolso de suas despesas "após a liberação de ativos líquidos, atualmente bloqueados, da antiga Associação Psicanalítica de Viena e da Clínica Psicanalítica de Viena. *Heil* Hitler"[6].

Nas semanas que antecederam a fuga dos Freud para a Inglaterra, em junho de 1938, Muriel Gardiner e Edith Jackson ainda estavam comprometidas com o projeto dos psicanalistas para criar um mundo melhor, como apenas talvez essas mulheres americanas pudessem fazê-lo. Usando o codinome "Mary", Muriel Gardiner financiou grupos de resistência e ajuda para confeccionar e distribuir passaportes aos colegas em fuga. Entrementes, Edith Jackson, de acordo com a psicanalista Edith Buxbaum, "levava as pessoas que estavam em perigo para a Checoslováquia, derrubando as barreiras da fronteira com o seu carro"[7]. Jackson passou a maior parte do seu último ano em Viena ajudando seus amigos

5 Carta de Müller-Braunschweig a Wirz, de 01 abr. 1938, em K. Brecht et al., op. cit., p. 144.
6 Carta de Müller-Braunschweig a Kaufmann, de 11 abr. 1938, em K. Brecht et al., op. cit., p. 144.
7 Carta de Buxbaum a Steele, de 25 jan. 1979, Edith Banfield Jackson Papers, Biblioteca Schlesinger, Radcliffe Center for Advanced Study, Universidade de Harvard.

social-democratas a fugir dos nazistas utilizando seu carro ou seu dinheiro. A *Krippe* experimental na Rudolfsplatz que ela havia financiado foi "mantida até 1º de abril"[8], segundo Dorothy Burlingham, ou foi "fechada com o selo da embaixada americana estampado sobre ela", conforme Ernest Jones[9]. Evidentemente, o projeto em si se manteve depois que ela abandonou Viena, e a comunidade psicanalítica em geral queria que durasse mais tempo. "Quando percebo que os Freud ainda estão em Viena", dizia Dorothy com uma curiosa mescla de desespero e simulação, "sinto-me bastante mal e parece-me prematuro falar de planos."[10] Em contraste, as cartas mais objetivas de Jones a incentivavam a começar de imediato os preparativos para a vida dos Freud em Londres. Ele encarregou Edith (agora de volta a Boston) a manter em segredo os planos de Anna para se estabelecer na Inglaterra e, ao mesmo tempo, a pressionava para que transferisse dinheiro e continuasse a apoiar a causa. "Naturalmente [Anna] deseja construir algo similar às suas atividades anteriores", escreveu-lhe Jones de Londres, coincidentemente no mesmo dia em que Müller--Braunschweig solicitou a arianização do Ambulatorium. "Ela deseja especialmente uma creche que você, demonstrando tanta previsão, ofereceu-se para financiar."[11] Edith o lembrou de sua doação de cinco mil dólares para a *Krippe* em 1936 e 1937, mas, diante da insistência de Jones, decidiu comprometer-se com a mesma quantia novamente naquele ano. Ela então planejou que Anna e Dorothy criariam um centro de pesquisa sobre a primeira infância na Inglaterra e resolveu apoiá-lo, "desde que os planos e as intenções originais possam ser realizados sob sua direção atual"[12]. Seis semanas depois, Anna Freud ainda estava em Viena. Sua carta de

---

8 Carta de Burlingham a Edith Jackson, de 08 abr. 1938, Edith Banfield Jackson Papers, Biblioteca Schlesinger, Radcliffe Center for Advanced Study, Universidade de Harvard.

9 Carta de Jones a Edith Jackson, de 30 mar. 1938, caixa 1, pasta 7, série 1, Edith Banfield Jackson Papers, Biblioteca Schlesinger, Radcliffe Center for Advanced Study, Universidade de Harvard.

10 Carta de Burlingham a Edith Jackson, de 08 abr. 1938, Edith Banfield Jackson Papers, Biblioteca Schlesinger, Radcliffe Center for Advanced Study, Universidade de Harvard.

11 Carta de Jones a Edith Jackson, de 30 mar. 1938, Edith Banfield Jackson Papers, Biblioteca Schlesinger, Radcliffe Center for Advanced Study, Universidade de Harvard.

12 Carta de Edith Jackson a Jones, de 24 mar. 1938, Edith Banfield Jackson Papers, Biblioteca Schlesinger, Radcliffe Center for Advanced Study, Universidade de Harvard.

1938 • O DESTINO DA PSICANÁLISE DEPENDE DO DESTINO DO MUNDO   383

18 de maio, escrita alguns dias antes de ela ser detida pela Gestapo, era quase cômica em sua atitude defensiva. "O seu presente da creche", escreveu ela a Edith, "fez com que esse último ano em Viena tenha sido para mim o melhor dos que já passei aqui."[13]

A ênfase de Muriel Gardiner no trabalho clandestino, distinto dos projetos mais visíveis de Jackson, como a *Krippe*, não era surpreendente. Desde 1934, Gardiner tinha mergulhado nos esforços antinazistas dos socialistas e, usando o codinome "Mary", executado ações secretas contra o regime de Dollfuss. Em 1938, ela havia criado uma conexão frutífera com um dos grandes sociais-democratas da década de 1920 da Viena Vermelha, Otto Bauer, agora exilado em Brno, e com Viktor Adler em Paris. Depois de 11 de março, e pelos dez meses seguintes, o número cada vez maior das atribuições urgentes de Muriel a levou à mesma *Herzstation* na qual, aliás, tantos analistas ativistas haviam levado a cabo as obrigações sociais da psicanálise. Agora que os analistas haviam se mudado para a Berggasse, 7 os médicos da *Herzstation* retomaram suas rondas diárias de raios-x, exames médicos, e atendimento a traumas. As filas de espera eram longas e Muriel descobriu que podia se misturar facilmente com os pacientes lendo um livro ou apenas olhando ao seu redor. Na verdade, ela estava localizando seus contatos. O próximo passo – a tarefa de determinar quem deveria receber os passaportes e como transportá-los – correspondia a seus amigos clandestinos. Gardiner dizia que, num certo dia chuvoso, sentiu-se "comovida, de repente, como diante de uma grande obra de arte", e levou consigo doze novos passaportes checos "legais" para a *Herzstation* – a mesma *Herzstation* que abrigara o ambulatório. Ela "podia distribuir esses passaportes com segurança, seja diretamente ou por intermediários" para os psicanalistas e colegas socialistas em perigo, como o líder austro-marxista da Viena Vermelha, Otto Bauer e sua família[14]. Muriel abrigaria Bauer novamente depois que ele escapou para os Estados Unidos. Após o casamento dela com Joseph Buttinger, antigo dirigente do Partido Social-Democrata austríaco, Bauer viveu com eles na qualidade de bibliotecário na sua residência.

---

13   Carta de Anna Freud a Edith Jackson, de 18 maio 1938, caixa 1, pasta 6, série 1, Edith Banfield Jackson Papers, Biblioteca Schlesinger, Radcliffe Center for Advanced Study, Universidade de Harvard.
14   M. Gardiner, *Code Name "Mary"*, p. 109-110.

384 DESFECHO: 1933-1938

Pela primeira vez desde 1902, quando Freud convocara alguns amigos para os encontros noturnos das quartas-feiras, todo o aparato da atividade psicanalítica progressista em Viena havia sido eliminado. De Praga a Berlim e para além os psicanalistas, cada vez mais apreensivos, preparavam-se para sair da Europa. Naquele momento, inclusive Fenichel abandonou suas críticas sobre os pontos mais sutis da psicanálise. Confrontado com barbarismo e "estupidez crua", ele instou os psicanalistas a que não se isolassem, mas que continuassem a lutar pela causa, mesmo nos novos países estrangeiros. "Onde ainda existe a verdade, ela será preservada, mesmo que tenha de fugir para longe [...] O destino da psicanálise depende do destino do mundo", escreveu ele nos *Rundbriefe*[15].

Enquanto isso, em Berlim, Matthias Göring celebrava o segundo aniversário do Instituto Alemão de Pesquisa Psicológica e Psicoterapia na Wichmanstrasse. Do mesmo modo que os freudianos de 1922 haviam impressionado seus colegas do VII Congresso Psicanalítico Internacional em Berlim, Göring e Boehm usaram a antiga policlínica como uma vitrine para seus amigos nazistas convidados para a conferência de 1938 da Sociedade Médica Geral de Psicoterapia. A obediência a Hitler foi surpreendente. Os membros do grupo de Göring, embora se orgulhassem das suas ofertas de tratamento e de formação, consideravam Hitler o juiz onipotente a quem deviam não só a existência do instituto, mas também seu próprio significado. Enviaram, pois, telegramas ao *Reichsärzteführer* e ao ministro do Interior, declarando "nosso compromisso total com a causa do nacional-socialismo". Seu trabalho, disseram, "repousa sobre as fundações que nos foram dadas por nosso Estado Socialista, nosso Führer. Devemos agradecer a ele[16] pelo fato de a ciência e o nosso trabalho poderem se desenvolver sem perturbações". Boehm enviou outro telegrama diretamente a Hitler:

Ofereço-lhe, meu Führer, um voto de fidelidade eterna. A tarefa suprema do [nosso] Instituto é trabalhar para a saúde mental e física do nosso povo, no espírito do Nacional-Socialismo.[17]

Ao que Hitler respondeu:

15 O. Fenichel, *Rundbriefe* n. 18, 1938, em R. Jacoby, *The Repression of Psychoanalysis*, p. 116-117.
16 Note-se que "Estado" e "ele" são mesclados em uma única unidade soberana.
17 Carta de Boehm a Hitler, de 1938, em K. Brecht et al., op. cit., p. 146.

1938 • O DESTINO DA PSICANÁLISE DEPENDE DO DESTINO DO MUNDO   385

Agradeço à Sociedade Médica Alemã de Psicoterapia por seu voto de fidelidade eterna e pelo anúncio da criação de um Instituto Alemão de Pesquisa
Psicológica e Psicoterapia. Desejo-lhes grande sucesso no seu trabalho.[18]

Agora que o novo regime havia se apropriado da biblioteca
psicanalítica da policlínica (junto com as estantes de Ernst Freud
e seus outros móveis), podia reabastecer as prateleiras com títulos
mais a seu gosto. As publicações de Freud foram trancadas em
um "armário de veneno" e substituídas por autores escolhidos a
dedo, incluindo, como Göring exclamou, "para nossa alegria também C.G. Jung"[19]. Os livros variavam: de simbolismo dos sonhos
e hereditariedade racial à anormalidade e psicologia infantil.
Göring tinha um interesse pessoal em retratar seu instituto como
um centro de saúde mental para crianças e famílias, bem como
para adultos individuais. A fim de fazer parte do esforço nacional
visando assegurar a pureza genética das futuras gerações arianas,
o instituto fez uso de seus bens mais valiosos: acesso frequente a
altos funcionários do governo, uma ideologia de prática junguiana
autorizada e um grupo de psicoterapeutas que acreditava na cura
de impedimentos psicológicos à procriação humana. A termino-
logia psicanalítica foi substituída por palavras dessexualizadas
e pré-freudianas: *Édipo* foi mudado para *família*, e o termo *psicanálise* em si tornou-se *psicologia do desenvolvimento*[20]. Com
o recrudescimento das Leis Raciais de Nurembergue, pacientes
identificados como homossexuais, não arianos ou com diagnósticos de impotência eram submetidos a um escrutínio particular.
Ao mesmo tempo, mulheres racialmente desejáveis (para as quais
o aborto foi proibido) recebiam apoio psicológico para ter filhos,
e homens arianos férteis eram compensados e recebiam tratamento
para doenças psicogênicas. Göring insistiu que a nova psicoterapia
poderia transformar a Alemanha em uma rica nação de trabalhadores felizes e bem-sucedidos, eliminando os deficientes mentais e
adaptando pessoas em dificuldades e com "maus hábitos". A Nova
Psicoterapia Alemã substituiria o tratamento orientado para o
insight por uma psicologia de resiliência pragmática e aptidão
cívica. Em uma escala maior, os nazistas usaram a policlínica

18 Carta de Hitler a Boehm, de 1938, em K. Brecht et al., op. cit., p. 146.
19 G. Cocks, *Psychotherapy in the Third Reich*, p. 179.
20 Ibidem, p. 201.

FIG. 40. *Anna Freud e Melanie Klein, lado a lado, com Ernest Jones e Marie Bonaparte, Paris, 1938 (foto de Eduard Bibring; arquivos da Sociedade e Instituto Psicanalíticos de Boston).*

para livrar a Alemanha das influências sociais que consideravam degeneradas, modernas, judaicas, democráticas e comunistas.

Quando os Freud se estabeleceram em Londres, no verão de 1938, a salvo de seus inimigos na Alemanha e na Áustria (figura 40), seu antigo amigo ativista Ernst Simmel havia se instalado em Los Angeles. Ele tornou possível a mudança de Fenichel para lá e, juntos, decidiram construir um sanatório psicanalítico similar ao Schloss Tegel e dar-lhe o nome do mentor de Simmel. "Seu sanatório ainda não está terminado", escreveu Freud a Simmel em 9 de janeiro de 1939, junto com as felicitações de Ano Novo. "Se no momento de sua abertura eu não estiver mais vivo, você, de qualquer maneira, poderá fazer o que quiser. Se, contrário às expectativas, eu ainda estiver aqui, um cabograma seu tornará possível uma decisão rápida."[21]

Freud sempre acreditou que a psicanálise liberaria as habilidades de raciocínio nos indivíduos oprimidos e que o *insight* pessoal

---

21 Carta de Freud a Simmel, de 09 jan. 1939, em F. Deri; D. Brunswick, Freud's Letters to Ernst Simmel, *Journal of the American Psychoanalytic Association*, v. 12, n. 1, p. 108.

(combinado com o pensamento crítico) conduziria naturalmente à independência psicológica. Em *Das Unbehagen in der Kultur* (O Mal-Estar na Civilização), sem dúvida seu discurso mais aberto sobre o pensamento político, Freud delineia a maneira pela qual a busca humana pela satisfação instintiva é constantemente frustrada pelas restrições externas da cultura – que, não obstante, são necessárias. Longe de provar que a visão de Freud sobre a natureza humana era negativa ou pessimista, o pequeno livro, escrito alguns anos antes da ascensão de Hitler ao poder, afirma precisamente que a sobrevivência humana não reside apenas na força individual ou no livre arbítrio. "A substituição do poder do indivíduo pelo da comunidade constitui o passo decisivo da civilização."[22] Ao sugerir que a vida social deveria ser regulada apenas se beneficiasse o *coletivo*, Freud afirma que o "primeiro requisito da civilização é o da justiça – isto é, a garantia de que uma lei não será violada em favor de um indivíduo". Ele prefaciou isso com uma argumentação sobre a natureza humana, que "a vida humana em comum só é possível quando há uma maioria que é mais forte que qualquer indivíduo isolado e que permanece unida diante de quaisquer indivíduos isolados". O ego autônomo existe, porém, é mutável e é motivado a aproximar-se dos outros a fim de sobreviver. Em suas especulações abrangentes sobre a relação entre indivíduos e cultura, Freud afirmava a interdependência, a adesão e a coletividade como os veículos apropriados – e mais eficazes – para a emancipação humana. Tal como havia dito em 1918, "o pobre deve ter tanto direito à assistência para a sua mente quanto dispõe agora do auxílio oferecido pela cirurgia a fim de salvar a sua vida [...] as neuroses ameaçam a saúde pública [...] e não podem ser deixadas aos cuidados impotentes de membros individuais da comunidade". Até 1938, pelo menos, a comunidade havia se preocupado.

---

22 S. Freud, Civilization and its Discontents, *SE*, v. 21, p. 96.

Posfácio
Psicanálise Para Quem?

> *"Brasil, meu nego deixa eu te contar*
> *A história que a história não conta*
> *O avesso do mesmo lugar*
> *Na luta é a que a gente se encontra*
> *Brasil, meu dengo a Mangueira chegou*
> *Com versos que o livro apagou* [...]
>
> "Histórias Para Ninar Gente Grande",
> samba-enredo da Mangueira em 2019

Há um debate a que a história das clínicas públicas de Freud convida, ainda que sem declará-lo de forma direta. Trata-se da objeção contra a estruturação da história da psicanálise sob o expediente do apoliticismo. Sabe-se que tal diretriz alegadamente imparcialista foi tomada após a Segunda Guerra Mundial, capitaneada explicitamente por Ernest Jones. De 1949 em diante, a orientação para que os psicanalistas se afastassem de toda discussão extrapsíquica tida como politicamente subversiva se tornaria uma espécie de padrão repetido a despeito de qualquer crítica – padrão este que inclui, não sem consequências, as aspirações internacionalistas do movimento psicanalítico restauradas sob novas condições no pós Holocausto. Ora, se tal atitude historiográfica já seria questionável por si só pelo risco iminente de convivência com a barbárie à espreita, o que dizer da sua adoção acrítica enquanto modelo geral ao longo das tantas décadas que se seguiram?

A história de *As Clínicas Públicas de Freud* é uma verdadeira recuperação de fôlego para a superação da plataforma historiográfica jonesiana. Se por um lado não há história que não transpareça intencionalidades constrangidas nos flancos da forma-texto ou nos propósitos assumidos enquanto razões de método, por outro, também não haverá "neutralidade" no horizonte vindouro quando se confrontarem versões distintas sobre contextos equivalentes. Ou seja: a história não é homogênea ou linear, nem tampouco uma resultante de forças que se amortecem quando se chocam. Nem se deve esperar isso dela. Da história da psicanálise, disciplina que soube centralizar como nenhuma outra o conflito na qualidade de experiência humana inexorável, espera-se, ao menos, que se vasculhe mais.

Sob o manto do oficialismo seletivo que por muito tempo se encarregou de sedimentar o apoliticismo enquanto discurso dominante, relegaram-se iniciativas de diversos psicanalistas desbravadores à indignidade técnica. A margem para a qual se empurrou a experimentação clínica – que, como lemos aqui, valia-se de uma liberdade ímpar no entreguerras europeu – deveria ter sido o destino final daqueles "demasiadamente contaminados por impurezas". Mas os oficialistas de plantão não perderiam por esperar. Afinal, as clínicas públicas de Freud são a prova de que a história da psicanálise não é uma competição estática na qual "vence quem fala mais alto" (ou mais moderadamente). Justamente, é por ser móvel que ela se constrói e se reconstrói a cada urgência do contemporâneo, que lhe exige explicações por meio do resgate de vozes ditas vencidas. Que se suspendam as críticas ardilosas que dizem que olhar para trás quando a barbárie se apresenta ao lado seria uma forma de negar o que vem pela frente. Dos discursos dos vencedores, estamos fartos: movemo-nos.

Graças à profunda honestidade intelectual de Elizabeth Ann Danto e o vigor crítico deste livro com o qual ela nos brinda, muitos autores, obras e biografias aqui relacionados são literalmente revividos pela força do argumento histórico.

As potencialidades de uma empreitada ambiciosa chamada metapsicologia, cuja qualidade era posta à prova nas clínicas públicas pelo exercício da psicanálise implicada, também acabam por ser recompostas. Acostumamo-nos a fantasiar uma epopéia conceitual caduca na qual abstrações se reproduziriam por partenogênese, como se a aventura metapsicológica conduzisse a história da clínica psicanalítica à distância, apartada de sua práxis efetiva. Já sabíamos que nada pode ser mais alheio à experiência intelectual de Freud do que isso, mas talvez nunca tivemos uma narrativa tão bem documentada e representada como a que temos aqui. Com este livro, que faz questão de delinear os prolongamentos nos discípulos e herdeiros do freudismo de primeira ordem, amarramos o argumento com um nó decisivo: nada mais alheio ao desejo de justiça social que Freud desejou em seu projeto criador, a psicanálise, do que isso também.

Ao fim e ao cabo, tem-se aqui um livro que questiona uma história despolitizada e despolitizante que os psicanalistas escolheram contar para si mesmos – e na qual eles (ou deveríamos dizer "nós"?), por muito tempo, acreditamos. Que venham as próximas.

◆　◆　◆

O dia 16 de fevereiro de 2020 marca os 100 anos da inauguração da Policlínica de Berlim, a primeira das clínicas públicas organizadas a partir da convocação que Freud fez ao nascente movimento psicanalítico internacional em seu Congresso de Budapeste, em 1918. O sonho freudiano de transformar a psicanálise na principal forma de tratamento de saúde mental nos serviços públicos de saúde nunca se realizou em nenhuma parte do mundo. Pelo contrário, nos relativamente poucos países em que a psicanálise se estabeleceu, com raras exceções, ela se tornou um tratamento caro e de difícil acesso, sendo vista pelo senso comum como um luxo reservado à elite. No Brasil, onde há uma razoável tradição psicanalítica, a maior parte do povo nem ao menos sabe o que é psicanálise. O máximo que já ouviram é que aquilo que parece meio estranho, ou "'louco', "Freud explica". Por aqui, o tratamento não chegou às camadas populares.

Pior ainda, a idéia de que a neurose deveria ser encarada como um problema de saúde pública tal qual, por exemplo, a tuberculose – como Freud afirmou em 1918 – está muito longe de ter convencido os governos que ainda contam com um serviço público de saúde em tempos de austeridade e cortes de gastos estatais. Segundo a Organização Mundial da Saúde (OMS), os gastos com saúde mental nos países do Sul Global giram em torno de 1% a 2% dos já escassos orçamentos públicos para a saúde. No entanto, talvez nunca tenha sido tão verdadeira a afirmação freudiana a respeito dos perigos que as enfermidades psíquicas representam para a saúde coletiva de uma sociedade.

Depois de décadas de capitalismo neoliberal, essa verdadeira máquina de produção de tragédias humanas em larga escala, a precarização da vida humana em suas distintas esferas, somadas à destruição do meio ambiente, têm produzido resultados assustadores na saúde mental dos povos. Em setembro de 2010, por exemplo, a Organização Mundial da Saúde (OMS) divulgou dados que revelam que até 2030, "a depressão deve se tornar a doença mais comum do mundo, afetando mais pessoas do que qualquer outro problema de saúde, incluindo câncer e doenças cardíacas"[1], tornando-se assim a doença que mais gastos gerará para os governos, em custos de tratamento e de ausências no trabalho.

No caso brasileiro, a mesma tendência já foi detectada há alguns anos numa pesquisa publicada no famoso periódico médico inglês *The Lancet*, segundo a qual os chamados "transtornos psiquiátricos" são a maior causa de afastamento do trabalho no país[2]. Não há razões para imaginar que hoje a situação não esteja ainda pior. A OMS também realizou, recentemente, uma pesquisa global de larga escala sobre transtornos de ansiedade. O Brasil aparece como campeão, com 9% da população atingida, o triplo da média global[3]. O remédio mais vendido nas farmácias brasileiras é o clonazepan (cuja marca mais famosa é o Rivotril), um ansiolítico muito barato e eficaz a curto prazo, mas que torna o sujeito dependente em três meses de uso e causa graves efeitos colaterais a longo prazo. Ninguém deveria tomá-lo por mais de algumas semanas. Mas as pessoas tomam por anos. No ano passado foram vendidas 23 milhões de caixas deste remédio – mais do que o dobro de 2010[4]. Trata-se de uma verdadeira "bomba-relógio social".

Se Freud estivesse vivo hoje, talvez fosse ainda mais enfático quanto à urgência de criarmos (como diria o Che sobre a luta anti-imperialista no Vietnã) "duas, três, muitas" clínicas públicas psicanalíticas. Nos últimos anos, há um florescente movimento

---

1 Matéria da Agência BBC Brasil em: <http://www.estadao.com.br/noticias/geral,oms-depressao-sera-doenca-mais-comum-do-mundo-em-2030,428526,0.htm>.
2 M.I. Schmidt; B.B. Duncan; Gulnar Azevedo e Silva; A.M. Menezes; C.A. Monteiro; S.M. Barreto; D. Chor; P.R. Menezes. "Doenças crônicas não transmissíveis no Brasil: carga e desafios atuais", disponível em *The Lancet.com* (http://download.thelancet.com/flatcontentassets/pdfs/brazil/brazilpor4.pdf)
3 Revista *Superinteressante*, ed. 399, fev. 2019.
4 Disponível em https://www.cartacapital.com.br/saude/rivotril-a-droga-da-paz-quimica-3659.html

POSFÁCIO: PSICANÁLISE PARA QUEM? 393

de psicanalistas críticos em relação à pouca popularização do acesso ao tratamento psicanalítico no Brasil. Como resultado disso, em diversas cidades, clínicas públicas têm sido criadas e algum acesso gratuito à análise tem sido garantido para centenas de pessoas, principalmente das classes populares. Em movimentos populares, como o MST, algumas iniciativas vêm sendo organizadas, contudo de forma ainda incipiente. A isto, se somam os espaços já consolidados em algumas faculdades de psicologia (nem sempre com tratamento psicanalítico), bem como as "clínicas sociais" em institutos de formação de psicanalistas, nos quais também é possível encontrar terapia barata ou gratuita. Mas é claro que ainda é muito pouco e que muito trabalho terá de ser feito nos próximos anos para enfrentar esse desafio. Mesmo sabendo que o momento político não é nada favorável e que esforços ousados como esses não devem ter muito espaço para crescer a curto prazo, ousaríamos dar dois pitacos a respeito de possíveis caminhos para fazer avançar esse movimento, inspirados pelas inestimáveis lições históricas que o livro de Danto nos dá.

Se por um lado, é louvável e necessário que as classes populares tenham acesso ao tratamento psicanalítico, a verdade é que não avançamos praticamente nada quanto ao maior desafio, que é o de superar o gargalo da formação psicanalítica. Precisamos formar psicanalistas populares. Centenas, milhares. Interesse certamente não falta. Faltam oportunidades. Uma formação em psicanálise é ainda muito cara e praticamente inviável para a maioria das pessoas, mesmo em escolas progressistas. Isso é crucial por dois motivos: primeiro, porque precisamos de uma massa crítica de psicanalistas, e não se pode prescindir do aspecto quantitativo quando se trata de encarar um tema de saúde pública. Segundo, porque precisamos de psicanalistas que conheçam profundamente o universo simbólico das classes populares, que tenham sido criados e/ou que vivam nas periferias das metrópoles brasileiras, onde vivem, afinal, a maior parte da população. Enquanto os psicanalistas forem majoritariamente das classes médias e altas, nossos esforços serão muito limitados.

Talvez o exemplo de Viena e Berlim nos ajude a avançar nesse sentido. Além de serem clínicas públicas, esses espaços também se constituíram como escolas de formação em psicanálise. Mas, seguindo seu espírito público, organizou-se um sistema de "troca de trabalho":

os psicanalistas mais experientes, além de atenderem o público da clínica, também faziam análise didática gratuita dos candidatos à formação psicanalítica. Estes, por sua vez, também atendiam gratuitamente na clínica. Ao mesmo tempo, seminários de formação teórica e grupos de supervisão eram organizados por membros das clínicas. Dessa forma, o santíssimo "tripé da formação" estava garantido com pouquíssima, ou quase nenhuma, circulação de dinheiro. O que nos impede objetivamente de fazer isso hoje no Brasil?

Por fim, seguindo sobretudo o exemplo do Ambulatorium de Viena (e um pouco também a Policlínica de Berlim), tais iniciativas deveriam estar articuladas ao esforço de implementação de políticas públicas de saúde mental. O que já conquistamos, como os Caps e outras iniciativas, devem ser valorizados, pois é o melhor que conseguimos fazer até hoje, mas certamente necessitam ser reorganizados e ampliados, pois nitidamente não têm dado conta da enorme e crescente demanda da população brasileira. Mais um motivo pelo qual necessitamos formar muito mais psicanalistas do que temos hoje. E que eles e elas, além de brancos, sejam também pretos, pardos e periféricos. Isso tudo, claro, se a psicanálise brasileira estiver disposta a romper seus limites de classe e a se tornar mais um instrumento na luta do povo brasileiro pela cura de suas históricas e ainda abertas feridas psicossociais, criadas por quase quatro séculos de escravidão e agravadas pelas últimas décadas da tragédia neoliberal.

Guardadas as particularidades históricas, foi mais ou menos isso que os primeiros psicanalistas, nossos ancestrais, tentaram fazer há quase um século. Depois de décadas de apagamento dessa história, eis que o livro de Elizabeth Ann Danto nos ajuda a "desrecalcar" o caráter revolucionário dos primórdios dessa fantástica invenção chamada psicanálise.

Marco Fernandes
militante do MST, mestre em História e doutor em Psicologia
pela Universidade de São Paulo, psicanalista em formação
no Departamento de Psicanálise do Sedes

Rafael Alves Lima
Psicanalista, mestre em Psicologia Clínica pela Universidade de São
Paulo, membro do Laboratório de Estudos em Teoria Social, Filosofia e
Psicanálise (Latesfip/USP) e do coletivo Margens Clínicas. Membro do
corpo editorial da *Lacuna: Uma Revista de Psicanálise*.

Fontes

Cartas

ABRAHAM, Karl. *Rundbriefe* n. 11, de 12 dez. 1920. Série 1, subsérie 2. Otto Rank Papers, Bibliotecas da Universidade Columbia.

BRILL, Abraham. Carta a Ernest Jones, de 13 nov. 1935. Documento n. CBO/FO4/43, arquivos da Sociedade Psicanalítica Britânica.

_____. Carta a Ernest Jones, de 17 nov. 1933. Documento n. CBO/FO4/27. Arquivos da Sociedade Psicanalítica Britânica.

BURLINGHAM, Dorothy. Carta a Edith Jackson, de 08 abr. 1938. Edith Banfield Jackson Papers, Biblioteca Schlesinger, Radcliffe Center for Advanced Study, Universidade de Harvard.

BUXBAUM, Edith. Carta a Robert S. Steele, de 25 jan. 1979. Edith Banfield Jackson Papers. Biblioteca Schlesinger, Radcliffe Center for Advanced Study, Universidade de Harvard.

CARTER, Claude B. Carta a Max Eitingon, de 09 jun. 1928. Arquivos da Policlínica de Berlim, Koblenz.

DAVIES, Stanley. Carta aos membros do Comitê de Formação [s.d.]. Arquivos da Policlínica de Berlim, Koblenz.

DOLLARD, John. Carta a Max Eitingon (n. d.). Arquivos da Policlínica de Berlim, Koblenz.

EITINGON, Max. Carta aos seus colegas, de 3 nov. 1921. Pasta 168, série 1, subsérie 2. Otto Rank Papers, Bibliotecas da Universidade Columbia.

_____. Carta a Freud, de 30 maio 1922. Archiv des Psychoanalytischen Ambulatoriums Wien. Arquivos do Freud Museum, Londres.

_____. Carta a Leon Pierce Clark, de 14 out. 1928. Documento n. CEC/FO2/77. Arquivos da Sociedade Psicanalítica Britânica.

EVERSOLE, HENRY O. Carta a Richard Pearce, Conditions in Austria, de 09 jul. 1924, p. 3, subsérie A, série 705, RG 1.1. Arquivos da Fundação Rockefeller.

FENICHEL, Otto. Carta a Edith Jacobson, Annie Reich, Barbara Lantos, Edith Gyömröi, George Gero e Frances Deri. *Rundbriefe* n. 1, mar. 1934, caixa 1, pasta 1. Biblioteca Austen Fox Riggs.

FERENCZI, Sandór. Carta a Otto Rank, de 25 maio 1924. Caixa 3, série 1, subsérie 2. Otto Rank Papers. Universidade Columbia.

FERENCZI, Sandór. Carta circular a *Liebe Freunde*, de 31 jan. 1926. Documento n. CFC/F01/77. Arquivos da Sociedade Psicanalítica Britânica.

FERENCZI, Sandór; RADÓ, Sandór. Carta a Freud, de 24 maio 1922. Archiv des Psychoanalytischen Ambulatoriums Wien. Arquivos do Freud Museum, Londres.

FREUD, Anna. Carta a Ernest Jones, de 01 jan. 1934. Documento n. CFA/F01/59. Arquivos da Sociedade Psicanalítica Britânica.

_____. Carta a Ernest Jones (n. d.), 1934. Documento n. CFA/F02/59. Arquivos da Sociedade Psicanalítica Britânica.

_____. Carta a Ernest Jones, de 24 nov. 1934. Documento n. CFA/F02/17. Arquivos da Sociedade Psicanalítica Britânica.

_____. Carta a Ernest Jones, de 28 dez. 1935. Documento n. CFA/F02/61. Arquivos da Sociedade Psicanalítica Britânica.

_____. Carta a Edith Jackson, de 18 maio 1938. Caixa 1, pasta 6, série 1. Arquivos da Sociedade Psicanalítica Britânica.

_____. Carta a Ernest Jones, de 14 jul. 1953. Documento n. CFF/F02/28. Arquivos da Sociedade Psicanalítica Britânica.

FREUD, Sigmund; RANK, Otto. *Rundbriefe* n. CFC/F05/15. Arquivos da Sociedade Psicanalítica Britânica.

_____. Carta a Oliver e Henny Freud, de 07 mai. 1924. Sigmund Freud Papers. Collections of the Manuscript Division, U.S. Library of Congress.

JACKSON, Edith. Carta a Helen Jackson, de 01 fev. 1929. Caixa 1, pasta 3, série 1, Edith Banfield Jackson Papers. Biblioteca Schlesinger, Radcliffe Center for Advanced Study, Universidade de Harvard.

_____. Carta a Helen Jackson, de 11 maio 1930. Caixa 1, pasta 3, série 1, Edith Banfield Jackson Papers. Biblioteca Schlesinger, Radcliffe Center for Advanced Study, Universidade de Harvard.

_____. Carta a Helen Jackson, de 06 fev. 1931. Caixa 1 (não processada). Edith Banfield Jackson Papers. Biblioteca Schlesinger, Radcliffe Center for Advanced Study, Universidade de Harvard.

_____. Carta a Irmarita Putnam, de 11 jan. 1932. Caixa 5, pasta 102, série 3, Edith Banfield Jackson Papers. Biblioteca Schlesinger, Radcliffe Center for Advanced Study, Universidade de Harvard.

_____. Carta a Helen Jackson, de 14 maio 1933. Caixa 1, pasta 5, série 1, Edith Banfield Jackson Papers. Biblioteca Schlesinger, Radcliffe Center for Advanced Study, Universidade de Harvard.

_____. Carta a Helen Jackson, de 12 nov. 1933. Caixa 1, pasta 5, série 1, Edith Banfield Jackson Papers. Biblioteca Schlesinger, Radcliffe Center for Advanced Study, Universidade de Harvard.

_____. Carta a Ernest Jones, de 24 mar. 1938. Ibidem.

JARRETT, Mary C. Carta aos membros do Comitê de Formação, de 23 mar. 1928. Arquivos da Policlínica de Berlim, Koblenz.

HARRISON, Bill. Carta a Stanton Beale, de 04 abr. 1936. Caixa 3, pasta 30, série 216A, RG 1.1. Arquivos da Fundação Rockefeller.

HOLZNECHT, Guido. Carta a Eduard Hitschmann, de 16 jun. 1920. Archiv des Psychoanalytischen Ambulatoriums Wien. Arquivos do Freud Museum, Londres.

JACKSON, Edith. Carta a Irmarita Putnam, de 22 abr. 1932. Caixa 5, pasta 102, série 3. Edith Banfield Jackson Papers. Biblioteca Schlesinger, Radcliffe Center for Advanced Study, Universidade de Harvard.

JONES, Ernest. Carta a Jan van Emden, de 14 nov. 1920. Documento n. CVA/F03/02. Arquivos da Sociedade Psicanalítica Britânica.

_____. Carta a Max Eitingon e Sigmund Freud (ou Otto Rank?). *Rundbriefe* L6 (1920). Arquivos da Sociedade Psicanalítica Britânica.

FONTES 399

_____. Carta a Max Eitingon, de 27 set. 1928. Documento n. CEC/F01/28. Arquivos da Sociedade Psicanalítica Britânica.

_____. Carta a Max Eitingon, de 05 jan. 1929. Documento n. CEC/F01/20. Arquivos da Sociedade Psicanalítica Britânica.

_____. Carta a Max Eitingon, de 09 mar. 1929. Documento n. CEC/F01/30; carta de 15 mar. 1929. Documento n. CEC/F01/31. Arquivos da Sociedade Psicanalítica Britânica.

_____. Carta a Max Eitingon, de 18 out. 1929. Documento n. CEC/F01/40. Arquivos da Sociedade Psicanalítica Britânica.

_____. Carta a Max Eitingon, de 18 nov. 1929. Documento n. CEC/F01/41. Arquivos da Sociedade Psicanalítica Britânica.

_____. Carta a Max Eitingon, de 22 jul. 1930. Documento n. CEC/F01/48. Arquivos da Sociedade Psicanalítica Britânica.

_____. Carta de a Max Eitingon, de 11 mar. 1933. Documento n. CEC/F01/63A. Arquivos da Sociedade Psicanalítica Britânica.

_____. Carta a Anna Freud, de 13 jun. 1933. Documento n. CFA/F01/17. Arquivos da Sociedade Psicanalítica Britânica.

_____. Carta a Anna Freud, de 13 jun. 1933. Documento n. CFA/F01/36. Arquivos da Sociedade Psicanalítica Britânica.

_____. Carta a Abraham Brill, de 20 jun. 1933. Documento n. CBO/F04/22. Arquivos da Sociedade Psicanalítica Britânica.

_____. Carta a Anna Freud, de 19 set. 1933. Documento n. CFA/F01/40. Arquivos da Sociedade Psicanalítica Britânica.

_____. Carta a Abraham Brill, de 25 set. 1933. Documento n. CBO/F04/25. Arquivos da Sociedade Psicanalítica Britânica.

_____. Carta a Abraham Brill, de 02 dez. 1933. Documento n. CBO/F04/28. Arquivos da Sociedade Psicanalítica Britânica.

_____. Carta a Max Eitingon, de 24 jan. 1934. Documento n. CFA/F02/10. Arquivos da Sociedade Psicanalítica Britânica.

_____. Carta a Anna Freud, de 07 mar. 1934. Documento n. CFA/F01/75. Arquivos da Sociedade Psicanalítica Britânica.

_____. Carta a Anna Freud, de 02 jul. 1934. Documento n. CFA/F01/78. Arquivos da Sociedade Psicanalítica Britânica.

_____. Carta a Max Eitingon, de 02 out. 1935. Documento n. CBO/F02/59. Arquivos da Sociedade Psicanalítica Britânica.

_____. Carta a Abraham Brill, de 13 nov. 1935. Documento n. CBO/F04/43. Arquivos da Sociedade Psicanalítica Britânica.

_____. Carta a Marie Bonaparte, de 04 dez. 1935. Documento n. G07/BC/F02/01G. Arquivos da Sociedade Psicanalítica Britânica.

_____. Carta a Abraham Brill, de 24 dez. 1935. Documento n. CBO/F04/49. Arquivos da Sociedade Psicanalítica Britânica.

_____. Carta a Anna Freud, de 03 abr. 1936. Documento n. CFA/F02/70. Arquivos da Sociedade Psicanalítica Britânica.

_____. Carta a Anna Freud, de 11 jul. 1936. Documento n. CFA/F02/77. Arquivos da Sociedade Psicanalítica Britânica.

_____. Carta a Edith Jackson, de 30 mar. 1938. Caixa 1, pasta 7, série 1, Edith Banfield Jackson Papers. Biblioteca Schlesinger, Radcliffe Center for Advanced Study, Universidade de Harvard.

KLEIN, Melanie. Carta a Ernest Jones, de 24 out. 1926. Caixa 2, pasta A-12, série PP/KLE. Contemporary Medical Archives Center, Wellcome Institute for the History of Medicine.

LYON, Norman W. Carta de 05 ago. 1929, ao "Secretary, Psycho-analytic Institute, Berlin, Germany". Arquivos da Policlínica de Berlim. Koblenz, Alemanha.

PEARCE, Richard. Carta a Alan Gregg, de 28 jan.-02 fev. 1926. Alan Gregg Diary, subsérie A, série 705, RG 1.1. Arquivos da Fundação Rockefeller.

PIERCE CLARK, Leon. Carta a Max Eitingon, de 10 out. 1928. Arquivos da Policlínica de Berlim, Koblenz.

RICHARDSON, G. Carta a Barry C. Smith, de 11 dez. 1922. Caixa 24, pasta 206, série R.G. Barry Smith 2, subsérie 4. Commonwealth Fund Collection. Arquivos da Fundação Rockefeller.

ROSENFELD, Eva. Carta a Edward Glover, de 14 jun. 1939. Documento n. CGA/F30/18. Arquivos da Sociedade Psicanalítica Britânica.

SCHICK. Carta ao Conselho Internacional de Saúde da Fundação Rockefeller, de 25 abr. 1922. Subsérie A, série 705, RG 1.1. Arquivos da Fundação Rockefeller.

SMITH, Barry C. Carta a Mildred Scoville, de 16 jan. 1925. Caixa 1, pasta 7, série 6, R.G. Austria Program, Commonwealth Fund Collection. Arquivos da Fundação Rockefeller.

STANTON Ford, Guy. Carta a Beardsley Ruml, de 23 fev. 1924. Caixa 52, pasta 558, RG 3.6. LSRM (Laura Spellman Rockefeller Memorial) Collection. Arquivos da Fundação Rockefeller.

WINNICOTT, Donald. Carta a John Bowlby, de 10 dez. 1927. Documento n. GO3/BA/F09/84. Arquivos da Sociedade Psicanalítica Britânica.

Entrevistas

BIBRING, Grete. Interview with Sanford Gifford, 11 maio 1973. Arquivos da Sociedade Psicanalítica de Boston.

DEUTSCH, Helen. Interview with Sanford Gifford, 28 jun. 1965. Arquivos da Sociedade Psicanalítica de Boston.

DUPONT, Judith. Entrevista à autora, 28 jan. 2000.

FENICHEL, Clare. Interview with Sanford Gifford, 01 maio 1984. Arquivos da Sociedade Psicanalítica de Boston.

JACKSON, Edith. Interview with Milton Senn. Pasta AJ119, Oral History. O original encontra-se na National Library of Medicine Oral History Collection.

KING, Pearl. Entrevista à autora, 05 jul. 2000.

KRIS, Marianne. Entrevista não publicada com Robert Grayson, 1972. Arquivos A.A. Brill e Coleções Especiais da Sociedade Psicanalítica de Nova York.

LAIBLE, Eva. Entrevista à autora, 25 jul. 2000.

PAPPENHEIM, Else. Entrevista à autora, 22 nov. 1995.

RADÓ, Sándor. Entrevista à Bluma Swerdloff (1965). "History of the Psychoanalytic Movement". Oral History Collection, Bibliotecas da Universidade Columbia, Nova York.

ROSS, Helen. Interview with Faye Sawyer. *Portraits in Psychoanalysis*, série de vídeos, Gitelson Film Library, Instituto de Psicanálise de Chicago.

SCHUR, Helen. Entrevista à autora, 08 nov. 1995.

STEWART, Robert. Entrevista à autora, 06 out. 1995.

WALDER-HALL, Jenny. Interview with Sanford Gifford, 19 ago. 1982. Arquivos da Sociedade Psicanalítica de Boston.

Atas

ATAS DA SOCIEDADE PSICANALÍTICA BRITÂNICA. Reunião de 07 maio 1920. Documento n. FAA/01. Arquivos da Sociedade Psicanalítica Britânica.

_____. Reunião de 19 out. 1921. Arquivos da Sociedade Psicanalítica Britânica.

ATAS DO COMITÊ DE EDUCAÇÃO, de 3 nov. 1926. Arquivos da Sociedade Psicanalítica Britânica.

ATAS DA REUNIÃO DO CONSELHO. 17 nov. 1926. Arquivos da Sociedade Psicanalítica Britânica.

_____. 15 jan. 1930. FSA/4. Arquivos da Sociedade Psicanalítica Britânica.

_____. 06 de abr. e 15 jun. 1932. Arquivos da Sociedade Psicanalítica Britânica.

_____. 05 abr. 1933. Documento FSA/54. Arquivos da Sociedade Psicanalítica Britânica.

_____. 13 jun. 1933. Documento FSA/57. Arquivos da Sociedade Psicanalítica Britânica.

Jornais

ARBEITER-ZEITUNG. 15 dez. 1929. Recorte. Pasta Psychoanalysis & Socialism, 1926-29-1937, contêiner 7. Siegfried Bernfeld Papers. Collections of the Manuscript Division, U.S. Library of Congress.

DER TAG. 14 set. 1928. Recorte. Pasta Professional File – Europe: 1858-1942, contêiner 5. Siegfried Bernfeld Papers. Collections of the Manuscript Division, U.S. Library of Congress.

DER VOLKSLEHRER. 07 jul. 1929. Recorte. Pasta Psychoanalysis & Socialism, 1926-29-1937, contêiner 7. Siegfried Bernfeld Papers. Coolections of the Manuscript Division, U.S. Library of Congress.

DIE STUNDE. 16 set. 1928. Pasta Psychoanalysis & Socialism, 1926-29-1937, contêiner 7. Siegfried Bernfeld Papers. Collections of the Manuscript Division, U.S. Library of Congress.

LEIPZIGER VOLKSZEITUNG. 13 out. 1926. Die Entwicklung der Psychoanalyse. Collections of the Manuscript Division, U.S. Library of Congress.

_____. 25 nov. 1926. Pasta Psychoanalysis & Socialism, 1926-29-1937, contêiner 7. Siegfried Bernfeld Papers. Collections of the Manuscript Division, U.S. Library of Congress.

STUTTGART TAGBLATT. 1927. Recorte. Pasta Psychoanalysis & Socialism, 1926-29-1937, contêiner 7. Siegfried Bernfeld Papers. Collections of the Manuscript Division, U.S. Library of Congress.

WIENER SONN-UND MONTAGS-ZEITUNG. Recorte sem catalogação. Archiv des Psychoanalytischen Ambulatoriums Wien. Arquivos do Freud Museum, Londres.

Outras

ALEXANDER, Franz. Psychoanalytic Training in the Past, the Present and the Future: A Historical View. Apresentado à Associação de Candidatos do Instituto de Psicanálise de Chicago, 26 out. 1951. Arquivos do Instituto de Psicanálise de Chicago.

EINE WIENER PSYCHOANALYTISCHE AMBULATORIUM. *Ärztliche Reform-Zeitung*, maio 1922. Archiv des Psychoanalytischen Ambulatoriums Wien. Arquivos do Freud Museum, Londres.

FLEMING, Joan. A Tribute to Therese Benedek. Arquivos do Instituto de Psicanálise de Chicago, 1977.

GRÜNSPAN, Betty. Curriculum Vitae. Caixa 1, pasta 6, Edith Banfield Jackson Papers. Biblioteca Schlesinger, Radcliffe Center for Advanced Study, Universidade de Harvard.

HISTORY OF THE Rockefeller Foundation. V. 14. Arquivos da Fundação Rockefeller.

HITSCHMANN, Eduard. Documento de jan. 1927. Archiv des Psychoanalytischen Ambulatoriums Wien. Arquivos do Freud Museum, Londres.

KLEIN, Melanie. Material do caso "Heinrich 1921". Caixa 6, pasta B-5, série PP/KLE. Contemporary Medical Archives Center. Wellcome Institute for the History of Medicine.

_____. *Diary* [1924]. Caixa 2, pasta A-20, série PP/KLE. Contemporary Medical Archives Center. Wellcome Institute for the History of Medicine.

NEISER, Emil Michael Johann. *Max Eitingon, Leben und Werk*. Tese não publicada. Dissertation Universität Mainz, 1978.

PAPPENHEIM, Else. Remarks on Training at the Vienna Psychoanalytic Institute (transcrito e ampliado). Oral History Workshop of the American Psychoanalytic Association Meeting, dez. 1981.

RELATÓRIO SOBRE "O Trabalho de Reconstrução na Europa, 1919", apresentado nas conferências realizadas na Cruz Vermelha em Washington D.C., 29-31 out. Caixa 25, pasta 223, Barry C. Smith série 2, subsérie 4. Commonwealth Fund Collection. Arquivos da Fundação Rockefeller.

TIETZE, Felix. Curriculum Vitae. Caixa 24, pasta 206, R.G. Barry Smith série 2, subsérie 4. Commonwealth Fund Collection. Arquivos da Fundação Rockefeller.

Bibliografia

Obras de Freud

THE STANDARD EDITION of the Complete Psychological Works of Sigmund Freud. 24 v. Ed. and trans. James Strachey, with Alix Strachey. London: Hogarth, 1953–1974.

FURTHER RECOMMENDATIONS ON the Technique of Psychoanalysis: On Beginning the Treatment, the Question of the First Communications, the Dynamics of the Cure. SE, 1913, v. 12.

LINES OF ADVANCE IN Psychoanalytic Psychotherapy. SE, 1918, v. 17.

INTRODUCTION TO PSYCHOANALYSIS and War Neuroses. SE, 1919, v. 17.

MEMORANDUM ON THE Electrical Treatment of War Neurotics. SE, 1919, v. 17.

DR. ANTON VON FREUND: Obituary. SE, 1920, v. 18.

BEYOND THE PLEASURE Principle. SE, 1920, v. 18.

PREFACE TO AICHHORN's "Wayward Youth". SE, 1925, v. 19.

PREFACE TO MAX EITINGON's Report on the Berlin Psycho-Analytic Policlinic. SE, 1922, v. 19.

AN AUTOBIOGRAPHICAL STUDY. SE, 1925, v. 20.

POSTCRIPT TO AN Autobiographical Study. SE, 1935, v. 20.

THE QUESTION OF Lay Analysis: On Beginning the Treatment. SE, 1927, v. 20.

THE FUTURE OF an Illusion. SE, 1927, v. 21.

CIVILIZATION AND ITS Discontents. SE, 1930, v. 21.

PREFACE TO TEN YEARS of the Berlim Psycho-Analytic Institute. SE, 1930, v. 21.

Geral

ABRAHAM, Hilda C.; FREUD, Ernst L. Freud. *A Psycho-Analytic Dialogue: The Letters of Sigmund Freud and Karl Abraham, 1907–1926*. New York: Basic, 1965.

ABRAHAM, Karl et al. (eds.). Personalia und Literarisches, *Internationale Zeitschrift für Ärtzliche Psychoanalyse*, v. 5, 1919.

ALEXANDER, Francesca. Entrevista com Franz Alexander. The Man Who Brought Freud Here. *Chicago*, Oct. 1956.

404

ALEXANDER, Franz; EISENSTEIN, Samuel; GROTJAHN, Martin (eds.). *Psychoanalytic Pioneers*. New York: Basic, 1966.

_____. Recollections of Berggasse 19, *Psychoanalytic Quarterly*, v. 9, n. 2, 1940.

ANNUAL Report 1931-1933 of the Institute of Psycho-Analysis, London. *International Journal of Psychoanalysis*, v. 15, 1934.

BAYER, Herbert; GROPIUS, Walter; GROPIUS, Isa. *Bauhaus, 1919–1928*. New York: Museum of Modern Art, 1990 [1938].

BENEDEK, Thomas G. A Psychoanalytic Career Begins: Therese F. Benedek, M.D.: A Documentary Biography. *Annual of Psychoanalysis*, New York: International Universities Press, v. 7, 1979.

BENTON, Charlotte A. *Different World: Emigre Architects in Britain, 1928–1958*. London: RIBA Heinz Gallery, 1995.

BETTELHEIM, Bruno. *Freud's Vienna and Other Essays*. New York: Knopf, 1990.

_____. Last Thoughts on Therapy: An Interview with David James Fisher. *Society*, v. 28, n. 3, March/April 1991.

BIBRING [BIBRING-LEHNER], Grete. Seminar for the Discussion of Therapeutic Technique. *International Journal of Psychoanalysis*, v. 13, 1932.

BLAU, Eve. *The Architecture of Red Vienna*. Cambridge: MIT Press, 1998.

BLUM, Mark E.; SMALLDONE, William (eds.). *Austro-Marxism: The Unity of Ideology*. Chicago: Haymarket Books, 2016.

BOEHLICH, Walter (ed.). *The Complete Letters of Sigmund Freud to Eduard Silberstein, 1871–1881*. Trans. Arnold J. Pomerans. Cambridge: Belknap Press of Harvard University Press, 1990.

BOYER, John W. *Culture and Political Crisis in Vienna: Christian Socialism in Power, 1897–1918*. Chicago: University of Chicago Press, 1995.

BRECHT, Karen et al. (eds.). *Here Life Goes On in a Most Peculiar Way: Psychoanalysis Before and After 1933*. Trans. Christine Trollope. Ed. Hella Ehlers. Hamburg: Kellner, 1990.

BRODY, Benjamin. Freud's Case-load. *Psychotherapy: Theory, Research, and Practice*, v. 7, n. 1, 1970.

BRONNER, Andrea (ed.). *Vienna Psychoanalytic Society: The First 100 Years*. Vienna: Christian Brandstätter, 2008.

BRUNNER, José. Psychiatry, Psychoanalysis, and Politics During the First World War. *Journal of the History of the Behavioral Sciences*, v. 27, 1991.

BRY, Gerhard. *Resistance: Recollections from the Nazi Years: 1930-1948*. Arquivos do Instituto Leo Baeck, Memoir Collection. ([S.l.]: West Orange, 1979.).

BURLINGHAM, Michael John. *The Last Tiffany: A Biography of Dorothy Tiffany Burlingham*. New York: Atheneum, 1989.

COCKS, Geoffrey. *Psychotherapy in the Third Reich: The Göring Institute*. 2nd ed. NewBrunswick: Transaction, 1997.

COCKS, Geoffrey; JARAUSCH, Konrad H. (eds.). *German Professions, 1800–1950*. New York: Oxford University Press, 1990.

COLES, Robert. *Anna Freud: The Dream of Psychoanalysis*. Reading: Addison-Wesley Publishing, 1992.

COLLOTTI, Enzo. Socialdemocrazia e Amministrazione Municipale: Il Caso della "Vienna Rossa". *Annali dela Fondazione Giangiacomo Feltrinelli*, v. 23, 1983/1984.

CROWLEY, Ralph M. Psychiatry, Psychiatrists, and Psychoanalysts: Reminiscences of Madison, Chicago, and Washington-Baltimore in the 1930s. *Journal of the American Academy of Psychoanalysis*, v. 6, n. 4, 1978.

CUORDILEONE, Kyle A. Politics in an Age of Anxiety: Cold War Political Culture and the Crisis in American Masculinity, 1949, 1960. *The Journal of American History*, v. 87, n. 2, 2000.

DE CLERCK, Rotraut. Der Traum von einer bess'ren Welt : Psychoanalyse und Kulture in der Mitte der zwangiger Jahre. *Luzifer-Amor: Zeitschrift zur Geschichte der Psychoanalyse*, Heft 13, 1994.

DERI, Frances; BRUNSWICK, David. Freud's Letters to Ernst Simmel. *Journal of the American Psychoanalytic Association*, v. 12, n. 1, 1964.

BIBLIOGRAFIA 405

DEUTSCH, Helene. *Confrontations with Myself: An Epilogue*. New York: Norton, 1973.
_____. Freud and His Pupils. In: RUITENBEEK, Hendrik Marinus (ed.). *Freud as We Knew Him*. Detroit: Wayne State University Press, 1973.

EASTMAN, Max. *Great Companions: Critical Memoirs of Some Famous Friends*. NewYork: Farrar, Straus and Cudahy, 1942.

EISSLER, Kurt R. The Interview [with Wilhelm Reich]. In: HIGGINS, Mary B.; RAPHAEL, Chester M. (eds.). *Reich Speaks of Freud*. New York: Farrar, Straus and Giroux, 1967.

EITINGON, Max. Report of the Berlin Psycho-Analytical Policlinic, March 1920–June 1922. *International Journal of Psychoanalysis*, v. 4, 1923.
_____. Report on the Berlin Psycho-Analytical Institute, May 1924–August 1925. *International Journal of Psychoanalysis*, v. 7, 1926.

EITINGON, Max et al. *Zehn Jahre Berliner Psychoanalytisches Institut : 1920–1930*. Prefácio de Anna Freud. Meisenheim: Hain/ Berliner Psychoanalytisches Institut der Deutschen Psychoanalytischen Vereinigung, 1970.

EKSTEIN, Rudolf. Reflections and Translation of Paul Federn's "The Fatherless Society". *The Reiss-Davis Clinic Bulletin*, v. 8, 1971.

ENGELS, Friedrich. *The Origin of the Family, Private Property and the State*. New York: International, 1945. (Trad. bras.: *A Origem da Família, da Propriedade Privada e do Estado*. São Paulo: Centauro, 2012.)

ENGLISH, O. Spurgeon. Some Recollections of a Psychoanalysis with Wilhelm Reich: September 1929–April 1932. *Journal of the American Academy of Psychoanalysis*, v. 5, n. 2, 1977.

ENGSTROM, Eric J. *The Birth of Clinical Psychiatry: Power, Knowledge, and Professionalization in Germany, 1867–1914*. Tese (Doutorado), University of North Carolina em Chapel Hill, 1997.

ERIKSON, Erik. Anna Freud: Reflections. *A Way of Looking at Things : Selected Papers from 1930-1980*. Stephen Schlein (ed.). New York: Norton, 1987.

FALLEND, Karl. *Sonderlinge, Träumer Sensitive: Psychoanalyse auf den Weg zur Institution und Profession*. Vienna: Jugend and Volk, 1995.

FALLEND, Karl; REICHMAYR, Johannes. Das Psychologische Wien. In: MAIMANN, Helene (ed.). *Die ersten 100 Jahre: Österreichische Sozialdemokratie 1888-1988*. Wien/München: Christian Brandstätter, 1988.

FALZEDER, Ernst (ed.). *The Complete Correspondence of Sigmund Freud and Karl Abraham, 1907–1925*. London and New York: Karnac, 2002.

FALZEDER, Ernst; BRABANT, Eva; GIAMPIERI-DEUTSCH, Patrizia (eds.). *The Correspondence of Sigmund Freud and Sándor Ferenczi*. Trans. Peter Hoffer. Cambridge: Belknap Press of Harvard University Press, 1996. v. 1 (1908-1914); v. 2, (1914–1919); v. 3 (1920-1933).

FEDERN, Ernst et al. Thirty-Five Years with Freud: In Honor of the Hundredth Anniversary of Paul Federn, MD. *Journal of the History of the Behavioral Sciences*, v. 8, Special Monograph Supplements 1, 1972.

FEDERN, Paul. Sixtieth Birthday of Eduard Hitschmann: July 28, 1931. *International Journal of Psychoanalysis*, v. 13, 1932.

FENICHEL, Otto. *119 Rundbriefe (1934-1945): Band I: Europa (1934-1938)*. Herausgegeben von MÜHLLEITNER, Elke; REICHMAYR, Johannes. Basel: Stroemfeld, 1998. 2 v.

FENICHEL, Otto. Psychoanalysis as the Nucleus of a Future Dialectical-Materialistic Psychology. *American Imago*, v. 24, n. 4, 1967.

FERENCZI, Sandór. Aus der Kindheit eines Proletarmädchen. *Zeitschrift für Psychoanalytische Pädagogik*, ano 3, n. 5/6, fev.-mar. 1929.

FIRST Quarterly Report of the Vienna Psycho-Analytical Society. *International Journal of Psychoanalysis*, v. 6, 1925.

FOURTH Quarter 1931 Report of the German Psycho-Analytical Society. *International Journal of Psychoanalysis*, v. 13, 1932.

FOURTH Quarter 1931 Report of the Hungarian Psycho-Analytical Society. *International Journal of Psychoanalysis*, v. 13, 1932.

FOURTH Quarter Report of the Vienna Psycho-Analytical Socety. *International Journal of Psychoanalysis*, v. 14, 1933.

FRENCH, William J.; SMITH, Geddes. *The Commonwealth Fund Activities in Austria, 1923–1929*. New York: Commonwealth Fund Division of Publications, 1930.

FREUD, Anna. A Short History of Child Analysis. *Psychoanalytic Study of the Child*, v. 21, n. 1, 1996.

_____. *The Writings of Anna Freud*. New York: International Universities Press, 1951. V. 8.

FREUD, Ernst (ed.). *The Letters of Sigmund Freud and Arnold Zweig*. New York: New York University Press, 1970.

FREUD BERNAYS, Anna. My Brother, Sigmund Freud. In: RUITENBEEK, Hendrik M.(ed.). *Freud as We Knew Him*. Detroit: Wayne State University Press, 1973.

FREUD, Sigmund. Telegrama de 02 set. 1927, na reunião administrativa do x Congresso. *International Journal of Psychoanalysis*, v. 9, 1928.

_____. Introduction. In: SIMMEL, Ernst et al. *Psycho-Analysis and the War Neuroses*. London: The International Psychoanalytical Press, 1921.

FRIEDMAN, Lawrence J. *Identity's Architect: A Biography of Erik H. Erikson*. New York: Scribner's, 1999.

FROMM, Erich. *Sigmund Freud's Mission: An Analysis of His Personality and Influence*. New York: Harper, 1959. (Trad. bras.: *A Missão de Freud*. São Paulo: Jorge Zahar, 1976.)

GARDINER, Muriel. *Code Name "Mary": Memoirs of an American Woman in the Austrian Underground*. New Haven: Yale University Press, 1983.

GARDNER, Sheldon; STEVENS, Gwendolyn Stevens. *Red Vienna and the Golden Age of Psychology, 1918–1938*. New York: Praeger, 1992.

GAY, Peter. *Freud: A Life for Our Time*. New York: Norton, 1999. (Trad. bras.: *Freud: Uma Vida Para o Nosso Tempo*. São Paulo: Companhia das Letras, 2012.)

GIFFORD, Sanford. Grete Bibring, 1899-1977. Obituário. *Harvard Medical Alumni Bulletin*, dez. 1977.

GOETZ, Bruno. Some Memories of Sigmund Freud [1952]. In: RUITENBEEK, Hendrik M.(ed.). *Freud as We Knew Him*. Detroit: Wayne State University Press, 1973.

GOGGIN, James E.; BROCKMAN GOGGIN, Eileen. *Death of a "Jewish Science": Psychoanalysis in the Third Reich*. West Lafayette, Purdue University Press, 2001.

GOLDMANN, Emma. *Living My Life*. New York: New American Library, 1977. (Trad. bras.: *Vivendo Minha Vida*. São Paulo: L-DOPA, 2015.)

GRÖGER, Helmut; GABRIEL, Eberhard; KASPER, Siegfried (eds.). *On the History of Psychiatry in Vienna*. Vienna: Brandstätter, 1997.

GROSSKURTH, Phyllis. *The Secret Ring: Freud's Inner Circle and the Politics of Psychoanalysis*. New York: Addison-Wesley, 1991.

_____. *Melanie Klein: Her World and Her Work*. Harvard University Press, 1987.

GROTJAHN, Martin. *My Favorite Patient: The Memoirs of a Psychoanalyst*. Frankfurt and New York: Lang, 1987.

_____. A Letter by Sigmund Freud with Recollections of His Adolescence. *Journal of the American Psychoanalytic Association*, v. 4, n. 4, 1956.

GRUBER, Helmut. *Red Vienna: Experiment in Working-Class Culture, 1919–1934*. New York: Oxford University Press, 1991.

GUERRAND, Roger-Henri. Vienne-La-Rouge. *Histoire*, n. 88, 1986.

HALE, Nathan G. Jr. *The Rise and Crisis of Psychoanalysis in the United States: Freud and the Americans, 1917–1985*. New York: Oxford University Press, 1995.

_____. *Freud and the Americans: The Beginnings of Psychoanalysis in the United States, 1876–1917*. New York: Oxford University Press, 1971.

_____. (ed.). *James Jackson Putnam and Psychoanalysis*. Cambridge: Harvard University Press, 1971.

HELLER, Peter. *Anna Freud's Letters to Eva Rosenfeld*. Trans. Mary Weigand. Madison, Conn: International Universities Press.

HERMANN, Imre. Sándor Ferenczi: The Man. *New Hungarian Quarterly*, v. 25, n. 9, 1984.

_____.Report of the Hungarian Psychoanalytic Society, Second Quarter 1931, *International Journal of Psychoanalysis*, v. 12, 1931.

BIBLIOGRAFIA

HERMANNS, M. Karl Abraham und die Anfänge der Berliner Psychoanalytischen Vereinigung. *Luzifer-Amor: Zeitschrift zur Geschichte der Psychoanalyse*, Heft 13, 1994.

HERMANNS, Ludger M. Conditions et limites de la productivité scientifique des psychanalystes en Allemagne de 1933 à 1945: Un premier tableau d'ensemble et un essai à titre d'exemple sur Alexander Mette (1897–1985) et son projet sur Novalis. *Revue internationale d'histoire de la psychanalyse*, n. 1, 1988.

HITSCHMANN, Eduard. A Ten Years' Report of the Vienna Psycho-Analytic Clinic. *International Journal of Psychoanalysis*, v. 13, 1932.

_____. Sixtieth Birthday of Josef K. Friedjung: May 6, 1931, *International Journal of Psychoanalysis*, v. 12, 1932.

_____. Report of the Out-Patient Clinic of the Vienna Psycho-Analytical Society, *International Journal of Psychoanalysis*, v. 7, 1926.

HOCHMAN, Elaine S. *Architects of Fortune: Mies van der Rohe and the Third*. New York: Weidenfeld and Nicolson, 1989.

HORKHEIMER, Max. Ernst Simmel and Freudian Philosophy. *International Journal of Psychoanalysis*, v. 29, 1948.

HUBER, Wolfgang. *Psychoanalyse in Osterreich Seit 1933*. Vienna: Geyer, 1977.

JACOBY, Russell. *The Repression of Psychoanalysis: Otto Fenichel and the Political Freudians*. Chicago: University of Chicago Press, 1986.

JAHODA, Marie. The Emergence of Social Psychology in Vienna: An Exercise in Long--Term Memory. *British Journal of Social Psychology*, v. 22, n. 4, 1983.

JAY, Martin. *The Dialectical Imagination: A History of the Frankfurt School and the Institute of Social Research*, 1923–1950. Berkeley: University of California Press, 1973.

JOKL, Robert Hans. Fourth Quarter Report of the Vienna Psycho-Analytical Society. *International Journal of Psychoanalysis*, v. 15, 1934.

JONES, Ernest. *The Life and Work of Sigmund Freud*. New York: Basic, 1955. V. 3. (Trad. bras.: *A Vida e a Obra de Sigmund Freud*. Rio de Janeiro: Imago, 1989.)

_____. The London Clinic of Psychoanalysis Decennial Report. *Psychoanalytic Review*, v. 27, n. 1, 1940.

_____. War Shock and Freud's Theory of the Neuroses. In: SIMMEL, Ernst et al. *Psycho--Analysis and the War Neuroses*. Introdução de Sigmund Freud. London: The International Psychoanalytical Press, 1921. Publicado originalmente como *Kriegs--Neurosen und Psychisches Trauma*. Munich: Otto Nemnich, 1918.

KAES, Anton; JAY, Martin; DIMENDBERG, Edward. *The Weimar Republic Sourcebook*. Berkeley: University of California Press, 1994.

KARDINER, Abram. *My Analysis with Freud*. New York: Norton, 1977.

KAUFMANN, Doris. Science as Cultural Practice: Psychiatry in the First World War and Weimer Germany. *Journal of Contemporary History*, v. 34, n. 1, 1999.

KING, Pearl. Sur les activités et l'influence des psychoanalystes britanniques durant la Deuxième Guerre Mondiale. *Revue internationale d'histoire et la psychanalyse*, v. 1, 1988.

KRAMER, Hilde C. The First Child Guidance Clinic and Its First Patient. *Individual Psychology Bulletin*, n. 2, 1942.

KRAUS, Karl. *Half-Truths and One and a Half Truths: Selected Aphorisms*. Montreal: Egendra, 1976.

LANDAUER, Gustav. *For Socialism*. Trans. David J. Parent. St. Louis: Telos, 1978.

LEVINE, Howard. Interview with Erik H. Erikson. *Boston Psychoanalytic Society and Institute Newsletter*, n. 1/2,1985.

LEWIS, Jill. Red Vienna: Socialism in One City, 1918–1927. *European Studies Review*, v. 13, n. 3, 1983.

LOBNER, Hans. Discussions on Therapeutic Technique in the Vienna Psycho-Analytic Society (1923–1924). *Sigmund Freud House Bulletin*, v. 2, 1978.

LYNN, David J.; VAILLANT, George E. Anonymity, Neutrality, and Confidentiality in the Actual Methods of Sigmund Freud: A Review of Forty-three Cases, 1907–1939. *American Journal of Psychiatry*, v. 155, n. 2, Feb. 1998.

MCGRATH, William J. *Dionysian Art and Populist Politics in Austria*. New Haven: Yale University Press, 1974.

MENAKER, Esther. *Appointment in Vienna: An American Psychoanalyst Recalls Her Student Days in Pre-War Austria*. New York: St. Martin's, 1989.

MEISEL, Perry; KENDRICK, Walter (eds.). *Bloomsbury/Freud: The Letters of James and Alix Strachey, 1924-1925*. New York: Norton, 1990.

MOLNAR, Michael (ed. and trans.). *The Diary of Sigmund Freud, 1929-1939: A Record of the Final Decade*. New York: Scribner's, 1992.

MÜHLLEITNER, Elke. *Biographisches Lexikon der Psychoanalyse: Die Mitglieder der Psychologischen Mittwoch-Gesellchaft und der Wiener Psychoanalytischen Vereinigung von 1902-1938*. Tübingen: Diskord, 1992.

MÜHLLEITNER, Elke; REICHMAYR, Johannes. Otto Fenichel: Historian of the Psychoanalytic Movement. *Psychohistory Review*, v. 26, n. 2, 1998.

NOVECK, Beth. Hugo Bettauer and the Political Culture of the First Republic. *Contemporary Austrian Studies*, v. 3, 1995.

OBERNDORF, C.P. The Berlin Psychoanalytic Policlinic. *International Journal of Psycho-Analysis*, v. 7, 1926.

ORGLER, HERTHA. *Alfred Adler: The Man and His Work*. New York: Liveright, 1963.

PAPPENHEIM, Else. Politik und psychoanalyse in Wien vor 1938. *Psyche*, v. 43, n. 2, 1989.

PASKAUSKAS, R. Andrew (ed.). *The Complete Correspondence of Sigmund Freud and Ernest Jones, 1908-1939*. Cambridge: Belknap Press of Harvard University Press, 1993.

PETERS, Michael Adrian. *Education, Philosophy and Politics*. New York: Routledge, 2012.

POLLAK, Michael. Psychanalyse et Austromarxisme. *Austriaca*, v. 21, n. 2, 1985.

QUINN, Susan. *A Mind of Her Own: The Life of Karen Horney*. Reading, MA: Addison-Wesley, 1987.

REPORT of the Berlin Psychoanalytic Society. *International Journal of Psychoanalysis*, v. 3 (1922) ; v. 4 (1923) ; v. 5 (1924) ; v. 6 (1925) ; v. 7 (1926) ; v. 9 (1928).

REPORT of the British Psychoanalytic Society. Second Quarter, 1931. *International Journal of Psychoanalysis*, v. 12, 1931.

_____. Fourth Quarter, 1929. *International Journal of Psychoanalysis*, v. 11, 1930.

_____. Second Quarter, 1927. *International Journal of Psychoanalysis*, v. 8, n. 2, 1927.

REPORT of the Frankfurt Psychoanalytic Institute. *International Journal of Psychoanalysis*, v. 11, 1930.

REPORT of the General Meeting of the Vienna Psycho-Analytical Society, Oct. 18th, 1922. *International Journal of Psychoanalysis*, v. 4.

REICH, Ilse O. *Wilhelm Reich: A Personal Biography*. New York: St. Martin's, 1969.

REICH, Peter. *A Book of Dreams: A Memoir of Wilhem Reich*. New York: Harper and Row, 1989.

REICH, Wilhelm. *Passion of Youth: An Autobiography, 1897-1922*. New York: Paragon House, 1990.

_____. The Living Productive Power, "Work-Power", of Karl Marx (1936). In: HIGGINS, Mary B ; SCHMITZ, Philip (eds. and trans.). *People in Trouble, v. 2: The Emotional Plague of Mankind*. New York: Farrar, Strauss and Giroux, 1976.

_____. This Is Politics! (1937). In: HIGGINS, Mary B ; SCHMITZ, Philip (eds. and trans.). *People in Trouble, v. 2: The Emotional Plague of Mankind*. New York: Farrar, Strauss and Giroux, 1976.

_____. *Early Writings*. New York: Farrar, Straus and Giroux, 1975, v. 1.

_____. Dialectical Materialism and Psychoanalysis (1929). In: BAXANDALL, Lee (ed.). *Sex-Pol: Essays 1929-1934*. New York: Random House, 1972.

_____. *The Sexual Revolution: Toward a Self-Governing Character Structure*. New York: Farrar, Straus and Giroux, 1945.

_____. *Zeitschrift für Sexualwissenchaft*, v. 10, n. 23, 1924.

RICKMAN, John. Report of the British Psychoanalytic Society to the General Meeting of the Ninth Psychoanalytic Congress. *International Journal of Psychoanalysis*, v. 7, 1926.

ROAZEN, Paul. *Helene Deutsch: A Psychoanalyst's Life*. Garden City, NY: Doubleday, 1985.

ROUDINESCO, Elisabeth; PLON, Michel Plon. *Dictionnaire de la Psychanalyse*. Paris: Fayard, 2000. (Trad. bras.: *Dicionário de Psicanálise*. Rio de Janeiro: Zahar, 1998). ˙

BIBLIOGRAFIA 409

SCHRÖTER, Michael (ed.). *Sigmund Freud-Max Eitingon Correspondance 1906-1939*. Paris: Hachettes Littératures, 2009.

SCHULTZ-VERNATH, Ulrich; HERMANNS, Ludwig M. Das Sanatorium Schloss Tegel Ernst Simmels: Zur Geschichte und Konzeption der Ersten Psychoanalytischen Klinik. *Psychotherapie. Psychosomatik. Medizinische Psychologie*, v. 37, n. 2, 1987.

Schütte-Lihotzky, Margarete. Vienne-Francfort: Construction de logements et rationalisation des travaux domestiques: Coup d'oeil sur les années vingt. *Austriaca*, v. 12, 1981.

SIEDER, Reinhard. Housing Policy, Social Welfare, and Family Life in "Red Vienna", 1919–1934. *Oral History*, v. 13, n. 2, 1985.

SEIDLER, Regine. School Guidance Clinics in Vienna. *International Journal of Individual Psychology*, v. 2, n. 4, 1936.

SHARAF, Martin. *Fury on Earth: A Biography of Wilhelm Reich*. New York: St. Martin's/ Marek, 1993.

SHEPHARD, Ben. *A War of Nerves: Soldiers and Psychiatrists in the Twentieth Century*. Cambridge: Harvard University Press, 2001.

SIMMEL, Ernst. The Psychoanalytic Sanatorium and the Psychoanalytic Movement. *Bulletin of the Menninger Clinic*, v. 1, 1937.

_____. Psycho-Analytic Treatment in a Sanatorium. *International Journal of Psycho-Analysis*, v. 10, n. 4, 1929.

_____. Der Sozialistische Arzt. *Mitteilungsblatt des "Vereins sozialistischer Ärzte"*, n. 1, mar. 1925.

_____. Discussion. In: SIMMEL, Ernst et al. *Psycho-Analysis and the War Neuroses*. Introdução de Sigmund Freud. London: The International Psychoanalytical Press, 1921. Publicado originalmente como *Kriegs-Neurosen und Psychisches Trauma*. Munich: Otto Nemnich, 1918.

SIMMEL, Ernst; FABIAN, Ewald. *Der Sozialistische Arzt*, v. 4, n. 3, dez. 1928.

STATUTES of the International Psycho-Analytical Association. *International Journal of Psychoanalysis*, v. 9, 1928.

STEPANSKY, P. *In Freud's Shadow: Adler in Context*. New York: The Analytic Press, 1983.

STERBA, Richard. *Reminiscences of a Viennese Psychoanalyst*. Detroit: Wayne State University Press, 1982.

TOSONE, Carol. Sándor Ferenczi: Forerunner of Modern Short-Term Psychotherapy, *Journal of Analytic Social Work*, v. 4, n. 3, 1997.

WAELDER-HALL, Jenny. Structure of a Case of Pavor Nocturnus. *Bulletin of the Philadelphia Association for Psychoanalysis*, v. 20, 1971.

WASSERMAN, Janek. *Black Vienna: The Radical Right in the Red City, 1918-1938*. Ithaca: Cornell University Press, 2014.

WEBER, Matthias M.; ENGSTROM, Eric J. Kraepelin's Diagnostic Cards: The Confluence of Clinical Research and Preconceived Categories. *History of Psychiatry*, v. 8, 1997.

WESSEL, Morris; BLODGETT, Frederic. Edith B. Jackson and Yale Pediatrics. *Connecticut Medicine*, v. 26, 1962.

WHITE, William Alanson. *The Autobiography of a Purpose*. New York: Doubleday, 1938.

WIGGERSHAUS, Rolf. *The Frankfurt School: Its History, Theories, and Political Significance*. Cambridge: MIT Press, 1993.

WORBS, Dietrich. Ernst Ludwig Freud in Berlin. *Bauwelt*, v. 88, n. 42, Nov. 1997.

WORTIS, Joseph. *Fragments of an Analysis with Freud*. New York: Aronson, 1984.

YOUNG-BRUEHL, Elisabeth. *Anna Freud: A Biography*. New York: Summit, 1988.

Complementar

ARON, Lewis; HARRIS, Adrienne (eds.). *The Legacy of Sándor Ferenczi*. Hillsdale, NJ: Analytic, 1993.

BERGMANN, Martin. Reflections on the History of Psychoanalysis. *Journal of the American Psychoanalytic Association*, v. 41, n. 4, 1993.

BERNER, Peter et al. *Zur Geschichte der Psychiatrie in Wien: Eine Bilddokumentation.* Vienna: Christian Brandstätter, 1995.

BION, W.R. *The British Psycho-Analytical Society Fiftieth Anniversary.* London, 1963. (Publicação privada.)

BIRNBAUM, Ferdinand. The Individual Psychological Experimental School in Vienna. *International Journal of Individual Psychology*, n. 2, 1935.

BRABANT-GERÖ, Eva. *Ferenczi et l'école hongroise de psychanalyse.* Paris: Harmattan, 1977.

BRECHT, Karen. La Psychanalyse sous l'Allemagne nazie: adaptation à l'institution, relations entre psychoanalystes juifs and non juifs. *Revue internationale d'histoire de la psychanalyse*, v. 1, 1988.

BRINKSCHULTE, Eva. Stationär oder Ambulant: Die orthopädische Poliklinik zwischen klinischer Rekrutierung und allgemeiner Krankenversorgung. *Jahrbuch für Universitätsgeschichte*, Stuttgart, v. 3, 2000.

BURNHAM, John Chynoweth. Psychiatry, Psychology, and the Progressive Movement. *American Quarterly*, v. 12, 1960.

CARSTEN, F.L. *The First Austrian Republic, 1918–1938.* London: Gower/Maurice Temple Smith, 1986.

COLBY, Kenneth Mark. On the Disagreement Between Freud and Adler. *American Imago*, v. 8, n. 3, 1951.

DRELL, Martin J. Hermine Hug-Hellmuth: A Pioneer in Child Analysis. *Bulletin of the Menninger Clinic*, v. 46, n. 2, 1982.

EISSLER, Kurt R. *Freud as an Expert Witness: The Discussion of War Neuroses Between Freud and Wagner-Jauregg.* Trans. Christine Trollope. Madison: International Universities Press, 1986.

_____. On Some Theoretical and Technical Problems Regarding the Payment of Fees for Psychoanalytic Treatment. *International Review of Psychoanalysis*, v. 1, 1974.

ENGSTROM, Eric J. Emil Kraepelin: Psychiatry and Public Affairs in Wilhelmine Germany. *History of Psychiatry*, v. 2, 1991.

ETKIND, Alexander. *Eros of the Impossible: The History of Psychoanalysis in Russia.* Trans. Noah and Maria Rubins. New York: Westview, 1997.

FALLEND, Karl. Wilhelm Reich in Wien. *Psychoanalyse und Politik*, Wien: Ludwig Boltzmann Institute, v. 17, 1988.

FREUD, Anna. August Aichorn: July 27, 1878–October 17, 1949. *International Journal of Psychoanalysis*, v. 32, 1951.

GAY, Peter. *Freud for Historians.* New York: Oxford University Press, 1985.

_____. *Freud, Jews, and Other Germans: Masters and Victims in Modernist Culture.* New York: Oxford University Press, 1978.

_____. *Weimar Culture: The Outsider as Insider.* New York: Harper and Row, 1968. (Trad. bras.: *A Cultura de Weimar*. São Paulo: Paz e Terra, 1978.)

GIFFORD, Sanford. "Repression" or Sea-Change: Fenichel's Rundbriefe and the "Political Analysts" of the 1930s. *International Journal of Psychoanalysis*, v. 66, 1985.

GIFFORD, Sanford ; MENASHI, Ann. In Memoriam: Edward Bibring and Grete L. Bibring. Privately printed for the library of the Boston Psychoanalytic Society and Institute, 1979.

GRÖGER, Helmut. Zur Gründungsgeschichte des Wiener Psychoanalytichen Ambulatoriums. *Sigmund Freud House Bulletin*, v. 18/1B, 1994.

GUTTMAN, Samuel A. In Memoriam Muriel M. Gardiner, MD. *The Psychoanalytic Study of the Child*, v. 40, 1985.

HALE, Nathan G. Jr. From Bergasse XIX to Central Park West: The Americanization of Psychoanalysis, 1919–1940. *Journal of the History of the Behavioral Sciences*, v. 14, 1978.

HALL, Murray G. The Fate of the Internationaler Psychoanalytischer Verlag. In: TIMMS, Edward ; SEGAL, Naomi (eds.), *Freud in Exile: Psychoanalysis and Its Vicissitudes.* New Haven: Yale University Press, 1988.

HARMAT, Paul. Die zwanziger Jahre: Die Blütezeit der Budapester psychoanalytischen Schule. *Medezinhistorisches Journal*, Bund 23, Heft 3–4, 1988.

BIBLIOGRAFIA 411

HARRIS, Benjamin; BROCK, Adrian. Freudian Psychopolitics: The Rivalry of Wilhelm Reich and Otto Fenichel, 1930–1935. *Bulletin of the History of Medicine*, v. 66, n. 4, 1992.

_____. Otto Fenichel and the Left Opposition in Psychoanalysis. *Journal of the History of the Behavioral Sciences*, v. 27, 1991.

HOFFMAN, e E. War, Revolution, and Psychoanalysis: Freudian Thought Begins to Grapple with Social Reality. *Journal of the History of the Behavioral Sciences*, v. 17, 1981.

HUG-HELLMUTH, Hermine (Grete Lainer). [1919]. *A Young Girl's Diary*. Prefácio de Sigmund Freud. Daniel Gunn; Patrick Guyomard (eds.). London: Unwin Hyman, 1990.

JONES, Ernest. Glossary for the Use of Translators of Psycho-Analytical Works. *International Journal of Psychoanalysis*, London, v. 7, 1926. (Supplement n. 1.)

JURJI, David. The Significance of Freud for Radical Theory and Practice. *Issues in Radical Therapy*, v. 10, n. 2, 1982.

KEIBL, Ernst. Zur Geschite der Herzstation. *Osterreischische Arztezeitung*, v. 11, June, 1972.

KIRSCH, Thomas B. *The Jungians: A Comparative and Historical Perspective*. London: Routledge, 2000.

KOHLER, Robert E. A Policy for the Advancement of Science: The Rockefeller Foundation, 1924–1929. *Minerva*, v. 16, 1978.

KRAMER, Rita. *Maria Montessori: A Biography*. New York: Putnam's, 1976.

KURZWEIL, Edith. *The Freudians: A Comparative Perspective*. New Haven: Yale University Press, 1989.

LAQUEUR, Walter. *Weimar: A Cultural History, 1918–1933*. London: Weidenfeld and Nicolson, 1974.

LOMAX, Elizabeth. The Laura Spelman Rockefeller Memorial: Some of Its Contributions to Early Research in Child Development. *Journal of the History of the Behavioral Sciences*, v. 13, n. 3, 1977.

MCGRATH, William J. *Freud's Discovery of Psychoanalysis: The Politics of Hysteria*. Ithaca: Cornell University Press, 1986.

MCLYNN, Frank. *Carl Gustav Jung*. New York: St. Martin's, 1997.

MÉSZÁROS, Judit. Entretien avec un patient d'Alice Balint au cours des années trente. *Coq-Héron*, n. 153, 1998.

NUNBERG, Hermann; FEDERN, Ernst (eds.). *Minutes of the Vienna Psychoanalytic Society*. New York: International Universities Press, 1962, v. 3.

OBERBORBECK, Klaus W. Kinderanalyse im umfeld des Berliner Psychoanalytischen Instituts 1920 bis 1933. *Luzifer-Amor*, v. 13, 1994.

REICH, William. *The Mass Psychology of Fascism*. Trans. Vincent Carfagno. New York: Noonday, 1970 [1942].

REICHMAYR, Johannes. Rudolf von Urbantschitsch [Rudolf von Urban] (1879–1964). Revue Internationale d'Histoire de la Psychanalyse, n. 4, 1991.

REPPE, Susanne. *Der Karl Marx Hof: Geschichte Eines Gemeindebaus und Seiner Bewohner*. Vienna: Picus, 1993.

ROAZEN, Paul. *Freud and His Followers*. New York: Knopf, 1971.

ROBINSON, Paul A. *The Freudian Left: Wilhelm Reich, Geza Roheim, Herbert Marcuse*. New York: Harper and Row, 1969.

SABLIK, Karl. Sigmund Freud und Julius Tandler: Eine rätselhafte Beziehung. *Sigmund Freud House Bulletin*, v. 9, n. 2, 1985.

SCHORSKE, Carl. *Fin-de-Siècle Vienna*. New York: Random House, 1981.

SCHRÖTER, Michael. Max Eitingon and the Struggle to Establish an International Standard for Psychoanalytic Training (1925–1929). *International Journal of Psychoanalysis*, v. 83, n. 4, 2002.

SHORTER, Edward. Private Clinics in Central Europe, 1850–1933. *Social History of Medicine*, v. 3, n. 2, 1990.

SIMMEL, Ernst. The "Doctor-Game": Illness and the Profession of Medicine. *International Journal of Psychoanalysis*, v. 7, 1926.

STEINER, Riccardo. It Is a New Kind of Diaspora... . *International Review of Psycho-Analysis*, v. 16, 1989.

STERN, Fritz. *The Failure of Illiberalism: Essays on the Political Culture of Modern Germany*. Chicago: University of Chicago Press, 1975.

TAYLOR, Seth. *Left-Wing Nietzscheans: The Politics of German Expressionism, 1910–1920*. Berlin and New York: de Gruyter, 1990.

TENNANT, F.S.; DAY, C.M. Survival Potential and Quality of Care Among Free Clinics. *Public Health Reports*, v. 89, n. 6, 1974.

THOMÄ, Helmut. Some Remarks on Psychoanalysis in Germany, Past and Present. *International Journal of Psychoanalysis*, 50, 1969.

TIMMS, Edward; SEGAL, Naomi (eds.). *Freud in Exile: Psychoanalysis and Its Vicissitudes*. New Haven: Yale University Press, 1988.

WATSON, John B. Psychology as the Behaviorist Views It. *Psychological Review*, 20, 1913.

WEGS, J. Robert. Working Class Respectability: The Viennese Experience. *Journal of Social History*, v. 15, n. 4, summer, 1982.

WILLETT, John. *The Weimar Years: A Culture Cut Short*. New York: Abbeville, 1984.

WRIGHT, John H.; HICKS, Jack M. Construction and Validation of a Thurstone Scale of Liberalism-Conservatism. *Journal of Applied Psychology*, v. 50, n. 1, 1966.

WRIGHT MILLS, Charles. *The Sociological Imagination*. New York : Oxford University Press, 1959. (Trad. bras.: *A Imaginação Sociológica*. Rio de Janeiro: Zahar, 1975.)

Agradecimentos

As pessoas e as instituições sem as quais este livro simplesmente não existiria formam uma extensa e generosa lista e sou profundamente grata a elas. O decano James Blackburn e a presidente Jennifer Raab têm dado grande impulso ao Hunter College School of Social Service pois, junto com os estudantes e o corpo docente, fazem com que a City University de Nova York e o Hunter College sejam um lugar excepcional para lecionar e escrever.

Estou honrada por ter recebido o apoio para pesquisa do TIAA-CREF – 2004 (Teachers Insurance and Annuity Association - College Retirement Equities Fund); do DAAD – 2002 (Deutscher Akademischer Austauschdienst – Serviço Alemão de Intercâmbio Acadêmico); do Eugene Lang Junior Faculty Development Award do Hunter College (2000); do Hunter College President's Teaching and Research Incentive Award (1999); do Rockefeller Archive Center Research Award (1999); e da American Psychoanalytic Association Fellowship (1998–1999). Agradeço a Robert Buckley, do Hunter College, por sua brilhante administração desses prêmios.

Entre os arquivistas e bibliotecários, que constituem o alicerce deste livro, gostaria de agradecer a Nellie Thompson e a Matthew von Unwerth, dos A.A. Brill Archives da Sociedade e do Instituto Psicanalíticos de Nova York; a Sanford Gifford, da Sociedade e do Instituto Psicanalíticos de Boston, pelo material referente a Helene e Felix Deutsch e a Grete e Eduard Bibring; a Thomas Rosenbaum, do Rockefeller Archives Center, pela ajuda com os documentos do Rockefeller Brothers Fund, os artigos do Laura Spelman Rockefeller Memorial, os arquivos da Fundação Rockefeller e do Commonwealth Fund; a Rachel Vigneron, pela sua assistência com os *Rundbriefe* de Otto Fenichel na Biblioteca do Austen Riggs Center, Stockbridge, Massachusetts; a Marvin Krantz, pelo acesso aos arquivos de Sigmund Freud e aos documentos de Anna Freud, Siegfried Bernfeld, Otto Fenichel e Muriel Gardiner nos Manuscript Collections da Biblioteca do Congresso, Washington DC; a Eckhardt Fuchs, do German Historical Institute em Washington DC; a Stephen Novak pelo acesso à biblioteca pessoal de Sigmund Freud, biblioteca do College of Physicians and Surgeons da Universidade Columbia; também aos documentos de Otto Rank e as transcrições de Bluma Swerdloff do Oral Histories of the Psychoanalytical Movement, em Rare Book and Manuscript Collection, nas bibliotecas da Universidade Columbia; a Jerome Kavka, do Instituto de Psicanálise de Chicago, pelos documentos de Therese Benedek e Franz Alexander; a Ellen M. Shea, pelos documentos de Edith Banfield Jackson na Biblioteca Schlesinger do Radcliffe Institute for Advanced Study, Universidade de Harvard; à New York Historical Society, pelos registros do NY State Board of Charities; a Mary Boyd Higgins, do Wilhelm Reich Infant Trust; a Dianne Spielmann, do Leo Baeck Institute em Nova York; aos arquivos da Sophia Smith Collection, no Smith College School of Social Work, Northampton, Massachusetts; a Lesley Hall, pelos documentos de Melanie Klein no Wellcome Institute for the History of Medicine, Londres; a Riccardo Steiner, Polly Rossdale e ao Committee on Archives da Sociedade Psicanalítica Britânica (Londres) pelos documentos de Ernest Jones; a Michael Molnar, do Freud Museum em Londres; a Tom Roberts, do Sigmund Freud Copyrights/ Paterson Marsh Ltd., Reino Unido; a Robert Elwall, pelos arquivos de Ernst Freud, Royal Institute of British Architects, Londres; a Winfried Schultze, do Universitätsarchiv da Universidade Humboldt em Berlim; a Inge Scholz-Strasser e a Christian Huber, dos arquivos da Fundação Sigmund Freud em Viena; a Helmut Gröger, do Josephineum Institute for the History of Medicine, em Viena; a Gregor Pickro, do Bundesarchive em Koblenz, Alemanha; a Johanna Bleker, Thomas Mueller e Cornelius Borck, do Center for the Humanities and Health Sciences, Institute for the History of Medicine, em Berlim; e a Philip Swan, Tanya Manvelidze e Norman Clarius, das bibliotecas do Hunter College. Muitos desses amáveis homens e mulheres são também historiadores, psicanalistas, assistentes sociais e médicos, e agradeço a todos por sua incansável ajuda e orientação.

Agradeço a Martin Bergmann; Jean-Luc Donnet; Judith Dupont; Solange Faladé; Sanford Gifford; Pearl King; Eva Laible; Else Pappenheim; ao falecido George Pollock; à falecida Helen Schur; a Lou T. Seinfeld; Robert Stewart; Bluma Swerdloff; Mary Weigund; e ao falecido Joseph Wortis que, amavelmente, concordaram, em serem gravados. Obrigada pelas memórias.

Algumas partes deste livro foram apresentadas nos encontros da American Association for the History of Medicine; da Society for the History of Science; do Hagley Museum for the History of Science and Technology; do Council on Social Work Education; da International Association for the Historty of Psychoanalysis; do Richardson Seminar on the History of Psychiatry; do Ad Hoc Committee on Community Clinics da Associação Psicanalítica Americana; e do Austin Riggs Center. Seleções foram publicadas em forma de artigo no *Psychoanalytical Social Work*, no *Journal of the American Psychoanalytic Association* e no *International Journal of Psychoanalysis*.

Meus amigos têm sido um grupo de apoio alegre e amoroso, me incentivando quando eu trabalhava em rascunho após rascunho do manuscrito. Dentre as pessoas maravilhosas no que chamamos de People's Republic of Fifth Street, uma comunidade arborizada de pequenos edifícios e altos alpendres no East Village, algumas como Lucinda; Steven; Arie; Ni; e LiMing se mudaram; outras, como Heide; Doug e Zeke; ou Tricia e Oscar; ou Kathryn e Margaret, na quadra de baixo; ou Monica e Abe; os Goyals; Lisa e sua família de músicos; Marva; José; AJ; Romy; Hayes; Lydia; Judy; David; Mark ... são tantas que mal posso citá-las por nome, mas agradeço a todos. Sou também grata a Ruth Sidel; Anne Talpain; Norma Tan; Janete Becker; Eva Golden; Clark Sugg; e Ruby e Kevin Eisenstadt. Pela sua assistência com as traduções e as bolsas de estudos, agradeço a Heide Estes;

Janna Schaeffer; Paul Werner; Louise Crandall; Theresa Aiello; George Franks; Mimi Abramovitz; Barbara Levy Simon; Alain de Mijolla e Craig Tomlinson. Na Columbia University Press agradeço a John Michel por sua coragem e bondade e a Susan Pensak por sua perspicácia editorial. Os erros no tocante aos fatos ou às interpretações nas traduções, assim como no material histórico, são de minha responsabilidade.

Venho de uma família de escritores e, por esse legado, gostaria de agradecer a meu pai, Arthur C. Danto; à minha sogra, Vivian L. Werner; e à minha falecida mãe, Shirley Rovetch Danto. Agradeço também aos membros da família estendida, espalhados por todo o país.

Paul Werner, meu espirituoso, íntegro e sofisticado marido, contribuiu com três leituras críticas completas deste livro e muito mais, tornando-o realmente o que é hoje. Sei que um amor assim é raro e sinto-me afortunada.

Índice Remissivo

Abraham, Karl XIV, XXXVII, 12, 14, 15, 16, 18, 19, 47, 51, 52, 53, 56, 57, 59, 60, 61, 62, 64, 65, 69, 73, 100, 101, 126, 127, 131, 137, 138, 140, 155, 156, 166, 167, 180, 191, 200, 223, 224, 226, 324

Adler, Alfred XXIII, XXXII, 17, 27, 31, 32, 33, 34, 41, 87, 88, 95, 98, 99, 130, 131, 167, 171, 190, 193, 205, 206, 217, 240, 251, 252, 253, 325, 334, 341, 347, 373, 377, 378, 383

Adler, Victor 10, 20, 21, 22, 23

Aichhorn, August XXIII, 30, 40, 41, 129, 130, 131, 166, 175, 206, 215, 217, 218, 238, 239, 244, 272, 273, 302, 309

Alexander, Franz XIV, XXXII, 6, 46, 101, 112, 131, 137, 138, 140, 151, 153, 185, 186, 206, 207, 225, 226, 290, 315, 316, 317, 333, 362, 372, 414

Allgemeines Krankenhaus (hospital) 80, 81, 96, 107, 114, 125, 171, 296

Ambulatorium (Viena) XXIII, XXIX, XXX, XXXII, XXXIII, XXXVII, XXXVIII, 28, 40, 48, 60, 83, 86, 88, 90, 109, 113, 115, 116, 117, 118, 120, 121, 122, 123, 126, 127, 128, 132, 134, 144, 145, 149, 150, 151, 152, 153, 155, 167, 168, 169, 173, 174, 175, 176, 177, 178, 179, 180, 181, 187, 188, 194, 195, 198, 199, 200, 201, 204, 218, 219, 220, 227, 247, 249, 250, 251, 261, 266, 271, 272, 273, 274, 275, 282, 283, 296, 299, 300, 301, 305, 306, 307, 308, 309, 317, 334, 335, 347, 348, 349, 365, 366, 368, 369, 370, 373, 375, 379, 380, 381, 382, 383, 394
na *Herzstation* 107–110, 108–111, 112–114, 119, 178, 196–197, 214–217, 241
resistência ao 71–73, 79–82, 92–93, 95–98, 124–125, 170–171, 236, 276

American Relief Administration 36, 159

Am Steinhof, hospital 123, 124, 194, 348

Angel-Katan, Anny XL, 112, 113, 215

Annie Reich 169

Arbeiter-Zeitung XXXVI, 20, 35, 78, 167, 240, 263

Associação dos Médicos Socialistas (Sindicato) XXXIII, XXXIX, 27, 140, 192, 222, 223, 256, 285
O Médico Socialista (Der Sozialistische Aerzte) 156, 192, 222, 308

Bálint, Alice XXXII, 6, 297, 340, 352

Bálint, Michael 6, 297, 340, 352, 370

Bauer, Otto XXIV, XXXVI, 10, 23, 107, 164, 167, 205, 219, 383

Bauhaus XXXVI, 37, 41, 58, 232, 327, 328

Benedek, Therese 6, 69, 137, 138, 157, 182, 183, 218, 323, 340, 342, 349, 371, 372, 414

Berg, Alban 25

Berggasse n. 7 366, 368

Berggasse n. 19 46

Bergler, Edmund 112, 113

Bernays, Eli 5, 36, 77, 300

Bernfeld, Siegfried XXIII, XXIV, XXXIII, XL, 13, 28, 31, 40, 41, 42, 45, 86, 91, 98, 165, 180, 192, 193, 194, 198, 199, 218, 222, 223, 237, 239, 240, 251, 252, 253, 262, 270, 283, 310, 311, 312, 414

Berze, Josef 123, 124

Betlheim, Stjepan 112, 113

Bettauer, Hugo 88, 129, 173, 174, 204, 285, 307

Bettelheim, Bruno XIV, XXXII, XXXIII, XL, 28, 29, 220

Bibring, Eduard XXIII, 23, 43, 45, 46, 47, 49, 88, 91, 112, 272, 274, 275, 284, 295, 329, 335, 361, 368, 370, 386, 414

Bibring, Grete Lehner XXIII, XL, 23, 25, 43, 44, 45, 46, 47, 49, 74, 88, 90, 104, 112, 113, 116, 117, 118, 120, 121, 122, 153, 172, 178, 199, 214, 215, 262, 275, 276, 284, 295, 414

Bloomsbury, grupo de 71, 185

Blos, Peter 237, 238

Boehm, Felix 100, 101, 154, 254, 294, 322, 323, 324, 325, 326, 327, 328, 329, 330, 342, 343, 346, 349, 350, 354, 355, 357, 358, 359, 363, 371, 377, 384

Bonaparte, Marie XL, 219, 266, 267, 281, 304, 352, 364, 386

Bowlby, John 364

Braun, Heinrich 21, 22

Breitner, Hugo 23, 82, 104, 162, 164, 219

Briehl, Marie 238

Brierley, Marjorie 210, 336

Brill, Abraham A. 71, 99, 156, 181, 193, 259, 284, 316, 325, 326, 330, 349, 353, 354, 413

Brunswick, Ruth Mack 220, 275, 282

Bryan, Douglas 189, 210

Buber, Martin 29, 45

Burlingham, Dorothy 215, 216, 237, 238, 282, 302, 304, 370, 374, 382

Buxbaum, Edith XL, 215, 284, 381

Charité (Berlim) XXXVIII, 60, 61, 67, 68, 103, 157, 259, 266, 325, 327, 352, 358

Clínica de Psicanálise de Londres 12, 71, 210

Commonwealth Fund XXXV, 24, 36, 77, 84, 86, 97, 108, 159, 194, 242, 274, 414

comunismo XXVI, 28, 48, 74, 262, 327, 344

Conselho da cidade de Viena (Rathaus) 35, 167, 301

Conselho da Cidade de Viena (Rathaus) 35, 162

creche Jackson 348, 376

crianças, bem-estar 22–23, 25, 34, 36, 39–42, 61–62, 62, 76–77, 84–86, 97, 126–127, 161, 376
    tratamento de XXXIII, 31–34, 42–43, 61, 62, 83–84, 102, 103, 127–128, 129–131, 190, 196–197, 214–217, 297–300

cristãos-sociais (Áustria) XXVI, 20, 21, 34, 38, 48, 73, 85, 105, 161, 229, 244, 306

Danneberg, Robert 23, 105, 162, 219

Deming, Julia 374

Deri, Frances XL, 186, 233, 284, 323, 338, 340

Deutsch, Felix 98, 107, 108, 110, 132, 155, 166, 176, 333

Deutsch, Helene XIV, XXIII, XXXI, XXXII, XL, 27, 42, 47, 49, 61, 62, 72, 76, 90, 107, 116, 125, 132, 134, 153, 155, 156, 172, 176, 178, 179, 184, 187, 188, 196, 198, 262, 263, 272, 315, 333, 414
    e Instituto de Formação 125, 155–156, 188, 198

Dubovitz, Margit 290, 291, 297

Eastman, Max 76

Eder, David 210

Eidelberg, Ludwig 112, 113

Einstein, Albert 27, 193

Eitingon, Max XIV, XXXI, XXXII, XXXVII, 3, 12, 17, 18,

29, 30, 50, 51, 52, 53, 55, 56, 59, 62, 63, 64, 65, 66, 67, 69, 71, 72, 73, 96, 100, 102, 103, 112, 117, 132, 133, 134, 135, 136, 153, 154, 157, 158, 170, 182, 185, 191, 192, 210, 223, 224, 225, 226, 227, 228, 253, 257, 258, 259, 266, 270, 271, 272, 280, 281, 286, 287, 288, 289, 294, 299, 322, 323, 324, 326, 328, 345, 355, 359, 364, 368, 369
    e o tratamento gratuito XXXI, 12, 30, 51, 52, 55–72, 100–103, 134–136, 191–192, 224, 226, 280

Ekstein, Rudolf XXIV, 27, 30, 46

English, O. Spurgeon 262

Erikson, Erik (Homburger) XXXII, XXXIII, XL, 23, 41, 42, 47, 90, 220, 237, 238, 239, 240, 260, 272, 273, 334, 371

Erlagschein(e) XXIX, 117

Federn, Paul XXIII, XXIV, XL, 35, 36, 72, 74, 90, 107, 110, 121, 126, 149, 150, 151, 165, 166, 176, 198, 220, 241, 270, 286, 300, 301, 306, 315, 379

Feigenbaum, Dorian 179

Fenichel, Otto XIV, XV, XXIII, XXVI, XXXII, XXXIII, XXX-VIII, XXXIX, XL, 23, 25, 28, 29, 40, 43, 46, 76, 91, 92, 93, 102, 132, 137, 138, 149, 170, 184, 185, 186, 223, 253, 254, 280, 286, 289, 298, 323, 324, 333, 336, 337, 338, 350, 351, 352, 354, 361, 362, 365, 368, 384, 386, 416
    em Berlim 65–66, 134–135, 222, 233, 288, 295–296, 325, 328, 339–344
    e Reich 47, 49, 88–89, 98, 99, 262, 283, 284, 343–344, 364

Ferenczi, Sándor XIV, XXI, XXVI, XXXIII, XXXIV, XL, 11, 12, 13, 14, 15, 17, 18, 19, 20, 52, 53, 55, 73, 75, 76, 79, 89, 100, 111, 121, 150, 153, 180, 181, 191, 223, 227, 228, 245, 276, 277, 290, 291, 297, 302, 316, 342, 352, 362, 369
    e Freud XXXII, XXXIV, 5, 6, 7, 218, 224, 246, 285–286, 296, 299, 318

Freidjung, Josef XL

Freud, Anna XIV, XXII, XXIII, XXIV, XXVII, XXXII, 5, 8, 12, 13, 30, 40, 41, 42, 61, 90, 116, 127, 190, 197, 198, 206, 215, 216, 220, 225, 233, 237, 238, 267, 270, 272, 273, 282, 302, 303, 304, 309, 310, 311, 314, 322, 329, 330, 334, 335, 342, 343, 344, 345, 354, 355, 357, 358, 359, 365, 366, 367, 368, 370, 371, 373, 376, 379, 382, 386, 416
    na creche Jackson 373–376

Freud, Ernst 57, 58, 106, 232, 254, 294, 314, 327, 359, 385, 414

Freud, Martha 239

Freud, Sigmund
    e a Clínica de Psicanálise de Londres 209
    e a Policlínica de Berlim 53, 92–93, 132–133, 191, 192, 279, 324–325
    e o Ambulatorium 72–73, 111–112, 180, 195, 218–219, 301
    e o Sanatório Schloss Tegel 232, 236, 265, 303–304
    e os sociais-democratas XXX, XLI, 4, 20–21, 22, 35, 74–75, 158–160, 166–167, 207, 240, 252, 299–300
    e tratamento gratuito XXX–XXXIII, 3–4, 9, 10, 115–116, 117, 118–119, 122–123, 220–221, 248–249, 279, 369
    e Wagner-Jauregg 77–80, 125

Friedländer, Kate XL, 186, 284, 333

ÍNDICE REMISSIVO

Fromm, Erich XIV, XXXII, XXXIII, XL, 186, 187, 218, 255, 256, 269, 283, 284, 287, 288, 289, 340, 361, 362, 363

Fromm-Reichmann, Frieda XXXII, 187, 218, 288

Fundação Rockefeller 36, 76, 84, 108, 159, 171, 183, 195, 316, 372, 414

Gardiner, Muriel 107, 219, 220, 281, 381, 383, 414

Garma, Angel XV, 223, 340

Gemeindebauten, habitação (Viena) 37, 38, 58, 86, 129, 161, 162, 163, 202, 232, 243

Gerö, George XL, 284, 340, 351, 352

Glover, Edward 103, 189, 210, 211, 212, 213, 271, 314

Glover, James 190

Goetz, Bruno 119, 221

Goldman, Emma 5, 75

Göring, Hermann 321, 325, 329, 336, 357

Göring, Matthias 255, 321, 325, 329, 330, 331, 332, 336, 341, 357, 358, 359, 368, 377, 379, 380, 384, 385

Gregg, Alan 195

Gropius, Walter XXXVI, 37

Grotjahn, Martin XXXII, 293, 294, 339, 340, 344, 346, 378

Grünspan, Betty 347, 348, 375

Gyömröi, Edith (Glück) XL, 298, 333, 336, 338, 340, 350

Habsburgo 337

Halberstadt, Ernst 126

Hall, G. Stanley 58, 75, 215, 216, 414

Hampstead, Creches de Guerra 371, 376

Happel, Clara 187, 218, 323

Hartmann, Heinz XXXIX, 89, 273, 274, 275, 282, 347

Heitzing, Escola 42, 236, 237, 238, 239, 272, 273, 302, 309, 374, 375

Hermann, Imre XIV, XXIII, XXXII, 80, 124, 126, 149, 246, 277, 297, 299, 321, 325, 329, 336, 357, 368

Hitler, Adolf XXVII, 38, 41, 255, 312, 313, 321, 322, 326, 329, 331, 332, 336, 341, 343, 346, 355, 363, 371, 379, 380, 381, 384, 387

Hitschmann, Eduard XXXI, XL, 12, 81, 82, 91, 92, 97, 107, 112, 113, 116, 124, 125, 128, 132, 133, 149, 151, 152, 155, 171, 175, 176, 178, 179, 180, 194, 196, 198, 200, 214, 236, 276, 289, 300, 305, 306, 307, 308, 309, 334, 335, 347, 380
e o Ambulatorium 71–73, 80, 96, 111, 126, 169, 188, 241–242

Hoffer, Willi XXIV, XL, 41, 42, 86, 153, 176, 197, 215, 251, 273, 310, 380

Hollitscher, Mathilde (Freud) 55

Hollós, Istvan 17, 297

Holzknecht, Guido 25, 80, 81, 82, 84, 96, 108

Hopkins, Pryns 209, 259, 266, 267, 317, 364, 365

Horkheimer, Max 158, 186, 187, 256, 268, 287, 288, 289, 361

Horney, Karen XIV, XXXII, XXXIII, XL, 50, 100, 101, 134, 137, 140, 191, 224, 283, 289, 294, 316, 360, 371, 372

Hug-Hellmuth, Hermine 31, 47, 61, 62, 126, 127, 190, 193, 197

Instituto de Psicanálise de Chicago 101, 131, 225, 290, 317, 362, 414

Instituto Göring 255, 325, 357, 358, 359, 376, 377, 378, 379

International Psychoanalytic Association (IPA) 14, 30, 49, 50, 51, 52, 53, 55, 65, 69, 111, 132, 133, 170, 189, 222, 223, 240, 241, 266, 268, 285, 295, 303, 315, 316, 322, 326, 329, 336, 338, 340, 341, 342, 343, 355, 357, 360, 363, 364, 366, 368, 379

Isakower, Otto 179, 347

Jackson, Edith 198, 281, 282, 301, 310, 334, 348, 370, 371, 373, 374, 375, 380, 381, 383, 414

Jacobson, Edith XXXII, XL, 66, 92, 142, 186, 283, 284, 323, 324, 330, 338, 340, 346, 352, 353, 354, 355, 360, 366

Jahoda, Marie XXV, 27, 199, 200

Jarrett, Mary 258

Jekels, Ludwig XL, 112, 113, 233

Jones, Ernest XXII, XXVII, XXXII, XL, 8, 12, 15, 19, 53, 55, 71, 73, 74, 95, 132, 133, 138, 165, 166, 189, 190, 191, 211, 212, 213, 222, 232, 268, 270, 286, 290, 315, 316, 322, 325, 342, 344, 345, 349, 355, 357, 358, 359, 363, 364, 365, 379, 380, 382, 386, 389, 414
e a Clínica de Psicanálise de Londres 70–71, 103–104, 209–210, 271–272, 289, 366–368
e ações após 1933 326–327, 329, 330–331, 336, 340, 342–343, 352–354

Jung, Carl 52, 67, 75, 91, 253, 255, 331, 332, 340, 341, 357, 359, 360, 376, 385

Kardiner, Abram 125, 340

Kauffman, Rudolf 108

Kinderheim Baumgarten 42, 43, 218

Klein, Melanie XIV, XXXII, XXXIII, 6, 12, 13, 70, 127, 131, 135, 137, 193, 213, 238, 267, 286, 386, 414
em Berlim 61, 63, 100–102, 155, 185, 211–212
em Londres 190–191, 211–212, 335, 365

Kollwitz, Käthe 27, 140, 193, 327

Kovács, Vilma 7, 297, 318

Kraepelin, Emil 134, 316

Kraus, Karl 174, 180, 197, 202

Kris, Marianne 118, 119, 215, 380

Kronold (Kronengold), Eduard XL, 112, 113, 214

Laforgue, René 266, 267

Landauer, Gustav 29, 40, 92

Landauer, Karl XL, 187, 218, 240, 256, 268, 269, 287, 288, 323, 367

Lantos, Barbara (Schneider) XL, 186, 222, 333, 338, 340

Laszky, Lia 92, 141, 248

Laura Spelman Rockefeller Memorial (LSRM) 77, 183, 414

Lazarsfeld, Paul XXXIV, 27, 199, 205

Lieberman, Hans 27, 100

Lihotzky, Margarete 163, 164

Loos, Adolf XXXIV, XXXVI, XXXVII, 37, 56, 57, 58, 105, 106, 161, 163, 232

Low, Barbara 71, 103, 104, 289, 295

Lueger, Karl 7, 20, 38

Mahler, Margaret 228, 297
Mann, Thomas 29, 327, 367
Menaker, Esther 127
Meng, Heinrich XL, 187, 223, 268, 269, 271, 287, 288, 323
Mette, Alexander 186, 283
Meyer, Hans Horst 75, 108, 109, 110, 259, 274
Meynert, Theodor 123, 124
Müller-Braunschweig, Carl 100, 267, 322, 323, 325, 326, 328, 329, 330, 343, 349, 357, 358, 362, 363, 379, 380, 381, 382

Nacht, Sacha 227
Nazista (Partido e movimento) XXV, XXXVIII, 28, 100, 187, 240, 271, 280, 294, 306, 312–313, 315, 324, 325–335, 327, 329, 334
    cooptação da psicanálise 331–332, 344–345, 362–363
    na Áustria 335, 381, 383
Neurath, Otto 26, 163, 199, 200
neurose de guerra XXI, 15, 16, 17, 18, 19, 78, 79, 108, 139, 202, 231, 258, 259, 274
Newton, Caroline 181
Nunberg, Hermann XXIII, XXXII, 50, 126, 149, 198

Pappenheim, Else 23, 72, 115, 128, 153, 169, 281, 415
Pappenheim, Martin XXXVI, 72
Payne 210, 271
Piaget, Jean 199
Pirquet, Clemens XXXIV, 26, 39, 76, 77, 84, 108
Policlínica de Berlim (policlínica) XXXI, XXXII, XXXIII, XXXVII, XXXVIII, 12, 31, 35, 41, 47, 50, 57, 58, 63, 64, 65, 67, 68, 69, 70, 71, 72, 92, 93, 101, 102, 103, 107, 127, 131, 132, 133, 134, 135, 136, 137, 138, 140, 150, 154, 155, 156, 157, 179, 182, 183, 184, 186, 191, 192, 193, 194, 212, 218, 222, 223, 224, 225, 226, 228, 231, 246, 253, 254, 256, 257, 258, 259, 260, 270, 274, 279, 280, 281, 283, 286, 288, 289, 296, 298, 305, 313, 317, 321, 323, 337, 338, 341, 345, 346, 350, 351, 354, 357, 358, 367, 368, 372, 374, 380, 384, 385, 391, 394
    abertura da 55–56, 59–60, 61
    arianização da 100, 293–295, 324–336, 349, 352–353, 359–364, 365–366, 385–386
    planos preliminares para a 51, 52–53
Powers, Margaret 258, 259, 260
Primeira Guerra Mundial XIII, XX, XXII, XXVIII, XXX, XXXIV, XL, 7, 24, 29, 108, 153, 202, 231, 274, 338, 341, 347, 364
psicanalítica, formação XL, 50, 72, 92, 93, 112, 116, 168, 188, 258, 262, 293, 393, 394
Psicologia Individual (Sociedade e prática de) XXIII, XXXVIII, 31, 87, 205, 251, 252, 377

Radó, Sandor XXXVII, 6, 12, 45, 64, 101, 111, 132, 133, 137, 155, 185, 186, 191, 223, 224, 253, 255, 269, 280, 336, 340
Rank, Otto 53, 70, 93, 180, 181, 414
Reich (Pink), Annie XIV, XXXII, XL, 112, 113, 184, 215, 216, 283, 284, 333, 338, 340

Reich, Wilhelm XIV, XVI, XXIII, XXVI, XXXII, XXXIV, XL, 8, 23, 25, 27, 29, 41, 43, 44, 45, 46, 47, 48, 49, 66, 74, 76, 88, 89, 91, 92, 99, 113, 116, 140, 141, 142, 143, 144, 145, 146, 149, 151, 153, 170, 171, 172, 173, 174, 175, 176, 178, 179, 180, 184, 186, 197, 198, 214, 215, 217, 223, 229, 230, 231, 248, 262, 263, 264, 273, 282, 283, 284, 285, 286, 288, 294, 295, 296, 307, 312, 315, 321, 322, 323, 324, 326, 327, 333, 338, 340, 341, 342, 343, 347, 351, 353, 360, 364, 377, 378, 381, 416. *Ver também Sex-Pol*
    e o Ambulatorium 28, 99–98, 112, 113, 168–169, 176, 177, 196, 247, 249, 261
    e o Seminário Técnico 120, 126, 152, 199–198, 250
    ostracismo de 328, 336, 344–345, 362
Reidl, Fritz 131
Reik, Theodor 65, 168, 195, 196, 256, 333
Reumann, Jakob 35, 36, 76
Rickman, John 188, 189, 210, 324
Rivière, Joan XV, 104
Rosenfeld, Eva 42, 119, 233, 237, 238, 267, 302, 303, 313, 314
Ross, Helen 110, 129, 214
Rundbriefe XXXVIII, XXXIX, XL, 284, 336, 337, 338, 340, 342, 346, 350, 351, 352, 360, 361, 362, 365, 384, 414

Sachs, Hanns 12, 53, 64, 65, 70, 155, 185, 223, 270
Sadger, Isidor 48, 49, 91
Saussure, Raymond de 304
Schilder, Paul XXIII, 89, 90, 113, 166, 274, 275, 282, 347
Schloss Tegel (Sanatório) XXXII, 12, 17, 224, 231, 232, 233, 236, 264, 265, 282, 303, 313, 314, 326, 370, 386
Schoenberg, Arnold XXXVI, 25, 56
Schur, Helen XLI, 202, 204, 305, 415
Seitz, Karl 83, 161, 162, 241
Seminário de Crianças 186, 284, 325, 336, 338, 349, 350, 351, 373
seminário de sexologia 48, 49, 88, 91–92, 186
Seminário Técnico (Seminário sobre Técnica Terapêutica) 120, 121, 126, 127, 149, 152, 169, 188, 194, 199, 250, 262, 273
serviço social XXIII, XXXV, XXXVII, 43, 74, 83, 84, 85, 142, 144, 181, 195, 231, 247, 248, 249, 258, 259, 260, 264, 298, 299, 340
Sex-Pol XXXII, XXXVIII, 43, 48, 92, 98, 113, 142, 144, 146, 231, 247, 248, 249, 250, 261, 263, 264, 283, 284, 285, 286, 312, 333, 344, 360
sexualidade XXXVIII, 46, 48, 49, 88, 91, 128–129, 146, 173
Silberstein, Eduard 21, 22
Simmel, Ernst XXXII, XXXIII, XXXIX, XL, XLI, 12, 15, 16, 17, 18, 27, 52, 53, 55, 56, 59, 60, 101, 116, 137, 138, 139, 158, 185, 186, 191, 192, 193, 211, 222, 224, 227, 238, 254, 256, 264, 266, 267, 268, 280, 282, 285, 286, 289, 294, 303, 307, 312, 313, 314, 323, 324, 326, 327, 328, 336, 340, 341, 345, 351, 369, 386
    e a Policlínica 52–53, 64, 67, 133, 156–158, 231
    e a Schloss Tegel 231–236, 265, 302–303
Smeliansky, Anna 64
sociais-democratas (Viena) XIV, XXII, XXIV, XXVI, XXXVI, XL, 16, 22, 23, 25, 33, 34, 35, 39, 41, 48, 56, 74, 76, 77, 78,

ÍNDICE REMISSIVO

83, 97, 98, 104, 105, 114, 141, 159, 160, 164, 166, 182, 199, 202, 217, 229, 233, 251, 253, 285, 299, 300, 306, 307, 315, 336, 373, 380, 383
Sociedade Psicanalítica de Berlim XXXVII, 51, 56, 69, 182, 183, 284
Sociedade Psicanalítica de Paris XL, 227
Sociedade Psicanalítica de Viena XXIII, XXXI, 25, 42, 45, 47, 48, 72, 73, 79, 80, 116, 118, 119, 120, 125, 150, 166, 169, 367, 379
  e o Instituto de Formação XXXI, 126, 167, 188, 301, 323, 331
Spitz, René 333, 340
Stekel, Wilhelm 171, 173, 341
Stephen, Adrian 211, 414
Sterba, Editha 197, 215, 310
Sterba, Richard XXII, 26, 35, 47, 112, 113, 115, 116, 117, 118, 119, 152, 153, 173, 178, 198, 214, 220, 306, 317, 366, 379, 381
Strachey, James 41, 64, 71, 101, 182, 184, 189, 190, 191, 225

Tandler, Julius XXXV, 22, 23, 27, 36, 39, 40, 41, 43, 44, 46, 62, 76, 77, 82, 83, 84, 85, 90, 92, 128, 129, 146, 157, 160, 161, 162, 164, 166, 177, 193, 195, 196, 197, 201, 203, 220, 240, 241, 244, 245, 248, 274, 296, 300, 301, 307, 308, 347
Tillich, Paul 131, 268, 271

Universidade de Viena XXV, XLI, 22, 25, 27, 44, 77, 79, 89, 91, 92, 126, 205

Urbantschitsch, Rudolf 150, 151

Viena Vermelha XIV, XXI, XXII, XXIII, XXXIV, XXXV, XXXVIII, 22, 27, 28, 30, 35, 58, 76, 84, 85, 93, 98, 108, 117, 123, 126, 129, 153, 165, 167, 168, 182, 195, 199, 200, 201, 202, 204, 205, 229, 239, 240, 274, 305, 307, 344, 347, 369, 373, 375, 378, 383
  e a saúde familiar XXXV, 96–97, 128, 160, 203, 242–244, 370
  e habitação pública XXXV, 24, 26, 36–38, 105–106, 146, 161–164, 242–243
  espírito da 25–27, 45–46, 82
  sistema de tributação 23–24, 104–105, 122, 162, 219
Von Freund, Anton (Toni) 14, 15, 52, 56, 281, 364

Wagner-Jauregg, Julius XXI, 19, 38, 78, 79, 80, 81, 82, 89, 90, 113, 119, 124, 125, 168, 195, 266, 276, 347
  clínica de 27, 90, 96, 126, 172, 179, 241, 274
Wagner, Otto XXI, 16, 19, 27, 38, 78, 79, 80, 81, 82, 89, 90, 96, 113, 119, 124, 125, 126, 168, 172, 179, 195, 241, 242, 266, 274, 276, 347
Weimar XXXIII, XXXIV, XXXVI, XXXVII, 22, 37, 56, 93, 100, 131, 135, 182, 346
White, William Alanson 258, 259
Winnicott, Donald 130, 364
Wortis, Joseph 369, 370, 415
Wulff, Moishe 233

Zweig, Arnold 286

Este livro foi impresso na cidade de Guarulhos,
nas oficinas da Vox Gráfica,
para a Editora Perspectiva.